《见证——红寺堡开发建设之路》编委会

JIANZHENG

红寺堡开发建设之路

《见证——红寺堡开发建设之路》编委会　编

HONGSIBU KAIFA JIANSHE ZHILU

HONGSIBU KAIFA JIANSHE ZHILU

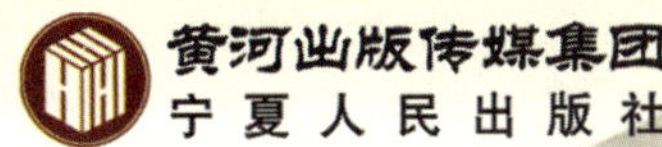

图书在版编目(CIP)数据

见证:红寺堡开发建设之路:全3册 /《见证:红寺堡开发建设之路》编委会编. —银川:宁夏人民出版社,2014.9

ISBN 978-7-227-05835-9

Ⅰ.①见… Ⅱ.①见… Ⅲ.①区(城市)—社会主义建设成就—吴忠市 Ⅳ.①D619.433

中国版本图书馆CIP数据核字(2014)第214070号

见证——红寺堡开发建设之路(下卷)

《见证——红寺堡开发建设之路》编委会 编

责任编辑 丁 佳 闫金萍 赵学佳 李彦斌
封面设计 张 宁
责任印制 李宗妮

黄河出版传媒集团
宁夏人民出版社 出版发行

地 址 银川市北京东路139号出版大厦(750001)
网 址 http://www.yrpubm.com
网上书店 http://www.hh-book.com
电子信箱 renminshe@yrpubm.com
邮购电话 0951-5052104
经 销 全国新华书店
印刷装订 宁夏精捷彩色印务有限公司
印刷委托书号 (宁)0016393

开 本 720mm×980mm 1/16
印 张 27.5
字 数 500千字
印 数 5000册
版 次 2014年9月第1版
印 次 2014年9月第1次印刷
书 号 ISBN 978-7-227-05835-9/D·409

定 价 369.00元(全3册)

目录 CONTENTS

第一篇　历史新纪元

见证

红寺堡开发建设之路

HONGSIBUKAIFAJIANSHEZHILU

历史的镜头聚焦在2009年10月，在宁夏中部干旱带的核心区域，共和国历史上最年轻的市辖区诞生了！年轻的红寺堡作为宁夏扶贫扬黄灌溉工程一期工程的重要组成部分，在历经十年矢志不移的异地扶贫移民大开发、十年百折不回的生态绿色家园大重建后，成长为全国最大的扶贫扬黄移民开发区，也正式被设立为吴忠市市辖区。自此，这片承载着万千移民发展致富梦想的创业热土，迎来了发展史上最重要的里程碑。市辖区的设立，既为红寺堡带来了千载难逢的发展机遇，也为移民新区的崛起与跨越式发展注入了新的活力、奠定了坚实的基础。

站在新的历史起点上，年轻的红寺堡区，风劲帆鼓，击浪前行。这方光荣与梦想同在、机遇与挑战并存的新兴之地，将以全新的姿态、铿锵的步伐，奋力迈向天蓝地绿、民富区强、和谐幸福的美好明天。

第一章　历史，铭记这一刻

2009年9月30日，国务院批复正式设立吴忠市红寺堡区。10月28日，宁夏回族自治区、吴忠市、红寺堡区三级党委、政府领导和社会各界人士齐聚红寺堡，隆重举行吴忠市红寺堡区设立暨红寺堡开发区成立10周年庆祝大会。许多参与过宁夏扶贫扬黄灌溉工程建设的拓荒者、建设者和在红寺堡大地上拓荒垦殖、追求致富梦想的人们，都会将这个特殊的日子铭记。大会的胜利召开，标志着历经10年开发建设的红寺堡开发区，正式成为吴忠市辖区，也将成为中国最年轻的县区。这一刻，人们整整盼望了10年；这一刻，20万移民心潮澎湃，永远难以忘怀；这一刻，万众瞩目，将永远载入史册！

第一节　红寺堡有了“正式户口”

红寺堡开发建设初期，自治区党委、政府对其的定位是县级建制的移民开发区，实行工委、管委会“两块牌子，一班人员”，由宁夏扶贫扬黄灌溉工程总指挥部管理，后根据发展需要，由吴忠市代为管理。由于在法律意义上红寺堡不是一个有合法建制的县区政府，事权和财权不相匹配，自治区政府不能对红寺堡进行财政转移支付，而红寺堡许多符合国家和自治区产业政策的重大项目，必须挂靠在其他县区方可申请或实施，在很大程度上制约了红寺堡全局性与能动性的发展建设。红寺堡区的正式设立，既是对十年移民开发建设取得的辉煌成就的肯定，也是对红寺堡进一步加快发展的强力推动和最大支持，标志着以新时期扶贫移民开发为主要任务的红寺堡，将由此迈入一个新的历史阶段。

风雨创业史

自1999年全面开始实施大规模移民开发建设以来，红寺堡开发区栉风沐雨、开拓奋进，走过了不平凡的历程。在自治区、吴忠市各级党委、政府的高度关注和大力支持下，开发区工委、管委会带领20万干部移民在一张白纸上作画，在困境中艰难创业，与天斗、与地争，实现了“荒漠变绿洲，沙丘起高楼”的伟大壮举，在亘古荒漠上谱写了一曲波澜壮阔的移民开发史诗。

这10年，是红寺堡生态、经济、政治、文化、社会事业实现突破、全面发展进步的10年。从亘古荒原、不毛之地到成功实现了搬迁一方人民，恢复一片生态，再造一片绿洲，稳定致富一方移民的目标，工委、管委会始终以造福移民百姓为己任，谋发展，抓建设，保稳定，使亘古荒瘠的土地发生了沧桑巨变。10年来，社会事业全面发展，综合实力逐年增强，基础设施日趋完善，生态环境大为改善，人民生活水平显著提高，创造了从荒漠戈壁到绿洲崛起的历史，创造了在全国范围内引起巨大反响的移民开发新经验。1999平方公里的亘古荒原，成为阡陌交错的绿洲，全国最大的生态移民扶贫开发区强势崛起。2008年，红寺堡地区生产总值5.02亿元、固定资产投入9.82亿元、地方财政一般性预算收入2100万元、农民人均纯收入2660元，分别是2002年的3.5倍、2.7倍、1.4倍和5倍。

这10年，是20万移民共同团结奋斗、共同繁荣发展的10年。从零开始的事业充满荆棘、充满坎坷，勤劳勇敢的红寺堡人民不畏艰辛，自力更生，艰苦创业，奋发有为。10年来，他们在困境中寻找方向，在挫折中总结经验，在创造中体现价值，在奋斗中成就事业，以敢叫日月换新颜的魄力和勇气创造了中国扶贫史上的奇迹。在这片创业的热土上，回汉儿女亲如一家，山区群众万众一心，共同创

▲ 风雨十年谱新曲

造了“自力更生、艰苦奋斗、务实苦干、开拓创新”的红寺堡精神，共同缔造了一个经济繁荣、社会稳定、民族团结、环境优美、适宜人居的红寺堡，一个殷实祥和、充满活力、开明开放、民主自由、文明和谐的红寺堡。

十年开发建设，十年艰辛创业，十年春华秋实。“八七”“双百”扶贫攻坚计划唤醒了这片沉睡的大漠，“1236”工程奏响了移民开发的时代号角。十年风雨程，弹指一挥间，红寺堡的建设发展，见证了党中央国务院的英明决策，见证了区市党委、政府立党为公、执政为民的精神境界，见证了红寺堡人自强不息、改天换地的雄心壮志。十年的崛起与奋斗，十年的沧桑巨变，红寺堡不仅成为我国扶贫开发的经典之作，更成为中国共产党立党为公、执政为民的一个成功典范，“共产党好，黄河水甜”成为20万移民群众的共同心声。

◎小视窗

红寺堡，沧海桑田十年间

红寺堡是国家重点工程——宁夏扶贫扬黄灌溉工程主战场，也是宁夏回族自治区党委、政府贯彻落实国家“八七”扶贫攻坚计划，为从根本上解决宁夏南部山区群众脱贫致富问题而建设的跨世纪工程。自1998年开发建设以来，历经10年艰苦创业，红寺堡20万回汉儿女不畏艰辛，创造了中国扶贫史上的奇迹，使得1999平方公里的亘古荒原，变成今日塞上阡陌交错的绿洲，成为全国最大的生态移民扶贫开发区。

“十年磨一剑。”红寺堡的10年，是20万移民（回族人口占总人口的57%）自强不息艰苦创业的10年。1999年开发建设以来，这里开发出40万亩水浇地。坚持把发展作为第一要务，按照“边开发、边搬迁、边建设、边发展”的思路和“搬得来、稳得住、能致富”的要求，不断加强基础设施建设，大力培育主导优势产业，全力改善生态环境，着力强化社会管理，各项事业取得了巨大成就。

2008年，红寺堡完成地区生产总值5.02亿元，完成固定资产投资9.82亿元，地方财政一般预算收入2100万元，农民人均纯收入也由10年前的500元，增加到现在的2660元。

10年累计投入43.4亿元，红寺堡经济实力日益增长，基础设施逐步完善，社会事业蓬勃发展。

坚持以发展“节水型、特色型、效益性”农业为目标，到2008年年底，这里的葡萄、设施农业、黄牛养殖和经果林等产业已初具规模。工业实现了从无到有、从小到大的发展。近3年，红寺堡引进资金9.52亿元，发展企业36家，年产值达3亿元。利用充足的风能资源，红寺堡建成两个5万千瓦的风电项目。投资10亿元、50兆瓦的太阳能光伏并网发电项目也已正式开工建设。城区面积6.4平方公里的红寺堡，建筑总面积6.4万平方米，城镇人口2万多人，城镇化率达到16%。推进城市化进程，红寺堡建成各级各类公路507公里，其中高速公路42公里，二级公路101公里，农村公路364公里，实现了村村通公路，村村通公交。构建人与自然和谐相处红寺堡，加强大开发中的自然环境保护，红寺堡累计实现人工造林（含退耕还林、天然林保护、平原绿化、人工种草）125万亩，使林木绿化率达39%、绿地覆盖率达75%。

今日红寺堡人描绘出更加美好的蓝图：实施"3211"产业发展思路，计划到2012年，发展葡萄30万亩，以红枣为主的经果林20万亩，设施农业10万亩，黄牛饲养量达到10万头，实现人均拥有1.5亩葡萄、1亩经果林、1亩设施农业，户均3~5头牛的目标。（记者：周占忠，《人民网》，2009年10月27日。）

新区之变

红寺堡区的设立，是自治区党委、政府高瞻远瞩、审时度势，着眼于自治区经济社会发展大局，促进区域经济协调发展，加快推进城市化、工业化、农业产

▲ 荒漠变绿洲

业化进程，壮大县域经济，对红寺堡行政区划做出的重大战略调整；标志着红寺堡人在党和政府的领导下，用双手翻开了崭新的一页，标志着红寺堡已经全方位进入经济社会跨越式发展的新阶段。这是红寺堡发展史上的一个重要里程碑，更是一个续写辉煌的新起点。

红寺堡成为宁夏乃至全国最年轻的行政区，意味着历时10年，不仅红寺堡，而且在这里落户的20万各族人民终于有了“正式户口”和“身份证”。这样的变化将为红寺堡的未来发展提供更大更为广阔的发展空间；红寺堡列入县级建制后，可享受国家有关县区的各项政策，特别是在加大城市建设、基础设施等方面，重大建设项目将成为拉动红寺堡经济增长的重要支点。过去，红寺堡常打“贫困牌”，但随着市场经济的逐步完善，这张牌已不再具有更多吸引力。设区之后，更加有利于红寺堡区扩大对外开放，引进资金、项目、人才，促进东西合作。成为县级建制的市辖区后，红寺堡将打“发展优势牌”“资源优势牌”，重点进行招商引资，促进地方发展；将有利于加强政权领导，尤其在政治民主机制上将由过去对开发区的委派制变为选举制。在新的历史形势下，红寺堡区将拥有更大的行政自主权，科学配置城乡资源，调整优化产业结构，提高社会管理和公共服务水平，促进区域经济协调发展。

唯有辛勤结硕果，薪火相传铸丰碑。伴着罗山雄风的旋律，踏着黄河波涛的节拍，红寺堡区委、政府将带领20万干部和移民群众，为创造一个天更蓝、山更绿、民更富、人民更满意、人与自然更和谐的红寺堡而努力奋斗！

◎ **小视窗**

红寺堡设区幸福着红寺堡的未来

走在新设立的红寺堡区大街上，到处彩旗飘扬，人们的脸上洋溢着节日的喜悦。10月25日晚，看完中央电视台一套的《新闻联播》后，红寺堡群众说：“前十年我们红寺堡在脱贫，后十年我们将扬眉吐气，走上致富路。”

红寺堡设立县区级政权到底会带来哪些好处和机遇呢？本报记者走访了红寺堡的决策者和群众。

谋求大发展成为设区的群众基础　红寺堡区党工委书记南武征说，红寺堡已完成了移民扶贫开发的使命，到了谋求跨越式发展阶段，这就是红寺堡设区的宏观意义。“放在10年前，现在的生活想都不敢想，那时大家都还饿着肚子呢。”从西吉县移民至红寺堡的张志科说，10年前，每逢家里过年，买糖和花生都不是论斤，而是论“元”，只买几元钱的，够不够吃就是那么个意思。打工者在外边打工，不说今年挣了多少钱，首先想到的是这些钱能买多少袋白面，白面成了一般等价物，所有的花费都围着吃展开。

“3年前，一些人家的院子里陆陆续续出现了摩托车。现在，摩托车成了我们最基本的代步工具。冰箱、洗衣机这些大物件也开始走进了农民家。”张志科说。

“现在农民们想的已不是吃什么，而是怎样赚更多的钱。”谋求大发展大进步是红寺堡群众的迫切需要，党中央国务院批准成立吴忠市红寺堡区，揭开了红寺堡发展的新篇章。

设区让“软、硬环境”同步提升　红寺堡设区，到底有哪些好处？这是

▲ 红寺堡灌区的秋天

大家最关心的。

据了解，过去一些商人不愿到红寺堡，人居环境不优良也是一方面原因。随着红寺堡区的设立，各种基础设施建设将不断完善。红寺堡今年已全面启动创建自治区园林城市工作，力争城区绿地率达到31%、绿化覆盖率达到35%、城市人均公共绿地达到9平方米。同时，年内将完成城市生活垃圾无害化处理场、垃圾中转站和污水处理厂建设，实施城区楼体亮化工程，改善路网结构，年内城区道路铺装率达90%以上，力争2010年成功创建自治区园林城市。

红寺堡招商局负责人告诉记者，红寺堡正式成为一级行政建制后，他们可以挺直腰板和外商谈合作，也让来红寺堡的投资商吃了“定心丸”。在“软环境”方面，各项制度也将逐步完善和规范，投资者的权益可以及时得到维护。

红寺堡成为新的“创业板” 红寺堡设区后，外边传的最快的消息就是“红寺堡的房价又涨了！”

记者从红寺堡建设局了解到，红寺堡的房价近两年确实在不断上扬，2007年1100元/平方米的住宅房价，到2008年涨至1300元/平方米，今年的均价为1600元~2000元/平方米，根据目前情况来看，涨势依然在继续。

红寺堡设区后，将源源不断地吸引着民间资本加入到城市建设中来。红寺堡建设局局长关保智告诉记者，目前进驻红寺堡的房地产商有20多家，红寺堡的人口较去年又增加了3000多人，红寺堡的“聚集效益”开始凸显。

3个月前，浙江温州的杨孔华在红寺堡投资的超市开业了，但是由于人口基数不大，又靠近农贸市场，所以客源并不是很旺。杨孔华心里有些忐忑，但当他听到红寺堡正式设区后，一下子踏实了很多。

“以后的日子可是大有奔头了！”杨孔华相信，设区后随着政府各项机构的完备，各项社会服务职能的完善，各项产业的不断发展，红寺堡这块土地将吸引越来越多的人前来投资兴业，将成为新的“创业板”。

华女士3年前从固原市彭阳县来到红寺堡，做起了喷绘打印生意。3年来，她的生意一天比一天好，一天比一天忙。华女士认为，设区后随着一些企业的进入，工程量的加大，她的生意一定会更好。

设区的消息对于红寺堡人来说犹如一剂兴奋剂，这里的人们已经开始了“热身运动”，原野上，新一轮的“赛跑”将再次被激发。（《宁夏日报》，记者：纪向钊，2009年10月26日。）

第二节　见证历史时刻

2009年9月30日，国务院批复正式设立吴忠市红寺堡区，以吴忠市红寺堡镇、太阳山镇、大河乡、南川乡的行政区域为红寺堡区的行政区域，红寺堡区人民政府驻地为红寺堡镇。随后，宁夏回族自治区党委常委会研究通过了《关于深化吴忠市行政管理体制改革的实施方案》，决定设立吴忠市红寺堡区，成立红寺堡区委、人大、政府、政协四套班子及相关机构。

▲ 吴忠市红寺堡区设立暨红寺堡开发区成立10周年庆祝大会

2009年10月28日上午，吴忠市红寺堡区设立暨红寺堡廾发区成立10周年庆祝大会在红寺堡金水广场隆重举行，来自宁夏各地各部门的代表和红寺堡各界

▲ 时任自治区党委常委、副主席刘慧在大会上讲话

群众齐聚一堂，共同欢庆宁夏最年轻的县区——吴忠市红寺堡区成立。区、市领导王正伟、项宗西、于革胜、刘慧、蔡国英、马秀芬、郝林海、吴玉才、马英杰，宁夏军区政治部主任盛建华等出席庆祝大会，同在红寺堡工作过的在职和离退休领导干部，自治区各厅局委办、市直机关，全区各兄弟县区、全区专家学者、新闻媒体等相关人士以及广大干部群众共同目睹、见证了这个永载史册的伟大时刻。

庆祝大会上，自治区政府秘书长左军宣读了国务院《关于同意宁夏回族自治区设立吴忠市红寺堡区的批复》，全国政协副主席白立忱和全国政协原副主席钱正英发来贺信。自治区、吴忠市领导分别为红寺堡区党工委和人大、政府、政协筹备工作领导小组授牌，并为16名在红寺堡开发建设中做出了突出贡献的先进工作者颁奖。自治区主席王正伟代表自治区党委、政府向红寺堡区赠送了《国色天香图》画匾。吴忠市党委、政府向红寺堡区送上了200万元礼金，以支持他们在今后一个时期对红寺堡区委、人大、政府、政协各项工作进行筹备。

自治区党委常委、副主席刘慧在讲话中对红寺堡十年开发建设取得的辉煌成就给予了充分肯定，表示红寺堡区的设立是宁夏政治、经济生活中的一件大事，自治区党委、政府对红寺堡区的发展寄予厚望，并希望红寺堡区紧紧抓住这一千载难逢的有利时机，重新审视区情，理清发展思路，确定发展目标，进一步探索和完善符合红寺堡实际的发展路子，在新一轮区域竞争中争创一流、争先进位，不断提升县域经济的核心竞争力，与自治区人民一起实现全面建设小康社会的目标。

吴忠市市长吴玉才在讲话中认为红寺堡十年来已圆满完成近 20 万移民安置任务，希望红寺堡要站在新的起点上，立足新的市情、区情，紧紧抓住发展这个第一要务，围绕移民群众增收致富，进一步解放思想，发挥后发优势，做足特色文章，做大做强“3211”特色产业和新能源经济，努力改善城乡人居环境，加强生态绿化建设，协调推进各项事业发展，不断开创和谐发展的良好局面。

红寺堡区党工委副书记、政府筹备工作领导小组组长徐军在大会上代表即将

▲ 红寺堡区人民政府成立

▲ 收获的季节

筹建的区政府进行表态发言。他表示，设区以后，红寺堡将立足区情，深化体制机制改革，坚持开放搞活，坚持“富民强区”这一根本目标，深入实施“生态立区、产业富区、工业强区、科教兴区、依法治区”战略，加快结构调整进程，全面推进葡萄产业、设施农业、黄牛养殖等特色产业，努力把红寺堡建设成为现代农业示范区；全面推进环保工业建设，努力把红寺堡建设成为绿色环保工业示范区；全面推进生态环境建设，努力把红寺堡建设成为宁夏中部干旱带上最靓丽的生态景观区；全面推进城市化进程，努力把红寺堡建设成为交通枢纽型新型移民城市；全面推进社会事业快速发展，努力构建“和谐红寺堡”。

2009 年 10 月 27 日至 29 日，红寺堡举行了盛大的庆典，20 万各族移民群众共同庆祝红寺堡设区这一重大历史时刻。10 月 27 日晚上，吴忠市红寺堡区设立暨红寺堡开发区成立 10 周年庆祝晚会在金水广场举行，来自宁夏各地的艺术家、文艺演出者为红寺堡的百姓带来了精彩的节目，用音乐舞蹈的形式同红寺堡干部群众共庆盛典。10 月 28 日下午，作为庆祝活动组成项目的宁夏（红寺堡）移民文化论坛、宁夏文学名人笔会、宁夏美术书法摄影名人笔会在红寺堡同时揭幕，宁夏各界专家学者及艺术家欢聚一堂，各抒己见，为红寺堡的未来建言献策。

◎ **小视窗**

钱正英贺信

在全国各族人民满怀豪情喜迎新中国成立60周年华诞的喜庆时刻，欣闻宁夏红寺堡开发区迎来建区10周年暨红寺堡区成立庆典，谨此向红寺堡建区10周年暨红寺堡区成立表示热烈的祝贺！向红寺堡20万回汉各族群众致以美好的祝愿和崇高的敬意！

红寺堡地处宁夏中部干旱带核心区，原是一片不毛之地。1994年9月，受政协主席李瑞环委托，我带领国家有关部委前往宁夏调研，提出了“扬黄河之水，灌两岸平原”的“1236”构想。这一构想得到了国务院的批准，1999年，宁夏扶贫扬黄灌溉工程开工了，红寺堡开发区工委、管委会也随之成立，一时间沉睡千年的宁夏中部荒原从此注入了生命之源、有了勃勃生机。开发之初，我曾两次到过此地，亲眼目睹了当地环境的恶劣、条件的艰苦、创业的艰辛。建区十年来，在宁夏回族自治区党委、政府的正确领导下，历届工委、管委会团结带领开发区回汉各族干部群众，艰苦创业，团结奋斗，务实创新，拼搏奉献，红寺堡旧貌换新颜，发生了翻天覆地的变化。黄河巨澜起雄风，塞上山川换新颜，十年的开发区建设，红寺堡经济实力大幅攀升，基础设施日臻完善，城乡面貌焕然一新，社会事业蓬勃发展，人民生活明显改善，民族团结事业蒸蒸日上，党的建设全面加强，昔日飞沙走石、满目黄沙一去不返，今日荒漠绿洲、瀚海明珠光彩夺目，一个前景广阔、富裕文明、和谐繁荣的新红寺堡正在迅速崛起，让我倍感欣慰、为之高兴。

历经十年建设，红寺堡迎来了建区的新纪元。如果说十周年是红寺堡快速发展的里程碑的话，那么成立红寺堡区便是红寺堡跨越发展的新起点，我相信，红寺堡一定能够以建区十周年和成立红寺堡区为契机，继续以创新的精神和饱满的热情描绘更加辉煌的新篇章。

大庆之际，由于工作原因，不能亲自参加庆典，特去此信，以表祝贺！

预祝红寺堡建区十周年暨红寺堡区成立庆典活动圆满成功！

衷心的祝愿美丽的红寺堡繁荣昌盛！

衷心的祝愿勤劳的红寺堡人民幸福安康！

白立忱贺信

值此红寺堡建区10周年暨红寺堡区成立庆典之际，谨此表示衷心的祝贺！

我曾在宁夏工作十余年，对宁夏充满着深厚的感情，对于红寺堡我并不陌生，1996年5月11日，我出席了在红寺堡灌区一泵站站址举行的宁夏扶贫扬黄灌溉工程奠基典礼，当时是一片荒凉、毫无生机；是年10月30日，我主持会议，听取了宁夏扶贫扬黄灌溉工程建设工作的汇报，了解到红寺堡的各项筹建工作顺利开展。2002年8月17日，我再次踏上红寺堡的土地，村庄建设错落有致，各种作物茁壮生长，养殖等产业效益初显，广大移民群众正在用勤劳的双手编织着自己的梦想。离开宁夏后，我一直牵挂着红寺堡的发展，在与宁夏工作的同志交谈中，了解到开发区工委、管委会坚持科学发展的理念，充分发扬“自力更生、艰苦创业、务实苦干、开拓创新”的红寺堡精神，带领广大移民群众不断解放思想，调整产业发展思路，进一步优化发展环境。建区10年来，红寺堡经济社会等各项事业取得长足发展，人民生活水平不断提高，社会和谐稳定。我相信，随着红寺堡区的成立，红寺堡的体制机制将更加完善，红寺堡的发展潜力会更大。我祝愿，红寺堡的经济更加繁荣昌盛，人民更加富裕安定，红寺堡的明天更加美好！

自治区党委、人大、政府、政协贺信

值此吴忠市红寺堡区设立暨红寺堡开发区成立十周年之际，自治区党委、人大、政府、政协向红寺堡各族人民，区属驻红单位全体职工，公安干警，消防、武警部队全体官兵以及关心和支持红寺堡开发建设的各界朋友致以热烈的祝贺和亲切的慰问！

红寺堡开发区是自治区党委、政府贯彻落实国家“八七”扶贫攻坚计划，从根本上解决南部山区群众脱贫致富问题而建设的跨世纪工程。自1998年开发建设以来，在党的民族政策光辉照耀下，在各级党委、政府的关心支持下，

▲ 群众兴高采烈

红寺堡开发区历届党工委、管委会团结带领广大干部群众团结奋斗，艰苦创业，务实苦干，开拓创新，为全区乃至全国扶贫开发工作积累了宝贵经验。今天的红寺堡呈现出政治稳定、经济发展、民族团结、社会和谐、人民安居乐业的良好局面，红寺堡各族人民正信心百倍地向着全面建设小康社会的宏伟目标阔步前进。

站在新的历史起点上，把握机遇，乘势而上，加快红寺堡区经济社会健康发展，维护团结稳定的良好局面，是红寺堡各族人民的根本利益所在，也是党中央、国务院和自治区党委、政府的殷切期望。自治区党委、人大、政府、政协历来高度重视红寺堡建设，并给予了大力支持，经过红寺堡广大干部群众的不懈努力，实现了经济社会的健康发展。自治区党委、政府将一如既往地关心支持红寺堡建设，为推进区域经济又好又快发展创造条件。希望红寺堡各族干部群众深入贯彻落实科学发展观，抢抓国家深入实施西部大开发战略和进一步促进宁夏经济社会发展的历史机遇，以更加开放的思想观念，更加执着的奋斗精神，更加扎实的工作作风，务实苦干，奋力拼搏，为建设更加富裕、更加团结和谐的红寺堡，夺取全面建设小康社会新胜利而努力奋斗！

祝红寺堡区经济社会事业蒸蒸日上！祝红寺堡区人民幸福安康！

第三节　境域三扩凝聚民心

宁夏中部，大罗山。千百年来，这个被称之为“瀚海明珠”的宁夏第三座大山周围被荒漠、沙棘所环绕。罗山脚下，几度兴衰，民族流徙，渐沉史册，征战杀伐，终归白草。世纪之交，宁夏扶贫扬黄灌溉工程一期工程破土动工，全国最大的异地扶贫移民集中区——红寺堡强势崛起，滚滚黄河水经过四级扬程，流入干涸千年的土地，一批又一批拓荒者、建设者相继涌入旱塬高坡，在这里扎根拓荒、建设家园。这里，告别了往昔的苍凉与寂寞，接纳了20余万旨在改变命运的宁夏南部山区贫困群众，激荡起搏击风沙、战天斗地的创业浪潮，迈入了新的历史

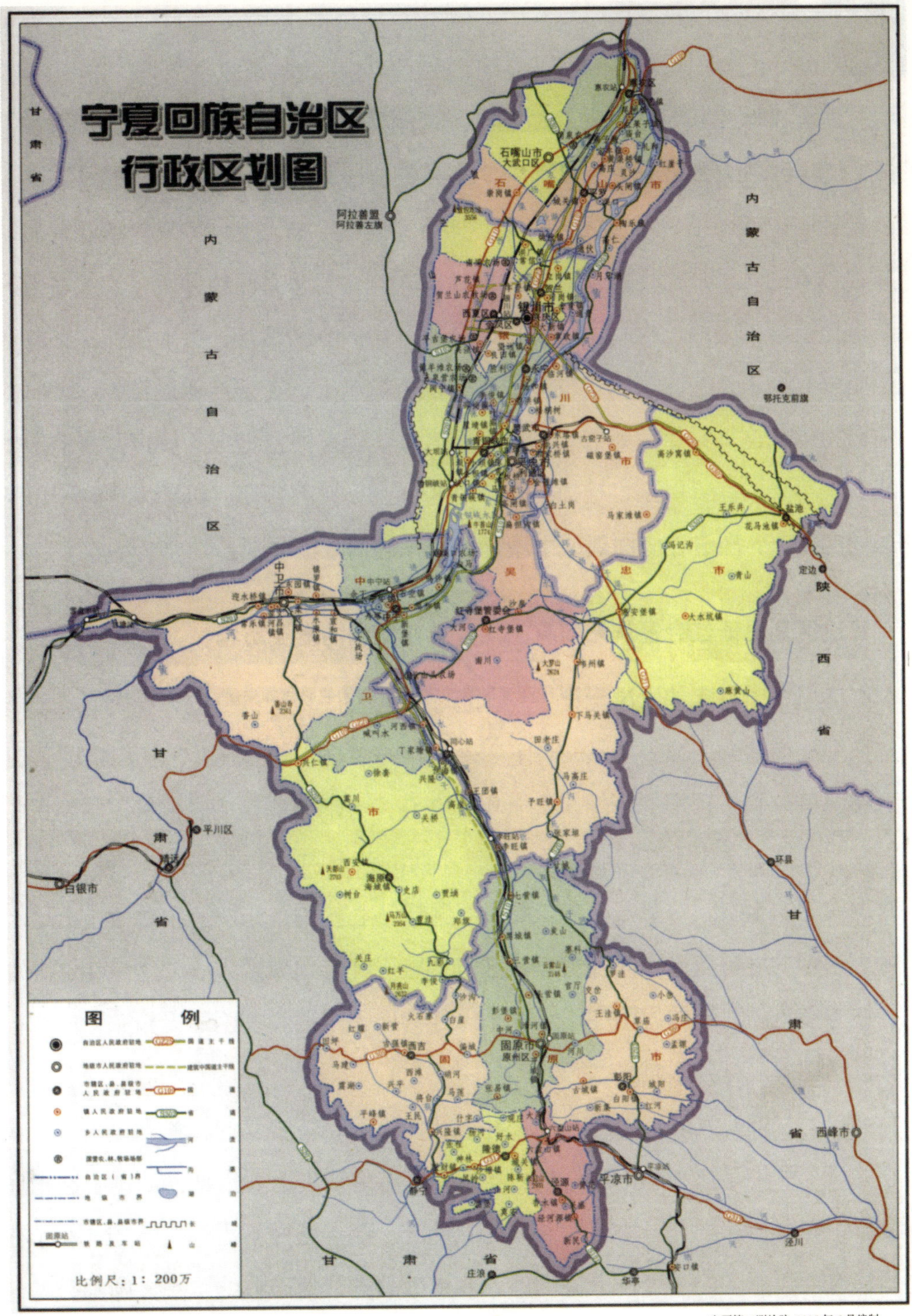

宁夏回族自治区行政区划图

注．审图号：宁 S（2005）06 号
资料截至 2005 年 5 月

宁夏第二测绘院 2005 年 6 月编制

▲ 2005 年宁夏回族自治区行政区划图

发展时期。

红寺堡，汇集四省八县的移民之地，托起贫困群众脱贫致富梦想的希望之地，从一片荒漠中艰难起步，先后历经三次区划调整，终成今日宁夏中部殷实祥和、充满活力、开明开放、民主自由、文明和谐的移民新区，创造了一个经济繁荣、社会稳定、民族团结、环境优美的发展神话。十余年翻天覆地的发展变迁背后，深深蕴藏着的是这片土地以及这片土地上的人们，与恶劣自然环境和世代贫苦的命运拼搏抗争的心路历程和不屈不挠、奋发有为的创新精神，折射出在中国共产党的坚强领导下，在国家扶贫攻坚政策的扶持引领下，在宁夏各级党委、政府的不懈努力中，这片曾经荒芜的土地取得了人进沙退、民富地绿、辉煌巨变的历史性成就。年轻的红寺堡区，抢抓机遇、乘势而上、开放包容、创新发展，将以更加昂扬的姿态，奋进在全面建成小康社会目标的伟大征程中。

三次区划见证红寺堡从无到有、从荒漠变绿洲的发展历程

红寺堡在十五年的发展历程中，创造了人类移民史上的奇迹，书写了人类与生态环境和谐共融的浓墨重彩的一笔。十五年的大规模移民开发，初步实现了20余万移民群众脱贫致富的梦想。十五年的奋斗，大部分群众彻底摘掉了贫穷的帽子，在罗山脚下这片生态脆弱、经年风沙不断的荒漠中，建造起了一个新的绿洲，一座现代化的生态园林型城市在宁夏中部崛起。生态移民，功在当代，利在千秋。回顾十五年的发展变迁，伴随着三次区划调整，红寺堡凝聚人心的力量在逐渐加强，红寺堡创新发展的思路在逐步明晰，红寺堡人民摆脱贫困建设新家园的积极性和创造性得以充分彰显。

红寺堡，旧有其名，然而在移民开发建设之前，在宁夏的版图上，并没有属于它的一个哪怕是很小的标志。十五年前，红寺堡所在区域大部分属同心县新庄集乡和纪家乡，那里是一块荒无人烟的戈壁滩。红寺堡并不为外人所知，除了在这里建有兰州军区的一个军事靶场外，零星散落的几处破败的羊圈，仿佛努力向世人证明，这里曾经有过人类活动的踪迹。

1994~1999年，随着国家“八七”扶贫攻坚和宁夏“双百”扶贫攻坚计划的相继实施，红寺堡成为国家重点建设项目——宁夏扶贫扬黄灌溉工程的主战场。自此，“红寺堡”这个名字被国务院和宁夏各级党委、政府一次次提起，扶贫扬黄灌溉工程的规划和建设者们的足迹，也一次次涉入这片荒芜土地的深处。1998年，工程建设全面开展以来，宁夏南部山区各县开通了直达红寺堡的班车，第一批移民来到这里开始建设新居。红寺堡成了南部八县移民的迁居之地，成了宁夏各级领导关心备至的地方，成了自治区相关厅局专家、“1236”指挥部及拓荒者们流血流汗的战场。

1998年9月，宁夏回族自治区党委决定：在宁夏回族自治区扶贫扬黄灌溉移民工作领导小组下设红寺堡开发区管理委员会，为自治区政府派出机构，行使县级政府职能。12月，自治区下发《关于成立红寺堡开发区管理委员会有关问题的通知》，明确红寺堡开发区管委会为县级单位。1999年1月，红寺堡开发区管理委员会正式挂牌。2002年10月，自治区决定将红寺堡开发区划归吴忠市管理。这标志着红寺堡作为县级建制的移民开发区被正式纳入自治区和吴忠市的规范管理范围，红寺堡未来的发展逐渐明晰。

开发建设前十年，红寺堡人战天斗地，努力脱掉贫穷的帽子，积极改善生存发展环境。这十年里，一部分意志不坚定的移民被当初恶劣的自然环境所吓跑，后来看到红寺堡有了希望又二次移民红寺堡；一部分移民则自始至终扎根在红寺堡，平田整地夯实生产基础，植树造林改善生态环境，发展产业加快脱贫步伐。

十年来，随着基础设施建设逐步完备，社会各项事业稳步发展，移民群众生产生活水平明显提高，越来越多的红寺堡人开始关注另一个更为重要的问题，那就是红寺堡的前途和未来。由于红寺堡在法律意义上并不是一个有合法建制的县区政府，事权和财权不相匹配，自治区政府不能对红寺堡进行财政转移支付，而红寺堡许多符合国家和自治区产业政策的重大项目，必须挂靠在其他县区方可申请或实施，在很大程度上制约了红寺堡发展建设的全局性与能动性，特别是在招商引资、项目建设、相关政策落实等方面处处受限，许多想到红寺堡来投资置业的人，都因为红寺堡没有“国家正式户口”而不敢“轻举妄动”，观望等待情绪较浓。

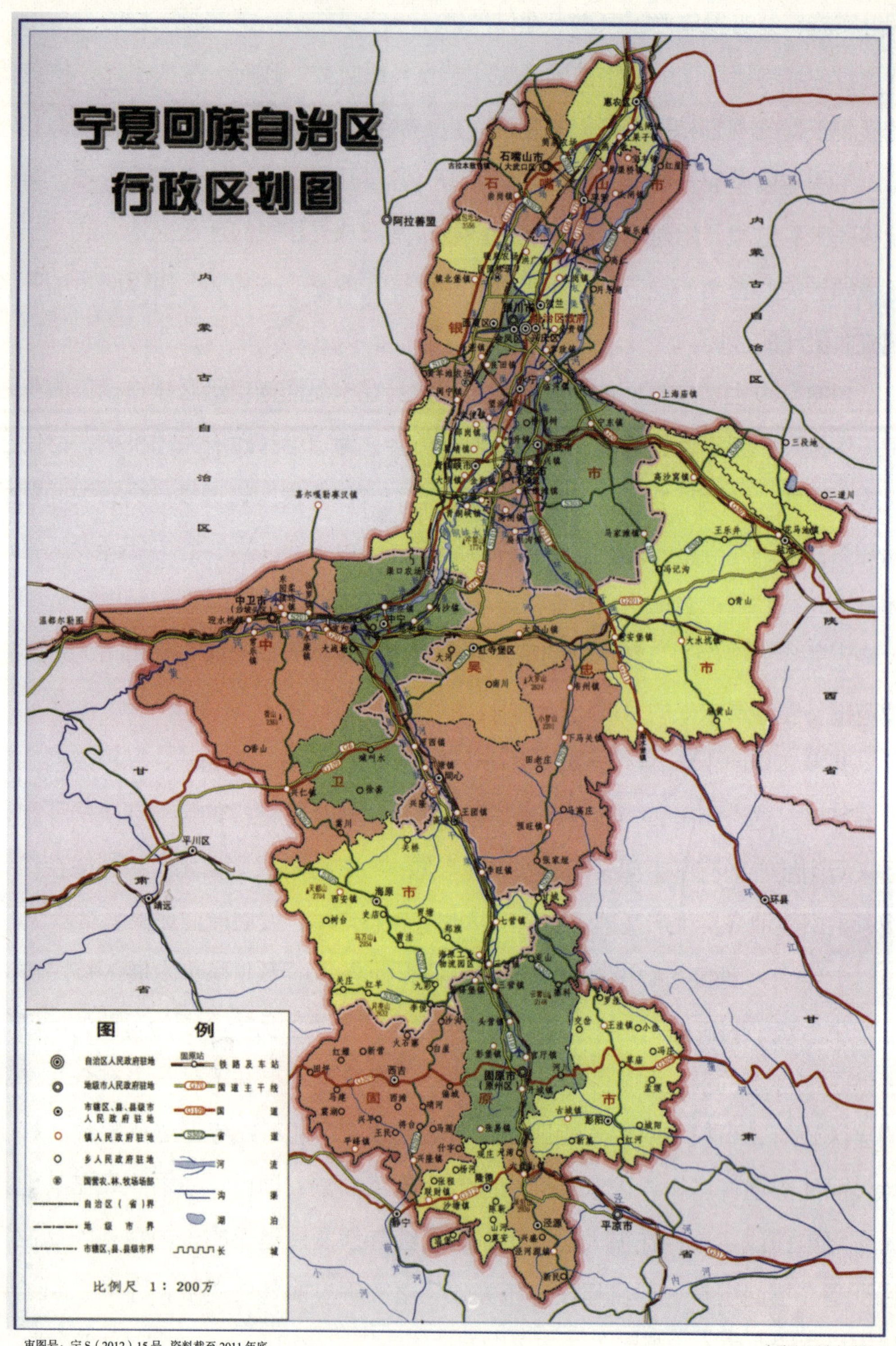

▲2011年宁夏回族自治区行政区划图

2009年10月，经过宁夏回族自治区政府、吴忠市政府和红寺堡开发区工委管委会多次努力，国务院批复同意正式设立吴忠市红寺堡区。自此，历经十年开发建设的红寺堡开发区，正式成为吴忠市辖区，也成为中国最年轻的县区。红寺堡区委、人大、政府、政协作为四套班子的组成部分，正式挂牌成立。在红寺堡区四套班子的坚强领导下，勤劳刚毅的红寺堡人轰轰烈烈地展开了推动红寺堡创新发展的奋斗历程。

红寺堡区的正式设立，既是对十年移民开发建设取得的辉煌成就的肯定，也是对红寺堡进一步加快发展的强力推动和最大支持。这也标志着以新时期扶贫移民开发为主要任务的红寺堡，将由此迈入一个新的历史阶段。

境域三扩不断创造红寺堡发展机遇、凝聚发展力量

红寺堡在开发建设初期，虽然体制机制尚不健全，职能定位尚不明晰，但为了这个新兴的移民区的长远发展，自治区政府、吴忠市政府和红寺堡开发区管委会做出了一个又一个的重大决策，引领着这个万千移民的圆梦之地向着更好更快的发展方向奋力迈进。

2001年8月，红寺堡民政部门向自治区民政厅上报《关于红寺堡开发区行政区域划界问题的报告》，请求将同心县新庄集乡（970平方公里，包括罗山自然保护区）、韦州镇（1009平方公里）、纪家乡北三村（即石炭沟，312平方公里）、中宁县东部（174平方公里），总面积2465平方公里的地域划归红寺堡开发区管理。2002年9月，自治区正式下发红寺堡区划方案《关于红寺堡开发区区域界限的批复》（宁政函〔2002〕137号），划定红寺堡区域总面积为1774.5平方公里（红寺堡管委会所提纳入同心县韦州镇的要求未获同意）。

2003年8月，红寺堡区划实现第一次调整和扩容，自治区下发《关于调整红寺堡开发区与青铜峡市利通区、中宁县行政区划的决定》，红寺堡开发区面积扩大到1895.6平方公里。

2004年7月，自治区第二次调整红寺堡行政区划，同意以盐兴公路北约3.5公里的山脊线为界，将同心县韦州镇巴庄村北部27平方公里的区域划归红寺堡；

将盐池县惠安堡镇小泉、乱山子、牛记庄、林小庄4个自然村约76.5平方公里的区域划归红寺堡，两处共计103.5平方公里。至此，红寺堡区域总面积又一次增大，达到了1999平方公里。

2010年上半年，自治区第三次调整红寺堡区与相邻县区的行政区划。3月批准将同心县韦州镇巴庄、塘坊梁两村及甘沟村部分地域（韦州河东岸）划归红寺堡区管辖（宁政发〔2010〕35号）；将盐池县惠安堡镇211高速公路—211国道以西地域划归红寺堡区管辖（其中惠安堡镇镇区部分以盐湖东南边沿划分，以保持惠安堡镇政府驻地的完整）（宁政发〔2010〕44号）。4月批准将吴忠市利通区南部，自滚泉起沿滚泉—孙家滩公路向东，经芨芨沟、大白驿子沟至利通区—灵武市界线一线以南地域划归红寺堡区管辖（宁政发〔2010〕68号）；同时，将灵武市白土岗乡南部，自灵武市—利通区界线附近，向正东方向至211高速公路一线以南，包括白塔水村南部地域划归红寺堡区管辖（宁政发〔2010〕69号）。至此，红寺堡区面积达2767平方公里。

红寺堡区域总面积经过三次滚雪球式的扩充，不断增大，尤其是第三次扩充到2767平方公里的面积，可算得上一个相对比较大的县域面积，与邻县区相比，在面积上的差距一下子减小了许多。疆域的扩充为红寺堡的持续快速发展提供了有力的土地资源支持，红寺堡工业、农业建设用地基础保障能力明显提升，未来人口的增加和发展空间压力得到一定程度的缓解，更为红寺堡未来的繁荣富强打下了坚实的基础。

三次区划，体现党和政府对红寺堡持续发展的肯定与支持

行走于红寺堡，不少人会被眼前的美景吸引："四季温棚认果香，牡丹初放酒初尝。春风化雨葡萄绿，白露熔金玉米黄。陌上争歌新日月，平湖谁忆旧时光。红墙翠柳巢新燕，北调南腔共一乡。"红寺堡十五年翻天覆地的发展变迁，更加映衬出红寺堡20余万移民的思想观念、生产方式、发展意识的脱胎换骨的更新与变化，正是这种变化的力量，让红寺堡未来的发展更加积极主动、前景可期。

红寺堡移民搬迁之初，从干山枯岭第一次进入平原，第一次种水浇地，虽然摆脱了缺水的折磨，但红寺堡恶劣的环境也让移民心里充满忧虑。山区生活多年养成的闭塞和等待依赖的习惯，在开发建设初期并未得到根本性转变，许多人仍然希望政府在平田整地和修建房屋等方面给予更大的资金支持。但随着生产生活条件的逐步改善，“人往高处走，水往低处流”的发展意识逐渐得到激发，原本思想保守的山区移民开始向川区人学习，在整修田地、硬化水渠、房屋建设上投入更多的资金，在耕作方式上逐步向精细化迈进。农闲之余，更多的人也开始抡起瓦刀，成群结伙地走入了外出打工的行列。留守在家的老人和妇女，也开始发展特色养殖、设施农业和葡萄种植等特色产业，原来那种等和靠的思想彻底消除了，变成了一种积极争取、主动寻求出路的思想，一种开放合作的生产经营方式逐步形成，来自四省八县不同地域、不同民族之间的关系也越发亲近。

红寺堡提出发展“3211”产业以来，有一些经济基础较好且发展意识强烈的红寺堡移民大力响应，红寺堡高效、避灾、节水、生态型现代农业的发展步伐进一步加快。2009 年红寺堡区的成立，更是让红寺堡迎来新一轮加快发展的重大机遇，城市建设迈上了新的台阶，城乡向着环境优美适宜居住的方向发展。经济的加速发展，随之伴生的是红寺堡城乡居民的道德素质的普遍提高和文明程度的极大提升。随着“两大工程”的深入推进，农村乱堆放柴草、乱占乱建、乱倒垃圾的现象如今都成了历史，城区以健身、娱乐、民族间的交流为主的各种形式的文化宣传娱乐活动成为市民生活的新常态。红寺堡人的目光开始变得深远，科学发展的意识和以“博爱互助”为特点的慈善文化心理在红寺堡城市居民的身上日益成形。肯改变自我和能改变自我，红寺堡人正是在这种创新精神的引领下，不断地改善着生产生活环境，也不断地彰显着红寺堡这个新家园的活力与魅力。

第二章　在新的起点上

吴忠市红寺堡区正式设立，这标志着红寺堡作为一个国家基层政权进入了中国版图。随着人大、政府、政协等相关机构不断健全完善，红寺堡区新一届领导班子以科学发展观为统领，以坚持不渝的信念，以攻坚克难的毅力，理性沉潜，负重前行，不辱使命，迎难而上，加快发展；团结带领20万干部群众聚精会神搞建设，一心一意谋发展，以廉洁、勤政、务实、高效的作风强力推动各项工作的深入发展，形成了九牛爬坡、个个出力的干事创业新格局。

第一节　依法监督保民生

红寺堡区设立后，人大、政协等机构相继成立，紧扣发展这个第一要务，人大、政协机构时刻关注和着力推动改善民生，认真履行宪法和法律赋予的各项职责，致力发展，积极作为，抓重点求实效，抓监督求突破，各项工作逐步规范化，有力地促进了红寺堡区行政向民主化、法治化道路迈进。

奏响履职最强音

2009年12月，红寺堡区一届人大常委会选举产生。

五年来，区人大常委会有效发挥地方国家权力机关监督、服务和促进经济社会发展的职能作用，采取开展调查、视察和执法检查、听取和审议专项工作报告、审理议案、作出决议决定和审议意见等方式，认真履行宪法和法律赋予的职权，为推进民主法制进程、建设“五个”红寺堡发挥了应有的作用。

依法用权促发展

按照宪法赋予的权力，认真履行各项工作职能，立足红寺堡区建设发展实际，准确把握形势，深入查找制约发展的突出因素，大力督促区政府及有关部门加快产业结构调整，大力培育特色优势主导产业，不断夯实财源基础，着力提高县域经济综合实力。

在计划财政工作监督上，按照法定职责，对区计划、预算执行和财政决算情况进行了审查，对审计工作进行了调查，依法审查批准了各年度区财政决算。重

▲ 吴忠市红寺堡区第二届人民代表大会第一次会议

视加强对审计查出问题整改落实情况的跟踪检查，并要求区政府严肃预算执行，积极推进财政科学化、精细化管理，有效提高了财政资金使用效益；在推动重点项目建设上，按照区委推进落实“两大任务”总体部署，组织对产业、城乡建设和民生事业等各方面重点项目建设情况进行视察或调查。针对项目储备相对滞后、个别项目审批和招投标程序不尽规范、建设进度缓慢等问题，要求区政府及有关部门加强项目论证、储备和申报工作，认真落实招投标制、工程监理制等各项制度，强化安全生产、严把工程质量、加快建设进度，促进红寺堡区重点项目顺利推进；在助推招商引资工作上，围绕优化产业结构，加快经济转型发展，针对招商项目落地难、落地项目建设慢等问题，深入分析原因，促使区政府不断完善招商引资工作机制，加强项目宣传推介，协调解决企业发展中存在的突出问题，不断巩固和扩大招商引资成果。针对招商引资工作中存在的服务理念不强、部分优惠政策落实不到位等问题，组织开展了优化发展环境专项调查，就加强招商项目跟踪服务、加快基础设施建设等方面提出具体建议。

几年来，区人大常委会认真发挥监督职能，力促重点工作落实，推动经济方式转变。以生态移民工程建设督察为重点，通过专项调研，就基础设施建设、产业培育等方面存在的问题，提出审议意见，对下一步区政府争取政策资金，加快工程建设进度，培育发展致富产业，加强社会管理，确保实现移民“搬得出、稳得住、逐步能致富”提出了明确要求；针对红寺堡水资源供需矛盾突出、农田水利设施滞后等问题，加大专项调查力度，认真梳理问题，要求区政府以建设高效节水示范区为目标，争取和实施一批重大水利工程，严格水资源开发、利用和管理，突破瓶颈制约，促进经济社会协调可持续发展；围绕葡萄产业发展和工业园区建设，组成专项调查组采取实地走访，召开企业发展协调推进会，外出学习考察取经等形式，形成了关于加快葡萄产业发展的调查报告，向区政府提出加强土地管理、完善园区基础设施和招商引资工作机制等一些具体的意见、建议，督促和支持政府加快产业结构调整，不断加快产业转型升级步伐。立足推进农村扶贫开发工作，深入开展新农村建设、特色产业发展及整村推进、“双到工程”实施情况全面调查，认真查找制约移民发展增收的主要因素，要求政府制定和完善相关措施，确保稳步实现贫困人口整体脱贫。

倾力改善民生

万事民生大。区人大常委会坚持以人为本，围绕改善和保障民生，不断加强工作监督，努力让红寺堡区人民共享改革发展成果。针对农民增收问题，对肉牛养殖和劳务输出开展专项调查，查摆出肉牛养殖中存在的建设资金短缺、养殖园区效益低、营销体系不完善等问题，提出了加大政策扶持、完善园区基础设施、实施龙头企业带动等建议；针对劳务输出工作中存在的劳务培训实用性不强、劳动就业服务体系建设滞后等问题，提出了整合培训资源、加强技能培训、大力发展劳务经纪人等建议。区政府及各职能部门落实责任、强化措施，加大产业扶持力度，促进了农民持续稳定增收。

在推动社会各项事业健康协调发展方面，将保障房建设作为重大民生工程，列入监督计划，提出了加强政策宣传，加快项目建设，严把工程质量，完善保障房审查、分配和退出工作机制等建议，促进了保障房建设目标任务的落实；开展统筹“两险”及低保工作调查，提出了建立参保人员信息库，加强宣传引导，严格审批程序，积极推进“一卡通”工程等。根据相关建议，区政府进一步完善了社保及低保管理、运行和监督机制，实现了“两险”及低保工作城乡统筹和应保尽保，社会保障体系不断完善；在支持教育事业发展上，先后针对部分学校校舍不足、学生住宿困难、课桌凳短缺、信息化教学条件滞后等问题，向区政府提出了有针对性的解决办法，广泛动员社会力量，积极争取有关单位、企业支持，为农村学校捐赠了20台安全饮水设施、500套课桌凳、31台电脑和2万余册图书，改善了部分乡村学校的办学条件。

牢筑法治基石

区人大常委会依法履行职责，积极支持和促进“一府两院”依法行政、公正司法，努力营造有利于经济社会发展的良好法治环境。坚持依法讨论决定重大事项，围绕区委中心工作，先后就事关红寺堡区长远发展的新一轮城区总体规划修编等重大问题，深入调查研究，适时作出决议决定，从制度上、法律上保证了区委决策部署的贯彻落实。立足红寺堡区加快发展和改善民生的需要，先后就区政府提请的关于校舍维修加固、城区集中供热等重点项目建设资金贷款作出决定，保障了工程的顺利推进；坚持党管干部与人大依法任免干部相结合，制定完善人事任免办法，严格拟任职人员法律知识考试、就职发言、公开履职承诺等制度，着力推动人事任免工作的制度化、规范化建设，先后依法任免国家机关工作人员 137 人（次）。重视加强干部任后监督，组织开展工作评议，把人大常委会的监督和公众监督相结合，把对事的监督和对人的监督相结合，实现了对区政府组成部门和法院、检察院的全覆盖；以维护司法权威，保障群众利益为出发点，组织开展法院执行工作和检察院反贪污贿赂工作专项调查，针对被执行人难找、被执行财产难寻、司法救助体系建设滞后等问题，提出加强诉讼调解，加大案件执行

▲ 红寺堡区人大常委会主任马鑫（左三）主持常委会会议

力度，完善执行救助机制等建议，督促法院清理执行积案，建立执行救助金制度，推动执行工作良性健康运行，指导区检察院加大职务犯罪案件查办力度，不断深化预防工作，促进了红寺堡区反腐倡廉建设的深入开展。

全力提升代表工作水平

以畅通代表知情知政渠道为抓手，开展了各级各类人大代表集中培训，邀请、组织代表参加调研视察活动、列席常委会会议、参加红寺堡区经济观摩和部门“两评一述”等活动，激发代表履职热情，促进代表作用的发挥。建立了优秀代表评选制度，开展走访联系代表活动，主动加强与人大代表的沟通交流，征求意见、建议，了解民情、倾听民意；以保障代表依法履职为抓手，坚持“把阵地建起来、把代表组织起来、把活动开展起来、把作用发挥出来”，制定了《关于进一步加强人大代表工作的意见》和关于开展代表“五个一”活动安排意见等指导性文件，进一步明确工作思路、工作目标和任务。按照代表工作性质和居住区域，将区、市、县、乡四级人大代表混编为若干个代表小组，指导各代表小组建立“代表之家”，制定相关规章制度，定期组织开展活动，初步建立起代表活动的长效机制；以推动代表议案建议落实为抓手，制定完善议案建议办理办法，对历年人代会及闭会期间收到的代表议案和建议，及时转交区“一府两院”研究办理，每年组织对议案建议办理情况进行视察或调查，督促承办单位逐件研究落实，议案建议办理质量和办结率逐年提高，有力地推动了一些群众关心的热点、难点问题的解决。

五年来，通过深入调研，围绕制约红寺堡区发展的瓶颈和加快发展的重大问题，区人大常委会共向自治区、吴忠市提交代表建议50余件，其中，关于将红寺堡列为闽宁对口帮扶县（区）、建设利红快速通道等建议被自治区、吴忠市人大列为重点督办建议，关于把红寺堡建成扬黄灌溉节水示范区等建议被自治区人大列为现场办理建议，关于建设乌沙塘综合水源工程、改建恩红公路、增加人员编制等一批建议也得到了较好落实，对于破解发展难题、推动红寺堡区经济社会发展起到了积极促进作用。

第二节　凝心聚力促发展

2009年11月，红寺堡区政协第一届委员会正式成立。五年来，政协机关认真履行政治协商、民主监督、参政议政职能，紧紧围绕红寺堡区中心工作，主动服务于大局，坚持做到“区委想什么，政协议什么；政府做什么，政协帮什么”，为区委、政府的决策部署献智献策，为红寺堡区经济社会又好又快发展做出了积极贡献。

资政建言献良策

立足促进经济社会全面发展的履职的第一要务，区政协充分发挥人才荟萃、智力密集、联系广泛的优势，组织委员就红寺堡区产业结构调整、工业经济增长、慈善产业发展、创新经济发展环境、社会事业进步和民生改善等问题资政建言，

▲ 红寺堡区政协主席马宁（左三）在新庄集乡调研

为区经济健康快速发展提供智力支持。五年来，围绕红寺堡农业基础设施建设、“3211”特色优势产业培育、农业用水短缺、生态移民等重点工作，组织委员多次开展专题调研，形成了《关于我区葡萄产业发展情况的调研报告》等多篇调研报告，提出了“大力发展大小拱棚”、推行“基地＋农户＋协会＋市场＋企业”的农业产业化运作模式、加快推进葡萄产业发展、培育地方特色龙头企业等20余条事关大农业发展的建议，积极协调争取农业综合开发、人饮工程等项目5个，落实资金2867万元；围绕加快工业经济发展、做大做强慈善产业，向区委、政府提出“将原红寺堡地毯厂改建为红寺堡爱德福利制衣厂，安排残疾人就业”的建议，促成红寺堡爱德福利制衣厂开业运营，并与宁夏汇川服装有限公司合资组建宁夏汇川爱德服装装备有限公司，成为进驻弘德园区的第一家企业，得到自治区领导的充分肯定；围绕招商引资积极献智出力，广泛动员委员参与招商引资工作，鼓励来自企业界的代表委员加大在红寺堡投资力度，扩大生产规模，积极与上海、广东、山西、陕西、福建等地的客商联系，主动推介红寺堡优势投资项目，先后引来18批（次）商团到红寺堡洽谈和考察，实现以商招商，以企引企，为客商进驻红寺堡投资置业牵线搭桥做好服务，仅2013年，来自企业界的代表委员在红寺堡投资就达到了2.05亿元。

完善多层次协商议政制度

紧紧围绕中心工作，自觉服务大局，充分发挥政治协商主渠道作用，常思富民之举，常谋强区之计，常献发展之策，使政治协商重点突出，成效明显。

全委会集中协商。利用每次全委会，组织委员围绕政府工作报告、国民经济发展计划及法检两院报告等，通过提交提案、反映社情民意、小组讨论、大会发言等形式，就产业结构调整、生态移民、慈善产业、社会事业发展等事关红寺堡区发展大局的重大问题广泛进行协商讨论，积极建言献策。

常委会专题协商。共召开常委会18次，通过常委会协商讨论的议题既有经济运行、重点项目建设、招商引资、非公有制经济发展、移民工作遗留问题等事关红寺堡全区发展大计的议题，也有冬季供暖、医疗卫生、计划生育、慈善事业

▲ 红寺堡区吴忠市政协委员培训会议

和教育工作等人民群众广泛关注的社会民生问题，这些议题得到区委、政府的高度重视，在促进发展中起到了较好的作用。

专委会对口协商。注重发挥专委会作用，成立了社科委员、提案委员、经宗委员 3 个活动小组，各专委会结合职能部门实际，通过调研、走访、座谈、开展小组活动等方式，进行对口协商，做到同联系部门协商的经常化，促进对口协商工作有效开展。

拓宽民主监督渠道

认真履行民主监督职能，积极探索民主监督的新方法，加强和改进提案督办、视察、社情民意工作，全面反映民思、民盼、民忧。坚持委员视察与民主监督有机结合，采取配合视察、参与视察、专项视察等方式，开展和谐宗教、教育均衡发展、民营企业发展、弘德慈善产业园区建设、生态移民、食品药品安全监管等各类视察活动20次，提出意见建议100多条，为区委、政府科学决策献计出力；坚持民意监督导向作用，建立了社情民意信息报送机制，聘请18名信息员。几年来，各级领导批示社情民意信息达到17期，其中“关于红寺堡移民工作遗留问题”的信息，区、市主要领导做出了重要批示；切实发挥评议监督作用，制订了相关工作规则，聘请了特邀民主监督员，对红寺堡区各行各业重点工作开展民主监督，收集群众意见，梳理反馈给相关部门，促进了有关部门的作风改进和效率提高。组织委员专门对党政部门、窗口行业的政风行风进行民主评议，为促进部门转变作风、提高效率发挥了积极作用。

参政议政为民谋

围绕经济社会发展中的重点问题，多种形式开展参政议政活动，主动把服务科学发展、跨越发展作为参政议政的第一要务，积极引导政协委员深入基层、深入实际，办利民惠民之事，献富民安民之策。

以解决问题为出发点，围绕医疗卫生体系建设、慈善产业发展、和谐宗教等方面开展专题调研23次，提出意见建议86条。推进提案办理，组织开展了8次现场督查和8次跟踪督办，通过举办提案办理座谈会、召开提案办理情况通报会、开展提案办理民主评议活动等多种方式，公开接受群众和舆论监督，立案的220件提案办复率达到100%，委员对办理情况满意率达到95.3%，部分提案的意见已经转化为政府具体的工作措施，有些问题已得到彻底解决。特别是自治区政协九届三至五次会议期间，驻红寺堡自治区政协委员提交大会发言6件、提案4件，其中，“增设红寺堡区乡（镇）”和“增加红寺堡区人员编制”的建议，受到自治区和厅（局）有关领导的高度重视，并得到一定程度的解决。

以关注民生为关键点，积极协调关系，化解矛盾，如实反映人民群众的意愿和要求，搭建政群沟通之桥，拓宽民意表达之路，为建设和谐红寺堡凝心聚力。在促进民族团结协商方面，多次召开宗教界委员座谈会，为宗教和谐出谋划策，先后形成了《关于和谐宗教工作的视察报告》和《民族宗教管理工作的视察报告》，充分发挥了政协机关在协调各方关系、维护社会稳定中的作用；在强化对接协调方面，认真协助中央、区、市三级政协和相关民主党派调研组，先后开展了“启动黄河上游基础性、控制性水资源配置工程建设课题”“加强城乡统筹，加快我区城镇化进程”“加强和促进民族团结与宗教和谐”、生态移民等多项专题调研和视察工作，多种渠道向上反映制约红寺堡经济社会发展的相关困难和问题，力促“瓶颈”因素得到有效破除；在为民办实事方面，协调落实“宁夏政协兴华成才助学金”工程项目，对 20 名高中生和 30 名大学生进行了资助，资助资金达 16 万元；协调北京成龙慈善基金会善款项目救助儿童 68 名，落实资金 29 万元，参与慈善基金募捐和“壹基金”捐资活动，政协机关共捐款 1.6 万余元，为一位高位截瘫患者捐助医疗费 2.99 万元。

▲ 吴忠市红寺堡区第二届委员会第二次会议

第二篇 建设新成就

见证

红寺堡开发建设之路

HONGSIBUKAIFAJIANSHEZHILU

红寺堡开发建设15年特别是建区5周年以来，移民生产生活发生了翻天覆地的变化。经过十余年的探索与实践，在生态建设、农业产业、城乡建设、文化教育等社会事业方面取得了巨大的成就，积累了丰富的创业经验。从生态立区到生态文明、从旱作农业到现代农业、从产业形成到工业发展，红寺堡人走出了一条极富特色的创业之路，实现了认识上质的飞跃。

各行各业的成就印证了红寺堡的昨天与今天，必将激励着红寺堡铿锵有力地迈向光辉灿烂的明天。

第一章　从旱作农业到现代农业

改变一个“最古老产业”的生产方式，意味着一次社会性的转变。这样的转变，正在红寺堡这块神奇的土地上发生着。当人类的足迹镶嵌在这片沉寂千载的荒漠，滚滚的黄河水流入希望的田野。在西部大开发和生态移民强劲的号角声中，曾经的不毛之地，完成脱胎换骨的蜕变。十余年来，红寺堡铸扬黄工程伟业，谱生态移民新篇，广大移民摆脱了受制于老天的雨养农业的樊篱，在这里种上了水浇地，以“节水、高效、生态、绿色”为特色的现代农业高歌猛进、不断壮大，葡萄产业、红枣产业、设施农业和黄牛养殖等优势主导产业成为移民增收的主渠道，科冕

▲ 滴水贵如油

葡萄酿酒、壹加壹农牧科技、瑞丰葡萄榨汁等一大批以农副产品加工为主的龙头企业纷纷落地……十余年的艰辛探索与发展，见证了党的扶贫移民政策对贫困地区不遗余力的支持和彻头彻尾的变革，也让二十余万红寺堡人有了更大的底气和动力，奏响更加美好的田园牧歌。

第一节　旱作之殇

旱地农业在中国又称旱作农业，在国外称“雨养农业”或“雨育农业”，指在降水稀少又无灌溉条件的干旱、半干旱和半湿润易旱地区，主要依靠天然降水和采取一系列旱作农业技术措施，以发展旱生或抗旱、耐旱的农作物为主的农业。这种完全依靠天然降水而获取农作物的种植方式，是中国西北干旱半干旱地区较为常态化的一种农业生产模式。

贫瘠之地的渴望

在我国，地处宁夏南部的“西海固”是贫困的代名词；在世界，“西海固”被联合国列为“最不适合人类居住的地区”之一。这里干旱少雨，坡大土瘠。放眼四望，山峦连着山峦，难见树木，植被稀疏。满目都是黄土，横无际涯。大风起时，卷起的黄土随着云飞云走，甚至成为沙尘暴。西海固不仅靠天吃饭望天收，而且靠天喝水望天下雨。清代名臣左宗棠途经这里，见到的是“赤地千里，十室九空”，因此他在给同治皇帝的奏折中叹道：“苦瘠甲于天下。”百余年来，这里的自然条件没有多大的改善。这里的人们，苦苦挣扎在温饱线以下，世代相继、艰难度日。

水是生命之源，这句话在西海固人心中体会得更加真切。20 世纪八九十年代，由于长期干旱，水贵如油，大多数群众吃水要从外地拉运，每方水的价格高达二三十元，还不包括运输费用。长期以来，在这片赖以生存的土地上，人们将用水的智慧发挥到了极致。他们在光秃秃的山脚下、地势低洼的地方，挖出深浅不一的窖井，用来收集雨水，即便是这样，也不能保证收集得到。由于降雨量不足 300 毫米，蒸发量则是降雨量的 7 倍，有时候降雨量太少，一落地就被干涸的土地吸收得无影无踪，无论怎么仔细收集，雨水都装不满窖井。有些农户在家里也建有窖井，通过房屋滴水檐下的集雨系统，将屋顶上的雨水收集流进管道，再进入家里的窖井。在这片土地上，一滴水也不能浪费。雨水好的时候，人畜饮水是分开的；雨水不好，人畜共饮一窖水并不鲜见。长期的干旱，导致缺少洗漱用水，让女人娃娃的脸上蒙上一层土垢，男人们也不敢饲养太多的家畜用于农耕。许多家庭女儿择偶的标准，首先是将要嫁去的那个地方不能缺水，而拥有三五个水窖的人家，无疑会被当作一种财富的象征。

西海固人最大的渴望就是老天爷能下一场透雨。每逢下雨，场院里、沟梁上、山丘上到处是人们往来采集雨水的忙碌身影，那是一种迫不及待地与雨水亲近的快乐，更是一场西海固罕有的展示生命张力的盛典……

“靠天吃饭”的无奈

西海固地区是全国 18 个集中连片的特殊贫困地区之一。干旱的气候，决定

▲ 西海固的窖井

了这里的人们必须靠天吃饭。在起起伏伏的沟壑和陡峭的山梁上，到处都是不规则的农田，由于地势不平、山路崎岖，长期以来这里的农耕方式基本上都是传统的“二牛抬杠”。许多地方，山上不长树，也不长草，缺少水分滋润的田地里，自然也长不出庄稼来。这里主要种小麦、荞麦和马铃薯，但产量非常低。1 亩小麦，要撒下 40 多斤的种子，碰上雨水稍多的年份，能收上 200 斤已经算是好收成了。雨水不好的年份，有时候连籽种都收不回来。地里的高粱，不仅长得不高，且完全不结果实，看起来就像野草一样。“种一毡帽，打两毡帽”成为许多西海固人习以为常的农业收获方式。

远处群山向阳地带开辟出来的坡地是村民每年的主要生活来源，收成只能看老天爷的眼色。许多西海固人只能靠养羊和种地生活。由于土地无法产出足以维系生存需要的粮食，人们只能把眼光投向更为陡峭的沟壑山峁，他们在那里，几乎是掠夺式地开垦出更多的土地，把更多的希望撒播在那里，满心期待着下一年能多一点雨水，多收获一点庄稼。西海固，就这样周而复始地延续着“越穷越垦、越垦越穷”的怪圈和轮回。

▲渴 望

面朝黄土背朝天，在黄土地里“刨”着吃。这就是西海固人民的生产、生活状态。有人说山区人民穷，有人说山区人民懒，可是，在这样恶劣的自然环境下，“一方水土养不了一方人”，再肥沃的土地，如果缺少了雨水的滋润，如何能获得丰硕的收成？西海固人是勤劳的，在这片干旱贫瘠的土地上，发展基础薄弱，生存条件艰苦，生态环境脆弱，人们却世世代代在这里坚强地生存着。他们不缺乏勇气，不缺乏对美好生活的向往，在与命运的顽强抗争中，他们无数次地抬起头，向着遥远的山外望去，那里，是一片广阔的全新的天地，他们的憧憬、他们的希望，或许就在那里。

第二节　追求梦想

“有水路走水路，没有水路走旱路，水旱不通另寻出路。”20 世纪末期，根据国家“三西”扶贫的这一思想方针，宁夏在总结吊庄移民有益经验的基础上，启动实施宁夏扶贫扬黄灌溉工程，在红寺堡实施大规模异地扶贫移民开发，开创了“以川济山，山川共济”的扶贫开发典范。红寺堡，这片曾经黄沙滚滚的荒原，引来黄河水，浇灌万顷田，20 余万西海固地区贫困群众来到这片创业的热土，点燃了脱贫致富、加快发展的希望之火。

从山区到川区

经过近 15 年的生态移民迁徙，大规模的移民形成了红寺堡开发建设史上特有的风景，30 年的迁徙历程及时光积淀，生态移民改变的不只是生产、生活的面貌和方式，促生的还有产业化的快步发展，文化上的包容和改变。

水，在西海固人民的心中如同金子般金贵。而红寺堡有引黄灌溉之利，这里便成了万千西海固群众迁徙落脚的地方。“渠网纵横引活水，一朝不再望天收”——在红寺堡，扬黄渡槽凌空飞渡，滚滚黄河水经此缓缓流到移民的田里时，他们世世代代种上水浇地的梦想一下子成了现实。

有水，就有了希望。10 余年来，20 余万干部移民在红寺堡这片生机勃勃的土地上勤劳垦殖，加快发展，逐步致富。他们的生产生活方式，也因水而发生了巨大的变化。

在山区老家，由于山川阻隔、交通不便，群众穿着打扮相对保守。而在发展了10余年的移民村，山区移民在穿着打扮方面和川区人的差异已不明显。在集市上，甚至可以看到穿着丝袜和超短裙的年轻、时尚的女子。虽然大部分移民依然保持喜欢吃面食的习惯，但在老家“早上馍馍洋芋，中午洋芋馍馍，晚上馍馍加洋芋”的生活状况已经发生了翻天覆地的变化，许多移民家庭的伙食就连城里人也羡慕不已：自家种着温棚，一年四季吃的都是绿色无公害蔬菜，茶缸里出现以前见也没有见过的价值不菲的枸杞，也不是什么稀罕事。

在老家，条件一般的群众都住窑洞，条件好一点的人家住瓦房，石墙、木头拱顶，这样的结构既防漏水，又便于接雨水。而在移民新村，许多移民已经过了从土坯房到砖瓦房再到楼房的三次变迁，移民的居住条件和许多川区的老住户也没什么差别。在不同县区移民间的融合交往中，山区移民包括婚礼食俗在内的许多习俗都受到全新的移民文化模式的影响，而悄悄地发生着变化，许多人已经改变以前的老传统，将子女们的婚礼现场也搬到了县城的大餐馆里，回族老人们在上寺归来后，到街道或社区去下下棋、聊聊天，已经成为一种惬意的生活方式。

“旱”“水”之变

对于习惯于在宁夏南部山区“靠天吃饭”的移民群众来说，在红寺堡灌区10余年农耕发展的历史让他们远离了贫苦，收获了富足，也增添了对未来美好生活的无限憧憬。

来自宁夏彭阳县的移民马富莲，搬迁到红寺堡时已经年近5旬，儿女有的已经成家，膝下有一个嗷嗷承欢的小孙女。常年劳作的她，来到红寺堡后依然是家里的主要劳力，和子女们一样顶着烈日耕作在田地中。但是在扬黄灌区全新的耕作方式却让这个与田地打了半辈子交道的庄稼人有些不适应。“不习惯，主要是没有见过也没有种过水浇地，刚开始灌水采取的是大水漫灌，打开水渠的闸口，那水一下子就冲进田里来了，像个野兽一样不服管教，有点控制不住。”她如此

▲ 大拱棚辣椒

形容第一次给田灌水的感受。由于刚开垦的土地平整度不够，灌溉时农田里有的地方已经积水过膝，而有的地方却因地势较高而浇灌不到。“没法子，我只能拿着一把铁锹，赤着脚走进水里，到水淹不到的地方用铁锹拉开一道一道的壕沟，把水再引过来。那时候给地里灌水可是大事，有时候排在晚上，头上得顶着矿灯，深一脚浅一脚地在地里摸索着灌溉，浑身都是泥沙，狼狈的不行，灌一次水过后，人就像生了一场大病。”如今，60 多岁的她早已不去田间劳动，说起农田灌溉，笑意漫上眉梢：“现在好了，田地都平整了，搞成了小畦田，一块地多长时间能灌足水，时间上很好把握，娃娃（儿子）一个人拿一把锹去就行了，主要也就是开闸和关闸需要动手，空闲时间娃娃还可以和别人打打电话聊聊天，舒服得很！”

从同心县搬到红寺堡镇团结村的移民冯志生、冯自学兄弟谈及到红寺堡后生活发生的变化，十分感慨。“以前就是二牛抬杠么，祖祖辈辈都这样过来的，到这里来种水浇地，耕地不用牛，收割都用机械，刚开始很不适应，以前在老家种庄稼还算是个好把式，到这里感觉原来的手艺几乎都用不上。”生性好强的冯家兄弟不甘于现状，通过认真谋划，瞅准机会干起了甘草种植和贩运。“刚开始还是小打小闹的，后来一看这个行当有奔头，就开始先向别人租赁土地，再后来就搞大面积流转，每年种植规模都在一两千亩。有规模、有产品，就不愁销路了，收购商都是每年提前和我们签合同，主动上门收购。我们现在搞起了甘草销售合作社，发展农户扩大种植规模，有钱大家挣，路子更宽广。”冯志学说。如今，冯氏兄弟成了远近闻名的甘草大王，两个人都在自家的宅基地上盖起了小别墅，买了高档小轿车，个人资产达到数千万元。

▲ 移民新村

从搬迁之前的年人均收入不足500元，到2013年的4790元，红寺堡移民生活水平的提升也见证了一段非凡的农业大开发、大发展的光辉历程。红寺堡镇中圈塘村移民乔文生，以前家居宁夏隆德县，生活极为贫困。2002年搬迁到红寺堡后，他的生活发生了连自己都意想不到的变化。“最初想搬到这里发展，是因为国家有扶持政策，我们刚来时5年内免征农业税、牧业税、农林特产税，免交粮油定购任务和各种提留费，感觉生活上有盼头。但是由于搬迁前生活就十分困难，来了以后盖房子之类的花销也大，还背了一屁股债，生活依然很紧巴。”乔文生说。2007年，红寺堡大力发展高效避灾节水农业，中圈塘村作为整村推进试点村，开始大面积种植酿酒葡萄，乔文生怀着忐忑不安的心情，在所有地里都种上了葡萄。由于前三年葡萄没有任何收成，他也迷茫过，同时也受到了妻子无数次的抱怨，但他最终还是选择了坚持。为了掌握种植技术，他每天都坚持到田里去，细心地将温度、水分、光热变化对葡萄的影响都记录在小本子上，四五年下来，居然记录了有十几本之多，他也因此成为被专业技术人员和群众认可的“土专家”。2009年葡萄正式挂果后，由于懂技术、舍得投入，乔文生当年收入超过6万元，将此前的投入全部收回，并有了很多盈余。乔文生说：“葡萄是多年生草本植物，一次性投入，多年可以获得回报，我对将来的生活非常有信心，选择这条路子，看来是走对了！”

在红寺堡，像马富莲、冯自学、乔文生这样的移民有很多。他们经历了农作方式从雨养农业到灌溉农业再到高效节水现代农业的两次转变，红寺堡这片创业热土给予了他们全新的生活。他们也凭着对生活的憧憬和执着，以及勤劳朴实和艰苦创业，走上了发家致富的康庄大道。

第三节　播下希望的种子

红寺堡建区之前的10年发展，实现了雨养农业向灌溉农业的转变，并基本实现了灌溉农业向现代农业的二次转变。结合扬黄灌区实际情况，农业产业发展经历了传统种植业向草畜产业、桑蚕产业、特色养殖业，向经果林、葡萄产业、设施农业的数次转变。特别是以“节水、高效、生态、绿色”为特色的现代农业加速发展，让红寺堡广大移民趟开了发展的新路子，鼓起了钱袋子。平畴绿野间，生态移民新村百业兴旺，葡萄园里沉甸甸的枝头上挂满了生态“金”果，一排排规划有序的高效节能日光温室，在阳光下闪着银光，伸向遥远的天边……现代农业为红寺堡的发展提供了广阔的平台，广大移民阔步走在幸福的康庄大道上，欢笑写在了希望的田野里。

向温饱发起挑战

让搬迁移民在较短时间内适应从雨养农业向灌溉农业的转变、帮助他们解决温饱问题，是红寺堡开发建设初期农业生产的根本任务和主攻方向。立足实际区情，红寺堡开发区管委会初步确立种草养畜、种桑养蚕及中药材种植三大主导产业，以畜牧业为突破口，以桑蚕、中药为补充，建基地、树龙头、全面推进农业产业化，将可持续发展定位在生态农业上。

1999年，红寺堡灌区的灌溉农业第一次有了收获，当年种植粮食作物1.7万亩，总产量达到234.7万公斤。到2001年年底，红寺堡灌区农作物种植面积达11.65万亩，粮食总产量2532.2万公斤，人均有粮439公斤，农民人均纯收入达709元。2002年，农作物总播种面积达到20.6万亩，夏粮总产值达到1245.5万元，羊只存栏26万只，人工种草2.6万亩，栽种桑树1万亩，种植甘草、枸杞、黄芪等沙生中药材12595亩。长期以来，受传统放牧思想的影响，草原超载放牧、过度放牧，导致草牧场严重退化沙化。2003年以来，红寺堡以优化生产环境为目标，全面实施封山禁牧政策，坚持“林草结合、灌草结合、造封结合、农林牧结合、草畜一体化”的发展原则，对封育区、治理区实行全年禁牧，大力实施退牧还草和草原围栏工程，不断扩大草原绿地面积。5年间，红寺堡区28.36万只羊和3.36万头牛全部舍饲圈养，累计完成草原围栏面积60万亩，完成草原补播改良5万亩，

▲ 肉羊养殖

部分封育治理区植被恢复率达到了90%以上，森林覆盖率达到29%，土地沙漠化实现逆转，草原建设实现了良性循环，流动沙丘被丛丛新绿覆盖。农业的稳定发展对红寺堡移民安心定居、加快发展起到了积极的促进作用，一个以扶贫开发为中心、以农业生产为基础的新型引黄灌溉区崛起在宁夏中部干旱带上，移民开发建设的生态效益、经济效益和社会效益日渐明显。

鼓起增收"钱袋子"

思路决定出路。2005年以来，红寺堡认真审视资源禀赋、准确把握区情，积极调整产业结构，倡导发展高效、节水、避灾农业。2007年，按照自治区"六个百万亩"和吴忠市"十大农业产业基地"的战略部署，开创性地提出"321"产业构想，计划用5年左右的时间，发展30万亩葡萄、20万亩以高酸苹果为主的经果林和10万亩设施农业；实现"人均1.5亩葡萄、1亩经果林、0.5亩设施农业"，农民人均纯收入达到6000元以上，力争把红寺堡建成全国最大的酿酒葡萄基地、自治区最大的节水示范区和中部干旱带最大的生态区。2008年，红寺堡共整合各类项目资金4300余万元，制定出台了政府补贴、金融扶持、温棚产权承包和科技扶持等一系列助推产业发展的优惠政策，采用部门乡镇、部门包干的方式，定任务、定指标、定责任，抓督察，7个月内建成乌沙塘高效节水示范农业设施园区，870座高标准日光温室当年发挥效益。乌沙塘高效节水示范农业设施园区如一座"设施农业博物馆"，不同类型的温棚应有尽有，造价近10万元的砖混墙体、无立柱、全钢架温棚更是让人耳目一新，所有温棚都规划安装滴灌、卷帘机和暖风设备。同时，聘请自治区专家团长期驻守设施农业园区，为农户搭建温棚、田间管理提供技术指导，并优先使用新技术、新品种、新工艺，2008年度被自治区人民政府评为自治区建设速度最快、标准最高、连片规模最大、定植长势最好的设施园区。

2009年，红寺堡又规划建设了集育苗、设施园艺、设施养殖、农产品加工为一体的城东万亩高效农业综合示范园区，政府出让土地，鼓励企业和大户参与开发，温棚全部采用砖混全钢架无立柱结构，每座平均投资近10万元，第一期

▲ 枸杞丰收

500座定于2009年8月底建成投产。2009年，设施农业总面积达3.45万亩，其中，温棚0.85亩、大弓棚1万亩、小弓棚0.6万亩，设施农业生产能力已达到8.4万吨，实现产值1.3亿元，比两年前增长了近6倍，使农民真正得到了实惠，农民的生产积极性空前高涨。

针对开发区57%的回族群众有养殖黄牛的经验，红寺堡于2008年年底提出了发展10万头黄牛的设想，将“321”产业调整为“3211”产业，使红寺堡特色优势产业定位更为准确，展现了广阔的发展前景。截至2009年6月底，经果林总面积达18.23万亩，其中，葡萄8.88万亩、红枣2.3万亩、枸杞2.71万亩、庭院经果林4.34万亩，牛存栏2.8万头，规模迅速扩张，呈现出强劲的发展势头。

为了拉长主导产业链条，吸纳更多农民参与到产业链中并受益，红寺堡集中资金扶持兴建了一批龙头企业。引进联众、鹏胜、春盛、陈老大等龙头企业，带动农户发展设施农业、经果林；建成壹加壹、兴骏等4个标准化养殖场，重点发展黄牛饲养；扶持科冕、瑞丰、北京老马等发展葡萄产业，清真牛羊肉加工、泡菜、酱菜、牛肉酱等系列农产品。龙头企业与农户建立了风险共担、利益共享的生产模式，带着主导产业向前冲。截至2008年，红寺堡葡萄、设施农业、黄牛养殖和经果林等产业已初具规模，农民人均纯收入的三分之一来自“3211”产业收入。当年红寺堡农民人均纯收入达到2660元，比开发初期增长5倍，这里，逐步成为宁夏中部干旱带上可持续发展的典范。

◎ 小视窗

新农业引领新生活

10年来，红寺堡开发区的干部引领农民从过去的雨养农业转变为灌溉农业，这才是红寺堡移民富起来的前提。当然，红寺堡作为干旱地区，光依靠传统农业不行，还得发展高效农业。据孟志诚介绍，“我们计划用5年时间，发展30万亩葡萄、20万亩经果林和10万亩设施农业，同时大力发展黄牛养殖业”。

2007年，红寺堡开发区多方争取资金，建成6个蓄水池，为6个设施园区高效节水农业配套灌溉用水。仅一年时间，节省运水成本800万元；2008年，筹措资金建成870个高标准大棚。两年多时间里，设施园区已由原来的两个村增加到6个，面积由2006年以前的不足500亩扩大到2008年的2.8万亩，实现产值1.3亿元，增长了近6倍。

如今，在红寺堡开发区广袤的田野里，一排排规划有序的高效节能日光温室，在阳光下闪着银光，蔬菜、水果、花卉基地正如雨后春笋般涌现。“第一批10万亩酿酒葡萄已经挂果，葡萄酒厂也已经建成。下一步还要建果汁厂、肉联厂，建设农副产品深加工业。”孟志诚说。

据介绍，10年来，各级政府在红寺堡开发区投入建设资金累计达约1.6亿元，迄今红寺堡开发区已完成了两件大事：一是生态恢复，二是移民致富。（《吴忠日报》，通讯员：王文举，2009年11月。）

“节水”之战与创新之路

红寺堡地处宁夏中部干旱带，水资源严重短缺，当地水资源量少质差，可利用的水资源十分有限。扬黄水全部用于农业灌溉，在节水工程配套不齐备、节水措施没有全面推广的情况下，自治区水利厅每年分配给红寺堡的灌溉用水指标核定为1.5亿立方米，种植传统作物平均每亩需要灌溉用水500立方米，只能种植传统作物30万亩，如不采取节水措施，已开发的40万亩土地中就有10万亩无法灌溉，水资源短缺问题日益凸显。红寺堡要发展，不能只停留在解决20万老百姓的温饱问题，面对在农业稳步发展，生态环境大为改善，工业企业开始起步的同时，水资源供需矛盾突出，如何提高水资源利用效率是摆在红寺堡决策者面前的一件大事，节水迫在眉睫。

多年来，红寺堡在节水这个突出问题上醒得早、起得早、走得快，在不断总结探索中，全面统筹规划，走节水发展之路，以发展高效节水农业和打造节水示范区为核心，提出了《红寺堡区节水型社会建设实施方案》《红寺堡区高效节水灌溉五年规划》等，提出了实现水资源有效供给、农民增收和生态保护三大目标，加大节水灌溉工程的推广示范，建立健全节水技术管理体系，广泛动员宣传节水灌溉理念，通过重点产业节水、全民节水，解决灌溉技术落后、群众观念落后的问题。

——以节水挖潜改造为中心，强化工程节水措施。通过整合实施灌区节水改造与续建配套、节水增效示范、末级渠系改造、农业综合开发、土地整理等工程项目，大力推广以小畦灌溉、喷灌、滴灌、补灌和小管出流等为主的高效节水灌溉模式。转变输水模式，采取管道输水，有效减少输水损失，提高水资源利用率。建设高位蓄水池，变季节用水为常年供水，扩大灌区外围高效节水补灌面积。

——以发展高效节水现代农业为主攻方向，大力提高用水效益。按照“33211”种植模式（50万亩土地，按照30%即15万亩土地种植麦套玉米，30%即15万亩土地发展葡萄和经果林，20%即10万亩土地种植马铃薯和油料作物，10%即5万亩土地种植中药材、秋杂粮和牧草等特色种植，10%即5万亩土地发展设施农业，建立优质、高效、节水的农业种植模式）优化特色产业区域布局，种植结构得到合理化发展，灌溉高峰期得以缓解，单方水的效益不断提高。

——针对农民水商品意识淡薄的现状，通过下乡宣讲、印发材料、发布公告等形式，全方位宣传节水灌溉知识，使节水农业家喻户晓，强化节水宣传教育。

▲喷灌节水露地蔬菜

同时进一步加大对农民的种植技术、节水灌溉技术的培训力度，切实提高农民从事节水高效农业的生产能力。

——大力实施农田水利基本建设，进一步完善灌溉管理制度，细化水量指标分解，层层签订目标责任状，强化节水管理。农田水利基本建设结合灌区水资源短缺、灌溉形势严峻的客观实际，紧紧围绕“高效节水”这一核心，把农田水利基本建设与地方经济社会可持续发展规划、生态移民产业发展、特色产业发展、产业结构调整、土地流转和订单农业发展、节水灌溉技术的推广运用、节水灌溉工程的运行管理以及灌溉水指标有效控制结合起来。将农田水利基本建设与各乡镇的灌溉管理、产业结构调整力度、节水指标控制与安排水利项目挂钩。把节水灌溉指标控制作为农田水利基本建设年终考核的重要内容，实行超指标灌溉“一票否决”制，通过农田水利基本建设，最终实现“高效节水”这一目标。

红寺堡人民在多年的治水中摸索出一个“短蓄长用”的经验：通过建蓄水池，在灌溉用水较宽松的 4 月、5 月、8 月及冬灌期尽可能地蓄积扬黄水，解决渠道停灌期间设施农业、生态、工业等的用水问题，变季节供水为全年供水，延长供水时间，满足各行业用水需求，提高水利用效率。在不断地摸索发展中，红寺堡治水将经历“三个转变”：

▲ 畦田建设

——输水方式的转变。通过渠道输水向管道输水的转变，不仅解决了蒸发、渗漏的问题，也解决了直接到田块、到农户的水计量问题，使农民得到实惠，亩均灌水时间缩短20多分钟、入渗量降低30%、亩均节省水费15元。

——产业结构的转变。按照“压减玉米等高耗水低产出作物种植面积，增加葡萄、红枣、设施蔬菜等高效节水作物种植面积”的基本思路，大力发展“3211”产业，通过各种措施，把水账、经济账打包计算，以最低的耗水量追求最大的经济效益。从节水上看，以葡萄为例，采用滴灌措施，亩均灌溉定额按270立方米/亩计算，比核定的366.5立方米/亩定额节水96.5立方米/亩，以现有11.6万亩葡萄计算，仅此产业一年就节水1119.4万立方米。红寺堡区7.45万亩设施农业，按亩均灌溉定额240立方米/亩计算，年节水942万立方米。从效益上看，2010年红寺堡区农牧业收益情况的统计数据显示，种植传统作物亩均最高纯收益223.85元，种植葡萄和设施农业，亩均纯收入可达1700元和6000元以上，实现了每立方米水的最大效益。

——灌水方式的转变。红寺堡开发建设以来，经历了从旱作农业到大水漫灌，从大水漫灌到小畦灌溉，从小畦灌溉到滴灌、管道灌、补灌的转变，红寺堡人一步步向现代节水农业迈进。灌水方式的转变，一方面节约了水资源，另一方面使群众的观念发生了重大转变，节水意识明显增强，为全方位、高标准打造节水农业示范区奠定了坚实的群众基础。

通过这“三个转变”，红寺堡将最终实现“高效、节水、避灾”这样一个目标，灌溉水利用系数将由目前的0.48提高到0.56甚至达到0.6，在移民人口增加、灌溉面积增加、用水指标不增加的情况下，保障了农作物的适时灌溉，保障了生态用水和工业用水需求，增加了农民收入。

红寺堡区将根据经济社会发展的需求，以高效节水为目标，以提高灌溉水的利用效率为核心，坚持常规节水与现代节水相结合，项目实施与运行管理相结合。以扬黄水为依托，以农田水利基本建设为抓手，以加大灌区续建配套节水改造为根本，以产业结构调整，推广小畦灌、滴灌、喷灌、补灌等先进的灌溉技术和自动信息化建设为手段，努力加快把红寺堡打造成宁夏中部干旱带高效节水生态农业样板区的发展步伐。

◎ 小视窗

宁夏红寺堡六措施推进农业节水灌溉

红寺堡灌区是宁夏干旱缺水、生态条件脆弱的扬黄灌区之一，灌溉水能耗高，成本大。随着《黄河水量调度条例》的实施，分配给开发区的水量逐年压减，农业灌溉实行指标供水，红寺堡的水资源紧缺而珍贵。现有的大水漫灌的灌水方式，不仅严重浪费了水资源，增加了农民的水费支出，而且引起了土壤的盐渍化。针对此，红寺堡开发区2008年六项措施并举，全面推进农业节水型灌溉。

一是加强灌溉管理,发挥农民用水协会的作用。按照“以供定需,以水定植,指标供水”的方法,水务局编制用水计划,核定、分解用水指标到乡镇、到支口、到田块。落实“一价制”和“一票到户”措施。建立“水量公开，水价公开，水费公开”的监督制约机制。通过37个农民用水协会定量配水，水资源配置日趋优化，2007年灌溉面积37万亩，亩均灌水366.5立方米，全年累计灌水量1.58亿立方米，亩均节水33.5立方米，共节水1239.5万立方米。

二是实施毛渠砌护项目，达到节水增效和防风治沙的双赢效果。目前已完成毛渠砌护面积2万多亩，节水200万立方米，近3万亩风积沙带撂荒地被治理成良田。据调查，毛渠砌护工程在实施灌水中达到了省水、省工、省地、省钱的“四省”效果。亩均灌水时间缩短15分钟，亩均节水113立方米，节省水费13元。

三是实施骨干工程，改善灌溉条件。通过项目的实施，新建排洪沟4.85公里，排水支沟3.85公里，排水干渠1.72公里，排水农沟17.54公里；新修渠道30.65公里，维修渠道5.34公里，建设配套建筑物1394座，建设小畦田1.5万亩。从根本上改善了群众的灌溉生产条件，而且提高了水利用率，提高了作物单产，群众水费开支随之减小，有效地增加了农民收入，为全面建设节水型社会奠定了基础。

四是积极调整农业产业结构，缓解灌溉压力。通过广泛宣传动员，进一步压减小麦、玉米等高耗水作物种植面积，大面积推广种植酿酒葡萄、马铃薯、甘草、高酸苹果、枸杞和西砂瓜等节水高效农作物，走可持续发展的节水之路。充分发挥抗旱服务队的作用，为地势较高的农田及林带进行抗旱浇灌，发展浇灌面积1.2万亩，有效缓解了灌溉压力，降低了灌溉用水量。

五是加大设施农业节水供水工程建设力度，推进节水型社会建设。全面完成日光温室3600亩的建设任务；完成城北、玉池、灰家窑、水套、何庄子和杨柳6处供水工程，建设总蓄水量达78万方的蓄水池6个。完成灰家窑1.2万亩节水补灌工程，新增灌溉面积6万亩。在工程实施中，坚持工程

▲ 肖家窑马铃薯基地

节水、管理节水、技术节水并重，稳步推进开发区节水型社会建设。

六是扎实开展农田水利基本建设，夯实农业发展基础。2007年在开发区上下开展了以“节水增效促增收”为目标，以“建设高标准小畦田、打造高质量水利工程、发展高水平现代农业”为重点，以“沟渠林田路综合治理”为主要内容的农田水利基本建设，主要呈现出以下三个方面的特点。一是做到了三个结合：即，把农田水利基本建设同新农村建设相结合，同农村环境综合整治暨绿化美化工作相结合，同开发区产业结构调整、发展林果产业相结合，同安排、同部署，全面推进。二是加大了四个力度：即，从开发区群众最关心、最直接、最现实的利益问题入手，进一步加大了解决广大群众生产生活中存在的灌水难、排水难、吃水难和行路难“四难”问题的工作力度，着力解决民生、改善农业农村生产生活条件。三是实现了五个突破：即，在规模、速度、投入、质量和效益五个方面均实现了新的突破。（《宁夏日报》，通讯员：马淑玲，2008年9月。）

第四节　一分耕耘一分收获

红寺堡正式设区五年间，农业生产迎来了新一轮的大发展、快发展。立足区情和资源特色，红寺堡坚持因地制宜、分类指导、突出特色、发挥优势，倾力打造宁夏中部干旱带节水农业示范区。通过积极调整优化农业结构，把发展节水高效农业作为主攻方向，以建设农业示范园（基地）为抓手，引领地方特色产业发展，突出建设“二带一园”农业示范区（二带：罗山大道现代农业产业带和苦水河流域现代节水农业示范带；一园：红寺堡高效节水生态农业示范园），使以酿酒葡萄、设施农业、草畜产业为主的“三大优势主导产业”和以马铃薯、中药材、露地蔬菜为主的“三个特色产业”继续保持了良好的发展势头，农业的专业化、标准化、规模化和集约化水平大幅提高，农业综合生产能力、抗风险能力和市场竞争能力明显增强。截至2013年年底，酿酒葡萄、设施农业、肉牛三大主导产业分别发展到11.6万亩、7.45万亩和6.8万头，露地蔬菜、马铃薯、中药材3个特色产业

▲人参果

分别发展到2.5万亩、10万亩、3.85万亩。2013年年底，红寺堡区完成农业总产值77817.8万元，同比增长15%，农业增加值35018.1万元，同比增长14.9%，农民人均纯收入达到5255.5元，同比增长14.67%。农业的大发展，催生出红寺堡农业兴旺、农村繁荣、农民富裕的欣欣向荣的新气象。

构筑大产业

以大力调整农业产业结构为抓手，把发展节水高效农业作为主攻方向，大力推进“三大主导产业”（葡萄、养殖业、设施农业）和“五大特色产业”（枸杞、马铃薯、中药材、露地蔬菜、优质牧草）发展。2013年，红寺堡区粮食播种面积稳定在30万亩，其中小麦5万亩、玉米12万亩、马铃薯10万亩。累计发展葡萄种植11.6万亩、设施农业7.45万亩、马铃薯10万亩、枸杞3万亩、中药材4万亩、优质牧草3万亩、露地蔬菜2万亩。肉牛饲养量达到10万头。

粮食生产保持稳定。紧紧围绕稳粮增收的目标，狠抓粮食生产安全，突出抓好小麦、玉米两大粮食生产的发展。同时切实落实马铃薯、豆类等种植计划，做到“夏粮不足秋粮补、土地不足套种补”，确保了粮食播种面积的稳定。按照“稳定面积、调整结构、优化品质、主攻单产”的原则，建设玉米、马铃薯等粮食高产创建示范点各 1.5 万亩，创建万亩示范片 3 个，其中玉米单种万亩示范片 2 个，马铃薯单种示范片 1 个，充分发挥示范带动作用，进一步提高粮食单产和品质。在玉米、马铃薯栽培推广过程中，整合农技、种子、植保、土肥等部门技术力量，全面推广“六统一、六推广”工作措施，重点推广生物灭虫、秸秆生物反应堆等 10 项技术。以推动强农惠农政策落实为抓手，广泛调动农民种植的积极性，建立健全了农民各类补贴网上信息录入制度，共落实补贴资金 4670.8 万元，全部以“一卡通”兑现到户，有效保障了粮食生产健康发展。

蔬菜产业加快发展。在保证粮食生产的基础上，进一步调整优化农业区域布局，挖掘农业内部增收潜力，加快节水高效农业产业实现“一村一品”“多村一品”，

▲ 种植火龙果

推进专业村、专业户和专业基地建设，打造宁夏中部干旱带节水高效农业示范区。

打造设施农业全新品牌。全力巩固提高现有5个日光温室示范园区设施功能，全面推进日光温室定植工作，棚均产值超过了6000元；新建沙草墩、柳泉、梨花3个千亩塑钢结构大拱棚精品示范点，带动红寺堡区发展大拱棚1.85万亩；按照“一园、两翼、多补充、带周边”的发展思路，以红寺堡镇城东园区为中心，以太阳山镇孙家滩设施园区和大河乡乌沙塘设施园区为两翼，以杨柳、水套、玉池、龙泉、梨花等为补充的设施农业产业带，已基本形成了以城东、乌沙塘、水套为主的设施园艺，以玉池、杨柳为主的设施蔬菜，以梨花、柳泉、沙草墩为主的拱棚西瓜，以龙泉、柳泉为主的拱棚甜瓜，以杨柳、沙草墩为主的拱棚辣椒五大设施基地。通过引进宁夏东港集团投资建设，全面推进乌沙塘园区万亩日光温室扩建工程，设施农业的规模和效益得到明显提升。

露地蔬菜基地初具雏形。按照统筹城乡发展方略，坚持用工业化理念发展现代农业，引进甘肃陈老大食品有限公司与农户结成利益共同体，按照统一品种、统一技术、统一管理、统一收购的要求，发展订单生产、建设企业基地，探索建立风险共担、利益共享的生产经营模式。目前以“公司+合作组织+农户+基地”的“订单农业”方式，建设鲁家窑生态移民区、红寺堡玉池、大河乡大河露地蔬菜基地2万亩，主要以种植露地娃娃菜、辣椒、胡萝卜为主。

草畜产业稳中有增。按照“大力发展养牛，稳步发展养羊，适量发展养猪，规模发展滩鸡”的思路，继续调整优化结构，加快品种改良步伐，使畜牧业继续保持强劲发展的良好态势。建设规模肉牛养殖园区（场）3个，东源、红塔、康庄、大河等肉牛养殖示范村7个，团结、水套、龙兴、东川等肉羊养殖示范村8个。通过创新实施由宁夏嘉荣担保公司与红寺堡区政府共同担保、国家开发银行为红寺堡辖区群众贷款的融资新模式，有效缓解了肉牛产业发展融资难的问题，得到了自治区和吴忠市党委、政府的充分肯定，并在红寺堡区推广。累计培育发展肉牛养殖重点村19个，建设标准化养殖场（区）22个，培育龙头企业7家，其中养殖业4家（壹加壹、天源、兴俊、义禾）、饲草配送2家（宁夏正鑫源饲草配送中心、城东兴牧饲草配送中心）、加工业1家（宁夏红寺堡老马清真牛羊肉加工），培育自治区龙头企业2家（壹加壹、宁夏正鑫源）。

实施大项目

坚持项目带动战略，合理规划，科学安排，高标准，严要求，大力实施现代农业项目和工程建设，有力促进现代农业发展，切实让群众得到实惠。

畜牧良种补贴项目。自2009年实施以来，积极开展奶牛冻精和肉牛冻精的引进与冷配技术的应用、滩羊（肉用）种公羊的调购，先后引进奶牛冻精2500枚、肉牛冻精60000万枚，改良奶牛1200头次、肉牛20000头次，调购滩羊种公羊2500只、肉用种公羊50只，累计改良滩肉羊60000余只，项目扶持300余万元。

南部设施养殖项目。2009~2012年，全面推进肉牛重点村（整合产业化项目）建设，补贴良种基础母牛，项目扶持棚圈及三贮一化池建设。累计投入资金710万元，推广肉牛重点村22个，补贴良种母牛7000头。

标准化规范化养殖基地建设项目。2009~2012年，先后建成壹加壹肉牛科技示范园1个、天源良种肉羊繁育场1个。

现代农业生产发展项目（畜牧养殖）。2011年实施该项目以来，共建设肉牛示范村13个、肉羊示范村8个，建设棚圈3000座，三贮一化池1500座，建设规模化标准肉羊场4个、肉牛场2个。累计项目扶持1805万元，其中6个规模场扶持159万元，2012年重点村扶持606万元，2013年15个重点村扶持1040万元。

国家退耕还林后续产业项目。2012年至今，累计建设羊棚1250座，选育滩羊20000只。项目资金扶持575万元。

实施农村能源建设项目。围绕高效节水农业发展，大力推进农村沼气建设及农村改圈、改厕、改厨工作，不断提高农民生产生活质量。截至2013年年底，红寺堡区已累计推广建设户用沼气18053多户，大中型沼气2处，其中2013年新建农村户沼气池1300座，推广太阳灶840台，建设大型沼气1处，建设联户沼气12处，建设沼气服务网点15处。

产业化项目。2013年对饲养5头以上的肉用基础母牛农户，每产一头犊牛以奖代补500元，共奖补母牛1800头，扶持资金90万元；对饲养30只以上滩羊基础母羊的农户进行扶持，凡达到国家二级以上标准的滩羊基础母羊，每只一次性补助 100 元，共选育滩羊 3.78 万只，扶持资金达到 378 万元。

科技促创新

积极推广新品种、新技术、新农药、新肥料和新型农机具，不断提高农业综合生产效益。

推广新品种　主推先玉 335、迪卡 656、掖单 19 等玉米新品种，推广种植面积 14.5 万亩；分别从内蒙古和陕北引进夏菠蒂、克新和紫花白等一级种薯，推广种植面积 10.21 万亩；引进美国红提、乍娜、维多利亚等葡萄品种，春雪桃、中油 3 号等油桃品种，航椒 4 号、欣喜 2 号、新早密等十几个辣椒、西瓜新品种并进行示范推广，辐射带动红寺堡区推广瓜菜新品种 11.45 万亩，其中露地蔬菜 2 万亩、设施蔬菜 7.45 万亩、西甜瓜 2 万亩，红寺堡区粮菜良种覆盖率达 100%。肉牛主要以推广夏洛来、西门塔尔、利木赞冻精改良黄牛为主，肉牛冷配改良覆盖面达 62%。

▲ 设施农业

▲ 马铃薯繁育基地一角

推广新技术　在城东、乌沙塘5个设施农业园区建设瓜菜高产示范40棚，并引进企业参与建立日光温室无土栽培、基质栽培及良种引进等示范棚20座。在龙泉、杨柳等村建设全塑钢架精品大拱棚示范基地4个，全面实施“无公害、绿色、有机”蔬菜标准化生产技术。以实现肉牛良种繁育、科学饲养和产业化经营为目标，整合“一池三改”、圈棚建设、良种改良等项目，扶持指导19个肉牛养殖重点村和18个肉牛养殖园区（场），累计建设标准化养殖圈棚1000座，累计建饲草青贮池3.2万立方米，农作物秸秆利用率由原来不足20%提高到75%；建设肉牛冷配改良点7个，大力推广夏洛来、西门塔尔等黄牛改良品种，肉牛冷配改良覆盖面达62%；动物耳标佩戴率、动物免疫率均达到100%。以推进马铃薯脱毒种薯三级繁育体系建设为重点，在红寺堡镇灰家窑建设马铃薯原种生产基地1000亩，一级种薯生产基地2万亩，带动全区种植马铃薯10万亩。

推广新肥料　2009~2013年，在红寺堡区推广测土配方施肥种植示范15万亩（其中马铃薯5万亩，玉米10万亩），大力推广有机肥和作物专用配方肥。

推广新机具　截至2013年年底，红寺堡区农机总动力达24.5万千瓦，拖拉机拥有量达到3300台，其中大中型拖拉机752台，小型拖拉机拥有量达到2468台；拥有各种农机具6730台（套），配套比为1 ∶ 2.8。农机化作业能力显著提高，实现机耕作业面积47.2万亩，机耕水平达到98.7%；机械播种面积40.6万亩，机播水平达到71.9%；机械化收获面积19万亩，机收水平达到45.5%，主要粮食作物综合机械化水平达到74.7%。其中，2013年全年共完成农机购置补贴资金675万元，补贴各类机械456台（套），拉动农户自筹资金1120万元，机具总额达1795万元，直接受益农户456户，辐射受益农户达4000余户。补贴各类拖拉机165台，配套农机具95台，联合收割机20台，平地机28台，饲草料加工机械12台。

节水新步伐

针对红寺堡风大沙多、气候干燥，水量蒸发损失较为严重，加之灌区开发之初，只对干、支、斗渠道进行了砌护，末级渠系全部为土渠灌溉，跑水漏水现象十分普遍的现实，积极整合各类项目资金，工程措施、生物措施、农业措施一起上，全力打造宁夏节水灌溉示范区。

以解决农田灌溉“最后一公里”的问题为抓手，争取自治区水利厅投资近7000万元，对11万亩土地进行了末级渠系配套，省水、省时、省工、省钱，深受群众欢迎。2008年至今，共实施水利项目36个，累计投资近3.5亿元，重点实施了石炭沟农村人饮安全入户工程、中部人饮安全改造入户工程、西部人饮安全改造及扩建工程、海子塘葡萄设施滴灌工程、红柳沟流域治理项目、城南万亩林场水源工程、四支干低口葡萄设施滴灌工程等。正是由于这些项目的支撑，红寺堡区累计发展高标准小畦灌溉面积15万亩，喷灌面积1.8万亩，大拱棚沟灌垄种面积6.8万亩，日光温室滴灌面积0.8万亩，葡萄滴灌面积2.7万亩，葡萄沟灌面积8.75万亩，外围高效节水补灌面积8.5万亩，实现了村村通自来水，自来水覆盖率达100%，入户率达88%以上。

“十二五”期间，红寺堡区规划建设高效节水灌溉面积24.23万亩，建成规模在 0.5 万亩 ~1 万亩的项目区 5 个，总面积 3.82 万亩，重点实施马渠生态移民滴灌工程、城北葡萄滴灌工程等；建成规模在 1 万亩 ~3 万亩的项目区 5 个，总面积 5.76 万亩，重点实施鲁家窑生态移民滴灌工程，红崖、下边窑生态移民滴灌工程等；建成规模在 3 万亩以上的项目区 4 个，总面积 13.95 万亩，即乌沙塘设施农业滴灌工程等。通过水资源优化配置和合理保护，推广高效节水、外围补灌新技术，坚定不移地走节水型社会建设之路。

◎ **小视窗**

红寺堡再造 20 万亩节水小畦田

“红寺堡的灌溉用水每年都有指标，有钱你也买不到。如何节水，是我们农业发展首先要解决的问题，节水灌溉的问题解决不好，必将死路一条。”10 月 16 日，在红寺堡大河乡石炭沟片区，红寺堡相关工作人员介绍说。

据了解，红寺堡作为宁夏最大的扬黄灌区，地形总体上呈南高北低、东高西低之势，渠道比降大，沙质土层多，灌溉条件差，灌溉形势严峻。“过去由于畦田太大，土质疏松，灌溉时‘跑水’是常有的事。水都是花钱买的，一些妇女常因为‘跑水’而哭鼻子。”伏志梅说，村民们刚从山上搬来时，还不熟悉川地的种植方式，灌溉一畦地至少需要两个劳力。

从 2007 年开始，红寺堡尝试着对 3 万亩农田进行机深翻、秋施肥、打小畦、冬溉灌的改造，次年收到了良好的效果。小畦灌溉作为一项投入小、见效快的节水灌溉模式，很快得到了群众的欢迎。今年，红寺堡将在去年 7 万亩小畦田的基础上再改造 20 万亩。

在大河乡石炭沟片区看到，2009 年度秋冬季农田水利基本建设正在这里如火如荼地进行着，各色的“头巾”在这里舞动铁锹，整出的田埂一点也不比男人差，人走在上面实实的。高处远眺，一块块整齐的方块田连成一片，蔚为壮观。

农民马万忠说，他家的农田经过小畦田改造后，产量明显提高，灌溉时一个人就可以照看。现在，他们每天 7 点半到地头开工，下午 6 点收工，“都是给自己干，很积极”。

20 天来，红寺堡累计投入资金 964.8 万元，出动义务工 4.2 万工日。清淤渠道 124 公里，维修砌护渠道 22.6 公里，维修配套建筑物 115 座。计划于 10 月 25 日前完成机深翻和小畦田建设，全面开始冬灌。(《宁夏日报》，记者：纪向钊，2009 年 10 月 19 日。)

草原建设

红寺堡区用于草场面积为 186 万亩，占总面积的 46.5%，其中干草原草场面积 50 万亩，占草场总面积的 26.8%，荒漠草原草场面积 136 万亩，占草场总面积的 73.1%。红寺堡草场产草量虽然不高，但大部分是牲畜喜食的牧草，干物质多，蛋白质丰富，饲用价值高，并具有较高的抗旱耐旱能力。

自 1998 年开发建设以来，红寺堡把生态建设放在优先位置，由于开发建设前草场主要以移牧为主，没有任何改良、建设措施，草场质量差，亩产鲜草不足 100 公斤，载畜量很低，随着进入这一区域移牧羊群的不断增加，严重超载放牧、乱挖滥砍、管理不善的现象非常严重，造成草场的严重退化与沙化，优质牧草大

▲ 优质牧草

幅减少。2002年，红寺堡相继制定出台了一系列政策措施，加快草原建设步伐，使畜牧业建设取得了显著成效，生态环境得到明显改善。2003~2005年，累计总投资700万元，围栏草场35万亩；2006~2007年，投资970万元，围栏草场45万亩，草原补播改良7万亩；2008年下达了投资150万元实施草原围栏7万亩，草原补播1万亩的建设任务。2009~2014年下达了投资300万元实施人工饲草地建设0.5万亩，下达了投资4584万元实施2011~2015年草原生态保护补助奖励机制1528101.56亩的任务。

通过一系列重大项目的实施，项目区草原植被和产草量大幅提高，分别由建设前植被覆盖率30%和产草量85公斤/亩提高到2013年年底的63%和130公斤/亩，天然草场退化、沙化势头得到有效遏制，草原生态系统局部实现良性循环，抵御干旱、风沙等自然灾害的能力明显增强，红寺堡生态环境质量逐步改善，达到了人口、自然资源与环境的协调发展。

2003年，红寺堡实施草原承包，逐步建立草原有偿使用制度，从根本上解决了吃“大锅饭”以及沙化、退化严重，管、建、用脱节，责、权、利不清等问题，促进全开发区草原生态牧业生产快速发展，通过出台相关政策，实行“谁承包、谁经营、谁建设、谁使用，50年不变”的政策，明确了管、建、用与责、权、利的关系，积极调动农民依法保护、建设、利用草原的积极性。

截至2014年5月，红寺堡草原围栏92万亩，草原补播改良8万亩，草原承包152万亩，人工累计种草面积16万亩。

封山禁牧

红寺堡开发建设初期，草原沙化、退化现象严重，大规模羊只放牧、采挖甘草现象时有发生，严重影响红寺堡区的经济发展和生态环境改善。为了保护生态环境，加快红寺堡区生态环境建设步伐，实现红寺堡区经济、社会的可持续发展，2003年以来，红寺堡全面实施封山禁牧。2009年以来，红寺堡区4次下发了《关于进一步加强禁牧封育工作的紧急通知》，每年安排禁牧封育工作专项经费。5年来，红寺堡区草原植被得到有效恢复，生态环境明显改善，养殖结构得到进一步调整和优化，禁牧工作取得显著成效。

红寺堡区高度重视封山禁牧工作，先后制定下发了《关于严肃封山禁牧工作纪律的规定》《关于认真做好封山禁牧和制止滥挖甘草工作的紧急通知》等相关文件，建立了主要领导亲自抓、分管领导具体抓、专职人员专门抓的长效工作机制，实行任务分解，责任到人。为有效保护草原生态植被，确保封山禁牧禁得住、禁得死、不反弹。

自2003年以来，每年抽调专职人员，开展禁牧封育工作巡察，对偷牧、乱挖甘草等破坏草原的案件依法进行查处，对草原上的野外羊圈进行拆除。截至2013年年底，共查处草原偷牧行为300余次，并依法进行处罚，拆除草原上的羊舍600余座；以恢复生态为目标，对境内92万亩天然草原进行围栏封育，对已退化草场进行补播改良，对生态环境恶化、自然条件差的地方实施生态移民工程；全面加强草原管护，对红寺堡区境内的186万亩草原全部承包到户或联户进行承包；大力发展舍饲养殖，按照稳粮、扩经、增草、兴牧的思路，坚持多予、少取、放活，进一步调优养殖结构，培育发展草畜产业，大力推行舍饲养殖，通过为养殖户解决圈舍建设，饲草料的种植、贮存，养殖淘汰和种群优化工作等问题，确保禁牧、压群不减收。

全面实施封山禁牧以来，红寺堡区同农户签订了50年期限的草原承包合同，并发放《草原使用证书》，共发放饲料补助粮48万公斤，饲料粮补助资金840.92万元，充分调动了移民群众管理、保护和建设草原的积极性；针对个别农户偷牧、抢牧现象，对破坏草原植被行为进行严肃查处。近5年来，共出动车辆2600余辆次，经常性深入乡镇检查禁牧工作，配合草原派出所、各乡镇共拆除野外圈舍1500座，各类附属建筑3.3万多平方米，累计迁出羊只4万余只，查收甘草0.3万余公斤。及时发布禁牧通告禁牧信息205期，使偷牧和滥挖甘草现象得到了有效遏止；通过加强草原病虫、鼠害防治工作，建立草原防火组织和病虫、鼠害监测网络，落实人员，各乡镇统一开展秋季草原灭鼠活动，消除隐患，确保了草原生产能力得到较快恢复。禁牧几年来，红寺堡区草原建设取得初步成效，生态环境明显改善，植被覆盖率由原来的30%提高到现在的50%，有的地方达到65%以上，平均产草量由原来的30公斤/亩提高到80公斤/亩，草原退化、沙化、荒漠化现象得到有效遏制。

第二章　从生态立区到生态文明

红寺堡，从一片荒芜中起步发展，从往昔“天上无飞鸟，地上沙石跑”的荒凉与冷清，到如今山水清新秀丽、塞上风光旖旎的“人工绿洲”，这里历经了十余年艰辛的生态建设探索发展之路。伴随着“生态立区，绿色崛起”的步伐，历届党委、政府深化区情认识，立足再造新优势、谋求新发展，着力优化生态环境、构筑绿色屏障，加快培育优势生态产业，全面推进美丽红寺堡建设，努力实现生态文明建设和经济发展“两不误”“两促进”。如今，良好的生态环境、日益壮大的葡萄产业成为红寺堡亮丽的名片和特有的优势，也是二十余万各族儿女长期以来不变的骄傲和坚守。

第一节　生态立区

红寺堡降雨稀少，旱灾频发，年降雨量不足 277 毫米，蒸发量高达 2050 毫米以上，原始植被破坏殆尽，森林覆盖率不足 2%，这是开发建设初期搬迁移民所面对的严峻挑战。正是在这样的形势下，“生态立区”的战略定位才如此深刻地在这片大地上演绎出翻天覆地的变迁气象。

“一场风”的教训

红寺堡地处宁夏腹地，被烟筒山、大罗山和牛首山环绕，是中部干旱带的核心区域，土地面积占干旱带总面积的10%，为资源性严重缺水地区，是宁夏生态环境最为脆弱，荒漠化最为严重的地带。这里位于毛乌素沙漠前缘，年大风日达50天以上，沙尘暴达20次左右，“一碗面半碗沙”“一年一场风，从春刮到冬，天上无飞鸟，风吹沙石跑”，是开发建设初期恶劣自然环境的真实写照。正因为如此，许多搬迁来的移民萌生了退却之意。

1998年11月，第一批移民从宁夏固原市中河乡搬迁至红寺堡大河乡，不少移民盖好房屋后，因风大沙多，地里的庄稼一次又一次被风沙掩埋，又返回原居住地。

为给移民创造一个搬得出、留得住、能致富的良好生活环境，红寺堡历届党委、政府确定了“生态立区”发展战略，带领广大干部移民，全面掀起生态建设攻坚战，

▲ 沙丘掩埋酸枣树

以此带动社会各项事业长足发展。“建设绿色新家园”成为萦绕在每一个拓荒者和建设者心头的全新梦想。

从“三棵树”到“一片林”

十余年前，绵延起伏的沙丘、经年不断的狂风构成了红寺堡的主色调。一位来自宁夏南部山区的移民如是说：“那么大的一个沙滩，没有草，没有树，连个拴牲口的木桩子都找不到。”在这片近 2000 平方公里的土地上，只有在现红寺堡镇旧城遗址附近能够看到 3 棵杨树势单力薄地伫立在旷野中，也就是这 3 棵树，让人们看到了荒漠中那可贵的一抹亮色，由此催生出了他们征战荒凉的大无畏气

概和不怕困难、不怕挑战的坚定信念。

从来没有哪个地方像红寺堡开发区这样迫切地需要种出一片绿来——恶劣的自然环境和肆虐纵横的黄沙，严重地阻碍着红寺堡经济社会快速、健康、和谐发展的步伐。要想在短期内改变红寺堡脆弱的生态环境，必须加快生态建设、治理风沙、保护环境，走大生态、大建设、大发展之路。自“生态立区”战略确立以来，红寺堡坚持“南保水土中治沙，扬黄灌区林网化”的生态建设方针，坚持宜林则林、宜封则封、封造并举的原则，采取管理措施和工程措施相结合的办法，因地制宜、全面规划、渠路林田综合治理、同步建设，终于找到了一条治理风沙、锁住黄龙的路子，通过大力实施重大生态建设工程，大规模营造骨干林带和农田防护林，

▲ 条田林网

实现了从“沙逼人退”到“人进沙退”的历史性转变，为农业生产建立生态屏障。

以防风治沙和营造“人工绿洲”为主要目标，红寺堡加大荒漠植被保护和生态工程建设力度，坚持水随村走、适地适树、先易后难、由近及远的做法，以植树造林为重点，以公路、支渠道路、干渠沿线为骨架，以农田林网为网格，以城市重点区域、村庄居民点、机关、学校绿化为补充，认真打造生态建设工程。

以打造灌区边缘大型防风固沙林带为抓手，生态建设逐渐由移民村庄向农田外围延伸，重点加强新开发区域和荒山、高地的造林绿化，逐步消灭裸地。采取营造农田防护林、围栏封育、荒山造林、围城造林等措施，构建良好的绿地生态系统。通过加强“围城、围乡、围村”造林工程建设，超前规划，组织实施环城、环乡、环村宽幅林带建设，提升平原绿化标准，防风固沙与美化环境齐头并进。通过加强境内公路主干道两侧新开发土地和新搬迁移民点防护林带建设，形成了

▲ 封山育林

规模宏大的百里绿色长廊。以改造提升、精心构筑城北、城西防护林体系建设为抓手，红寺堡在城市周边形成了数万亩的绿色屏障，实现了农田林网化、沟渠林带化、道路林荫化、村庄园林化。

15年来，红寺堡积极探索造林绿化与生态建设的新机制，采取捆绑资金、承包造林的方式，整合资源，引进大公司、大企业参与生态建设，加快了区域生态建设整体推进的步伐。为提高生态建设效益，制定了严格的生态建设及植树造林实施验收办法，采取重奖严罚的措施，对苗木的采购、林带开挖、林木栽植、管护等各个环节进行监管，确保资金到位、人员到位、任务落实到位、技术要求实施到位，极大地提高了工作效率，确保了生态建设“三年迈大步、五年上台阶、十年大变样”目标的如期实现。

截至2013年年底，红寺堡累计投入资金8亿元，先后实施“三北”防护林工程、退耕还林工程、天然林保护工程、绿色通道工程、城北生态造林绿化工程、滚红高速和盐中高速公路两侧绿化工程、城南万亩生态林场等大型生态环境保护工程，努力加快荒山荒地造林、天然林保护和平原绿化建设进程，累计完成人工造林129.7万亩，森林覆盖率达11.4%以上，植被覆盖率达到45%。通过封、造、管、护多措并举，全方位推进“山、田、路、林、渠”五位一体综合治理，建成了以滚红高速、盐中高速、盐兴、滚新、黄同公路及城北生态公园为主的生态大屏障，逐步形成了以支斗渠、生产路、条田窄林带为主的小网格。“围城林，围乡林，围村林”建设和居民点绿化同步推进，生态建设走过了从一片荒芜到林网交错的发展历程，植被得到极大恢复，风蚀沙化状况得到全面遏制，生态环境持续改善，为各项事业的发展提供了持续发展的绿色平台，实现了由“沙逼人退”向“人进沙退”的历史性转变。一个个昔日流沙地段，如今绿树成荫，一片片丰收在望的庄稼地，一道道严阵以待的防风林相互映衬，映衬出好一片田园风光。

◎ **小视窗**

“三北”四期防护林工程

“三北”四期防护林工程实施年限为10年，起始于1998年，主要实施范围为灌区林网，防护林主要分布于红三干和新庄集一、二、三支干控灌区，规模达到17.236万亩。2002年完成4.26万亩，2003年完成3.367万亩，2004年完成0.773万亩，2005年完成1.9万亩，2006年完成5.5821万亩，2007年完成0.9万亩，2008年完成0.4539万亩。有效地遏制了土地沙化，保护了粮食作物。

退耕还林工程。红寺堡从2001年以来总计实施退耕还林94.82万亩，其中退耕还林地23.8万亩，荒山造林71.02万亩。2001年完成1.6万亩（其中退耕还林0.3万亩，荒山造林1.3万亩）；2002年完成10万亩（荒山造林10万亩）；2003年完成58.59万亩（其中退耕还林22.5万亩，荒山造林36.09万亩）；2004年完成9.477万亩（荒山造林9.477万亩）；2005年完成10.033万亩（其中退耕还林1万亩，荒山造林9.033万亩）；2006年完成1.4993万亩（荒山造林1.4993万亩）；2007年完成1万亩（荒山造林1万亩）；2008年完成2.6275万亩（荒山造林2.6275万亩）。有效保护山坡地94.8268万亩，减少了水土流失和土地沙化。

天然林保护工程。天然林保护工程于2002年开始实施，总计完成7.1万亩，其中沙冬青保护3.3万亩，柠条种源保护0.8万亩，酸枣种源保护1万亩，红砂特殊生态地保护2万亩。其中2002年完成2.316万亩；2003年完成1.0万亩；2004年完成3.3万亩（续封）；2007年完成1万亩；2008年完成1万亩。工程的实施，有效保护了种质资源，促进了自然生态演替，为红寺堡生态建设提供了生态理论依据。（红寺堡区园林局供稿）

红寺堡镇朝阳村生态建设掠影

红寺堡镇朝阳村作为红寺堡生态建设的一个缩影，见证着红寺堡10年开发建设那匆忙而又有力的足迹。该村有移民1235户，大都是从干旱缺水的宁南山区搬迁到灌区的，但最初来到这里的移民大都饱受水土流失、风沙侵袭的折磨，2004年以前，该村定居率不足42%。为了让移民搬得来、留得住，红寺堡开发区管委会和红寺堡镇政府对该村生态环境实施了集中治理，截至

2008年年底，累计植树造林0.2万亩，共栽植各类树木22万株，设置沙障5条13公里，开挖渠道6条10公里，砌水泥渠道26公里，建设生态路10.8公里。如今，朝阳村实现了“田野绿化、村庄美化、庭院净化”的目标，乔、灌、草交错，带片网结合的生态防护林体系初步形成，该村被确定为红寺堡葡萄产业推广示范村，群众年均收入从搬迁之初的不足500元增加到现在的2290元，真正过上了解决温饱、迈向小康的新生活。（红寺堡区园林局供稿）

第二节　生态经济林

红寺堡开发建设以来，虽然经过广大干部多年绿化改造，条田林网基本形成，但由于区域气候的特殊性，大风扬沙天气频繁，土壤沙化严重，植被覆盖率低，生态环境尚未得到根本性治理。立足解决灌溉用水不足的瓶颈问题，以解决群众

▲ 枸杞采摘

增收问题、改善生态环境为目标，红寺堡探索发展以酿酒葡萄和高酸苹果、枸杞、红枣为主的生态经济林，加快林产业转型发展步伐，经过不懈的努力，如今的红寺堡，道道绿色屏障，条条经济林带，生态环境大为改观，人居环境明显提升，生态经济林成为红寺堡的靓丽景观和支撑经济发展的有力保障。

“一个会议”的推动

2005 年 3 月 8 日，宁夏中部干旱带生态建设暨产业开发会议在红寺堡开发区罗山宾馆召开。时任自治区党委副书记的韩茂华和副主席赵廷杰出席会议。自治区有关厅局和各市县主要负责人参加了会议。

会议总结回顾了 2002 年以来中部干旱带发展的成绩和经验，着重研究了如何更好地把生态建设和产业开发结合起来，做到生态良好、经济发展、农民增收等问题。自治区党委、政府决定，要以科学发展观加快推进中部干旱带生态建设和产业开发，以生态建设、经济发展、农民增收为目标，实现由传统农牧业向现代生态畜牧业的转变，把干旱带建设成为宁夏重要的草畜产业基地、中药材基地和无公害特色农产品基地，实现宁夏中部干旱带经济和社会的跨越式发展。

在这个会议的推动下，红寺堡坚持向生态建设和产业开发要效益，认真处理好生态建设与扶贫开发和农民增收的关系，加快生态产业结构调整步伐。以发展节水、优质、高效农业为主攻方向，种植业逐步压缩玉米、小麦的种植面积，引导葡萄、药材等经济作物的种植，栽植枣、枸杞、高酸苹果等经果林，逐步向打造以生态经果林产业引领特色产业发展的新模式奋力迈进。

一波三折的产业转型之路

红寺堡可利用水资源极其有限，农业灌溉用水全靠扬黄水，由于每年分配给红寺堡的水权指标仅为 1.5 亿立方米，灌溉定额为每亩 366.5 立方米，40 万亩土地若全部种植传统作物则每年短缺 0.5 亿立方米，灌溉用水不足已经成为制约红寺堡经济发展、社会稳定、群众安居乐业的“遥控阀”。

2006 年，红寺堡提出围绕农业产业化项目，发展“三个 10”节水高效特色产业的目标，围绕10万亩酿酒葡萄种植及加工项目、10万亩菜用马铃薯种植及销售项目、10万头黄牛养殖及沼气入户项目，大力调整产业结构，加快农业产业化进程。2007年，采取龙头企业带动与农户规模连片种植双线推进的方式，新发展酿酒葡萄2万亩；发展菜用马铃薯5万亩，建设马铃薯贮藏窖1000座；以乡为单位，整村推进“一池三改”项目，使肉牛养殖达到3万头，沼气入户达到1万户；设施温棚达到1000座。通过实施生态项目建设，努力改善生态环境，林木覆盖率达到38%。

通过不断加快道路基础设施建设，红寺堡依托高标准农村公路网建设现代农业园区和基地，桑蚕、枸杞、人参果、葡萄、棉花、籽瓜等特色种植初露端倪，形成了一村一品的产业格局。先后修通了乌沙塘、玉池等设施园区道路，帮助20万移民实现了从雨养农业向高效农业的转变，将全国50多个蔬菜批发市场的销

▲ 村道绿荫

售网络连到了红寺堡。

2008年,红寺堡认真贯彻自治区第十次党代会精神,按照自治区“六个百万亩”和吴忠市“十大农业产业基地”的战略部署，认真实施资源禀赋，准确把握区情，提出了“3211”的产业发展战略，即：计划利用5年时间，发展30万亩酿酒葡萄、20万亩以高酸苹果为主的经果林、10万亩设施农业和10万头黄牛养殖，实现“人均1.5亩葡萄、1亩经果林、0.5亩设施农业”，农民人均纯收入达到6000元以上的目标，进而把红寺堡建成全国最大的酿酒葡萄基地、自治区最大的节水示范区和中部干旱带最大的生态区。

坚定不移地发展高效节水避灾农业，全面提升农业产业化水平，是红寺堡实施产业结构调整的重头戏，但也经历了一个极其艰难的过程。经过几年的摸索，红寺堡高酸苹果、枸杞等特色产业发展并不理想，除个别大面积种植枸杞的行政村外，其余各乡镇成效并不明显，群众收益受到一定影响。在政府主导下，各乡镇、各部门逐渐引导群众调整产业发展方向，大面积种植酿酒葡萄，发展设施农

▲共产党好 黄河水甜

业和黄牛养殖产业。由于群众对“3211”工程认识不到位、不统一，抵触情绪大，加之产业前期投入大，群众自我发展能力有限，经果林产业“高低、长短、远近”的关系很难处理。

立足解决群众的思想认识问题，围绕前期投入和群众当前的生活问题，红寺堡党委、政府加大宣传力度，充分尊重群众的意愿和首创精神，变指手画脚为示范带动，变强迫命令为政策引导，采取召开群众会、专题培训、组织外出观摩、算账对比、党员带头等多层次、全方位、灵活多样的方式，大力营造发展“3211”工程的良好氛围，努力使广大群众与党委、政府思想同心、认识同步、工作同向。通过进一步加大政府扶持力度，坚持适当集中资金重点扶持，把加大政府投入作为推动产业转型发展的主要动力，整合农业发展项目资金，统筹安排，集中财力加大对“3211”工程的示范基地、种子种苗、科技推广、质量标准、信息化、产业化以及合作经营培育、基础设施建设等扶持力度，加大水、电、路等基础设施配套投入，使有限的资金用在“刀刃”上。与此同时，切实落实各项支农惠农政策，大力发展“铁杆庄稼”，鼓励剩余劳动力外出务工，并制定相关政策，采取临时救助、制度性救助等灵活多样的方式，对群众给予生活救助，解决群众前两年没有收益，生活无着落的问题。在加快发展上，采取民间投资等多种方式，引进能人、技术和企业，租赁土地，让有能力、有本事、会经营、善管理的人示范带动，先发展。

通过不懈的努力，红寺堡区以生态经果林为主的高效节水现代农业发展保持了良好的势头。仅2011~2013年三年，红寺堡新增葡萄2.5万亩，累计建成凯仕丽、中圈塘等12个示范基地，葡萄总规模达10.6万亩，销售收入达1.5亿元，成为群众脱贫致富的第一主导产业；累计建成城东、乌沙塘等5个设施农业园区，发展设施农业12.9万亩，亩均收入万元以上，设施农业成为效益最高、农民增收最快的朝阳产业。启动实施了优质肉牛标准化养殖项目，建成壹加壹、伊盛园等22个养殖园区，肉牛饲养量达到10万头，预计畜牧业产值从2009年的1.9亿元提高到2.4亿元，占农业总产值的比重进一步加大。成功引进东港海逸、红山河辣椒、正鑫源等产业化项目，争取落实各类惠农补贴1.8亿元，建成科技示范基地4个，规模流转土地5万亩，发展露地蔬菜4万亩，培育自治区级龙头企业5家，培育农民专业合作社68家。

第三节　葡萄产业异军突起

红寺堡地处宁夏贺兰山东麓，北纬37.10°～37.29°，与法国波尔多纬度相近，又与贺兰山东麓葡萄酒地理标志保护核心区玉泉营的地理特征相同，属中温带干旱气候区，干旱少雨，境内大气污染源少，空气透明度高，光照充足，年均日照时数、无霜期、年降水量、年有效积温和最热月平均气温等条件，完全能够满足葡萄一个生长发育周期对活动积温的要求。春季回暖较快，昼夜温差大，所产葡萄含糖量高，因而被自治区政府确定为宁夏三大葡萄产区之一。经过多年的发展，葡萄产业已经成为富民增收的支柱产业。

▲ 丰收的喜悦

▲ 原科冕公司酒厂

一家企业的探索

红寺堡大规模实施生态移民扶贫开发，在很大范围内引起社会各界广泛关注。这里适合发展葡萄产业，也引起了企业家们敏锐的目光。

2002年，美籍华人、企业家郭俊伟、魏平夫妇被国家的移民扶贫场景所震撼，决心在红寺堡投资发展葡萄产业，为农民创出增收的路子。2003年，公司请来宁夏葡萄产业首席专家、宁夏农学院原院长李玉鼎教授，以及中国农学会葡萄分会理事、上海交通大学博士生导师王世平在这里启动了《宁夏科冕五万亩酿酒葡萄种植加工产业化项目》。实施“龙头企业＋科研基地＋葡萄农庄＋上班农户”的农业产业化经营新模式，带动当地搬迁来的少数民族贫困移民进农庄打工致富、增收。项目投产后可直接安排万余名农村剩余劳动力就业，当地移民每年可增加劳务收入6000万元。

该项目2004年被国家发展和改革委员会批准为西部高技术产业化专项项目，并列入国家高技术产业发展项目计划及资助计划。这是全国唯一列入国家项目的葡萄产业。

如今，在红寺堡扬黄灌区边缘，昔日流沙遍地的荒滩上崛起一处绿色扑眼的葡萄农庄——科冕万亩酿酒葡萄种植基地。科冕公司已经开发沙荒地种植葡萄2万亩，1.2万吨灌装生产线投产，项目投资累计近亿元。漫步葡萄园，成熟的红提，串串晶莹剔透，紫红如玛瑙。目前，与公司已签订长期到“葡萄农庄”上班的用工合同的农户达1260户，为他们带来了稳定的收入。

科冕公司的成功尝试，打造了一种全新的产业发展模式，是促进农业产业化发展的一种创新，由此可得出一个启示：政府在扶贫工作中不能再唱“独角戏”，而是要调动市场和企业的积极性，让农民与龙头企业形成“双赢利益链”。

一个村庄的引领

2006年9月20日，红寺堡开发区红寺堡镇中圈塘村万亩酿酒葡萄基地开工建设，工委、管委会各部门、各单位及红寺堡镇、村两级干部群众共800人参加

了农田建设大会战，开启了红寺堡农户大面积推广种植酿酒葡萄的先河。

中圈塘村是2002年由原同心县新庄集乡搬迁而来，有804户3059人，9600亩耕地，是红寺堡确定的第一个酿酒葡萄种植区。这里位于罗山脚下，背靠大山，昼夜温差大，光照时间长，生长期积温适宜。土壤多为沙壤土，通透性强，土层深厚，土质较肥沃，有机质含量为0.39%~0.91%。加之有较稳定的扬黄水灌溉，农田基本设施完善，沟、渠、路、林网配套合理，园区道路畅通无阻，主、副林带纵横交错，对预防晚霜冻和调节小气候起到重要作用，非常适宜葡萄种植。

2007年，中圈塘整村推进酿酒葡萄种植。为进一步提升农户自发发展葡萄产业的积极性，红寺堡给予免费开沟、免费提供苗木、免费架杆、架丝的优惠政策，并对种植户前两年给予每亩200元的生活补贴。据统计，葡萄前期亩均投入1700元，全部由开发区管委会扶持，为农民解决了后顾之忧。

▲ 葡萄园美景

由于政府亩均补贴资金与农户种植其他粮食作物年亩均收入尚有一定差距，加之葡萄前三年除了政府补贴资金外，没有其他收益，很多群众对此抵触很大。2009年本来该挂果了，突遇雪灾、冻害，很多葡萄树被冻死了，很多人蹲在地里哭鼻子。2010年4月27日，部分村民叫嚷着要将苗子砍了种粮食，村支书杨国文不同意，村民竟将他家围了个水泄不通。从早晨6时到晚上8时，围堵的地点由他家转到村委会。在争执中他的衣裤被撕烂，等派出所、公安干警来后才将场面控制住。

2010年秋天，辛苦了三年的中圈塘群众终于盼来了葡萄的大丰收。当年，该村先期种植的4000亩葡萄首次挂果成熟。管护好的农户，亩产达到1.2吨，管护一般的，亩产0.9吨左右，亩均产值在2600元以上。很多农户刚采摘下来的葡萄就被一家葡萄酒生产企业按照3.3元/千克的统一价到地头现金收购。由于生

▲ 丰收的喜悦

产的葡萄含糖量达到 22%~23%，是当年自治区幼龄酿酒葡萄质量最好、酒厂在发酵过程中唯一不加糖的产区，并且原酒酒精度达到 13° 以上，因而中圈塘村的葡萄一下子成为远近闻名的畅销品牌。葡萄种植大户、土专家乔文生说：“我一共种了 27 亩，刚摘了 1 亩地，有 1000 多公斤，卖了 3800 多块钱，比以前种玉米多赚 3000 块。辛苦了三年，终于等到了这一天。”

当年 8 月 15 日前夕，中圈塘村举办了盛大的、别开生面的“葡萄见面会”，邀请周边的大河乡、南川乡、太阳山镇的农民前来品尝，现场热闹非凡。中圈塘村以实实在在的收益为其他种植葡萄的移民村树立了典范。几年来，中圈塘村群众在专家的指导下，形成了中圈塘荒漠化酿酒葡萄丰产栽培技术，总结摸索出了一套富有特色的葡萄种植管护模式，在红寺堡区得到广泛推广。

2011 年，中圈塘的万亩葡萄基地酿酒葡萄产量达到 3500 吨，产值 1570 万元，农民人均葡萄收入 5876 元，收入过 10 万元的居民达 30 多户；每亩收入最高的突破 7000 元，是种植玉米的 5 倍，还节水 40%。没有尝到甜头的村民都“眼红”了，纷纷表示要重新种葡萄。次年 4 月，该村开始对管理不善的 1500 亩酿酒葡萄地补苗，前一年毁苗的村民想重新栽种，怕分配不到苗子，就在半路上对林业部门拉来的苗子动了手脚。杨国文把村民们请到村委会，表示一定给大家想办法要到苗子，请大家报名登记按照顺序来分配。村民们都跟疯了似的抢着报名，结果在拉扯中，他的衣服又一次被撕破了……

◎ **小视窗**

红寺堡打造宁夏的“吐鲁番”

这两天，红寺堡开发区红寺堡镇中圈塘村的村民全都在葡萄地里忙活着，有的开沟，有的放线。虽然以前谁也没做过这样的农活，可在技术员的指导下，他们都干得非常卖力。现在，全村 9600 亩土地全部种上了葡萄。

“光照充分，昼夜温差大，土质好，在这种条件下种出的葡萄品质绝对可以和法国波尔多的葡萄相媲美，在宁夏来说也是最好的。”这是来自河北的葡萄专家刘蔚然对红寺堡种植葡萄的评价。正是因为有这样得天独厚的优势，从去年开始，红寺堡开始将葡萄种植作为发展区域经济、增加农民收入的主导产业之一。作为移民开发区，红寺堡的经济基础相当薄弱，可管委会每年不惜拿出500万元用于农业产业的补贴，这可是开发区财政收入的三分之一。同时，各相关部门积极争取区市的各类涉农项目，为群众送来了种植过程中需要的水泥立柱、苗木等物资。为了解决葡萄种植后的销售问题，管委会以政府信誉作桥梁，引导当地农业产业龙头企业科冕公司同所有农户签订了葡萄收购订单，让农户吃上了定心丸。科冕公司还在红寺堡投资建起了葡萄酒生产基地，进一步提升了农户种植葡萄的积极性。中圈塘村支部书记杨国文为此专门算过一笔账，在当地种植效益最好的玉米的纯收入大概800元左右，而按照订单上的计算，种植一亩葡萄的纯收入最少也应该在3000元。淌一亩玉米的水可以淌三亩葡萄，实现了社会效益和经济效益的双赢。现在，红寺堡已经种植葡萄3.1万亩，年底达到8.66万亩，计划到2012年使葡萄

种植面积达到30万亩，形成集鲜食葡萄、酿酒葡萄种植为主导，生产、加工、旅游观光为一体的葡萄基地，造就一个宁夏的“吐鲁番”。（《宁夏日报》，记者：于翔、蒲利宏，2008年4月8日。）

红寺堡移民区：酿酒葡萄“初长成”

近几日，吴忠市红寺堡区中圈塘村支部书记杨国文成了名人，30亩酿酒葡萄进账20多万元，这无疑是“天上掉下来的馅饼”，苦了一辈子的农民哪料到自己身边会突然出现这么大的“暴发户”？

于是，每天都有人到家里来“取经”，欣喜的、愁苦的、羡慕的、憧憬的，各式各样的表情兜兜转转，让杨国文应暇不接。想起之前村民们蹲在葡萄地里“哭鼻子甚至哀嚎”的场景，与现在形成了鲜明的对比。

2002年，杨国文所在的同心县新庄集乡共6个自然村整体搬到红寺堡区，

▲ 万亩葡萄基地

当时村子里的人均年收入只有750元左右。刚开始，搬下来的移民靠着种玉米等作物养家，很多人还要外出打工维持生计。2007年，这几个移民村响应政府号召整村推进酿酒葡萄种植，自小窝在山沟沟里的移民从没见过葡萄树，心里都泛着嘀咕，但在当地领导的鼓励下也都渐渐开始接受这一新鲜事物。作为支部书记，杨国文更是领头承包了30亩地，准备给大家伙儿吃“定心丸”。2009年，本来收获在即，谁想年底到第二年初，却遭遇了雪灾以及50年不遇的冻害，很多葡萄树在村民的眼皮底下没了生机……整整3年，每天风里来雨里去，眼看要挂果，却打了水漂。心里着急的移民忍不住难过，对着村干部喊累了就蹲在地里抹眼泪。

对此，红寺堡区政府立即加大力度对种植户进行扶持。对农户发展酿酒葡萄每亩补助100元，发展鲜食葡萄每亩补助150元；免费开沟、提供种苗及立柱和架丝、开展技术培训。杨国文给记者算了一笔账：每亩葡萄前期投入约2700元，政府补贴资金就达到1762元，占总投入的65%。为保障后续工作，

▲ 葡萄酒车间

红寺堡区政府还引导龙头企业科冕实业有限公司与农户签订葡萄收购合同。

今年，酿酒葡萄“初长成”并迎来大丰收，为照顾当地移民，政府与企业接洽后，按照平均每公斤4.5元的平均收购价吸收了所有酿酒葡萄，这样算下来，仅仅葡萄一项，移民们每亩地的纯收入就在6500元左右。移民蔡立德有些不敢相信：“今年1年就把前5年的投入都收回来了！”

经过仔细核实后，整村搬来的804户移民中，在酿酒葡萄种植上获利10万元以上的大户居然上了20户……这让大家兴奋不已，再也不脸红脖子粗地跟村干部吼了，转而将更多的目光投到自家地里的“大馅饼”，开始跟技术人员频频联系、学习，看如何让这不起眼的小葡萄收获更大的利润。(《宁夏日报》，记者：王玉平，2011年10月20日。)

一块招牌的影响力

贺兰山东麓处于最佳葡萄生态带北纬38°线附近，这里还是国内少有的无污染农业生态区，少病虫危害，是业内公认的中国最好的酿酒葡萄种植基地，自然条件优越，被认为可以媲美法国的波尔多地区。相对于国内其他三大产区而言，从自然气候、土壤结构、光照时间、降水条件等相关因子来看，贺兰山东麓的优势非常突出，发展潜力非常巨大。

红寺堡恰恰是贺兰山东麓葡萄产区重要的集聚区。红寺堡酿酒葡萄的最大卖点是：绿色生态无污染。这是红寺堡酿酒葡萄产业的最大竞争力和品牌，于此，再无长物可以竞秀。

红寺堡区委、政府前瞻性地在《关于发展红寺堡区葡萄及葡萄酒庄产业的实施意见》中提出：“以发展红寺堡区葡萄酒庄产业为切入点，把发展酿酒葡萄产业和生态治理、防沙治沙有机结合起来，充分发挥特色优势，形成不同档次、不同品味、不同风格、不同规模的酒庄群，力争使红寺堡区的葡萄酒走向全国、走向世界。”“把发展酿酒葡萄产业和生态治理、防沙治沙有机结合起来”是一项使命，必须不惜代价完成，是一项策略，让绿色屏障成为绿色银行切实可行。随后，红寺堡区决定将葡萄产业确定为九大特色优势产业之一，重点扶持做大做强这一产业。

红寺堡区委、政府像珍惜眼睛一样呵护这一金子品牌。通过政策驱动、政府推动、项目带动和市场拉动等手段，引导产业化龙头企业拉长葡萄产业链，实施了“宁夏万亩荒漠优质葡萄节水栽培高技术产业化示范工程”，取得了明显的经济、社会和生态效果，为进一步发展葡萄产业奠定了坚实的基础。

红寺堡区采取引进企业示范种植和重点村整村推进的发展模式，葡萄产业取得长足发展。截至 2013 年年底，葡萄累计种植总面积达到 10.6 万亩，其中：酿酒葡萄 9.75 万亩，鲜食葡萄 0.85 万亩。大罗山北侧建成科冕、肖家窑、中圈塘、上源、杨柳、茅头墩 6 个万亩以上葡萄基地，酒城种植区、城北汉森山地园、西川、东川、汇达、万亩生态示范园等 6 个千亩以上葡萄基地。在中圈塘建设 1000.05 亩区级葡萄示范基地 1 个。2011 年开始大面积挂果，经济效益逐步显现，其中 2011 年采收酿酒葡萄 6500 吨，鲜食葡萄 500 吨；2012 年采收酿酒葡萄 9300 吨，鲜食葡萄 2000 吨；2013 年采收酿酒葡萄 8000 吨，鲜食葡萄 2000 吨。三年分别

▲ 瑞丰酒庄

实现鲜果销售收入3000万元、5940万元和5900万元，累计达到1.484亿元。

2010年，红寺堡100.5万亩土地被国家质监局扩入宁夏东麓酿酒葡萄原产区地理标志保护范围内。2012年，红寺堡区葡萄挂果面积约15000亩，葡萄产量6750吨，其中鲜食葡萄产量750吨，酿酒葡萄产量6000吨，产值3150万元，最高收入突破667元/亩，相当于种植玉米的7~8倍。2012年后葡萄挂果面积和产量以30%以上的速度逐年递增，规划到2015年发展葡萄19.5万亩，到2020年发展葡萄总面积达30万亩。

2011年宁夏编制了《中国（宁夏）贺兰山东麓葡萄产业带及文化长廊发展总体规划》，着力打造贺兰山东麓葡萄产业集聚区，目标是通过文化打造、生态引领、产业推动把贺兰山东麓建成竞争力强、辐射面广、影响力大、国内最大、全球知名的葡萄文化长廊生态经济带。在规划中，将红寺堡定位为贺兰山东麓葡萄种植面积最大，以葡萄酒文化城、区域旅游集散中心、葡萄小镇与酒庄集群多元发展的宁夏中南部葡萄产业及葡萄文化发展中心，这为红寺堡地区发展葡萄产业提供了有力的区域发展保障。

如今，红寺堡葡萄产区已经成为宁夏葡萄产区中的明星产区。“高效、节水、优质、避灾”的葡萄种植，已是红寺堡农业发展的必然选择，真正成为红寺堡农业产业发展的主导产业、朝阳产业。

瑞丰公司的启示

宁夏瑞丰葡萄酒业有限公司是红寺堡区大力发展葡萄产业以来，引进的一家大型葡萄酒业公司。该公司2009年落地，总投资2200万元筹建的瑞丰葡萄榨汁厂占地40亩，计划建成年生产能力1.2万吨的葡萄榨汁加工车间及配套设施，项目分三期建成投产。经过几年的发展，形成了“公司＋专业合作社＋基地＋农户”的运行模式，为红寺堡葡萄产业发展注入了新活力。

在与当地葡萄种植农户共同发展的过程中，瑞丰葡萄酒业有限公司与葡萄种植专业合作社签订供货合同，并联合为农户担保贷款，将葡萄种植、收购、销售等问题一并“打包”解决。每年的葡萄收购季节，公司都指派专人深入葡萄种植区，协助合作社帮农户完善合作社注册登记资料，完善合作社章程等，同时向农林等部门申请，争取项目及项目资金，推动“公司 + 专业合作社 + 基地 + 农户”运行模式科学发展。

公司投产以来，根据市场对葡萄品种的需求变化，指导种植农户根据市场需求调整品种结构，拉动葡萄种植品种的换带升级，促进葡萄新品种的选育；同时带动红寺堡及周边县市农户积极参与到葡萄种植行列，促进葡萄产业健康发展，带动农民致富；直接或间接解决了近 4000 名农村剩余劳动力的就业问题，每个劳力按年均收入 3000~6000 元不等，每年的工资收入超过 1700 万元，不仅提高了公司的效益，也为红寺堡区的发展做出应有的贡献。

几年来，优质的红寺堡葡萄以及日益扩大的种植规模，吸引了张裕、王朝、中粮等多家葡萄酒生产企业前来洽谈收购。凭借独特的区位优势和宽松的投资环境，红寺堡通过招商引资先后引进了宁夏凯仕丽实业有限公司、宁夏罗山国际贸易有限公司、瑞丰农产品加工有限责任公司、内蒙古汉森酒业集团有限公司、宁夏紫尚葡萄酒业有限公司等 11 家企业来红寺堡投资，总投资额近 8 亿元，基本建成葡萄酒厂 6 家，建成“卓德”和宁夏昌红农牧发展有限公司 2 个，500 吨酒庄 2 家，葡萄年加工能力近 4 万吨，形成了紫尚、罗山、红粉佳荣、汉森、凯仕丽、加宁、红瑞宝等 10 个在区内外走俏的知名葡萄酒品牌。

在政府政策的扶持下，在产业帮扶和优化服务措施的推动下，红寺堡葡萄产业正奋力迈向“区域化布局、规模化发展、特色化取胜”的发展之路。

一种文化的向心力

尝红寺堡葡萄美酒，话红寺堡发展变化。不管是外地客商，还是红寺堡人民，茶余饭后或休闲娱乐，品红寺堡葡萄干红成为不可或缺的内容。红寺堡的葡萄酒招牌逐渐在走出宁夏，打向全国，走向世界。

近年来，红寺堡区委、政府提出了“以发展高效节水特色农业为重点，大力推进农业产业化，实现农业发展新转变”的发展策略。以发展葡萄酒庄产业为切入点，围绕葡萄生态资源、文化旅游资源和区位优势，大力发展葡萄产业和与其

▲ 2014 年 8 月，红寺堡区首届葡萄酒盲评大赛获奖者

相关的旅游产业。通过生态引领、文化打造、产业推动着力把红寺堡建成竞争力强、辐射面广、影响力大、带动红寺堡区葡萄产业共同发展的产业发展区。

按照“因地制宜，分类指导，突出特色，发挥优势”的原则，依托罗山的自然风光及红寺堡的移民文化特色，以扩大葡萄种植基地建设为重点，以区域产业化发展为目标，以增加农民收入为核心，以移民、水利文化为特色，兼顾生态环境改善和人民生活水平提升，着力优化提升开发葡萄酒旅游、度假功能，提升葡萄酒加工转化能力，面向国际国内两个市场培育一批带动力强的龙头企业，打造一批具有市场竞争力的知名品牌，实现红寺堡葡萄产业的跨越式发展。力争到 2020 年使红寺堡区葡萄种植面积达到 30 万亩，葡萄年总产量达到 15 万吨，年加工能力 10 万吨，实现年总产值 10 亿元以上。

借助红寺堡葡萄优质、高效，市场前景好、产品加工链长的特点，红寺堡全面发挥酿酒葡萄最佳生态区位优势，发展葡萄旅游观光产业，拉长酿酒葡萄链条，着力形成集鲜食葡萄、酿酒葡萄种植为主导，生产、加工、旅游观光为一体的葡萄基地，造就一个宁夏的“吐鲁番”。葡萄产业旅游观光的建设，将成为一条纽带将红寺堡境内旅游景点整合起来，形成大旅游体系和大整体机制，打造一条“葡萄之旅”。通过以葡萄产业旅游为主轴，强化各个旅游景点的特色，突出几种文化形态在旅游景区上的功能体现，形成独特的风格。

在未来葡萄产业文化的发展格局中，红寺堡将以研发、种植、葡萄酒酿造、葡萄博物馆展示等为抓手延长全产业链条，将其纳入区域旅游线路，打造葡萄景观廊道，并将当地诸如乡村博物馆、城堡、葡萄酒、酿酒作坊、手工艺作坊等丰富的文化遗产和历史遗迹连接起来，在途经之地建酒店、客栈、露营地、自助餐厅等，进而形成一整套市场体系推广旅游产品。与此相连接，充分发挥罗山生态文化带上的罗山文化、云青寺及移民旧址等旅游资源，使其在整个红寺堡旅游观光带之中发挥重要功能，扩大现有旅游产业的影响，全力打造以葡萄酒文化为核心的红寺堡大旅游产业。

每年到了丰收季，红寺堡的葡萄园忙碌且喜悦。远远望去，农民在硕果累累的葡萄园中辛勤劳作，熟透了的葡萄一大串、一大串挂在绿叶之间，那紫色的像一颗颗晶莹的紫宝石，逗人喜欢。葡萄梗上挂着几面翠绿的叶子，恰似一顶顶小巧玲珑的遮阳伞，给葡萄挡着阳光。一望无际的葡萄园里，一串串晶莹剔透的葡萄熟了，像一颗颗宝石挂在藤上。

宁夏的“吐鲁番”，中国西部的“波尔多”，中国最大的生态酿酒葡萄产业基地正在红寺堡孕育而生。

◎ **小视窗**

宁夏凯仕丽实业有限公司（原名宁夏科冕实业有限公司）成立于2002年8月1日，公司注册资金1500万元，注册地在银川高新技术产业开发区，公司是美籍华人魏平女士全额投资成立的，是以高新技术产业为龙头，集科研、种植、养殖、加工、销售、对外贸易等项目为一体的企业集团。公司实行董事会领导下的总经理分工负责制，下设综合管理、生产技术、质量检验、计划财务、园区管理、市场营销、材料供应等部门。

公司以葡萄种植为依托，以市场需求为导向，以葡萄储运、加工、酿酒为基础，以节水环保为根本，以商业运营为主体，以终端产品为最终发展方向，构建科学、系统、经济、高效的产业链和价值链。“建一座厂，造一片林，添一片绿，富一方民”成为宁夏凯仕丽实业有限公司产业化建设的出发点和立足点。

公司 2006 年通过了 ISO9001-2000、ISO14001-2004、ISO22000-2005 体系认证，在生产运行过程中与国际接轨，建立了一套企业自我约束、自我完善、自我发展的现代化企业管理模式。时代的前进推动公司阔步发展，2006 年公司被吴忠市人民政府命名为“吴忠市第一批产业化重点龙头企业”，2005~2009 年度被宁夏工商局授予“守合同、重信用”企业，2006~2009 年连

▲ 绿色红寺堡

续四年被吴忠市人民政府授予先进集体，宁夏农业银行给予AAA级资信评级。2009年，被宁夏回族自治区人民政府命名为第五批农业产业化龙头企业。

汇达酒庄是红寺堡区为深入贯彻《中国（宁夏）贺兰山东麓葡萄文化长廊发展规划》，积极推进红寺堡区葡萄酒“一城两镇一个育苗中心”建设确定的重点招商项目。建设单位为宁夏汇达置业有限公司，法人代表为豆孝明。

项目概算总投资7300万元，占地面积1657.6亩，共分七个功能区：酒庄区、鲜果采摘区、设施葡萄园区、葡萄种植区、经果林种植区、垂钓中心和苗圃区。2012年开工建设以来已完成投资1816万元。其中，投资668万元改造监区原监舍建设酒堡30415平方米，建成地下酒窖720平方米，2013年收购当地酿酒葡萄300吨，生产成品干红葡萄酒近40万瓶；投资200万元种植酿酒葡萄605.6亩，鲜食葡萄47.5亩；投资150万元建设经济林苗圃385亩；投资315万元实施园区及山体绿化313.2亩，栽植各类绿化树种23万株；投资102万元建成194.2亩设施葡萄温棚36座；投资36万元建设垂钓中心22.5亩；投资195万元建成园区水泥硬化道路6.5公里；投资150万元建成一处10万立方米蓄水池。

该项目建成后将形成集葡萄酒加工、休闲娱乐、观光采摘等于一体的高标准酒庄园区。（红寺堡区园林局供稿）

第四节　生态文明

短短十几年移民开发建设，红寺堡在生态建设、基础设施建设等方面都取得了令人瞩目的成就，从一个不适宜生存生活的地方变成现在的绿树成荫、鸟语花香，生活在这里的人们深深地感受到国家的战略方针给他们带来的实实在在的好处。在新一轮西部大开发和新型城镇化建设的热潮中，红寺堡紧紧把握住历史发展机遇，建设美丽红寺堡，努力走出一条别具特色的发展道路——荒漠变绿洲。

▲ 秀美家园

构筑“生态城”

城市园林绿化是一个城市的靓丽名片。随着城区建设范围的扩展，红寺堡区城区生态环境建设发生了巨大的变化，城市绿化品位逐渐提升，城区绿化由原来的“保活栽绿”转变为现在的“绿化美化”，“一轴、八园、多点”的城区绿地系统结构框架，“八路十街”的路网架构彰显出这座移民城市欣欣向荣的全新气象。

2009年，红寺堡启动建设居安园、金水园、文化园三个游园和城北水系景观区。2012年，建成城区沁弘园，优美的街区花园以植物造景为主，乔、灌、花、草相结合，实现了三季有花、四季常青、绿草有茵的绿化效果。“柳岸曲桥，波光粼粼”，美不胜收的生态公园成为当地居民休闲活动的主要场所。几年来，红寺堡加快城区道路两侧林带、绿地建设，加快裸露地绿化整治，建成宽幅林带5158.5亩，城区18条街巷绿化道路里程总长64.2千米，城区绿化总面积5628亩。

▲ 翠绿掩映紫光湖

漫步城区，生态之美尽收眼底：罗山路国槐枝繁叶茂，撑起浓浓绿荫，为行人送去几缕凉爽的清风；金水街榆树苍翠欲滴、遒劲挺拔，构成一片迷人的绿洲；黄河路两侧旱柳迎风摇曳，平添了几分妩媚，形成了一条绿色的长廊。这里，正在营造“天蓝、水清、树绿、花香”最宜人居的绿色家园，2013 年年底顺利通过申报创建“自治区园林城区”验收，被命名为自治区级“园林城区”。

生态“屏护”秀美家园

建设生态文明，加大自然生态系统和环境保护力度是一项重要任务。近年来，红寺堡实施重大生态修复工程，全面推进荒漠化、水土流失综合治理，坚持预防为主、综合治理，以解决损害群众健康突出环境问题为重点，强化水、大气、土壤等污染防治。积极推进重点流域和区域水污染防治，重点行业和重点区域大气污染治理，加强重金属污染和土壤污染综合治理，以扎实的工作举措，全力呵护生态建设成果。

红寺堡坚持“工业项目进园区、设施农业靠边、整合分散庄点、盘活存量资源”的原则，加快国土空间规划体系建设，严格按照主体功能区定位发展，调整空间结构，促进生产空间集约高效、生活空间宜居适度、生态空间山清水秀。以实施农田防护林和绿色通道建设为抓手，着力构建可持续利用资源支撑体系，制定《红寺堡区林木资源保护管理办法》，明确林木、林地、野生动植物等林木资源保护管理范围、种类和方式方法，建立健全林木资源分级管理制度，切实保护好现有林木资源；加强城市水系景观、湿地恢复保护等生态绿化和综合治理，构筑贯通城区辐射 2 公里的生态防护林体系，建成集绿化美化、湿地保护、生态保护为一体的城市带绿色景观长廊；以自治区打造贺兰山东麓百万亩葡萄长廊为契机，沿红寺堡南川乡一带，建设青、红葡萄产业长廊；以罗山国家级自然保护区为核心，积极融入盐池、同心、红寺堡的大罗山生态经济圈建设，形成中部干旱带防风固沙长廊；启动矿山治理项目，加快荒坡矿山生态修复步伐，努力营造城市周边良好的生态环境。以自治区实施道路大整治大绿化为契机，坚持交通延伸、林网跟进原则，全面形成绿色交通网。加强现有农田林网管护，及时补植断带枯死树木，实现农田林网全覆盖。健全完善“政府投资、全民参与、部门包干、社会认养、建管并重、奖惩分明”的绿化工作机制，巩固扩大城乡造林绿化成果。坚持开展全民义务植树，动员广大党员、干部及社会各界人士，营造“党员林”“双拥林”“劳模林”“慈善林”等。扎实开展“绿色机关”“绿色学校”“绿色医院”“绿色企业”“绿色社区”“绿色家庭”等系列“创绿”活动，并纳入文明单位考核验收的重要内容之一，努力形成“人人种树、家家护绿”的良好格局。抓住国家天然林保护工程和森林生态效益补偿资金项目建设等重大战略机遇，大力实施天然林保护工程，以森林资源保护和培育为中心，以加快生态环境建设、发展林业经济为目标，累计实施天然林保护工程 102.3 万亩。城区绿化总面积 5628 亩，其中：公共绿地 911.1 亩，城区绿化率达到 34.1%，绿化覆盖率达到 39%，人均公共绿地达 27.5 平方米。

◎ 小视窗

矿山叠翠赋

有山名蠡，群峰叠翠，谓宁夏腹地之高峰；无水赤地，新区崛起，显扬黄灌溉之奇功。昔扬沙瀚海，萧萧雁鸣过白草；今塞上绿洲，茵茵嘉禾遍平原。迢迢水难阻徙心，漫漫路不泯往志。共产党好，谋移民开发之大计；黄河水甜，纳百川汇聚之流泉。开发十余载，后起敢争先，此红寺堡之大幸也。

丘陵起伏，沙尘肆虐，城北海子塘之旧貌也；砂岛林立，矿坑遍地，地质生态恶劣之写照也。东至滚新公路，西接营盘井沟，南靠中太铁路，北连盐中高速，方圆万亩有余焉。公元二〇〇九年，国土资源系统投资两千七百万，运筹发展环境优化之策；区委、政府启动矿山治理项目，化解区域地貌疮痍之虞。战严寒，斗酷暑，披霜露，斩荆棘，斯为红寺堡之魂也。引水入流，开渠灌溉；挖掘起土，堵沙填埋。巧借荒芜之地，妙赋和谐之形，历半岁之艰辛，成百年之鸿基。

当是时也，上下协力争荟萃，干群奋发竞风流。精心规划，誓建绿色新城北；稳步实施，甘为和谐谱新篇。矿区闭坑之所，削沙丘而填沟壑，运土方而覆荒蛮。“土”字形路，贯连东西，便利交通；植树造林，数以万计，屏障初成；生态覆绿，杨槐松劲，三千余亩。俨然蓓蕾初绽，恰同锦屏新展。更有灌溉管网，斗折蛇行，水润林木，惠及百姓。沙土地，沐浴惠农政策雨露；硒砂瓜，呈现结构调整硕果；鲜葡萄，彰显经济发展活力。资源盘活，示范效应；土地增值，经济乃兴。注目以赏：风平沙静，地绿天蓝；云水相映，松柳遥对。笛里关山，柳下坊陌；“花儿”之音，或有闻焉。

乱曰：观夫项目区胜景，生机盎然，别开生面。新世纪之气象，大开发之宏伟，红寺堡之蓬勃，皆具备矣；决策者之韬略，筹划者之智谋，建设者之匠心，俱应全焉。躬逢盛世，感慨盈心，立党为公，日月可鉴；情系民生，永表天地。（作者：周国宁，2011 年 10 月。）

▲瀚海绿洲

红寺堡区 15 年来累计组织完成林业建设任务 169.7 万亩，实施人工造林面积 129 万亩，使昔日戈壁荒漠、茫茫沙丘，如今嬗变为处处绿洲，绿树成荫，森林覆盖率达到 10.9%，土地沙化治理比例达到 40%，农田林网化率达到 85%，村庄绿化率达到 85%，城区绿化率达到 53%，城区人均公共绿地达 19.3 平方米，林业事业取得了良好的生态效益、经济效益和社会效益。

如今，红寺堡区生态发展活力彰显，生态环境明显改善，城乡面貌焕然一新，移民生态之城的魅力日益显现。随着中部干旱带生态环境建设步伐不断加快，人民群众不断增长的生态需求得到了较大的满足，一个美丽的红寺堡正在悄然提高红寺堡人民的幸福指数。

“环保”新风尚

红寺堡落实最严格的水资源管理制度，以水资源配置、节约和保护为重点，加快节水型社会建设。通过合理开发和利用地下水源，规划城镇集中式饮用水源保护区及备用水源地，加快农村饮水安全工程建设，禁止非法开采地下水，目前，红寺堡区各乡镇实现集中供水。通过严禁向罗山重要水源涵养地排放工业、生活、畜禽养殖等污染物，坚决取缔水源保护区内的直接排污口，不断改善水环境质量，不断加大河道、湖泊、沟渠的治理建设力度，畅通水系，扩大景观水面，建设亲水平台，促进人水和谐。以改善空气质量为目标，全面减少污染物排放，严禁引入高耗能、高污染企业项目，提前完成“十二五”节能减排任务，使红寺堡真正

▲ 银装素裹

成为项目建设的“生态净土”。积极整治城市扬尘，大力发展公共交通，加大三轮车淘汰力度，推广使用节能环保型汽车，城区空气环境持续向好。

环保新区建设一直是红寺堡区持续努力的方向所在。通过提高风能、太阳能、生物质能等清洁能源使用比例，全面推行建筑节能，推进城市和工业园区集中供热、供气工程建设，在弘德移民新村、马渠移民新村大力推广使用太阳能，树起了清洁能源使用和推广的“风向标”。积极开展餐饮服务业油烟污染防治，不断加大焚烧垃圾、柴草管禁力度，确保“天蓝”。借助加快发展生态农业，严格耕地保护，防控农业面源污染，保留“净土”。几年来，大力发展绿色农产品基地，围绕确定的葡萄产业、清真牛羊肉、设施瓜菜等主导产业和优势特色产业，按有良好生态环境、有技术操作规程、有质量标准、有品牌和包装、有营销载体的“五有”要求，不断扩大生产规模，提高产品质量安全水平。实施“种子种苗”工程，推广重大病虫无害化治理技术、生物技术和无公害生态养殖技术等，提高绿色农业配套技术的应用率。培育和扶持龙头企业等经营主体参与绿色农产品基地建设，实行生产、分选、包装、运输、销售一条龙作业，以保证产品的整体质量，形成规模效益。建立健全生产、加工、流通环节相衔接，覆盖农产品产前、产中、产后全过程的农产品质量安全检验检测网络，实施绿色农产品的市场准入制度，确保生产和消费安全。以“综合利用，化害为利”为原则，积极推广沼气工程建设，实现废弃物减量化、无害化、资源化、生态化，有效削减农业生产排污量，减轻对环境的污染。加强对农业投入品的监管，推广应用无公害的低毒低残留农药和生物农药，推广应用杀虫灯，搞好测土配方施肥工程，以达到农业生态良性循环的目的。

红寺堡，以实实在在的工作成效，呵护新绿，建设洁净健康家园，切实打造出了中部干旱带上一片美丽的生态区。

◎ **小 视 窗**

访移民看变化：双色管道进农家　移民生活也低碳

黄色的沼气管道，白色的太阳能热水器供水管道，越来越多移民家中出现的新能源，不仅让他们认识了一个新词——“低碳生活”，也切切实实感受到了生活质量的提升。

走进移民新村东区一间屋子，记者发现屋角安装着一台与太阳能连接的小锅炉。技术人员介绍，移民新村1540套住房都采用太阳能热水和采暖系统，“风机一转，将室内的冷空气吸上去，通过太阳能加热器加热后再吹到屋里来，像今天这种阴天，炉子可以辅助”。红寺堡区还与大唐发电集团达成了在鲁家窑移民新村建设光伏发电基地的协议，大唐发电集团将每月免费给每户移民提供10度到15度电。

采访中记者了解到，就新能源在移民中的推广与使用而言，如果说太阳能只是“星星之火”，那么生物沼气则早已形成“燎原之势”。

在红寺堡区南川乡西川村，移民王晓龙随手拧开沼气灶阀门，蓝色的火焰顿时腾起，舔着锅底。墙上黄色的输气管上接着一台“绿百合”牌家用沼气调控净化器，正实时监控着甲烷浓度和沼液温度等数据信息。

“在老家时大伙儿都是烧柴火做饭，烟熏火燎的，一顿饭得做1个多小时。用上沼气后，十几分钟就能做好，厨房也干净多了。”王晓龙说。他带记者来到位于牛棚内的沼气池前介绍，人畜粪便、烂菜叶等在这里化作沼气，沼渣、沼液还能当有机肥使用，一年省下的煤、肥料等费用，少说也有1000多元。

红寺堡区农牧局提供的资料显示，2005年以来，红寺堡区已建设沼气池1.8万多座，沼气普及率达50.99%，逾半农户用上了洁净、绿色、环保的农村新能源。该局局长王军告诉记者，除提高了农民生活质量外，新能源建设也带动了“畜—沼—果”“畜—沼—蔬”生态家园模式，带动了肉牛养殖等特色产业快速发展。如今，“产气积肥同步、种植养殖并举、农民增收与污染治理多赢”的农业循环经济良性发展新格局已初步形成。（《宁夏网》，记者：刘建华、陈郁，2011年12月6日。）

第三章 城乡建设新巨变

中华民族的摇篮——黄河，穿越宁夏390多公里，她孕育了中华民族最早的历史，也孕育了宁夏的历史文明；她造就了“塞上江南”的秀美风景，使塞外大漠的雄浑与南国水乡的秀丽融为一体，形成了宁夏大地独具特色的自然景观。“1236”扬黄工程的实施，将滚滚的黄河水引入了一片亘古荒原，浇灌出了人类历史上最璀璨的花瓣——红寺堡大地。红寺堡区就是新时期改革开放以来历史长河中铸就的一座壮丽的丰碑，它向世人展现了戈壁出珍宝的灿烂辉煌和出水芙蓉的诱人芳姿。巍巍罗山见证了红寺堡人民战风斗沙建家园、流血流汗筑城镇、呕心沥血美乡城、浓墨重彩绘绿洲的历程和不朽功绩，见证了红寺堡人满怀“共产党好，黄河水甜”的真情实感，见证了红寺堡人妙笔丹青描巨著、齐心协力奏华章的豪迈情怀和远大梦想。

如今，一座宽广的大县城已显雏形，一幢幢高楼鳞次栉比，一片片林带万花齐放，一汪汪湖水清澈碧绿，一道道平坦的柏油路交叉成网状，一个个小镇整洁而靓丽，一座座村庄方方正正，一户户民房窗明几净，一条条水渠脉搏样蜿蜒，一块块农田翠绿欲滴，一串串葡萄彤紫泛光。罗山脚下，亘古荒原在15年间幻化成人间仙境——一个真实的城靓乡美的红寺堡！

▲ 靓丽红寺堡

红寺堡，曾经是一个“兔子不拉屎”的地方，今天，却是鸟语花香、人与自然和谐相处的绝美胜地。枝头喜鹊叽喳高吟，楼顶鸽子交颈咕鸣，湖面掠过燕影双双……广场上，孩子们追逐嬉闹，不时向空中轰鸣的飞机喝彩；辛苦了一天的人们释放着生活的激情——舞步纤纤，笑语欢歌。

红寺堡城里乡下每个人的言行举止、音容笑貌都向世人传递着一种积极向上的风貌，一种自信满满的情怀，一种乐观豁达的心态，让世人都能看得出红寺堡人生活在幸福中。

第一节　大县城建设

红寺堡是移民城市，开发建设初期，依照中共中央、国务院指示精神，按照宁夏回族自治区及吴忠市党委、政府的要求，以高标准的设计理念、高质量的建设宗旨开发筹建。深入发展之期，开发区属县级建制，这标志着它将直接成为一个地区政治、经济、文化的中心。机遇和挑战常常相伴而行。县级城市有自己的规格和档次，没有底子的红寺堡区，要想在戈壁上树立起自己的光辉形象，就要靠各级党委、政府的英明领导和鼎力支持，更要靠广大移民的共同努力、艰苦奋斗，这就是建设中最强硬的底子。红寺堡人民在各级党委、政府的领导下，紧紧抓住这个绝好的机遇，勇敢无畏地迎接了挑战。仅仅用了15年时间，就在原来的戈壁滩上，建起了一座极具规模的靓丽整洁的县级城市。现在的红寺堡区，高楼连片，街道宽阔，市容美观，工农业发达，商业繁华，社会稳定，人民生活舒适，是全国最具良好人文环境的开发区城市之一。这里的人民没有辜负历史给予的机遇，而是在机遇中把美好的梦想变成了壮丽的现实。

大县城建设初具规模

近五年来，红寺堡城市在建设规模上实施南北扩建，新城建设和旧城整治并举，使城市变得更大、更精、更美，并全面实施了城区基础设施、保障性住房、市容环卫、标志性建筑、新农村建设、园区基础设施建设和社会性投资6个方面70多个项目的建设，城乡建设累计完成投资46.096亿元，是红寺堡区历史上建筑规模最大、投入最多、建设速度最快的时期。五年来，红寺堡的城市建设，紧紧围绕中心服务大局，以科学发展为统领，抢抓宁南区域中心城市和大县城建设的战略机遇。按照“新区开发、老城提升、南北拓展、东西互动”的发展思路，全力推进城乡建设各项工作。一批批重大项目相继实施，城市服务功能显著增强，人居环境显著改善，城市规划、建设和管理有了可喜的进步。五年来，城区建成面积由6.7平方公里扩大到15.5平方公里，城区规划面积由5.23平方公里扩大到18.9平方公里，城镇化率由15.4%提高到28%，城区人均居住建筑面积由20平方米提高到28平方米。五年中先后荣获“大县城建设先进单位”“住房保障工作先进单位”“节能改造先进单位”等13项殊荣。全面实施了城区基础设施、保障性住房、市容环卫、标志性建筑、新农村建设、园区基础设施建设，包括兴修高层建筑，拓宽、端正、抹平道路，开辟公园，绿化城区，树立城市雕塑。新建文化广场，建立步行街、商业城，完善供水供热、污水排放等配套设施，建立污水处理厂、垃圾无害化处理中心，等等。农村小城镇、各村也是面目全新，生活与养殖区分离，村容整齐干净，人民经济收入连年递增，生活条件不断改善，幸福指数不断提升。这许多方面综合起来，成为一本大书，一本用钢铁、水泥、沥青、机械、仪表等高科技手段与汗水铸成的大书，一本立体的大书，一本惊天动地的大书，一本受人民群众拍手称绝的大书，一本传之千秋万代的大书。这本书由红寺堡区委、政府主编，红寺堡城建人执笔，20万红寺堡区人民集体创作而成。

红寺堡区踏上了实现中华民族伟大复兴的“中国梦”的时代列车，在红寺堡区委、政府的领导下，用丹青妙笔绘制出华彩乐章。2014年，红寺堡经创建卫生、创建园林城市的建设，城乡环境变得干净整洁、风景宜人，人民群众经济收入达到较高水平，已成为一个繁华富庶的塞上江南。

基础设施配套日趋完善

有人说，中国的改革发展是一部宏篇巨制，这本巨著的目录，30年前是广东深圳，20年前是上海浦东，10年前是天津滨海。而红寺堡也是宁夏这部改革发展之书中的巨篇。在开发建设时就按照国务院〔1996〕18号文件《关于加强城市规划工作的通知》，首先在基础设施建设上就做到了科学性和前瞻性，而在15年后的今天，红寺堡区委、区政府还一直不忘基础设施建设，多次强调以完善基础设施为支撑，不断提升城市功能，城市规模由小变大，城市环境漂亮舒适，城市品位日升月高。

▲ 红寺堡大县城基础设施建设

◎ 小视窗

红寺堡城记游

当我们的车子还没到红寺堡城区时，绿树簇拥下的鲜花就一片又一片的映入眼帘，地毯式的草坪就像油画，上面绣满了各式各样的图案。直觉告诉我们，红寺堡最美不过了。紧接着就看见了喷泉和凉亭，许多园林工手提水管为树木浇水，花草上面转动着探照灯般的自动喷水器也与城市的绿色交相辉映。车子缓缓汇入街道，我一面听着乘客的议论和介绍，一面尽情地观赏车窗外的景色，无论行驶到区内的哪一条街道上，看见的，都是无数的楼房临街而立，五六层的，也有七八层的。亦不乏10层以上的高层建筑正在吊塔的牵引下与蓝天接壤。它们千姿百态，形状各异，回族风格的建筑与现代派模式的楼房并排矗立、错落有致，柜式楼和欧派楼竞相争艳，还有塔式楼、条式楼、艺术造型的楼……楼的颜色也多种多样：绛紫、奶黄、浅绿、淡灰、晨辉的、月白的……满目缤纷，在雨后的天空背景下，显得亮丽极了。我们的车子行驶于伫立着这许多漂亮建筑的街道上，宛似在楼的长廊中穿行，车窗外闪过的景致，仿佛是一幅幅流动城市风景的瑰美明亮的巨幅画展。

安排好工作已是下午，我在傅国胜的陪同下，来到了红寺堡建设局提取资料，正赶上了发放安置房和廉租房的时候，整个楼厅里好不热闹，这里工作人员忙得不亦乐乎。一拨又一拨的群众正排着队等着分配，他们也许正要抽签，都在一起议论着，每个人的脸上都露出喜悦的表情。在他们百忙中，我匆匆要了一份《红寺堡区城乡建设五年纪实》的文稿就走了。我想文字的东西只是个概括，他们的成果全部体现在了那些数不清的高楼大厦和条条大路及花团锦簇的城乡里。我谢绝了陈主席的陪同，要求一人走走，想要好好饱览一番红寺堡的街景。而今，红寺堡城乡建设如诗如画，显示了这里的回汉人民没有辜负党的期待和政府的重望。而一路上，我还看到很多花园式的安居小区，走进一座名为“罗山花园”的小区内，有许多华美景致映入眼帘，欧式风格景观亭、水景瀑布，彰显了主景观的安逸与舒适，花坛设施与律动的水池相映，天上浅浅的云和树影在水中婆娑，雕塑在水中舞动。顺着弧线形的回家路线，可以看见树阵后豁然开朗的草坪，引人入胜，极富趣味。是的，在红寺堡不同的安居小区，我都能有不同的感受，诸多描写的文字只能藏在心里，只能靠你去亲自感受。（作者：洪立）

红寺堡在五年中累计投资3.41亿元实施了市政道路新建、街区巷道改造39.3公里，配套实施路灯2290杆，给排水37.1公里。其中投资2.83亿元新建了金水街、文化街、团结街、利民街。新建的甘泉路、柳泉路、站前广场路、吴忠路延伸段和小康街等都以崭新的容姿出现在人们的视野；改造的罗山路、人民街、创业街等市政道路也呈现出一派欣欣向荣的景象，配套实施道路、路灯、给排水和人行道工程，累计完成集污管网31条37.1公里、供水网31条30.8公里、安装路灯1914杆。实施巷道、街区改造29条31.4公里。道路工程的实施，使城区“八路十街”道路框架初步形成，服务功能不断完善，城市承载力得到提高，城市发展基础得以夯实。在不断完善基础设施的基础上，不断提升城市功能。五年累计投资 9200 万元，实施了集中供热二期工程和供热管网改造工程，新建供热管网 16 公里，改造供热管网 18 公里，建设换热站 9 座，实现了 0 的突破，供热面积由 24 万平方米增加到 80 万平方米，有效提高了红寺堡区供热覆盖率，实现了全城“回春”和人民群众“暖冬”的愿望。还实施了以红寺堡工业园区为基础的设施建设，不断夯实城市发展后劲。这些建设使城市市政基础设施配套日趋完善，各种服务能力有效提升。

标志性建筑提高城市形象水平

五年来，红寺堡区以公建项目和标志性建筑实施为重点，不断提高城市形象水平。新区公建项目及城区标志性建筑的实施，既拓展了城市发展领域，优化了城市发展空间，奠定了大县城建设基础，又带动了一批前景好、具有发展潜力的招商引资项目，城市整体功能和形象水平不断提升。五年累计投资 9.892 亿元实施了建筑面积为 244199 平方米的武装部综合办公楼、司法调解服务中心、综合服务中心、红寺堡区法院审判法庭、红寺堡检察院、红寺堡人民法院审判办公楼、

▲ 宁夏移民博物馆

吴忠市公安局红寺堡区分局指挥中心、消防大队营房与器材库、红寺堡中心敬老院、菊花台残疾人日间照料中心和博大商贸中心、银洲国贸、汇达酒店、罗山商城、建材市场五个标志性建筑。这一个个公建项目的实施，改善了红寺堡区机关单位的办公条件，便利了红寺堡人民的生活，加强了红寺堡区机关效能建设，对提升城市整体服务功能和形象水平有极大作用。也为这个集政治、经济、文化等为一体的新型生态移民城市的发展增添了既庄重又热烈的和谐气氛，也为搭建开放服务平台、优化政务环境和法制环境起到了应有的作用。

在这众多的标志性建筑中，最能代表红寺堡形象的建筑当属宁夏移民博物馆。自建成开馆以来，宁夏移民博物馆成了来红寺堡的客人必游的景点之一，也是红寺堡区宣传自身开发历史的重要窗口。不少文人墨客在这里留下了诗文和墨宝，增添了宁夏移民博物馆的文化底蕴。作家洪立写道："很快，就来到了我要去的宁夏移民博物馆。它建成于 2009 年，占地面积为 7.8 万平方米，建筑面积 9436.88 平方米，平面设计为正方形，边长为 64 米，高为 16.8 米。四面墙壁上塑有移民与民族特色的巨幅画雕，附有人文介绍，画面动人，形象逼真。东面是清真大寺，巨大的绿色圆顶擎起一弯明亮的月牙直挂中天，显出一派清真明亮的景象；西面是 2009 年落成的社保大楼；北面呢，是具有民族特色的回民中学教学大楼；南面是繁华的整座大街。博物馆广场为清一色水泥方砖地面。人们三三两两，在期间散步、休憩、观景，有白帽长须、精神矍铄的回族老人，有神采飞扬、服饰时尚的妙龄少女，也有组团而来的学生老师……这一切，交融成一首色调明朗、安谧繁华的抒情诗。"

第二节　园林城市

2013 年，红寺堡区城市园林绿化经过了自治区验收，红寺堡被自治区命名为园林城市，这标志着红寺堡城市的绿化和美化迈上了一个新台阶。但是，回首走过的 15 年，所遇到的艰难险阻、崎岖坎坷数不胜数，但都被红寺堡人一个个攻克，这不得不说是红寺堡历史上的一大奇迹。

红寺堡从开发建设到发展巨变，硬是在贫瘠干旱的戈壁沙漠上建起了一座城市。黄色曾是它最鲜明而单一的色彩，放眼望去几乎看不到绿色的影子。自开发建设以来，生态环境逐渐好转，在新铺的大路两旁，也能看到整齐的绿树了。但是，冰冻三尺非一日之寒，红寺堡的绿化还远远不能满足现代生活和生态环境的需要。近五年来，红寺堡区委、政府加大园林绿化规模，逐年增多绿化项目，不断完善绿化设施，形成由苗圃、公园、街道绿化向环路绿化、乡村绿化、庭院绿化发展的态势，逐步实现各类绿地的一体化。

城在林中　林在城中

园林绿化是城市建设和环境保护的重要组成部分，是城市现代化的标志。城市园林绿化对改善生态平衡、净化空气、减轻污染、降低噪音、保护市民身心健康起着极其重要的作用。在这一认识的基础上，红寺堡加大园林绿化的力度，使

▲城中碧林

园林绿化工作一年上一个台阶，取得很大进步。特别是近五年来，依照红寺堡区委、区政府的部署，按照城区和山地及农田林网设计方案，在园林绿化员工及20万移民群众的辛勤耕耘下，城区新植各类乔木1049万株、常青树436万株、绿篱3.3万平方米、草花和草坪绿地面积达6375亩，街道总绿化长达64.2公里，建立市区绿化苗圃1161亩，市区绿化覆盖率39%、绿化率34.1%，人均公共绿地面积达到13.4平方米。在起步晚、底子薄的基础上，红寺堡实现了园林绿化的大改变。

现红寺堡共有绿地169.5万亩，人均绿地面积0.5平方米。各街道两旁绿树成行，而且经过精心规划，大体上一街一个树种，树形各异，婀娜多姿。此外，广场、街心都辟有苗圃、草坪，住宅小区建植草坪。红寺堡披上了绿色的盛装。最美丽的要算是城区中心地带了，这里树木茂盛，花草各异，被园艺师修剪出各种形状，樟子松树或侧柏……绿树重重叠叠、婆娑弄影，给繁华的街面带来了无限生机。以城中向四面辐射，一排排树木和一方方花草给城区嵌上了绿色的花边，让市民在绿洲新城中安心工作、舒心生活。

今天的红寺堡，绿树成荫，鲜花盛开，城中有园，园中有树、有草、有花，这固然凝聚着决策者的智慧和远略，也饱含着设计者的聪明和才智，但更多的还是园林绿化工作者付出的辛勤劳动和汗水。这里有他们强烈的事业心和责任感，更有建设者爱的奉献。当你漫步在红寺堡街道上，一种敬仰之情、赏心悦目之感便油然而生。特别是盛夏凉风习习，会使你忘却酷暑，倍感绿化的重要。

红寺堡城外的一大特点就是山地多、干旱缺水。如果不治理、不改造，土地会越来越干旱荒芜，既使空气干燥，又使风沙侵袭城市，是城建的障碍和“包袱”。能做好绿化大山绿化戈壁这篇文章，就能变包袱为财富，形成红寺堡的一大特色。2009年红寺堡区委、政府组织各局单位上山种树，美化山坡，群策群力下，现在的红寺堡城外已基本“满目青山”，给人“忽如一夜春风来，千树万树梨花开”的感觉。红寺堡城乡二元结构突出，农村处在大山之间，要发展农村经济就一定要盘活山地。鼓励农民植树造林，并让农民植的树成为摇钱树，成为农民增收的关键。2013年年底红寺堡林业局全面启动“百万农民增收致富工程”：发展林业经济26.7亩，壮大特色产业，建好速丰林、长枣基地，发展苹果、葡萄产业。发展园林旅游、农家乐旅游以带动园林建设，使昔日的“荒山、穷山”变成“秀山、宝山”。在红寺堡的乡村也是一样。为改善本地区的自然环境、保护生态植被、防止沙漠化、防止水土流失，实行了封山禁牧、育草育林、田网植树，使城乡掩映在绿色的海洋中，形成人与自然和谐相处的局面。

公园与湖泊相映成趣

种树和建公园，使红寺堡城区空气质量进一步优化。近五年来，红寺堡全区新建社区公园4个，新建城市公园3个，其中城内的晨曦公园树木青葱，清云湖水光潋滟，周围活动器材完备，成了市民休闲健身的好处所；小山坡上的各种花草争奇斗艳，在公园的亭子上俯瞰全园，树形水态尽收眼底。城东北边的北山公园里的3座小山倒影在紫光湖里，像是湖中翠绿的小岛，让紫光湖充满了神奇色彩。正北方的北海子也是一个湖光山色俱佳之地，常有游客光顾。城中心的金水广场景色宜人，成了市民休闲漫游和举办文化活动的主阵地。正是由于公园、绿地、大树的增多，才使红寺堡享受到了“蓝天”“绿地”的自然赏赐。

▲ 清云湖夕照

◎ 小视窗

周末到郊外去吹吹风

周末，我和妻子到北郊北海公园去玩。骑车不到十分钟便进入了园区。那是一个纯人工形成的开放式休闲园林。工人们掘地为池，挖出来的泥土堆成小山。池子底部和周围铺了防渗材料和鹅卵石，黄河水注满了涝池，就形成了人工湖。这样的人工湖有两个，一个在东，一个在西，中间隔着一条纵贯南北的高速路。中盐高速和中太铁路从湖的北面横穿东西，在这里形成了山水田园路林桥的绝美组合。

湖水波光粼粼，清澈见底；天空水鸟翔集，争鸣逗趣；清风吹来，顿觉清凉神怡。我和妻子沿着小青石铺就的台阶，环绕上山，只见山丘已是云杉遍地，密密匝匝，青翠撩人。身旁，一群小孩追逐着、嬉闹着跑步上山，留下一串串笑声在密林里回绕、扩散。我坐在道边，看身边迈过去矫健而有力的步伐，感慨自己已经不再年轻。

从山上看，远方新建的移民新城，道路纵横交错，高楼鳞次栉比，全都笼罩在淡淡的雾霭之中；近处，湖边多了几把太阳伞，年轻的小伙姑娘们正

▲ 北山回望紫光湖

在尽情地享受着初夏的阳光，偶尔传来愉悦的笑声。那伞下，是早已准备好的一顿野餐，或几听解渴的饮料，或是一段缠缠绵绵的情话。

南来北往，西去东来的汽车在高速公路上急驰。一列火车满载物资从东方急驰而来，稍做停留便又轰然西去。

登上山顶，眼前豁然开朗。悠悠西风吹在脸上，顿觉精神焕发。回望自己的第二故乡，一种自豪之情油然而生。在西部大开发的洪流中，20 万移民群众经过十多年的艰苦创业，使原来的荒原戈壁变成了宜居花园，他们的生活正在实现历史性的跨越。

想到这里，我作为移民群众的一分子，也有过创业初期的艰难苦涩，而如今已经或正在享受着成功带来的甜蜜和喜悦。

微风吹来，柳枝飘曳，水波粼粼。我几欲折返，都被妻子劝阻，只好再领略一番眼前的美景。我看着从眼前来来去去的游人，蓦然发现，他们从头到脚都带着一股和煦的风。（作者：张治乾）

第三节　卫生城市创建

2013 年，红寺堡区申报自治区卫生城市验收，开始了轰轰烈烈的全民创卫活动。红寺堡区创卫工作在自治区、吴忠市爱卫办的精心指导和红寺堡区委的正确领导下，坚持实事求是、因地制宜、分类指导、循序渐进的工作原则，以“改善环境、保障健康、促进发展”为目标，紧紧围绕城乡环境卫生整治、病媒生物防制、农村改水改厕、健康教育等重点，有序开展，稳步推进。

宣传到位全民行动

为了提高民众对创卫工作的知晓率，营造更为浓厚的创卫声势，红寺堡电视台从每周播放一期创卫宣传标语、健康知识及创卫工作动态调整为每天播报一次；结合创卫宣传工作存在的问题，制订发布了《进一步加强创卫宣传工作实施方案》，就创卫工作宣传内容、宣传形式、责任单位和时限要求等进一步明确细化，形成了日督查、周通报的长效机制；印发了《红寺堡区创建自治区卫生区市民公约》，在各小区设立创卫相关专栏，在综合市场、罗山商城等场所设置“曝光台”，利用灯箱广告、LED电子屏等多种方式高密度、多视角、深层次宣传创卫工作，营造全民参与、全面攻坚的舆论氛围。成立了“健康宁夏”行动组织，召开健康宁夏行动启动会，全面安排部署健康宁夏全民行动工作，严格按照方案实施；发挥电视台、新闻媒体宣传主渠道作用，开展健康教育专栏，播放健康知识；发挥中小学校健康教育主阵地作用，开设健康教育课，做到有计划、有人员、有教案、有成绩；在公共场所、机关、企事业单位、学校、小区、医院等张贴禁烟标志，在学校、社区、居民小区创建健康教育宣传栏。市民健康教育意识逐步增强，健康文明的生活方式正在逐步形成。

红寺堡城乡建设还计划加大宣传力度，全面提高居民卫生素质。充分发挥汽车站、运输公司等窗口单位的宣传示范带头作用，利用电子屏、公交站牌、公交车等为载体，大力进行宣传。加大电子屏幕播放频率，扩大宣传资料覆盖面，开展健康教育主题活动，增加电视台创卫工作报道，在《吴忠日报》、电视台进行创卫工作专题报道，增加新闻媒体投稿，进一步营造创卫工作氛围，提高居民健康知识知晓率，培养居民良好的卫生习惯，促进居民健康行为的形成，动员广大干部群众自觉行动参与创卫工作，以实际行动促进创卫工作向纵深发展。

卫生设施大改善

五年里先后投资3600万元建设了污水、中水处理厂。增设和更换果皮箱400个，投入100多万元采购电动三轮保洁车60辆、道路清扫车4辆。投资4065万元建成一个垃圾填埋场和7个垃圾中转站，撤除主要街道原来配备的大容积垃圾箱，采用垃圾收集车定时巡回收集转运，日清垃圾90多吨，有效提高了垃圾收集处理率，无害化处理率达到77%。精心设计抓亮化。投资3000多万元，先后在城区道路及大型建筑实施了18项亮化工程，城区共安装路灯2000多盏，安装各种景观灯800多盏，维修更换节能灯1800盏。根据季节长短调整路灯开关时间，保证行人和学生出行方便，做到最大化节俭。截至2014年，道路照明装灯率达

▲ 红寺堡的街灯

98%，亮灯率达 98%，城区夜景显著提升。投资 480 万元新建和改造了城市公厕 15 座，实行了责任管理，力争达到标志明显、设施齐全、卫生干净整洁的标准；城区 14 个老旧平房小区改造全面启动，五年内完成全部改造；城区宜居水平明显提高，人居环境极大改善。

后期城乡建设卫生方面还会加大投入力度，大力整治城乡环境卫生。建设综合市场二期改造工程和畜禽屠宰场等专业市场。向创建自治区卫生村的行政村配备必要的垃圾收集和清运设施，彻底解决乡（镇）、村垃圾乱堆乱倒现象。对建筑工地卫生进行专项整治，特别是加强工程运输车辆的出行清洗管理，杜绝出行车辆带泥上路。建立发改、城管、工商、卫生、公安等部门联合工作机制，采取措施，认真解决集贸市场卫生问题。联合执法组加大力度，集中整治蔬菜、水果市场，依法治理占道经营和流动经营行为，规范集贸市场，彻底整顿责任区卫生。坚决治理店外经营、一店多牌和小广告现象；依法治理乱停乱靠车辆，规范城区车辆停放秩序。为主要街道配备果皮箱，维修和改造垃圾箱。做好水源地及水厂生活饮用水的监测、保护和监管工作。指导各学校积极开展创卫主题活动，充分发挥小手拉大手的作用，使健康知识深入千家万户。

第四节　安居工程

红寺堡区委、政府提出打造宜居城市的战略目标，也是广大城乡建设者共同的心愿。他们以优良的工作作风、时刻不忘劳动人民的政治本色，用勤劳、智慧与汗水建造了不少经得起时间考验的住宅小区，树立起了红寺堡区的光辉形象。红寺堡区自开发建设至今，一直坚持文明城乡的构想，不断提高建设者的文明度，始终以构建和谐社会为目标，推动社会事业全面发展。始终坚持开发群众文化艺

▲ 安居小区幸福地

术资源，积极组织各类文化活动，以期提高居民的文明程度，从而构建和谐红寺堡。

移民安居　社会安宁

红寺堡区的住宅小区从开发建设时就制定规划，2009 年后又对全区已建和将建的小区进行了统一布局，加大了小区建设力度，并着力推进小区建设和管理的现代化。近几年是小区建设的高峰期，主要以花园式小区的建设为主。现在已经建成和部分建成的住宅小区有 13 个，占地面积 732.26 亩，总建筑面积 81.35 万平方米。2010 年，在房价猛长的情况下，红寺堡区委、政府又积极筹划建设解困住房，制定优惠政策，继续推行优惠的“楼宇按揭，以购房作抵押，取得银行贷款，然后可再放长年限分期还清房款”的方式，解决百姓住房困难问题。面对人民生活明显改善、人居环境明显提高的实际，红寺堡区委、政府提倡坚持城镇化建设与提升城市功能同步进行的方案，不断强化城镇基础设施建设，改善人居环境。目前，住进小区的已有 4.3 万多人，占全区人口的 21% 以上。像罗山花园小区、鹏盛花园小区和金翠园小区，楼房大多数为五六层，也有两层别墅式小楼，楼房造型多样、色泽光亮，非常漂亮。小区中心有花园，楼房之间有草坪，仅绿地就有 4.2 万平方米。小区内生活设施配套齐全，建有幼儿园、停车场、百货商店、医务所、菜市场、集中供热中心等，真可谓都是优美、舒适、方便、整洁、安全、文明的住宅小区。不少小区被授予“区物业管理优秀小区”和“市安全文明小区”称号。

五年来，红寺堡区坚持把改革民生贯穿于城市建设全过程。从老旧住宅区和平房小区基础设施改造、保障性住房建设、污水处理等突出问题着手，不断改善群众居住条件，努力让广大居民享受到城市建设发展的成果。五年开工建设了红寺堡区历史上最大规模的保障性住房工程，投资 12921.4 万元建设各类保障性住房 1701 套 87669 平方米，超任务建设 146 套 9187 平方米（其中：廉租住房 945 套 46122 平方米，超任务建设 73 套 3650 平方米；公共租赁住房 526 套 21307 平方米，超任务建设 76 套 2947 平方米；经济适用住房 230 套 20240 平方米，面积超任务 2590 平方米）。目前累计保障低收入住房困难户 903 家，累计为 14114 户 49976 人发放住房租赁补贴 836.8 万元。同时为确保保障房高质量建设、公平分配、科学管理，出台了一系列保障性住房管理办法，切实加强保障性住房建设分配工作，有效解决了低收入群众住房问题。红寺堡区在保障住房方面主要措施是着力兴建廉租房、公租房，大规模实施建设安居工程，尤其是 2009 年以后解决占地总人口 1/5 的低收入群众住房难问题。

为了让农村老百姓住有所居并住得安全、住得舒适，红寺堡区委、政府投资 6600.25 万元支持贫困家庭实施危房改造，受益群众 5000 余人。农村危窑、危房改造工程的实施，从根本上解决了农村困难群体的居住安全问题，使群众深切感受到了党和政府的关怀和温暖，密切了党和政府与人民群众的联系。生态移民的居住条件更是党和政府最关心的事情。五年累计投资 19983.7 万元，为 3454 户移民建房。为进一步完善生态移民工程建设，给老百姓提供良好的生活保障，政府投资 786.96 万元为 2194 户移民住户安装太阳能采暖热水双联供系统，每年每户家庭节约标准煤 2.192 吨约 1315 元。该系统的有效利用，既有效减轻了移民群众的生活经济负担，又减少了二氧化碳、二氧化硫等有害气体的排放，保护了移民生态生活环境。

社区文化上台阶

红寺堡的每个村都按照 15 亩地、20 间房、1 个篮球场、1 套健身器材、1 个图书阅览室的标准进行全面改建扩建。这样从基层抓起，把村部建设成为红寺堡区一流的村级组织活动阵地。在城区做到每个社区都有健身器材、图书阅览室和老年活动中心，力争进入自治区党建工作先进县（区）行列。引导群众大力弘扬“艰苦奋斗、团结创业、务实创新、拼搏奉献”的红寺堡精神，加快红寺堡经济社会各项事业的发展，使红寺堡广大居民同全国人民一道进入小康社会。同时开展“五好家庭”“文明村”“文明小区”等群众性精神文明创建活动。并在红寺堡区各地利用节假日，发放各种宣传资料，帮助群众了解和掌握不同知识，激发群众的积极性和向上力。

红寺堡区加强居民社会安全管理宣传，组织群防群治队伍负责调和化解矛盾。组建校园民警披挂上阵进驻校园，为孩子们保驾护航。以加强法律援助为重点，

▲ 扭秧歌

帮助居民了解法律知识，增强以法律约束自己、保护自己的意识，同不良倾向做斗争。帮助困难群众、边远村民以法律维护职权，实现平安社会。食品安全不仅关系群众的切身利益，也关系到国家和社会的稳定。红寺堡的卫生、质监、食品监管、环保、农业等部门共同参与宣传食品卫生知识和有关法律，将问题食品堵截在市场之外。在交通运输安全方面，红寺堡区委、政府特别重视，要求对驾驶人员和乘客进行必要的交通安全知识讲座和适当的事故救援措施传授。同时对煤矿、建筑工地等大量宣传安全知识，持续开展安全生产的宣传教育和专项整治活动。使群众在安全的天空下舒心生活，尽情工作。

广泛开展群众性的体育活动，也是近几年来红寺堡区党委、政府特别关心和提倡的大事。在机关、企事业单位、社会团体推广工间操，在社区推广健身操。组织群众性篮球、乒乓球、羽毛球、赛跑、拔河等体育赛事。完善覆盖全市的市民体质监测体系，低收入群众两年享受一次免费体检，中小学生、机关事业单位两年一次体检。开展群众性的健康教育活动，创建文明健康的社会环境，广泛开展群众性精神文明创建活动和道德实践活动，开展理想信念、道德教育。丰富群众文化生活，广泛开展歌咏大赛等群众性文化活动。净化网络环境，优化文化市场，打击黄、赌、毒。加强社会志愿服务。通过区委、政府的不断倡导和鼓励，红寺堡城乡文化事业得到空前的发展，各种潜在的文化形式得到了充分的挖掘。这些文化的发掘和推广提升了红寺堡城乡居民的精神文化水平，丰富了居民的文化生活，对城乡文明程度的提升起到了很大作用。

慈善文化聚爱心

慈善文化是红寺堡区的一大特色，弘德慈善产业园区就是这一文化的杰出代表。红寺堡的扶贫济困的情怀还表现在其他地方。红寺堡区中心敬老院于 2013 年 6 月拆除重建，2013 年 10 月竣工投入使用。建筑面积 3541.88 平方米，内设宿舍 56 间，活动室 4 间，医护室 2 间，康复室 2 间，阅览室 2 间，办公室 3 间，会议

▲ “菊花台”上凝爱心

室 2 间。可集中供养五保老人 100 名，目前供养 89 人，按照一级护理 1 ∶ 1、二级护理 1 ∶ 5、三级护理 1 ∶ 8 的原则配备工作人员，共有工作人员 15 人，其中一级护理员 2 人，二级护理员 3 人，三级护理员 10 人。此次重建，使中心敬老院成为红寺堡区硬件设施最为完善的养老服务中心。组织各个学校开展爱心教育、培育学生关心帮助他人的品质。红寺堡区几所中学都会定期组织一批共青团员到中心敬老院，帮这些老人们打扫卫生，跟老人谈谈心，送温暖给这些孤独的老人。红寺堡区菊花台残疾人日间照料中心于 2011 年 5 月建成投入使用，主要用于红寺堡区菊花台村及周边村残障人员的日间照料，供养人员生活费从农村五保供养资金中列支，自运营以来，管理运行费依靠宁夏燕宝慈善基金会捐助 100 万元维持。现有各类残障人员 40 名，按照一级护理 1 ∶1（需配备 1 人）、二级护理 1 ∶5（需配备 3 人）、三级护理 1 ∶ 8（需配备 3 人）的原则配备工作人员，共有工作人员 7 人。每年管理运行费用约 35.6 万元，其中工作人员工资 9.6 万元，水电费 1.8 万元，冬季取暖费 13.2 万元，管理维修费 11 万元。政府还鼓励各工厂对残疾人群体给予特殊照顾，有很多工厂主动招收一些残疾人进厂工作，解决了他们的生活困难，增强了他们对生活的信心。主办了《慈善兴业——红寺堡》刊物，宣传慈善产业和慈善文化。

广场文化丰富多彩

红寺堡区的广场文化丰富多元、精彩纷呈。最能集中体现红寺堡各种文化的汇集之地当属红寺堡镇金水广场，它承载了红寺堡十多年里各种大型集会的繁华与热闹，见证了红寺堡干部群众讴歌建设成就、感恩共产党的情怀，目睹了城乡移民在这里展示才艺、抒发生活激情的热情，接纳了人们追求健康生活、享受幸福生活的情趣。红寺堡金水广场自建成以来的 10 年间，一直承接着各种文化形式的活动。有一些重大节日的歌咏比赛、文艺专场，有外地及本地文艺团队的节目表演，每年元宵节的烟火、灯会、社火的大型展演，夏季各单位组织的文艺专场，教育界文化艺术节的展示，六一儿童节文艺汇演等一批由政府机关单位组织的活动。它还是城乡居民自发组织的各类社团的活动场所以及个人健身活动的场地。每天早晨五六点钟，金水广场就开始热闹了，周围的健身器材迎来了一拨又

▲ 双龙闹元宵

一拨的中老年人，他们在这些器材上活动活动筋骨，抖擞抖擞精神；还有三五成群的人们在打着太极拳，沉迷在天人合一的境界里；有的在舞剑，一招一式是那么的认真，动作是那么的流畅洒脱，神情是那么的专注；有的在打着羽毛球，挥动着球拍追逐着；尤其那支跳广场舞的队伍是那样的庞大，舞动的是那么的投入，那么整齐划一，好像一只只翩翩飞舞的蝴蝶，轻盈而优美。最热闹的时间该是傍晚之际，很多人都会拍着圆圆的肚子在林荫小道上散步；各个小贩们早已摆好了自己的摊位，放着吸引孩子们的音乐；大一点的孩子踩着旱冰鞋，穿梭于整个广场的人群间，互相追逐着、打闹着；刚学步的孩子，蹲在游乐场地里尽情地玩着各种游戏；一百多人组成的舞蹈队又开始了晚练，响亮的音乐传送着舒缓的曲子，动作娴熟地摆动着手臂，生涩的初学者也手舞足蹈自乐其中，尤其是几位男同胞，他们扭着富态的身躯，也跟着节奏尽情投入地舞动着。南面角落里，秦腔自乐班的锣鼓敲起来了，悠扬高亢的胡琴拉起来了，忙了一天的乡民忘记了白天的疲劳，从十里八乡聚集在这里，只为能听一听耳熟能详的乱弹，吼上几句心中的旋律；

各小区的老大爷老太太们，各自带着小凳子，坐在旁边听得是那么的认真，看得是那么的专注，掌声是那么的热烈，从开始一直坚守到结束；一出《二进宫》三人登台，有脾气暴躁而足智多谋的净角，有圆滑聪明忠心耿耿的须生，还有哀怨正直的青衣旦，时而高亢时而幽怨的唱段凝结着人生矛盾，层剥着人性的深处。直到夜里十点多，人们才陆陆续续地离开金水广场。

第五节　美丽城乡

红寺堡的城乡布局具有得天独厚的有利形势，城市周围全是整齐的农村，由于大县城的建设，城市已经和周边的农村紧紧地连在了一起，形成了村中城的格局。针对这些有利条件，红寺堡区委与政府高瞻远瞩，以发展的眼光对红寺堡的城乡建设进行规划部署，提出了城乡统筹发展的思路，指导城乡建设局做出了细致的规划，全面开展了城乡建设蓝图的绘制。

城乡统筹　科学规范

红寺堡区城乡建设提出了这样的规划：紧紧抓住“十二五”规划的历史机遇，以大县城建设为契机，围绕打造开放、富裕、和谐、美丽、慈善五个红寺堡，按照“抓重点、统城乡、为民生”的工作思路，进一步坚定信心、抢抓机遇、迎接挑战，周密部署，合力突出一个重点、加快两大建设、落实三项政策、实现四个统一。

城乡建设首先要广泛深入地宣传城乡一体化的科学内涵、目标任务和重要性、必要性。要以大县城建设为契机，全方位发展城市，扩展城市规模，推进红寺堡经济的快速增长，为吸纳转移农村劳动力提供广阔的生存空间，顺利实现农民向城镇转移，着力加快城市化建设步伐，迅速改变目前红寺堡区城市化建设滞后的局面；加快农村基础设施建设的步伐，大力加强农村生态环境、农业综合开发、农村公共设施和农村水利设施等重点建设，不断改善农村的生产生活条件。有关资金政策必须对农村倾斜，加大对农村的投入，改变农村经济社会发展中资金严重短缺的现状。财政政策应向农村倾斜，主要是加大对农村基础设施的投入，对农业科技进步的投入，对农村义务教育、基本医疗、广播电视文化等公共事业的投入；金融货币政策应向农村倾斜，加大农业信贷的份额，以解决农村在银行贷款担保难的问题；招商引资政策向农村倾斜，政府出台相应优惠政策，鼓励外商在农村、小城镇投资建设。要确立科学的规划体系，正确处理近期建设与长远发展、局部利益与整体利益、经济发展与环境保护、现代化建设与历史文化保护的关系，促进合理布局、节约资源、保护环境、体现特色，充分发挥城乡规划在引导城镇化健康发展、促进城乡经济社会可持续发展中的统筹协调和综合调控作用，形成城乡空间一体化发展格局。城乡发展要以科学发展观为指导，以“以城带乡、以工促农”为理念，促进城乡整体性发展。要协调好城乡资源流动和配置关系，引导城市资源要素流向农村，引导农村劳动力资源进入城镇，在促进城乡资源合理流动中切实解决城乡资源配置失衡问题，为城乡协调发展创造基础条件。全力推进城镇化进程，努力发展壮大县域经济，促进城乡融合，实现城乡经济社会共荣共进。

美化村容　优化环境

2013 年以来，围绕“统筹城乡发展，加快城乡一体化建设”的总体思路，抓项目促发展。累计投资 2905 万元，实施了幸福村庄、小城镇建设项目 5 个。红寺堡区幸福村庄和小城镇建设主要以硬化、亮化、美化、绿化、净化和危房改造为主，以打造设施配套、产业支撑、规模适度、生态优美的美丽宜居示范村为目标，实施农村通上下水 899 户 13.6 公里，完成巷道硬化 11.6 公里，出色地完成了院落整治、新建文化广场、景观绿化、便民服务等基础设施建设。积极推进城市管理向农村延伸，大力开展环境优美乡镇、生态村创建活动，完善农村垃圾收集处理、污水处理等设施，着力建设村容整洁、环境优美的新农村。向红寺堡镇朝阳村、柳泉镇沙泉村、南川乡杨柳村和大河乡龙兴村 4 个乡镇的 4 个行政村，投资 2962.8 万元，全面开展硬化、亮化、美化、绿化、净化和危房改造工程，进一步推进自然村向大村庄、小城镇集中的建设步伐，主要实施上下水配套、巷道硬化、院落整治、文化广场、危房改造、景观绿化和便民公共服务等基础设施的建设和改造，努力实现道路、供排水、清洁能源、垃圾处理和优美环境的“五到农家”。以小城镇建设定位准确、功能完善、特色鲜明辐射带动建设美丽宜居示范镇为目标，主要实施道路、给排水、供热、路灯、垃圾处理、公厕、广场文化、特色街区等基础设施和公共服务设施建设和改造，进一步提升小城镇综合服务功能，优化人居环境、培育支撑产业，努力打造红寺堡区最整洁、最现代、最生态的新型城镇。

◎ **小视窗**

夕照兴旺村

夏日的罗山脚下火烈而又充满生机，太阳把积攒了一年的所有热量都展示了出来，各种农作物趁着这股热开始疯长。已到了晚饭时刻，刚才火辣辣的太阳已收起兴奋的笑容，慈祥地照着兴旺村。前一阵懒洋洋趴在树下，伸着长长舌头的大黄狗也站了起来，对着主人摇起了尾巴。各家屋顶的炊烟已然散尽，左邻右舍一个接一个地走出了家门，徜徉在门前的柏油马路上，互相逗着乐子，尽情地欢笑。

▲ 乡村夕照

我们兴旺村很大，想要绕着走一圈还真不易，我只是漫无目的地走走而已。平坦如砥的柏油巷道连成一张网，整齐的院落左右相对，一砖到底的琉璃瓦房光彩夺目，在夕阳的照射下更显得金碧辉煌、夺人眼球。那高高在上的太阳能热水器五颜六色地反射着金色的夕阳，色彩更加丰富了。渐渐地，日薄西山，已连在山边的太阳泛着淡淡的金光，整个村子一下子沉浸在金色之中，仿佛是一片整齐的待镰的麦田，分不清是哪家哪户。不论是老人还是孩子，年轻壮男还是持家的妇女，一张张熟悉的面孔从我身边划过，在夕照下每一副面孔是那般和蔼慈祥。路边高树上的鸟雀们叽叽喳喳地吵着闹着，向朝夕相处的人们打着招呼，撒着娇。

没来得及收住的脚步，把我带到了村东头的田地里，进入了另一个世外桃源。雄健挺拔的白杨傲立在田垄上，像一排排忠诚的战士守卫着这片田地；才一尺多高的玉米苗充满好奇地张望着这个世界。田垄上各种野花争相开放，散发着阵阵清香；天空中不知什么时候挂上了一钩弯弯的月牙。

好可爱的村子，生我养我的热土，我喜欢你的所有、你的一切，我喜欢听白杨林沙沙作响，我喜欢看柳枝随风起舞，我喜欢盯着乡亲们和蔼的笑容。我真心地祝愿你，越来越兴旺！（作者：罗杰，红寺堡区第三中学七年级十二班学生）

纵观红寺堡乡村，林带环绕，村舍整齐，巷道干净整洁，瓦房富丽堂皇；人们生活安逸舒适、平安祥和。各种现代化设施与城市相比已经非常接近，环境建设堪与城市媲美。

2014年，红寺堡区将开展棚户改造大工程，计划投资5个多亿。相信经过这样浩大的棚户区改造工程的实施，红寺堡城乡面貌会有一个非常大的变化，将会变得更加靓丽而魅力四射。

第四章 在幸福的道路上前行

“老有所养、病有所医、失有所助、伤有所保、育有所补”是广大人民群众的梦想。这个梦想，在红寺堡区正逐渐成为现实。建区以来，红寺堡坚持把推行养老、医疗、工伤、失业、生育等五险和卫生保健作为提高移民幸福指数的中心工作，把“服务企业用工促就业”作为移民增创保收的主要途径，把搭建慈善产业可持续发展的创新平台

▲ 幸福花开

第二篇 建设新成就

作为广济贫弱暖人心的有力措施，把农民工合法权益受保障作为维护社会公平正义、保持社会和谐稳定的有效手段，不断打造顺民意、暖人心的生活环境。城镇职工养老保险、医疗保险、工伤保险、生育保险、失业保险等协调发展，农村养老保险稳步推进，新农合实现了全覆盖，一个由社会福利、社会保险、社会救助、社会优抚和安置等各项不同性质、作用和形式的社会保障制度构成的社会保障体系趋于完善，社会保障工作作为社会安全网、减震器的功能得到充分发挥。

伴随着党和政府各项惠民政策的逐步落实，幸福悄然降临到红寺堡移民的身边。

第一节　牢筑社保基石

红寺堡区以基本养老、基本医疗为重点，建立了广覆盖、保基本、多层次、可持续、城乡统一的社会保险体系，率先实现了社会保险制度的全覆盖，社会保障水平芝麻开花节节高。

社保体系全覆盖

开发建设十余年间，在自治区、吴忠市党委和政府的高度关注和大力支持下，在红寺堡各级组织的不懈努力下，覆盖城乡的多层次社会保障体系框架逐步形成。

红寺堡属新型扶贫移民区，社会保险制度建设起步较晚，最初无专门的经办机构，由原人事劳动和社会保障局设立临时性经办科室经办（直到2006年1月，红寺堡开发区社会保险事务管理中心成立）。2003年，红寺堡启动了城镇职工基本养老保险和职工基本医疗保险；2003年启动了职工保险；2006年启动了职工失业保险；2007年、2008年相继启动了新型农村合作医疗和城镇居民基本医疗保险；2009年11月启动城镇职工生育保险；2010年7月1日，红寺堡区社会保障服务中心成立，在宁夏率先实现了职工养老、医疗、工伤、失业、生育、新农合、城镇居民医疗保险“一站式”经办；2011年7月27日，城乡居民医疗保险及社会保障卡信息采集动员会召开，社会保障卡信息采集工作全面启动。

至此，职工基本养老保险、医疗保险、失业保险、工伤保险、生育保险参保扩面工作全面实施。截至2013年年底，职工基本养老保险、基本医疗保险、工伤保险、失业保险、生育保险参保人数分别达2248人、3660人、4107人、3377人和3218人，基金征缴率均在98%以上。

摸清底数　服务为民

社会保障一卡通是自治区政府为进一步提升社会保障能力和社会信息化应用水平而统一规划、统一标准建设实施的一项民生工程，具有身份识别、记录个人信息、储存银行账户和电子钱包等特点，是持卡人办理社会保障、医疗就诊等公共服务业务时用于验明身份，记录、储存个人账户资金及使用情况的电子信息卡片，并将逐步应用到民政、卫生、教育、金融服务、公积金等其他公共服务领域，是为群众“记录一生、服务一生、管理一生”的重要载体。在“社保服务范围不断扩大，参保人待遇不断提高”的社保惠民工作原则引导下，2011年8月，社会

▲ 红寺堡区社会保障卡发放仪式

▲ 耐心讲解

保障卡数据信息采集工作在红寺堡全区范围内展开。数据采集工作是制作发行社会保障卡的基础和前提，数据采集能否保质保量，直接关系到发卡时间和进度，关系到 2012 年发卡任务能否顺利完成，以实现宁夏区内参保人员持卡就医和异地就医结算。

老百姓的事是大事。为确保数据采集工作按时保质保量完成，红寺堡区社会保障局专门成立社会保障卡数据采集领导小组办公室，做好相关工作。提高群众知晓率是推进工作的关键，红寺堡采取有线电视台公告、印发宣传资料和张贴公示等方式，加大宣传力度，让城乡居民知晓社会保障卡的功能、作用及推广社会保障卡的必要性。经过社会保障知识的宣传，移民们一传十、十传百，都积极热情地配合信息采集工作。信息采集不到位或不准确将会导致无法制卡，从而使社会保险待遇无法结算，造成医疗、养老等费用不能支付等问题。针对这一实际情况，工作人员对每一个人每一项数据都会反复地整理、修改、补充、完善、比对，直到能转入制卡数据库，整个相关数据采集工作才算完成全部流程。

新庄集乡村民李忠孝喜欢读书，关心时事，是个有知识的农民代表。他总是第一个把好消息告诉左邻右舍："社保局要给我们办理医保卡了，以后拿着卡可以报销看病费用了。国家政策真好！”话语中流露出兴奋满足。

采集信息时，也有村民认识不够，态度冷漠，工作人员不厌其烦地向群众介绍：“你提供的信息一定要完整，不真实不准确的话，将会直接影响到你的持卡就医质量。”采集人员向群众保证：“也请您放心，所有采集的信息，都将做好保密工作。”信息采集过程中，他们不时提醒居民及时持二代身份证、户口本原件及身份证复印件、户口本复印件在指定时间到村委会或社区统一采集信息、拍摄照片。通过一次次不厌其烦的解释和说明，广大移民群众对信息采集工作给予了充分的理解和支持。

有一位四十多岁的村民问：“我老妈人还在老家，照不上相啊？”

“在老家照好相，传到邮箱洗出来就成了。”采集相片的工作人员细心教给他办法。

“我孩子在六盘山中学上学，手续咋办呢？”

“15 岁的娃娃办不办医保卡啊？”……

针对群众各种各样的问题，信息采集人员一一详细对答：在城镇上学的农村户籍中小学生、幼儿园孩子在户籍所在地办理登记手续，在农村居住的城镇户籍居民由现居住地所在乡镇采集……他们抱定一个宗旨：有了采集于民的信息做基础，才能更好地服务于民。

数据采集不能随心所欲，更不能想当然。社保部门对采集的信息做了严格的审核督查，凡是涉及姓名、性别、民族、出生年月、二代居民身份证号码、户籍地址、户籍类别、家庭住址、联系电话等文字数据一一进行对照比较，确保不出错误。在图片数据的处理上，凡是符合社会保障卡数据采集样式、规格、模式的本人电子照片，全部以本人二代身份证号码建档，再经各级经办机构比对成功后打印在社会保障卡卡面上，以此作为社会保障卡使用验证的唯一信息。

社会保障工作开展以来，政府采取督查室督查后每周通报的形式，加强参保缴费督导工作。各乡镇也把城乡两险参保缴费工作列入当前工作的重中之重，及时召开了动员大会，安排部署，形成党政一把手亲自过问、分管领导具体抓落实的工作格局，使工作人员明确了目标任务，进一步完善了工作机制。太阳山镇、大河乡建立了奖补机制，按参保缴费人数对行政村给予工作经费补贴，并对目标任务完成好的行政村给予奖励。大河乡、南川乡（现新庄集乡）还建立了月报告、周通报制度。

随着信息采集工作的不断推进，各项数据资料不断更新。截至 2011 年 12 月共采集文字信息 112501 人，图像信息 82599 人。截至 2013 年，提取制卡数据 126258 人，已发卡 114000 张，完成目标任务 126000 张的 102%。

养老保险　提质扩面

2010 年 10 月，红寺堡区新型农村社会养老保险启动实施，未参加城镇职工基本养老保险的 16~59 周岁的农村居民可自愿选择 100 元、200 元、300 元、400 元、500 元 5 个缴费档次参保缴费，并相应享受国家 30 元、40 元、50 元、60 元、70 元的缴费补贴。制度规定，自新农保制度启动实施之日起，年满 60 周岁以上人员不缴费可直接享受每月 55 元的基础养老金。

这是历史上破天荒的大实事，红寺堡区社保事业惠泽于民的举措，先于自治区其他市、县（区），在保障人民幸福生活水平方面走在了全国前列。

◎ **小 视 窗**

做工作要做到群众的心坎上

2010 年 11 月 3 日，红寺堡区新型农村社会养老保险暨城乡医疗保险基金征缴工作动员大会在红寺堡区数字影院召开，时任区委副书记、区长徐军出席会议并强调：各村镇、各部门、单位对城乡居民养老医疗保险基金合并征缴工作要高度重视，精心部署，集中精力，认真组织，把这项工作作为加强和改善我区民生的重点工作来抓，不折不扣地抓好落实，切实承担起城乡居民养老医疗保险基金合并征缴工作的推动责任，做工作要做到人民群众的心坎上。

2011 年 7 月，红寺堡区建立了一制多档的城乡居民社会养老保险，在原新农保制度的基础上，由 5 个缴费档次增加至 12 个缴费档次。至此，覆盖城乡居民

▲ 城乡医疗保险基金征缴动员大会

的养老、医疗保险体系趋于完善，参保扩面工作逐年稳步推进，截至 2013 年年底，城乡居民养老保险参保 48511 人、城乡居民医疗保险参保 12.3 万人，参保率分别巩固在 90% 和 93% 以上。

医疗保险

红寺堡区把推进门诊统筹作为重点，使城乡居民医疗保障受益面不断扩大。从 2010 年 7 月 1 日起，采取试点先行、逐步推开的方式，将一批距离乡镇卫生院较远、人口集中、服务水平相对较高的村级卫生室纳入到普通门诊定点医疗单位（首批纳入 9 个村卫生室），2011 年考核新增 43 个村级门诊，2012 年实现村级门诊全覆盖。同时，建立了城乡居民区、乡、村三级医疗机构普通门诊制度，2014 年普通门诊区、乡、村三级报销比例分别提高至 35%、60% 和 70%。建立了大病门诊补偿制度，大病病种范围不断扩大，报销比例逐年提高。落实基本药物制度及一般诊疗费制度，将基层医疗机构使用的医保目录内药品和收取的一般诊疗费按规定纳入支付范围，减轻群众就医负担。

2011年10月，城乡居民医疗保险启动实施，在原新农合、城镇居民医疗保险制度框架下，打破了城乡居民参保身份限制，城乡居民可自愿选择一、二、三档参保缴费并享受相应待遇，一制多档的城乡居民基本医疗保险制度基本建立。

2014年建立了城乡居民大病保险制度，从补偿的方式上，体现了以大病统筹为主，又兼顾了面广的门诊，城乡居民医疗保障受益面不断扩大。

红寺堡区医疗保障水平的逐步提高，减轻了群众就医负担。据统计，截至2013年，职工基本医疗保险缴费由“6+2”调整为“8+2”。城镇职工医保政策范围内报销比例由2009年70%调整为87%，最高支付限额30万元。城乡居民医疗保险政策范围内住院费用报销比例由2009年55%调整为65%，最高支付限额16万元。医疗保险在红寺堡不仅为大病患者救了命、解了困，而且使移民群众身心健康得到切实保障，全面提升了移民群众对社保工作的满意度。

◎ 小视窗

医疗保险解决大病患者就医难题

新庄集乡南源村居民张世忠，因患胆管癌于2013年12月9日至2014年1月12日在中国人民解放军总队医院手术治疗，住院费用高达182590.02元。因为家庭经济困难，在报销相关医疗费用时，患者家属向业务人员央求：“能多报销点吗？”业务人员看了相关缴费条据，向其解释：“你家里人在2014年度缴纳城乡居民医保的时候选择的是一档50元的缴费，按照该档的报销比例，这次住院费用医保只能报销45716.09元，而且该档报销的封顶线是7万元。”由于张世忠得的是恶性肿瘤，一次住院没法治好，医生说必须定

▲ 社会保障促和谐

期住院化疗，高昂的医疗费用使其家属一筹莫展。“在年初就把整个年度报销费用的65%占用了，那剩下的11个月住院费报销将无法保障。”业务人员看在眼里，急在心里。恰巧，张世忠的家属来报销时，2014年度的缴费期还没结束，业务人员马上为其办理了退费手续，让其选择了三档400元的缴费档次，就这样的一个简单之举，为当事人多报销20318.27元，而且封顶线也提高到了16万元，全年住院化疗费用报销有了保障，切实为患者家属减轻了经济负担。

张世忠深有感触地说：“咱老百姓得了要命的病，国家都能救回你的命。以前根本不知道选择医疗缴费档次高低，关系到医保报销的高低。这次，是咱社保政策捡回了我的命。”

养老保险

医疗有保障，养老同样有保障。据统计，2014年第一季度，红寺堡区城镇职工基本养老保险人均待遇为934元，较2010年增长22%。城乡居民60周岁以上领取待遇人员人均待遇110元，较2010年增长25%。社会养老金待遇水平逐步提高。红寺堡开发建设初期，以青壮年为开发建设者的生力军，他们艰苦创业、勇于拼搏，用勤劳的双手创造了幸福的新生活。如今，他们中有些已经步入老年人的行列，社会保障事业的民生政策为他们安度晚年生活提供了有效保障。

◎ **小视窗**

养老金眷顾了冯老汉

红寺堡区红寺堡镇红海村共产党员冯绪汉，今年79岁，家有3口人。妻子梁风英，75岁，双目失明；女儿冯会萍，46岁，患有精神分裂症20余年，家庭生活十分困难。

冯绪汉曾于1958年在同心电厂工作，1962年4月精简退职，多年来生活较为贫困。2010年，自治区人民政府出台了《关于解决企业职工基本养老保险历史遗留问题的意见》（宁政发〔2010〕10号），着力统筹应保未保人员、1995年以前离岗人员和灵活就业人员的养老保险问题。通过建立养老保险关系、补缴养老保险费等工作，妥善解决企业职工养老保险遗留问题。这一文件下发后，冯老汉觉得自己的晚年生活终于有保障了。然而他在同心电厂、同心组织部工作期间的各种原始招录用文件及档案资料都残缺不全，加之同心电厂已经不复存在，给他办理参保手续带来很大的麻烦，经过多次奔波仍没有一丝希望。

老冯每次来红寺堡社保经办机构时那凄苦的叙说、失望的眼神，令人深深感动。通过指派专人与同心社保局沟通，并到同心县供电局、组织部了解相关情况，经办人员最终在同心档案局找到了精简退职人员花名册，遗憾的是无任何原始的材料佐以更有效的证明，此事最终以资料不全而搁置。红寺堡社保中心多次向地方政府、自治区社保局汇报其情况，希望打破常规来解决像老冯一样的企业职工养老保险遗留问题。2011年12月20日，红寺堡区人民政府常务会议研究决定为这些人员办理养老保险遗留问题。终于，老冯多年的苦苦期盼有了理想的结果。

近年来，红寺堡扎实推进社会保险扩面工作。以养老、医疗保险为重点，进一步巩固和扩大社会保险覆盖面，实现灵活就业人员、农民工及各类人员社会保险的全覆盖，不断提高保障能力和水平，以统筹城乡养老、医疗保险制度为契机，不断完善政府补贴、个人缴费、村集体经济补助的缴费模式，加大对城乡困难人员、残疾人等特殊群体补贴力度，做到应保尽保。

2011年12月，城镇职工基本养老保险参保1884人（含10号文件649人），城镇医疗保险参保13162人，其中城镇职工医疗保险参保2860人，城镇居民医疗保险参保10302人。新型农村社会养老保险应参保人数为53657人，实际参保缴费人数为47809人，参保率为89.1%，其中，16~59周岁参保人数为39301人，60周岁以上发放养老金人数为7716人，发放率为100%。新农合参合105384人，参合率为93%。

2013年，城镇职工基本养老保险参保2248人，完成目标任务的107.7%，城

▲ 新落成的红寺堡社保大楼

镇职工基本医疗保险参保 3660 人，完成目标任务的 101.6%，工伤保险参保 4107 人，完成目标任务的 230.7%，其中，农民工参保人数 610 人，完成目标任务的 109%。失业保险参保 3377 人，完成目标任务的 151.4%。生育保险参保 3218 人，完成目标任务的 100.6%。截至 2013 年 10 月 8 日，城乡居民养老保险应参保缴费 51759 人，实际参保缴费 35332 人，完成目标任务的 68.3%。城乡居民医疗保险实际参保 123024 人，完成目标任务的 100%。

通过两组数据对比分析可以看出，城镇职工基本养老保险参保人数和城镇职工基本医疗保险参保人数两项指标，三年内，扩面参保人数节节攀升。

红寺堡区积极探索统筹城乡的社会保障服务体系，积极创新机制，打破部门限制，整合资源，建成了社会保障服务中心。把现由社会保险事务管理中心经办的基本养老、医疗、工伤、失业及生育五大保险，由新农合经办的新型农村合作医疗及民政部门办理的城乡大病医疗救助业务整合纳入服务中心。社保经办机构、新农合经办机构全员进驻中心，民政、国税、银行派员进驻，实现了自治区首家社会保险审核、缴费、结算的集中办理“一站式”服务。

◎ 小视窗

红寺堡“一站式”服务平台走在全区前列

2010年7月14日，自治区社保局领导来红寺堡区调研城乡社会保障“一站式”服务工作时，实地察看了社会保障服务中心建设及“一站式”服务经办工作，动情地说：“红寺堡区积极结合实际创新机制，着力构建一站式服务平台工作走在了全区前列。一是成立了社会保障监督委员会，把社保基金、医疗救助资金、大额医疗费用审核统一纳入委员会监督范围，很有创新性。二是整合经办机构符合当前统筹城乡社会保险的发展方向，把‘五险’、新农合和医疗救助资源有机整合，既方便群众，又有效缓解了红寺堡区人员少，有事无人干的矛盾。三是国税基金征缴、银行待遇支付同时进驻中心，让群众进一家门就能即时办结缴费、核算、支付等事项，提高了经办工作效率。”

随着社保局“一站式”中心创新服务的不断推进，实现了群众进一家门，就

▲ 时任自治区社会保障局刘建军局长调研红寺堡区社会保障“一站式”服务工作

能即时办理缴费、待遇支付结算、医疗救助等事项，提高了办事效率，真正做到了由管理向服务的转变，极大地方便了广大群众。

工伤保险

工伤保险，又称职业伤害赔偿保险，是指职工因工而致伤、病、残、死亡，依法获得经济赔偿和物质帮助的一种社会保险制度。它通过为工伤职工及其家庭提供医疗照顾、生活保障和经济赔偿，减轻工伤职工所受经济上的损害，并减轻用人单位的负担。此前红寺堡曾于2004年7月就已经启动了工伤保险，但由于当时参保人员极少，对工伤保险相关政策也了解不够，职工参加工伤保险基本上由用人单位缴纳保险费，职工个人参与积极性不高。

2013年10月1日，红寺堡区公务员、机关事业单位工作人员工伤保险全面启动实施，通过加大宣传力度，积极兑付相关保险金，切实帮助工伤职工解决相关问题，该项工作积极推进。截至目前，现参保人员达到4100人左右，其中农民工625人，一类企业参保人数330人，二类企业参保人数454人，三类企业参保人数98人，机关事业单位参保人数2910人。职工参保以来，有发生工伤意外事故的，都能及时给予工伤保险救助。

◎ **小视窗**

任兵雄是红寺堡区石炭沟煤矿的一名采煤职工，在2010年3月1日采煤打眼时，发生意外，致使伤残，于2010年9月2日被认定为工伤，随后领取了工伤医疗费用142003.75元。2010年12月19日经自治区劳动能力鉴定机构鉴定为二级伤残，不但报了医疗费用，还有一次性伤残补助金，每月领取伤残津贴和护理费。2012年9月21日，任兵雄配置了辅助器具（轮椅）。截至目前，任兵雄领取工伤保险基金共计人民币258068元。他的妻子每年代领工伤保险赔偿金，心存感激地说："是国家给我丈夫掏了医疗费！如果没有工伤保险，就是砸锅卖铁我也负担不起丈夫的医疗费用，有了这笔钱，我就能好好地照顾他了。"

工伤保险的全面启动实施，使社会保障机构真正筑起了解除参保职工疾苦的最低保障线。随着参保职工对工伤保险有了更多的了解，相关单位和职工参与工伤保险的积极性显著增强，工伤保险扩面任务得以全面提升。

生育保险

红寺堡于2009年11月启动城镇职工生育保险，启动之初参保人员为852人，截至目前已达到4000人左右。通过6年时间的发展和完善，相关政策的运行机制日趋完善，减轻了参保职工生育医疗费负担和保障了企业参保职工生育后的收入来源，为企业缓解了经济压力。

红寺堡供暖公司职工朱淑佳，2013年生育后领取生育医疗费和生育津贴12600余元，这不但报销了她的生育住院医疗费用，单位还给她发放了近100天的产假工资，保障了她产假期间的收入来源。该企业负责人表示："生育保险确实为我们企业缓解了经济压力，我们一年总共缴费四五千元，一个人就给报销了10000多，为我们节省不少的资金。"红寺堡区生育保险启动以来，各单位职工的参保意识和单位的参保积极性大大提高，参保面积继续扩大。参保人数由最初不足千人发展到4000人左右，参保单位户数由原来的40家左右发展到百余家。

优质服务促和谐

建区以来，红寺堡始终以服务民生为主线，围绕加强卫生计生基础设施建设，坚持体制机制创新，深化医药卫生体制改革，完善药品"三统一"制度，健全覆盖城乡范围的公共卫生服务、医疗服务、医疗保障服务体系，为群众提供安全、有效、方便、价廉的公共卫生和基本医疗服务。通过切实加强公共卫生工作，提高人民健康水平，努力建设人民满意的卫生计生事业，推动红寺堡区在保障和改善民生上迈出更为坚实的脚步。

几年来，红寺堡人民医院急救中心、住院综合楼、卫生监督所和10所标准化村卫生室项目建设，配套完成人民医院信息化管理系统和妇幼保健医疗设备，全面开展医德、医风、医技、医患整治活动，启动实施名医、名师、名院长聘用

▲ 2014 年 8 月，九三学社宁夏区委专家服务站揭牌仪式

制和医护人员岗位试用制，切实提升医疗卫生服务水平，努力改变群众看病难、难看病和看病贵的现状，通过一系列的优化和保障措施，逐步实现了“小病不出乡，大病不出县”的可能。特别是针对大病患者，全面实施“先看病，后缴费”的人性化救助；全面落实 10 类 43 项基本公共卫生服务，建立健全健康教育与健康促进行动长效机制；严格落实计划生育政策，加快实施“少生快富”工程，继续开展“百日攻坚”活动，确保全年人口出生率控制在 16‰以内，政策符合率达到 84% 以上。

移民新区紧跟时代步伐，围绕中国公民《健康素养 66 条》和宁夏《健康 100》，非常重视健康知识的宣传与普及。通过印刷健康知识手册、散发传染病防治知识传单、制作精美的宣传栏等多种形式，向广大移民群众宣传“日常卫生保健”“预防和控制传染性疾病”“食物和饮料健康”“控烟”等卫生保健知识，提高了移民群众预防和治疗疾病的意识，为移民群众掌握健康知识建立了平台，使广大移民群众健康地生活、工作。

几年来，红寺堡坚持保基本、强基层、建机制，在扩面提标、统筹城乡、方便群众上下功夫，积极推进医疗保障、医疗服务、公共卫生、药品供应、监督体制综合改革，推进优质医疗资源下沉，加强医疗卫生人员专业技术培训，培育骨干技术人才，提高基层医疗卫生、就医就诊服务水平，切实为红寺堡区 20 多万移民群众搭建了健康保障的新平台。

第二节　创业促成就业路

开发建设初期，红寺堡提升群众收入水平的主要渠道之一，就是大力发展劳务产业。通过建立健全管理服务机构、健全信息服务网络、加强技能培训、强化劳务经纪人培育等措施，劳务输出成为促进农民增收的“铁杆庄稼”。2009 年以来，随着红寺堡经济社会发展步伐全面加快，全民创业就业工作不断加强，通过建立推动全社会创业的工作机制，着力形成人人“想创业、敢创业、会创业、创大业”的浓郁氛围。创业大潮席卷红寺堡大地，红寺堡区结合实际，建立组织考核体系、资金扶持体系、培育提升体系、信息服务体系、政策支持体系、创业孵化体系和

▲ 红寺堡区服务企业用工促就业百日活动启动仪式

宣传引导体系，依托人力资源服务中心和宁夏弘德慈善产业园区等人力资源市场，悄然织就就业创业大网，以创业促进就业取得明显成效，呈现出了“失业又就业、创业有人扶、就业有门路”的良好局面。

失业又就业

红寺堡区将城乡就业工作列入政府的重要工作目标，层层分解就业目标任务，逐级落实目标责任。实施以经济发展带动就业战略，实现经济发展与促进就业的良性互动。千方百计拓展就业领域，增加就业岗位。大力发展第三产业，尤其是积极开发社区服务业、旅游业以及商贸、餐饮等传统服务业；积极发展非公有制经济和劳动密集型中小企业；鼓励失业人员、高校毕业生、城乡新成长劳动力等各类人群自谋职业和自主创业，引导通过临时性、季节性工作等灵活多样的方式实现就业。在2009~2013年5年间，红寺堡区每年净增城镇就业500人，年转移就业4万人次，创收2.6亿元，城镇登记失业率控制在4.3%以内。

◎ **小视窗**

“750元”暖民心

“公益性岗位”“失业”“750元”，这好像是风马牛不相及的几个词语，但是，这每个月750元的失业保险金，真的是民政局公益性岗位工作者虎耀兰儿子的救命钱。

2013年5月的一天，一位白发苍苍、额头上已经被年轮深深刻满皱纹的老头走进了办公室，这正是红寺堡创业居委会虎耀兰的丈夫——王世荣。他木讷地说：“我老伴的工作是敬老院的公益性岗位，由于今年敬老院重建，要精简一些人员，正好我老伴被辞退了，听说交了失业保险可以领失业保险金，不知我老伴能领不？”办事员经系统查询得知虎耀兰的实际缴费月数是24个月，按规定可以领取6个月的失业保险金，每月可领取750元。当得知这一消息后，王世荣哽咽道：“这可是我儿子的救命钱啊！”经询问得知他儿子患有肝硬化，2012年做手术后，一直靠吃药来维系，但他们老两口又年老无收入，经济困难，只能靠虎耀兰的公益岗位工资。5天后王世荣来领取了第一笔失业保险金，他激动地说："真是没想到，社保政策关怀咱老百姓，这真是雪中送炭呢！"

创业的起步金

2011年3月，一位年轻妇女一脸愁容地走进社保大厅。她告知工作人员，她是一名公安协警，叫王娟，家住红寺堡镇创业居委会政府街。她在公安局干了已经差不多5年了，一个月也就挣一千多块钱，今年因带孩子，长期不能上班，被单位辞退了，听说交了失业保险可以领失业保险金。在核实她的实际缴费月数后工作人员告知她可以领取一年的失业保险金，每个月450元。王娟激动地说："这笔钱我真是没想到，这可是我将来创业的起步金！"领到失业保险金的她在度过一段艰难的生活后，又一次找到了就业的门路。

创业有人扶

红寺堡区大力开辟就业门路，先后出台了《关于大力推进全民创业的实施意见》《关于加快"3211"产业发展的实施意见》《红寺堡区关于打造投资环境"绿色通道"工程的十项规定》《关于印发〈红寺堡区招商引资优惠政策若干规定（试行）〉的通知》等相关政策措施，多渠道多形式促进就业，走就业富民、创业富民的路子。以扩大和稳定就业为主线，全民创业体系不断完善。

在市场准入、税费减免、资金扶持、融资信贷等方面，红寺堡制定了一系列优惠政策规定，大幅度改善了创业政策环境，鼓励创业、支持创业、促进创业，推动全区全民创业工作健康有序发展；在创业基地建设方面，依托"四园一街"资源，打造"工、农、商"全民创业基地网；在创业培训方面，围绕特色优势产业发展，大力开展农民实用技术、经营管理等知识培训，不断提高农民创业就业能力。

在壹加壹农牧科技开发有限公司，红寺堡挂牌成立了自治区首家社团组织创业培训基地，充分利用社团组织生产经营资源优势，建立培训基地，发挥社团组

▲ 红寺堡区首期 IYB“改善你的企业”创业培训

织与同行业创业者联系紧密的特点，为同行业创业人员提供专业技术培训指导。对具有创业愿望和要求的城乡各类人员进行创业引导和创业能力培训，年开展创业能力（GYB）培训、创办你的企业（SYB）培训和“改善你的企业”（IYB）创业培训 120 人。

加强信贷服务，大力支持创业。早在 2008 年年底，红寺堡采取政府注资，自治区财政配套建立担保基金的方式，启动了全民创业小额担保贷款，自 2009 年以来累计发放小额担保贷款 2.54 亿元，回收率 100%，贴息 1229.59 万元，带动就业创业 14000 余人。

就业有门路

几年来，红寺堡积极完善创业就业的市场导向机制，不断加强职业教育及就业培训工作。通过开展“春风行动”“就业援助月”“民营企业招聘周”“高校毕业生就业服务月”等就业服务专项活动，建立和规范职业介绍机构，完善就业服务体系，动员社会各方面力量，为城乡就业困难人员、农民工和高校毕业生等群体提供及时有效的就业服务；在引导群众自主创业就业方面，加强正确择业观念的宣传教育，引导各类劳动者树立市场就业的新观念，提高自强自立的意识，同时强化创业培训和职业技能培训，认真实施生态移民培训就业援助工程和城乡劳动力转移就业职业技能培训，帮助群众不断拓宽就业门路。2013 年 5 月，红寺堡企业人才培训中心建成启用。据统计，2010~2013 年，年开展创业培训 200 人，其中职业技能培训 1200 人，创业能力（SIYB）培训 100 人；年开展以砖瓦工、电焊工、挖机、装载机、架子工、餐饮服务等职业技能培训 1000 人。

优质服务是促进创业的有力抓手。红寺堡区紧紧围绕产业发展、园区建设、生态移民，大力实施创业带动就业战略，发挥好担保贷款助推创业、创业带动就业的杠杆作用，采用“创业培训 + 小额担保贷款”的模式，对城乡贫困人员、残

▲ 小额担保贷款扶持户获得丰收

疾人优先组织开展创业培训，优先提供小额担保贷款，实现自主创业带动就业。2011年培养小老板31名，培养小企业23个，创造新岗位269个。2012年和2013年，红寺堡区累计发放小额担保创业贷款1.4亿元，有效扶持了全区广大群众的创业活动，解决了制约创业的资金问题。

◎ **小视窗**

王锋：为就业者提供更多的门路

2010年4月，王锋荣获吴忠市“劳动模范”称号。2011年1月，他被红寺堡区人民政府授予支持地方经济发展“突出贡献奖”，赢得了社会的认可。王锋，他的名字和他所创办的宁夏瑞丰葡萄酒业公司一样，在红寺堡区的农户中尽人皆知。

凭着满腔热血和敢为人先的勇气，10年前，王锋变卖了家中所有值钱的家当，在红寺堡开发区成立了第一家专营种子、化肥的私营商贸有限公司。2010年，王锋开办了葡萄酒厂，利用多年经营农资和农民打交道多的便利条件，办起了红寺堡第一家种植葡萄合作社，利用冬天农闲时间，请来了农业专家，把农民请到公司，给农民讲种植葡萄的好处，从算大账到算细账，从栽培、剪枝、压条、施肥到疏枝，从喷药到浇水，把种植葡萄的每一道工序、每一个季节关注什么，精细通俗地给农民反复讲解，农民种植葡萄的信心鼓起来了，踊跃参加他办的合作社。他给合作社的社员庄重地许下承诺：我以一个共产党员的党性保证，凡是本社的社员，种植的葡萄，从种植、浇水、施肥、喷药到秋收提供一条龙技术指导服务，葡萄每斤售价比市场价高出一角钱。憨厚的农民因此而认准了王锋。在红寺堡区，王锋的瑞丰葡萄榨汁加工项目发展迅速，得到当地政府和民众的大力支持。

截至目前，公司积极帮助政府排忧解难，先后为红寺堡区解决剩余劳动力60多个，帮扶贫困家庭200户，解决6个待业青年的就业。在新的发展征程中，王锋决定将现在一期1.2万吨榨汁厂着手扩建到二期的3万吨的生产规模，随着红寺堡区30万亩酿酒葡萄基地的建成，王锋的榨汁厂将成为一个从榨汁到制造红葡萄酒的综合性生产厂家，为更多的劳动者提供就业门路。

塘坊梁村扶持村民就业增收

太阳山镇塘坊梁村充分利用矿石资源丰富的资源优势和村民团结的“人和”优势，鼓励村里剩余劳力离土就业、弃农从工，在辖区内的石料厂、采石厂、洗煤厂、水泥厂等企业务工就业，年输出劳务人员750人次，本村农户自有大型运输车辆28辆，大型装载机、挖掘机43台，农用大型拖拉机4辆，为全村农民增收奠定了良好的基础。这些产业活动一方面解决了部分老百姓的就业问题，给他们增加了收入，另一方面调动了村里资金雄厚的个人投资产业的积极性，提高了塘坊梁村的整体收入水平，使塘坊梁村迈入了全面发展的快车道。

身残志坚亦“成业”

慈善是人类的共同价值追求，慈善事业是充满人道关怀的光荣而崇高的事业，其发展水平是衡量社会文明进步的标志之一。红寺堡区作为“黄河善谷”的核心区，针对区内残疾人比例较高的实际，引进福利企业，发展光彩事业，在全国率先开启了从慈善“输血”到产业“造血”的新模式，走出了一条慈善与产业相结合的创新发展之路，也将对全社会进一步弘扬善行天下的博爱精神、参与发展慈善产业、造福残障人士和贫困家庭产生积极的促进作用。

为加强红寺堡区残疾人的就业创业能力，劳动和社会保障局会同残联等部门对生活困难的残疾人实行全覆盖救助机制，对重度残疾人实行集中供养，对有劳动能力的残疾人采取技能培训实现就业。针对农村的残疾人，着重开展农村实用技术培训，确保有劳动能力的残疾人能够通过实用技术培训找到就业机会，实现生活质量的提升。对城镇残疾人，重点开展职业技能培训，使残疾人能掌握一技之长，从而提高就业能力。

几年来，通过鼓励残疾人进行种植、养殖、盲人按摩等创业活动，积极扶持宣传创业典型，红寺堡每年对40名残疾人进行种养殖创业能力培训，并对每人

▲ 慈善促进就业路

的创业活动进行人均1000元的补贴，使有创业想法的残疾人都能加入到自我创业的活动中来。针对残疾人就业中面临的一些实际困难和问题，相关业务部门积极提升对残疾人就业的服务水平，在弘德慈善产业园区开设了残疾人就业服务站，专门为残疾人在就业、社会保障、权益维护方面提供服务，同时积极征集慈善产业园区企业的用工岗位，鼓励企业招用残疾人，对企业招用残疾人就业并签订劳动合同的，兑现社保补贴和各项优惠政策，大力宣传适合残疾人就业的岗位信息，使有劳动能力的残疾人充分就业。

就业是民生之本，创业是就业之源。解决就业问题的关键之一是创造更多的就业岗位，而创业是促进就业机会不断增加的动力。在红寺堡区政府的大力引导下，通过在弘德慈善产业园区各企业搭建就业平台，从政府层面推动创业带动就业工作、解决就业问题，切实培养和激发了移民创业的热情，为改善民生、构建和谐红寺堡、全面提升移民新区发展活力夯实了基础。

第三节　共建和谐　保障为民

保障劳动者的合法权益，是维护群众切身利益和解决联系服务群众“最后一公里”问题的根本要求，也是努力践行党的群众路线、切实提高服务水平、着力构建和谐劳动关系的根本主旨。近年来，红寺堡区以建立保障农民工合法权益的长效机制为抓手，认真贯彻实施劳动保障法律法规，有效维护劳动者合法权益，对促进经济社会全面发展，发挥了重要作用。

劳动有合同

坚持以维护劳动者合法权益为主线，加强劳动合同管理，加大劳动执法监察力度，建立良好的劳动用工秩序，构建和谐劳动关系，农民工劳动合同签订率达90%以上，集体合同签订率达85%以上。一是构建和谐劳动关系，做到服务“零

▲ 欣慰的笑容

距离”。开展日常巡查检查工作，帮助指导企业、施工单位加强劳动用工管理，提高依法用工管理水平。深入车间、工地开展送法服务活动，面对面培训交流，努力提高用人单位和职工的法律意识和维权意识。二是大力推行劳动合同制度。扎实开展签订劳动合同“春暖行动”活动，深入街道、社区、车站、企业等场所大力宣传签订劳动合同的重要意义，免费向企业印发《农民工劳动合同书》《建筑领域劳动合同书》等劳动合同文本，对红寺堡区砖厂、建筑施工企业签订劳动合同情况进行专项检查，认真开展劳动合同备案工作。

工资有保障

逐步建立保障农民工工资支付的长效机制，对拖欠农民工工资行为做到“零容忍”。对农民工工资支付实行钢性管理，认真落实《宁夏回族自治区农民工工资保障办法》，完善工资支付监控制度，督促企业签订劳动合同，实行实名制管理。积极完善建筑领域农民工工资保障金等工资支付保障机制建设，对无故欠薪的企业或包工头下发整改指令书，涉嫌拒不支付农民工工资的，将依法移送有关部门追究刑事责任。建立健全了农民工工资支付监控制度、项目建设单位先行处理拖欠农民工工资案件前置程序制度等 9 项制度，对新建、续建重点项目农民工工资发放进行清查，形成了领导重视、部门联动、制度健全、措施得力的良好工作格局。据统计，政府投资类农民工工资清欠率达 100%，非政府投资类农民工工资清欠率达 98% 以上。

◎ **小视窗**

要把干戈化玉帛

2011 年 1 月 21 日，也就是农历腊月二十八的早上，大雪还不停地下着，30 余名四川籍农民工来到红寺堡劳动监察大队。一进门他们就嚷嚷着：“我们连吃饭的钱都没了，该咋办啊？今天已经是腊月二十八了，我们外地人就没有人管了，我们啥时才能回家？”看到民工们无助的眼神，工作人员立即联系工程承包方，一边对老板讲法律说道理，一边耐心安慰农民工。经过几轮艰苦的“拉锯战”，工程老板终于答应立即筹集资金解决问题。下午4点多，民工们终于拿到了15.6万元的血汗钱，看着一张张憨厚朴实的大凉山人的笑脸，工作人员尽管饥肠辘辘，但心里却倍感欣慰。

农民工的保护神

2013年12月5日，农民工刘瑞等9名同志来到红寺堡劳动监察大队投诉宁夏盛安恒达劳务有限公司授权委托人王川拖欠农民工工资13万余元。劳动监察大队受理投诉后立案进行调查，并依法向宁夏盛安恒达劳务有限公司授权委托人王川下达《劳动保障监察责令改正决定书》（红劳社监字〔2013〕第18号），限期足额支付拖欠农民工工资。同时，为杜绝王川转移财产，劳动监察大队向红寺堡人民法院提出申请对王川的个人财产进行调查。2014年1月19日，王川以没钱等理由拒不支付所拖欠的农民工工资。劳动监察大队积极向领导汇报并连夜联系人民法院、公安局、建设局等部门组织召开协调会议，分析案情，决定以涉嫌拒不执行劳动报酬罪移送公安机关立案侦查，并且由劳动保障监察大队、人民法院、公安局、建设局派出精干人员连夜前往银川对王川进行刑事拘留。2014年1月21日，在强大的法律威慑下，王川将所拖欠的涉及9人13万余元工资全部发放到农民工手中。该案的成功处理有力地打击了拖欠农民工工资的违法行为，保障了劳动者的合法权利，维护了社会稳定，对侵害劳动者合法权益的违法行为起到了震慑作用。

服务暖人心

为广大劳动者提供春风化雨般的优质服务，既是构建和谐劳动关系的扎实举措，也是提升自身能力水平和工作形象的现实要求。几年来，红寺堡区积极畅通投诉举报渠道，做到案件受理“零障碍”，加强投诉举报管理，认真落实首问负责、一次性告知、限时办结等效能建设制度，积极推行“马上办、帮你办、我来办”服务措施，做到“来人有接待、电话有记录、投诉有登记、案件有处理、处理有回复”，形成了“有诉必接、有案必查、有欠必追”的工作机制；优化执法环境，对企业经营活动做到“零干扰”，除投诉举报案件、上级转办案件和发生重大劳动保障违法案件外，不随意到企业检查。各类专项活动，事前制定检查方案，按要求检查。在执法检查中，从严控制参加检查的人数，坚持依法办事、文明执法，不干扰企业的正常生产经营活动；规范执法行为，劳动监察案件做到“零差错”，进一步规范案件办理流程，提升办案质量和效能。对劳动者的合理投诉快速反应、快速处置、快速查结，力争做到受理投诉举报办结率 100%、交办案件回复率 100%、企业和劳动者投诉反馈率 100%。

正是在这种为民情怀的感召下，在这种服务至上理念的推动下，红寺堡区社会保障工作取得了较大的成绩：2011 年社会保障服务中心荣获自治区人社系统优质服务窗口称号，2012 年劳动保障局被自治区人民政府授予全区城乡保险工作先

▲ 贴心的服务

进单位称号，2013 年社会保险事务管理中心荣获全国优质服务窗口称号。

功能在完善

红寺堡着力推进社会保障基层公共服务平台建设，依托乡镇民生服务中心，实施社会保障平台“强基”工程。以落实人员、经费、场地、设备、制度和工作“六到位”为重点，乡镇社会保障服务平台功能进一步完善，服务水平和工作质量进一步提升，所有行政村（社区）社会保障服务平台全面建成，形成了覆盖城乡的社会保障服务体系。

2010 年，新农合实现了红寺堡区内二级医疗机构网络即时结算。2012 年，社会保障卡信息采集工作全面启动。截至 2013 年年底，累计制发社会保障卡 12.6 万张，红寺堡区内社保经办机构、4 乡镇民生服务中心和经办银行（农村信用社）的联网覆盖率、应用率达 100%。人民医院、妇幼保健院、弘德骨科医院 3 家二级医疗机构，4 个乡镇卫生院，2 个社区卫生服务站联网覆盖率、应用率达 100%。采取“光纤接入 + 无线网络”相结合的方式，完成了 91 个自然村卫生室的软件安装和网络联通，实现村卫生室联网覆盖率 100%。完成了就业系统乡镇联网上线工作，就业信息实名制深入推进。2014 年 4 月，实现了劳动监察乡镇联网上线工作，劳动监察两网化工作扎实推进。至此，全面实现了养老、医疗信息系统及金保工程的信息大整合，红寺堡区统一的社会保险、就业服务、劳动监察信息系统建立，实现了业务互动、网络互联、信息共享。积极推进职工及城乡居民医疗保险异地就医结算，实现了自治区内二、三级部分医疗机构异地结算。

多年来，红寺堡区社会保障事业发展紧紧围绕“寒有所衣、饥有所食、病有所医、老有所养”的人本思想，以“保持社会稳定、促进经济社会持续快速健康发展”为两大抓手，牢记“保民生”宗旨，为民务实清廉，使这个地处宁夏中部干旱带全国最大的生态移民区老百姓共享社会发展成果。一枝一叶总关情，春风化雨润民心。红寺堡社保事业情系黎民百姓，心暖千家万户，把一缕缕阳光洒向社会，把一丝丝温暖送进贫困群众的心田，谱写着一曲顺民意、解民困、暖民心的幸福赞歌。

第五章　教育开启未来梦

红寺堡建区 5 周年以来，区政府将教育放在优先发展地位，教育办学条件逐年改善，教学水平逐年提高，高考、中考成绩均位列吴忠市第二名；着力办好学前教育，均衡发展义务教育，稳步提升高中教育，切实抓好素质教育和职业教育，建立完善政府主导、社会参与的教育体制。探索实行教师区级统一管理，建立完善政策导向机制，建立了校长公开竞聘上岗制、优秀教师选聘制和骨干教师层级

▲ 红寺堡第二中学校园一角

选拔培养制，使校长、教师轮岗交流常态化，缩小城乡和校际差距，让教育公平惠及更多的孩子。在教育教学设施上，坚持保基本、补短板，加快改善教育办学条件，新建红寺堡区第二幼儿园、大河乡中心幼儿园等5所幼儿园，继续实施农村小学标准化操场和供暖改造工程，配备配齐农村中小学现代化教育设备，使教育发展成果惠及红寺堡区二十多万移民群众。

◎ **小视窗**

移民群众高唱教育颂歌（快板）

罗山的顶上四下观，无边的荒原铺绿毛，蜿蜒的渠水金灿灿，圆圆的葡萄挂串串；欢天喜地的大庆典，人山人海锣鼓喧，教育献上大礼单，恭贺建区五周年。一献高级指战员，筹划教育大发展；二献多座美花园，九十三园好景点；三献设施配套全，均衡发展动全员；四献管理已规范，奖励机制促争先；五献千人作战团，执教水平不一般；七献质量提升年，成绩提高了一大片；八献朵朵桃李艳，移民的孩子也不凡；九献文化辐射点，书香飘满村里边；十献奖牌映笑脸，奖牌挂满墙四面。十份大礼沉甸甸，份份心血汗水沾，三千六百五十三，天天打磨成铁肩，要为教育添块砖，千斤重任勇来担，科学发展教当先，红寺堡辉煌看明天！

红寺堡的教育事业，给人一种充满生机而又厚重的感觉。她催人奋进、积极拼搏。可以说，她站到了时代的“制高点”上，她在开发建设中崛起了；她在移民搬迁中崛起了；她在城镇化建设中崛起了。自2009年以来，经过五年的磨炼，成就了一支高素质的师资队伍，培养出了上万名理想远大、品学兼优的学子，他们一路走来，带着希望、带着成果，走在新时代的教育前沿，为红寺堡教育腾飞再添光彩。

第一节 办人民满意的教育

红寺堡自1999年开发建设以来，随着经济社会的不断繁荣，教育事业也得以蓬勃发展，目前有各级各类学校92所，其中：高级中学1所，初级中学3所，完全小学73所，教学点10个，幼儿园21所。红寺堡区教育事业2005年实现了“两基”目标；2008年顺利通过国家检查验收；2009年红寺堡区成立时，学校

▲ 大型文艺表演

建设和办学条件都得到了极大的改善，教育质量也得到了进一步的提高；2010 年、2011 年分别实现“教育强区”和“基本普及高中阶段教育”目标；2013 年开始大力推行教育均衡发展，各项指标正在努力争取实现。在这一系列的目标实现过程中，政府部门的领导决策和关怀起到了非常大的作用，这一所又一所花园式学校的建成、各种配套设施的落实、“三免一补”政策的大力推行、农村学生免费营养餐等方面，无不体现着政府对教育事业的重视和扶持。

花园式学校

红寺堡区成立后，随着教育强区、普及高中阶段教育等工作的有序开展，红寺堡区各学校的办学条件也进一步得到改善，尤其在“校安工程”实施四年以来，红寺堡区共计完成校安工程任务 17.1 万平方米，投入资金 2.2 亿元，其中：新增校舍面积 7.1 万平方米，加固面积 10000 平方米。通过“校安工程”的实施，城区、乡镇学校规模进一步扩大，新增中小学 8 所，扩建学校 16 所，增加教学班 163 个，新增学生宿舍 1.26 万平方米，解决寄宿生床位近 4960 个，近 5000 名农村学生进入城市享受优质教育资源，为红寺堡区打造教育质量高地夯实了基础。2011 年至 2013 年，红寺堡区总计完成教师周转宿舍工程任务 9310 平方米，投资 1839 万元，该工程涉及 11 所农村小学，覆盖了本区大部分边远地区，为广大农村教师解决了后顾之忧。学校改造工程涉及了 4 所，完成改造任务 19827 平方米，投入资金 3049 万元，为进一步提高教育教学质量提供了保证。建区以来共建设幼儿园 10 所，建筑面积 23202 平方米，投入资金 3602 万元，各幼儿园建成后，使乡（村）小学入学儿童都能够接受学前教育。红寺堡区生态移民安置区共建设小学 3 所，建筑面积 12385 平方米，投入资金 2235 万元。2013 年红寺堡全区共改造运动场地学校 3 所，改造面积 34356 平方米，投入资金 573 万元。2012 年、2013 年红寺堡区 14 所学校进行供暖设施改造，投入资金 524 万元。

各项工程的最终目的在于改善中小学办学条件，新建的红寺堡区回民中学、红寺堡区第三中学，基本消除了初中生住宿“大通铺”现象，实现初中生全部进城集中就学的目标；新建的红寺堡区第三小学，缓解了小学“大班额”问题；坚持“高中按标准办学”的办学思路，红寺堡区第一中学顺利通过自治区人民政府“普高”评估验收。按照“扶持民办、发展公办、政府监督”的原则，积极扶持民办学前教育发展，使红寺堡区学前教育发展也进入了“快车道”。

目前，红寺堡大地色泽如流、气象万千，进入城市或乡村校园听琅琅书声，看花园溢芳，真是一种精神上的享受。

◎ 小视窗

靓丽三中

我的母校是三中，罗山脚下美出名。校门雄伟路畅通，择善而从气势宏。校园西侧操场平，增强体质健身形。体育设备都俱应，双杠爬梯两旁停。跑道看台绿草坪，运动舒心有风景。公寓楼旁是餐厅，花园小亭流水声。团结友爱大家庭，遵规守纪讲文明。教师工作有热情，办公楼内脚步轻。升旗仪式神庄重，晨会肃立保安静。春暖花开草木盛，旗台四周玫瑰红。林中小道

▲ 运动场

绿荫浓，杨柳桃槐松柏青。石桌小凳围凉亭，花园奇石有古风。教师个个是精英，组织活动有才能。爱岗敬业不放松，言传身教育学生。学子人人笑盈盈，校园处处读书声。学习信念永坚定，刻苦努力勤攀登。晚上星空亮晶晶，美好愿望抱憧憬。共创青春七彩梦，同奔未来好前程。（作者：马霞，红寺堡区第三中学七年级（12）班学生。）

配套设施资源齐全

自建区以来的五年里，红寺堡各学校的配套设施日益健全，所配置的实验室装备和各种器材更加高端，为顺利实现国家验收打下了坚实的基础。2010 年投资 66 万元为红寺堡一中配微机室 2 个、多媒体交互式电子白板 7 套。2011 年争取高中专项经费项目资金 554 万元为红寺堡一中配微机室 5 个；配数学、物理、化学、生物探究实验室各 1 个；英语网络实验平台 1 个；交互式电子白板 20 套；配发部分音乐、体育、美术教学器材；配历史、地理实验室各 1 个，通用技术实

▲ 红寺堡第一中学鸟瞰图

验室2个及部分物理、化学、生物实验仪器和部分信息化设备。争取农村薄弱学校改造计划项目资金405万元，为红寺堡第三中学配备实验室12个；为红寺堡第二中学、第三中学、回民中学，红寺堡第一、第二小学及红寺堡镇东源小学、大河乡第七小学等中小学配发图书近11万册；为红寺堡第三中学及大河中心小学配教师电脑98台；为红寺堡第三中学、大河乡中心小学及太阳山镇中心小学配学生电脑262台，建成5个计算机教室。2012年争取农村薄弱学校改造计划项目资金90万元，为红寺堡回民中学配备实验室5个，为第二中学配物理实验室1个，为大河乡石炭沟小学和南川乡高口小学配科学实验室各1个；为红寺堡第二中学及太阳山开发区中心小学配图书3.7万册；为红寺堡区第二中学、红寺堡镇第二小学、南川乡沙草墩小学、大河乡官店和乌沙塘小学、太阳山镇买河小学、裕华一小、裕华二小、李敬忠小学以及太阳山开发区灌区二小各配1个实验室桌椅。争取教育专项经费资金670万元，为红寺堡区第二小学等54所学校配发电脑894台，一方面为部分学校的计算机教室进行了升级，另一方面解决了部分学校办公电脑为零的困境；同时为红寺堡第三中学配音体美教室及全套音体美器材；为红寺堡镇燕宝等19所学校建成音乐教室、美术教室及小学科学实验室；为红寺堡第三中学及部分小学配齐厨房设备。争取高中改善办学条件专项经费200万元，为红寺堡中学配交互式电子白板40套、语音室4个（计算机204台），至此学校多媒体达到了班班通；同时又为红寺堡二小及名师工作室配了34台笔记本电脑。争取中国西部人才开发基金会捐赠资金75万元，为红寺堡镇第一小学等25所学校各建成1个“新钢彩虹图书室”，各校图书数量为2140册。2013年投资50万元，为区、市两级骨干教师配发笔记本电脑125台。争取教育发展专项经费资金240万元，为红寺堡第三小学等建设科学实验室（探究室）5个，配套科学器材14套；建设音乐室13个、美术室12个，配体育器材17套。争取高中改善办学条件专项经费资金200万元，为红寺堡中学补充部分实验仪器及探究式设备、增加高考考场设备13套；为红寺堡回中建设实验室4个；为红寺堡二中建设微机室2个、三中建设微机室1个；为红寺堡小学建设交互式多媒体教室27个。争取信息化建设专项经费资金60万元，拨给红寺堡小学试点项目经费10万元；

为川区移民学校马渠小学配电脑 14 台、交互式电子白板 10 套，大河节灌站小学配电脑 8 台、交互式电子白板 5 套。2014 年争取教育费附加项目资金 100 万元，为红寺堡区柳泉乡中心小学等 19 所完全小学安装校园监控设备。

吴忠市人民政府对红寺堡区四乡（镇）“教育强乡（镇）”进行了考核验收，红寺堡镇、太阳山镇（现为柳泉乡）、大河乡、南川乡（现为新庄集乡）高标准通过检查评估，荣获“教育强乡（镇）”称号。红寺堡第一中学借申报自治区二级示范性高中之机，争取多种项目，实现了进入自治区二级示范性高中、自治区“百所回民中小学标准化建设工程”学校的愿望。还顺利通过了自治区人民政府“基本普及高中阶段教育”评估验收，使红寺堡区高中阶段教育全面迈上了新的起点。

三免一补和营养餐

2006 年秋季开学，宁夏创造性地在全国实施“两免一补”政策（免学杂费、免费提供教科书、为寄宿生发生活补助）。后来在此基础上又免费提供一套教辅材料，率先在全国将“两免一补”政策扩大到“三免一补”。“三免一补”使红寺堡区 99 万多中小学生受益。红寺堡开发区工委、管委会高度重视“三免一补”政策，要求教育主管部门制定详尽措施，切实抓好落实，把这项惠及千家万户的民生工程搞好。

◎ **小视窗**

红寺堡童谣

我是一个乡里娃，整天笑哈哈；你问整天高兴啥，实在太多啦！老家住在山旮旯，上学把山爬；最怕下雨路上滑，掉进万丈崖。罗山脚下搞开发，我们搬了家；学校正在村中央，道路全硬化。上学不再把钱差，轻松爸和妈；学费全免书配发，自己挣钱花。奖状年年墙上挂，学习认真老师夸；尊老爱幼无谎话，同学都爱跟我耍。各位家长心放下，学校安全日日察；老师时时嘱大家，危险地方躲开它。老师教我学画画，电脑桌边鼠标滑；学习资料网上查，还会把那邮件发。营养早餐日常化，牛奶鸡蛋手中拿；午餐米饭把菜加，心中能不乐开花？乡里娃，梦想大，练能力，学文化；要能致富自己家，还要建设我中华。

2013 年，红寺堡区义务教育阶段学生公用经费资金共 2895.31 万元，全年四次共下拨义务教育经费 2637.12 万元。全年免教科书费 1251.56 万元，免教辅资料费 138.15 万元。红寺堡全区义务教育阶段在校寄宿生共计 8997 人，其中享受生活补助的贫困寄宿生为 8308 人，占寄宿生总数的 92.3%，拨付困难学生补助资金 814 万元。根据上级文件精神，寄宿生生活补助每年分春、秋学期两次拨付各校，学校每学期分若干次打入学生饭卡，由学生根据自己的需求直接在学校食堂用餐。

◎ **小视窗**

义务教育 从字面理解，就是免费的教育。经济欠发达的宁夏积极筹措资金，通过“三免一补”率先在全国实现了真正意义上的免费教育，是个具有划时代意义的标志。

▲ 免费午餐香喷喷

近日，记者来到这个大山下的村庄，看看“三免一补”究竟能给这些贫困家庭帮上多大的忙。

罗文义前一天刚从城里打工回来，看到记者对墙上的奖状有兴趣，笑着说：“这没啥，家里穷得啥都没有，但奖状可以找出一厚沓。要不是‘三免一补’政策好，这几个孩子怕都上不成学了。”

开城中学校长马德俊给记者算了一笔账：每个学生公用经费390元，教科书费平均240元，教辅资料平均100元，补助伙食费750元，如此算下来，“三免一补”每年可以为每个学生省下1480元左右。两个孩子上学的家庭，要节省开支近3000元。（选自《宁夏新闻网》，记者：周宏、王建宏，2008年11月。）

那飘进孩子心田的饭香

干馍馍加白开水，曾是宁夏中南部贫困农村孩子们的早餐和午餐。2012年的春天，宁夏12个县（区、市）1700多所农村小学的26万多名小学生吃上了热气腾腾的免费营养早餐和午餐。

据介绍，2011年秋季，宁夏回族自治区在中南部地区部分农村小学试点营养改善计划，按照每生每天4.6元的补助标准，让孩子每天享受免费早餐和免费午餐。2012年春季，这一惠民政策在宁夏12个县（区、市）1700多所农村小学的26万多名小学生中全面铺开。（《新华网》，记者：陈晓虎、赵国华、张钦，2012年2月20日。）

第二节　科学管理求质量

从2009年开始，红寺堡区教育局在区委四套班子的正确领导下，紧紧围绕“全面推进素质教育，不断提高教学质量”这一主题，把“办人民群众满意的教育”作为工作的出发点和落脚点，以“两基”迎国检和“两大”工程为契机，不断深化教育改革，逐步规范常规管理，着力优化育人环境，努力提高教育质量，使教育事业又迈上一个新台阶。尤其在教育管理这一层面有了前所未有的创举，拥有了一支朝气蓬勃、管理水平一流的管理队伍，形成了各学校自主管理与教育局督查相结合的模式。红寺堡区所有学校开展了精细化管理机制的推广运行，各学校制定了与自己实际相结合的各种管理制度，学校各项工作的开展都可做到有章可循、有规可依。

▲ 大课间活动

管理队伍

红寺堡区教育界在建区以来的五年里，将管理队伍的建设作为一项非常重要的工作来抓，队伍建设有了新的进展。在教育局内部人员的选用上体现了一种量才与量功相结合的选用方针，以对红寺堡教育的贡献与个人教育管理的能力两方面都突出的人员作为主要选用对象。目前，在红寺堡教育局工作的人员，尤其是各股室的负责人，大部分是原来在各学校任过校长的人员，他们曾经在过去的岗位上做出过贡献，有一定的教育管理经验和水平，能全面地督查和指导各学校开展工作。在各科目教研员的选用上，全部选用的是在本学段、本科目所公认的优秀人员，他们大多数都是自治区级骨干教师和吴忠市名师，在本学科、本学段的教学研究中有独到的地方，深得红寺堡区本学科教师的拥护，有些甚至在教育厅也小有名气。这样一批管理经验丰富、专业水平优秀的教师组成的一支管理队伍，其工作能力和工作水平不言而喻；他们时时刻刻关注着每一所学校的动态，细心观察着学校工作的各个方面，随时对学校工作进行督查，提出指导意见，对红寺堡区教育事业的发展做出了不可磨灭的贡献。

红寺堡区教育界还有一支年轻有为、敢冲敢拼、进取意识超前的中小学校长队伍。这支队伍的形成实属不易，是通过各基层学校推荐后，教育局局委会决定拟任人员，组织部对拟任人员进行民主考评，再经卫生纪检部门协查计划生育和其他违纪问题后，对符合条件的人员进行公示，最后组织部才正式任命。2013 年年初，红寺堡区对教育界的所有校长进行了新一轮的选拔任用或轮岗交换，共重新聘任中小学校长、副校长、支部书记 44 名，其中三分之一是新选拔进入校长队伍的人员。本次新升任校长的，原来都是各学校超过三年工作经历的中层领导，他们在原来的岗位上任劳任怨，为学校做了大量工作而且业务能力比较突出，完全能胜任学校校长职位。这种从基层选拔校长的做法，得到了大家的一致好评，大家一致认为这种做法，一方面能选出能力出众的管理人员，另一方面为学校中层提供了晋升的机会，激发了学校中层人员的工作积极性。在平时的培训中，红寺堡区非常重视对学校校长和管理人员的培训，多次选派各校校长赴上海、重庆、银川参加培训学习和挂职锻炼，校长的岗前培训达到了百分之百。教育局还时常采用“请进来”的办法，举办开发区中小学校长和管理人员的培训，并选拔外派多名管理人员参加了赴杭州的专项培训，提高了各管理人员的业务能力，进一步促进了各学校的管理水平。目前的校长队伍中，有吴忠市名校长 4 名，他们是红寺堡区教育界的 4 面镜子，照着红寺堡教育事业蒸蒸日上的历程，带动着所有校长勇往直前。

目标责任层层签

每学年初教育局都要和各学校校长签订目标责任书，将学校在一年内应完成的各项工作任务定为具体的指标，要求各学校努力去完成，并按完成的情况在年终对学校工作进行考核，根据考核成绩奖优罚差。责任书所列的考核指标分为共性指标和个性指标两类，其中共性指标为所有中小学共有的具体目标，而个性目标则按照中小学、城乡学校而分。目标责任书制定的特别详细，涉及学校工作中的方方面面，比如其中的共性目标有“党的建设”“教育行风建设”“教育宣传”“校园五化建设”“学校管理”“德育管理”“队伍建设与管理”“教育普及工作”“义务教育均衡发展年工作”“体卫艺工作”“安全教育及管理工作”“教学管理”“教研工作”“财务管理与经费使用”“教育信息化”共15个方面的事项。而且每项中又有更加具体的要求，如在学校管理方面又分为5个小项：“建立完善制度”“组织健全”“家校共管”“各项计划”“按片招生”。通过这样细致的责任目标，各学校都明确了具体的工作任务，根据任务又制定了自己学校的翔实而有创造性的工作计划，并按计划逐项在工作中去落实，各项工作显得井井有条。

各学校又和下一级的学校及处室也在学年初签订了目标责任书，根据他们自己拟定的工作要点制定了各项目标责任。学校又和班主任、科任教师及家长分别签订了目标责任书，形成了一张无形的管理巨网，对学校及学生的管理形成了事事有人管、时时有人抓的机制。通过对教师一岗双责制的培训和学习，让教师明白了自己所担负的责任之重，从而时时刻刻关注自己的责任，争取把学校的每一项工作都做到最好。

精细化管理

红寺堡区五年里又新建了一批学校，一所新学校的成立，教学管理需要走在前面。因此，各种管理制度的制定成了学校教学管理中的一项必要任务。尤其是

▲ 红寺堡区回民中学

在精细化教学管理方面，各学校都做了很多细致的工作。他们学习参考了其他学校的各种制度，为了能客观、全面、精细地制定本校的各种管理制度，他们对兄弟学校的各种制度进行了细致的学习，对《红寺堡区中小学教学常规管理规程》进行了深刻研究，对自己学校的实际情况进行了全面分析，做了非常充分的准备工作，将能用于本校的制度借鉴而来，稍加修改后充实到本校的制度中来。各校根据本校的实际和实际校务需要又新制定了一些必要的制度，虽然原来各校都出台了一部分教学管理制度，但根据精细化管理的要求，还有大量的管理制度需要补充。各学校又在百忙之中由教务处牵头，组织各教研组、实验室、图书室、阅览室、音乐室、多媒体室、电子备课室、微机室等制定了相关的人员职责和管理制度，形成了学校制度网，把很多细小之处都纳入了管理。各校还对有些过时及存在问题的制度进行重新修订，将那些已不能适应学校的发展、与学校的实际发展有出入的旧制度进行了修订。由于工作量巨大，有一些教学管理制度，各校还一时无法制定出来，他们将这些需要制定的管理制度进行了目录梳理，分时段、分任务规划以后再补充进来，以确保学校管理达到精细化管理的要求。

为了让各种管理制度落到实处，对学校的发展起到切实的作用，各校实行了分层管理、责任到人的办法。这样一来，每一位管理人员都明确了自己的具体任务，明确了自己的职权范围，看到了自己肩负的重担。比如教务处工作人员的分工、教研组长的各项任务、备课组长的责任，这一系列明确的分工让每一位人员都动了起来，形成了事事有人管、时时有人催的局面。对于学校的教学常规管理，各校教务处实行了定时检查、随时抽查的措施。对于教师的各项工作，学校每学期都会进行定时的检查评比，并对检查结果进行及时反馈，对优秀的进行表彰，对存在的问题进行限期整改。学校还不定期地对教师的备课、上课、作业批改、辅导、教研资料进行抽查，对需要帮助的老师给予业务上的关怀和帮助。在进行学校管理时，各校一直坚持以人为本的思想，积极运用各种措施进行人性化管理。将促使每一位教师进步成长、每一位学生天天进步作为管理的总目标，对工作中优秀的老师及时通报表扬，对工作中有问题的教师进行谈话，帮助他们寻找问题、寻找差距，鼓励他们不断进步。这样的做法深得教师的肯定，使教师的工作态度更加积极主动，工作能力也有大幅度的提升。各校在全面检查、准确把握每位教师工作情况的前提下，按照学校的各项制度，每学期对教师的工作进行考核评价，在评价过程中尽量做到公开公正，每一项考核结果都让老师心服口服，每一次检查及考核都进行公示。这样的人文化管理既严格了各种要求，又得到了广大教师的理解和支持。

第三节　苦练内功强素质

教育的发展离不开党和政府的关怀，也离不开决策者的长远目光，离不开社会各界的支持，更离不开广大教育工作者的辛勤劳动。经过五年的努力，红寺堡区教师队伍的师资水平、学科结构发生了巨大变化，教师队伍整体素质得到了很大程度的提升。全体教师都不同程度地共同成长着，还涌现出了一些在吴忠市乃至自治区都有一定知名度的名师和教育专家。

▲ 教师方队

教师队伍建设

红寺堡区现有正式在编中小学及幼儿园教师共1803名。专任教师的学历合格率和任职合格率均达到100%，中小学校长的培训合格率也达到100%。小学教师中，专科及以上学历人数占100%；初中教师中，大学及以上学历人数占100%，义务教育阶段专任教师学历合格率和任职合格率均达到100%。五年里，争取特岗教师、在编教师达500名以上，缓解了教师总量不足的矛盾，也使红寺堡区的教师年龄保持年轻化，目前平均年龄还不到37岁。各学校每年都要对新上岗人员组织讲座式培训，请学校骨干教师做关于“备课与上课”“说、听、评课及反思”“作业与课外辅导”为主要内容的讲座，动员新上岗教师积极主动地发展自身专业能力；各教研组组织一名骨干教师，上一节高水平的示范课以供新上岗教师观摩；安排新老教师结对，组织新教师上一节上岗课，以便各位导师能够有的放矢地对症下药；安排学校优质课大赛，让新上岗教师在教研活动中耳濡目染，尽快提高业务能力和专业水平；各教研组开展一些课题研究工作，让新上岗教师在集体备课、集体研修中得以提升；最后通过新上岗教师汇报课的形式，对新上岗教师进行考核，对考核优秀的新上岗教师及指导老师给予奖励。

根据红寺堡区教师普遍年轻、可塑性强的特点，教育行政部门启动了教师“分层次、分教龄、分项目”全员培训工程；结合创建教育强区信息化工程，开展了教师应用多媒体教学技能培训和达标验收活动，成功举办了小学语文素养大赛、优质课竞赛、中高考研习会等教研活动，有力地促进了教师专业水平的发展；多方筹资全面开展了骨干教师跟班研修培训、教师全员通识培训等工程。在自治区率先开展了教师军训活动，教育系统50岁以下的教师顶烈日、转作风、强素质、树形象，展现了红寺堡区教育工作者敢担当、敢拼搏、讲团结、不畏艰难的园丁风范。师德教育的培养是红寺堡教育取得成绩的根本保障，教育局坚持组织开展“师德建设活动”，每年评选出师德标兵；进一步完善了教师激励机制，结合区委、政府出台的《关于加快红寺堡区教育改革与发展的实施意见》，进一步完善了教师考评办法。共评选推荐培养了自治区级骨干教师40名，市级骨干教师82名，县级骨干教师三百余名；推荐产生了吴忠市名师 48 名。

全员培训

按照《红寺堡区教育五年规划》，近三年共组织 2 天以上的县级培训 5198 人次，上报参加上级教育部门组织的各种培训 3041 人次，培训教师项目人数多、学科覆盖面广、内容丰富，培训形式多样、层次明确，培训的针对性进一步加强。首先，在时间和经费上予以保障和支持。2012~2014 年教师培训费用预算 300 万，超出教师培训经费要求的标准，并且不折不扣地用到教师培训上。同时为解决工学矛盾的问题，教育局决定把功能室管理员培训、校长和教务主任培训、教师普通话提高培训三个项目安排在寒暑假和中秋节假期进行，保证了学校教学的正常运行。其次，定期召开会议，落实培训工作。春季开学初，教育局领导班子率领相关股室负责人，对教师培训需求进行了调研，并在 2012 年 3 月份组织召开了学校中

▲ 第 30 个教师节表彰大会

层以上领导班子会议，讨论出台了《红寺堡区教师培训指导意见》；2012年4月26日，红寺堡区教育局在红寺堡区第一中学隆重召开了红寺堡区自治区级、市级和县级三级骨干教师及名师工作大会，会议决定组建本土培训专家团，28名自治区级骨干教师、10名教研员进入培训专家团队；每年6月定期召开继续教育年度会，10月召开红寺堡区“国培”总结表彰会和下一年“国培”启动会。这些会议的召开，成为全面推动红寺堡区教师培训工作提升教师专业化水平的强劲推动力。

红寺堡区教培中心提出了“校本培训是基础，重在指导；县培为主体，重在提高；省培、国培为拓展，重在引领”的思路，把四级培训进行了有效的整合，特别是把各级骨干教师培训分解到省培、国培中去，避免了重复培训，提高了培训的效率，培训内容更具针对性，培训形式更加灵活多样。坚持培训与教研、培训与教改相结合，集中研修与分散研修相结合，岗位培训与网络研修相结合，采用通识问题讲座的形式培训，“学科问题课堂案例 + 研讨 + 小讲座”的形式培训。同时还采用了本区影子培训、区外联片教研培训以及与银川九中、唐徕回中、吴忠盛元小学形成的校际间观摩学习培训等多种形式，大大提高了教师培训的积极性，拓宽了培训的渠道，提高了培训的实效。

培训过程中把“三区人才支持计划”与青年教师培训结合起来，赢得了新上岗教师的高度认可。把继续教育培训解读到课堂教学中去，采用骨干教师上示范课，受训教师观课议课，教研员与一级受训教师讲座引导的形式，使每位参训学员都主动地参与到培训中来，大大提高了培训的实效。尝试自下而上的设计，允许学校每年报送一项自主培训项目，内容由学校设计，经费由教育局解决，过程由教培中心监管，充分体现了学校培训需求，取得了极大成功。

校本教研

红寺堡区各学校在校本研究工作中有很大的创举，其中的连片教研活动是有效整合教师资源，实现资源共享，提高教研质量，从而有效缩小城乡教研差距的有效手段。此项活动实施两年来，实效明显。如2012年，三个片区共开展连片教研活动5次，中学片区的“小专题研究研讨”和“中考研讨”活动，参

▲ 互动课堂

与学科多，参加教师面广，研讨针对性强；一小、太阳山、大河片区的“数学课堂提问的有效性”“讲述我的教育故事——课堂突发事件策略”研讨，不管是在研讨质量、研讨内容上，还是在研讨形式上，都有创新性的突破；二小、红镇、南川片区（现为新庄集乡）的“语文课堂教学问题设计”专题研讨活动，依托自治区对口帮扶专家组和自治区小学语文送课下乡的有利时机，以“专题报告 + 课堂教学 + 主体研讨”的形式，拓宽了连片教研的内容和模式。教研室教研员指导参与了教研的全过程，有力地提高了各学科教师的研究意识和追求进取的精神。

由教研室牵头组织的薄弱学校、薄弱学科帮扶活动有序进行。针对某些学校教师年轻、教学经验不足的现状，组织学科教研员进校进行一周的听课评课活动，并就课堂教学中出现的个体及共性问题，当场反馈，促进了年轻教师的成熟成长。还组织小学语文、数学，初中语文学科 40 名骨干教师参加了“名师课堂万里行”课堂教学活动；组织 50 名小学语文教师观摩了“全国第八届小学

▲ 才艺展示

语文阅读”课堂教学活动；组织35名小学数学教师参加了吴忠市教育局组织的“精品课堂”观摩活动。针对某一学科教学薄弱的现状，请自治区教研室送教下乡，组织了学科的听评课研讨活动；组织了红寺堡区级优质课评选活动，选送教师参加吴忠市和自治区组织的教师优质课竞赛，并取得了令人满意的成绩。针对小学英语学科教学薄弱的现状，组织实施了四项提高英语课堂教学的活动，其中送课下乡活动共组织听评课12节次，在教师中产生了较大影响；如期组织了小学英语学科竞赛和三年级检测活动；组织了英语教师的专题培训活动。

五年里，共上报自治区教研室“第二节基础教育”课题11项，批复立项10项。这些课题的立项研究，必将带动红寺堡区教育迈入一个新台阶。各学校也积极开展小专题研究活动，要求各位教师将自己实际教学中存在的某一问题进行思考研究，找到解决问题的方法，形成书面总结，甚至将一些好的实例写成论文。学校教师每年在刊物发表或获奖论文200余篇，其中有多篇被全国核心期刊全文转载。

第四节　放飞梦想

科学兴域强区本，教育化民大业根。面对着各种实力不断增强的红寺堡区教育事业，看到不论是办学条件还是师资力量都有了质的飞跃的状况，听到学生素质也在逐年提高的赞美声，我们心里充满欣慰、充满喜悦。因为红寺堡的发展后继有人，发展的蓝图将会更加绚丽多彩，山河将会更美、天空将会更蓝、生活将会更幸福。

素质教育结硕果

五年里红寺堡教育事业一直以质量提升为抓手，通过“领导联系学校促质量”“教研员帮扶薄弱学校抓质量”等工作机制，促进教学质量和学科竞赛成绩稳步提升。高考连续五年都有涨点，上线人数逐年递增，高分成绩也陆续产生，2013年出现了红寺堡区第一个被北京大学录取的学生。中考学生人数在逐年增加，中考成绩一直保持在吴忠市前列。在全国英语、数学、理化联赛中，先后有数百名学生荣获一、二、三等奖。

进一步深化素质教育也为强健中小学生体质起到了积极推动作用，2011年红寺堡区教育局成功举办了首届校园文化艺术节之后，紧接着又举办了首届中小学生阳光体育运动会。重视特色教育，五年来为高一级体育、美术、音乐学院培养输送了一批又一批的专业人才。在十一届中国青少年机器人竞赛活动中，红寺堡小学代表队荣获银奖。红寺堡小学代表宁夏参加全国青少年创意大赛，获得团体金奖。这些成绩的取得和活动的开展，提升了红寺堡的知名度、文化内涵与社会影响力。

结合红寺堡开发区特色优势产业发展，以合作办学为主要形式，向宁夏民族职业技术学院、宁夏生态学校、宁夏水利学校输送了一批中职学生。为加强职业教育，2012年红寺堡教育局专门设立职业与成人办负责职业教育工作，并将电大工作站学历教育、终身教育作为职业教育的一项工作内容，出台了《红寺堡区电大关于鼓励红寺堡区社会各界青年、中职学生积极参加学历教育并免去部分费用有关规定》。截至2013年，红寺堡区共向区内外中职院校输送学生2361人，其中区内1823人，区外583人，学生主选专业涉及护理、幼教、机电一体化、数控、汽车维修与应用、烹饪、建筑工程、太阳能光伏技术等9个专业。“中职学技能就业、电大提学历层次”的职业教育模式初具规模，职业教育毕业学生已经成为红寺堡区第二、第三产业及卫生护理、幼儿教育、移动通信等行业不可或缺的中坚力量。

自2002年至今，红寺堡区已完成九年义务教育的学生人数达到近12万人，他们中间有一批已经参加工作，甚至有些就在本地工作，教育战线上就有很多这样的新教师；还有一大批加入到了红寺堡建设大军中，为红寺堡的建设输入了新鲜的血液。因为他们是红寺堡这块热土培养出来的人才，所以他们对每一块养育了他们的土地都有着眷恋之情，他们工作起来都是非常认真，干起任何事来都是非常投入。

未来之梦

长江后浪推前浪，一代新人换旧人。目前在中小学就读的学生就是红寺堡的未来，红寺堡这十多年各项事业的发展，开发建设者所吃的苦、受的累是为了改善他们的成长环境，因为他们的身上寄托着红寺堡的未来和希望，更寄托着拓荒者的梦想。

◎ 小 视 窗

给红寺堡区青少年的一封信

亲爱的红寺堡区青少年朋友们：

今天给你们写信，主要是想把自己这么多年的发现与思索、把自己对你们的看法和建议，以一位红寺堡建设者和见证者这样双重身份的视角告诉大家，希望能对大家有所帮助。

我们红寺堡区是一个生态移民区，我们所有的红寺堡人都是移民，你们当然也是移民。但是你们又跟我们这一代人不一样，我们都出生在宁南八县，在那里长大生存，成年之后才搬迁到这里，而你们中的绝大多数是生在红寺堡、长在红寺堡这块热土的，是今天幸福生活的享受者、明天红寺堡的建设者。我们是开发建设红寺堡的第一代人，你们是建设红寺堡的第二代抑或第三代人。虽然我们这一代已经定居红寺堡十多年了，但我们的身上还残留着故土的影子；可你们不一样，你们从头至尾都受红寺堡的影响。从这一点来说，你们这一代要比我们高了一个起点，你们自小有黄河水的滋润，浸染了水的灵性和活力，拥有了不同凡响的见识和为人处世的魄力。

可你们要记住，你们的祖辈在故土是如何艰难地生存的，是怎样在贫困中苦苦挣扎的，是如何在干旱无水的环境中长大的。我的故乡是一个严重缺水的地方，家家户户都挖了两个水窖，等有雨时将雨水蓄在窖里，过一段时间澄清后供人畜饮用。有些村子还算好一点，有一眼山泉可供全村人饮用，有一个坝供牲畜饮用，我童年的时候就经常和小伙伴在水里游泳钓鱼。可后来不知什么原因，山泉和坝都干涸了，这一下让全村人的生活陷入了绝境，都开始了吃窖水的日子。现在才搞清楚，是因为地下水位下降的原因，是地下水开采过度造成的后果。就是这样脏兮兮的窖水，还得看年成，有一年雨水合节，还可以放满两个大窖；遇上旱年，吃水就非常困难了。虽然贫苦，但那里有我一直不忘的梦，有我童年快乐生活的梦境。

你们还要记住，我们是怎样到红寺堡的。1993年，当时的全国政协主席李瑞环来到宁夏，当看到南部山区老百姓贫穷的生活后，李瑞环就提出了加快解决群众生活贫困的建议。1994年全国政协副主席钱正英到宁夏南部山区考察后，提出了“1236”工程，并于第二年开始全面展开工作。1998年各项工程竣工后开始了大规模的移民，陆续形成了红寺堡今天的规模。今天我们能在这样一个绿色遍地、条件优越的地方生活，不能忘记共产党的恩惠、国家的恩惠、黄河的恩惠，我们要记住“共产党好，黄河水甜”是我们感恩的话语，我们说这句话时应充满诚恳和感恩。

你们还要记住，记住我们这一代人在建设红寺堡的过程中所受的苦、流的泪、淌的汗。刚到红寺堡的时候，这里非常的荒凉，风沙大得吓人。赶来盖房子的我们住在地坑里，白天忍受太阳的毒晒，想避避阴凉也没法实现；晚上躺在潮湿的坑洞里，被蚊子叮咬的浑身是疙瘩。尤其是起风的时候，遮天蔽日的沙尘滚滚而来，打得人连眼睛都无法睁开，每顿饭都会吃无数的沙子。粮食每年都得补几次苗，而且我们也是第一次鼓捣水浇地，干了许多吃力而无用的活，结果粮食产量也低得吓人，甚至还不如老家旱地的产量哩。

但我们坚持了下来，我们学会了种水地，学会了栽种和修剪果树、枸杞等新的经济作物，盖起了宽敞漂亮的新房子，等到了今天山清水秀、交通便利、配套齐全的新城镇、新农村的幸福生活。

你们一定要记住，记住我们这一代人走过的弯路、沉痛的教训。我们生活在红寺堡已经十多年了，在这十多年里我们走过很多弯路，尝过很多失败：最初我们只是单一地在田地里种上麦子和玉米两种作物，政府号召大家改种葡萄，有些人跟着政府的指导方向操作；我们固执地认为葡萄种植没有保障，眼下没收成，坚决抵制。后来，看到种植葡萄的农户得到了非常可观的收入，我们非常眼馋，非常懊悔，自己又改种葡萄，才有了今天的收成。你们一定要记住，应该善于接受新事物，不能固执己见，要能紧跟时代的步伐，获取各种信息，思考最大、最经济的路子。

你们更要记住，你们身上的担子，你们的神圣责任。红寺堡这块热土养

▲ 未来之星未来梦

育了你们、教育了你们、培养了你们，你们已经具有了罗山的坚定信念、黄河水的灵秀生动、父辈们的坚忍不拔、祖辈们的吃苦耐劳，你们更具有开阔的视野、不竭的创造动力和热情、永不认输的精神风貌、审时度势的理性思考。红寺堡的未来靠你们了，我们相信你们，等着看你们的辉煌、享受你们的创造成果。

红寺堡拓荒者

2014年6月1日

第二代或第三代红寺堡人所受的教育和所处的环境，较之第一代红寺堡人有了极大的改善。学校教育比老县有了很多优势，各种教学设施相对先进、教师年轻化、各个学校各门课程都能开展等是老县农村学校没有实现的；家长对教育的重视程度较之第一代红寺堡人的家长要强很多，本身素质也高于他们；生活的社会环境比原来的地方复杂许多，接触了四面八方、不同民族、不同乡音、不同地域文化的人。因此，第二代或第三代红寺堡人的眼界较为开阔，对新事物的接纳更容易一些，跟不同人的交际更广泛一些，已经形成了他们不同于先辈的精神风貌、为人处世以及看待社会的目光。他们摒弃了第一代红寺堡人身上的种种陋习，比如，狭隘的地域主义思想、狭隘的民族主义思想；他们交友范围打破了籍贯的界限，成了完全融为一体的地道的红寺堡人。他们不同凡响的精神风貌，团结协作的交际能力，平等友爱的和谐处事态度，理性理智的判断选择，无一不在向世人宣布，将红寺堡的未来寄托在他们身上是完全正确的。相信在他们的建设下，未来的红寺堡将会更加繁荣富强，人们的生活环境会更加美好，生活质量会不断提高，生活水平会不断提升，幸福指数会一直增强。

第六章　文化引领新风尚

宁夏地貌特点丰富，南部以山地丘陵为主，北部以黄河冲积平原为主，六盘山、贺兰山，黄河、泾水与清水河，高山与大河相间，黄土高原与黄河平原相连。在这个地理空间中宁夏深得黄河的恩惠，享有“黄河百害、唯富一套”之誉。同时宁夏又处于中原农耕文化与北方草原游牧文化的过渡带上，是北方民族南下中原的通道。特殊的历史地理和重要的战略地位决定了宁夏在多元文化方面的相融交汇与吸纳。因此，在这块古称关中塞外的广袤大地上，孕育了宁夏丰富而灿烂的历史文化。从 3 万年前的水洞沟文化起，历经北方草原文化、中原农耕文化和西域商贸文化的交互影响沉淀，构成了以回族文化为主体的多元文化、红色经典文化、丝绸之路文化，“两山一河”为代表的大漠黄河生态文化、古人类遗址和古生物化石文化、边塞军旅文化、民风民俗文化、西夏遗存文化，以改革发展为主线的成果文化等九大文化体系。

世纪之交，红寺堡因大规模实施异地扶贫移民开发而被世人所知。作为宁夏扶贫扬黄灌溉工程的主战场和全国最大的生态移民集中安置区，在红寺堡形成的新时期移民文化具有自己独特的精神内涵和个性特征。自 1998 年以来，宁夏实施扶贫扬黄灌溉大型水利枢纽工程，异地搬迁安置宁夏南部山区就地脱贫无望的20多万回汉贫困人口，来自四面八方的各民族移民群众相聚红寺堡，在这片创业的热土上，为了共同的生存和发展，和睦共处、休养生息，以丰沛的精神和极大的干劲投入到新家园的建设中。这种高涨的热情和创业干劲在党的惠民政策引领下形成了红寺堡移民群众独有的“拓荒”精神，并在十余年的积淀后成为红寺堡移民文化的核心。在红寺堡，来自不同地域的20多万移民群众不同的思想、文化在这里植根生长、碰撞交融，进一步丰富了红寺堡的地域文化，最终形成了以荒漠文化、大众礼俗文化、回族文化、黄河文化、红色文化、边塞军旅文化、慈善文化和航空文化等元素为一体的多元移民文化风情。随着时间的不断推移，这种多元的移民风情在“拓荒”精神的引领下形成了红寺堡多元一体的移民文化格局。

▲ 大漠黄河

第一节　红寺堡移民文化及其特征

作为全国最大的异地生态扶贫移民集中安置区，红寺堡区汇聚了来自宁夏南部山区的 20 多万各族群众，这项旨在解决贫困群众脱贫和温饱问题的德政工程和民心工程的实施，让 20 多万移民历经 15 年的艰苦奋斗，最终摆脱贫困并走上了富裕之路。

位于宁夏中部干旱带核心区域的红寺堡地区，曾是一片白草黄沙、飞鸿过断的茫茫戈壁，植被稀疏、长风经年、雨水稀缺，是有名的“旱海”。“一年一场风，从春刮到冬，天上无飞鸟，地上砂石跑”，形象地体现了开发前红寺堡地区的恶劣环境。就是在这样一片不毛之地，在世纪之交迎来了四面八方的拓荒者，从此改写了荒原的历史。是什么支撑着西海固人民背井离乡奔赴这个比家乡环境更为恶劣的地方来寻求出路？是什么让这些来自不同地方，操着不同口音的陌生人在这个陌生的地方开垦创业？答案就是一种无所畏惧、一往直前、自我实现和自我奋斗的拓荒者的坚韧精神支撑着西海固人民去寻求新的出路与建设新的家园。

“拓荒”精神与多元一体的移民文化格局

拓荒的精神，在一定程度上是移民思想的大解放。红寺堡恶劣的自然环境，使这些来自西海固地区的贫困移民摒弃了等、靠、要等消极的依赖心理，摆脱了安土重迁与故土难离等传统观念的桎梏，从而在思想上有了改变现状的触动。思想的解放为手脚的解放提供了心理动力。拓荒精神在很大程度上弱化了移民的乡愁，在艰苦环境中求生存的压力迫使人们暂时忘却了对故乡的思念，为了求得共同生存，人们只有互相帮助、互相支援才能战胜险恶的环境，才能立足于这块新的土地。正是基于这样的认识，这些来自四面八方的人们不再拘泥于传统的地缘与乡缘关系，也刻意淡化了族属的分别与血缘的远近，对其他来自各地的移民不再存有心理上的芥蒂和隔膜。拓荒精神最直接的体现之一，就是重新定义了移民的身份，消弭了移民心灵上的孤独，在精神上为移民提供了不竭的动力。不论是哪个民族、不论来自何方、不论在做什么，在这里都是平等的拓荒者。在这一新的身份面前，移民们不问你我来自何方，只求共同创业的精神使这些走出家门的人在面对荒漠孤烟时产生了心灵上的共鸣。他们共同的饱经风霜的苦难经历，增添了相逢何必曾相识的心理感应，消弭了移民面对这块陌生荒漠时的无助与孤独，使人们在新的环境中一往无前而不再畏首畏尾。拓荒精神还给了红寺堡移民“敢为天下先”的勇气与魄力，也为红寺堡人注入了无穷的创造性。对于移民来说，陌生的新家园恰好是自己有所作为的良好沃土，这里蕴藏着无限的可能性。密集型的灌溉农业使移民们摆脱了祖祖辈辈靠天吃饭的无助与无奈，相信通过自己的创造一定可以改变贫困的现状。“敢为天下先”的勇气使移民敢于尝试陌生的事情，积极学习各种全新的技能，从最初的基本灌溉技能到农作物的套种作业，从拱棚种植等设施农业到葡萄产业，从慈善产业的起步到航空旅游的发展，这些都体现了红寺堡人的拓荒精神和创造性，正是这种拓荒精神和敢为天下先的勇气形成了红寺堡移民文化的钢性特征。

▲ 草格固沙

移民在面对这块荒无人烟的沙漠戈壁时，唯有甘冒风险、搏命劳作、不畏艰辛、互帮互助，才能求得生存与发展。久受穷困之苦的劳动人民知道，守望故乡是没有希望的，等、靠、要更不是西海固人的本色，迁移他方是生存的唯一出路。渴望走出大山的他们此时只有凭借自己的双手建设新家园，才能在这狂风席卷的荒原之上求得一片生存之地。万千贫困群众内心中压抑已久的脱贫致富的渴望，在党和国家移民政策的助推下，迸发出了建设新家园的巨大热情。从开发初期的艰苦创业到今天的安居乐业，正是这种“不论出路在何方，千里终须脚下来”的拓荒精神支撑着红寺堡移民的创业热情。15 年的时间里，这种拓荒精神已经内化为一代红寺堡移民的深层心理结构，成为移民文化的真实内里与本质特征，并在

▲ 罗山脚下的移民旧址

此基础上形成了红寺堡人的心理认同。

拓荒精神是红寺堡全体移民共享的精神特质，也是红寺堡移民文化的本质特征，这种拓荒精神与新时期红色文化的内涵不谋而合。在拓荒精神这个移民文化的底色下映衬出红寺堡移民文化多元共存的显性层面——荒漠文化、大众礼俗文化、回族文化、黄河文化、红色文化、边塞军旅文化、慈善文化和航空文化等多种文化元素交织在一起，共同形成了红寺堡移民文化的多元一体格局。这种多元一体的移民文化格局将是红寺堡移民文化长久的稳定形态。

红寺堡移民文化元素

任何地域文化的形成都有其自身的内在特质和规律，通过人们的物质活动和精神活动，显示着地域文化的瑰丽与多彩。红寺堡作为新时期的生态扶贫移民集中区，不同民族、不同地域的移民在搬迁安置、生产生活、致富发展的过程中形成了五彩缤纷却又具有独特内涵的移民文化。大体来说，红寺堡移民文化的元素由八部分构成，即荒漠文化、大众礼俗文化、回族文化、黄河文化、红色文化、边塞军旅文化、慈善文化和航空文化。

荒漠文化　红寺堡处于毛乌素沙漠的前缘，年平均降水量仅 277 毫米左右，年蒸发量 2050 毫米。开发建设前，这里是一片茫茫戈壁，冷峻而苍凉，壮美而空阔。然而，在这一望无际的白草黄沙、浑黄一体的视觉冲击中，却有一个绿色高峰突兀地出现在人们的眼前，这就是与贺兰山、六盘山齐名的宁夏第三座大山——罗山。千百年来，当四周的土地在风沙的侵蚀下不断荒漠化时，罗山却以倔强的身姿屹立在这片大地上，顽强地阻挡着毛乌素沙漠的进一步南下，成为宁夏中部干旱带上的水源涵养地，被誉为“瀚海明珠”“荒漠翡翠”。罗山以自己的倔强书写着这片土地的传奇，“罗山叠翠”“石关积雪”等景观引来无数文人墨客的吟唱，弘化公主和庆王朱栴的故事又为这里增添了历史文脉，“醉卧沙场君莫笑，古来征战几人回”的诗句勾画出了红寺堡的大漠情怀。20 世纪末，当第一批拓荒者面对如此荒凉的新家园时，他们没有被眼前的困难吓倒，而是像罗山一样固执地迎接风沙的洗礼，党和国家的全力支持是移民群众扎根荒漠的坚强后盾，再加

▲ 荒漠生灵

上吃苦耐劳的固有本色激发了拓荒者改造自然的巨大动力。他们以极大的干劲投入到新家园的建设上，在荒芜的土地上用自己的双手构筑一片绿色宜居家园，实现了人进沙退的人间奇迹。“荒漠变绿洲、沙丘起高楼”是红寺堡新时期荒漠文化的真实体现。冷峻枯寂的荒漠风情培养了20多万移民群众博大的胸怀和顽强的毅力，构成了移民群众拓荒精神的一部分。没有经历过大漠环境的洗礼、没有亲身参与改造荒漠的实践就无法体味荒漠文化的精神内里。因此，荒漠文化是红寺堡移民文化的特有元素。

边塞军旅文化　历史上的红寺堡地区具有重要的战略地位，是古灵州通往原州、长安和关中走向塞外的通道之一，也是古代中国北方民族迁徙的大走廊，匈奴、吐蕃、吐谷浑、党项等民族都在这里留下了游牧的踪迹。在明代，红寺堡成为元朝残余势力南下固原的必经之路，为了将周边的鸣沙州、韦州、下马关等地连成一个有效的防御体系，以抵御北方敌人的侵略，明朝政府就在此筑城守御，红寺堡古城堡、红寺堡旧城堡、水套村王户台堡子、水套村扁窑子堡子等一系列堡寨由此而起，烽火台、明长城等遗址在红寺堡境内依稀可辨。一个个烽堠、一座座城堡见证了这里曾经的刀光剑影，斑驳的痕迹无言地诉说着远古岁月的幽冥。在红寺堡开发建设前，这里原为兰州军区某部最大的军事训练靶场，为帮助宁夏缺乏生存条件的南部山区 20 多万人民群众脱贫，1995 年，部队将使用了 40 年占地 83 万亩的军事训练靶场腾让出来用于移民搬迁安置。自红寺堡开发建设以来，驻宁夏部队和民兵预备役人员，先后投入兵力 15 万人次以上、机械车辆 4 万多台次，为移民平田整地、修筑渠道、建造房屋、植树造林、抢险救灾，谱写了军民共建、鱼水情深的感人篇章。这些都是红寺堡边塞军旅文化的重要元素，也是红寺堡地区永恒的军旅记忆。

大众礼俗文化　这里所说的大众礼俗文化是以汉族文化为主的，为大多数移民群众所喜闻乐见与共享的文化资源，包括宗教节日、礼仪习俗、饮食、服饰、社火、戏剧、艺术、非物质文化等文化形式。红寺堡移民大多数来自文化底蕴深厚的宁夏南部山区，那里民俗文化源远流长、底蕴深厚，传承着这片地域上民族文化的根脉。红寺堡境内有罗山云青寺、龙泉寺和弘佛寺等佛教、道教寺院，清幽古朴、香烟缭绕。在春节、元宵节等中华民族传统节日期间，各乡镇、各社区都会组织社火、秧歌、舞狮、花灯等民俗活动，给红寺堡区人民带来节日的喜悦和祝福。戏剧文化繁荣发展，各类剧团如雨后春笋般涌现，其中新庄集乡杨柳村的秦腔剧团闻名遐迩，成立了一支由本村秦腔爱好者组成的剧团，在农闲之余自编自演，真正为广大老百姓提供了一个以乐会友的平台。书法、绘画、摄影等艺术文化蓬勃发展，成立了书画艺术协会等民间团体，涌现出一批杰出的个人和有质量的作品，获得区内外的一致好评。红寺堡民间社会还传承着刺绣、酿醋、擀毡和刘家拳等许多丰富的非物质文化遗产，其中赵秀兰刺绣最为出名，在政府部门的帮助下，从最初的个人喜好变成了一个文化企业，招收学徒，传承技艺，走上了产业化道路。

回族文化　回族在宁夏繁衍生息已有数百年的历史，在宁夏大地上谱写了史诗般的历史画卷，培育出了辉煌灿烂的文化。回族人民在与各民族长期的交往互动中形成了别具一格的民族文化，在饮食、服饰、建筑、节日、婚丧、宗教等方面独具特色。在红寺堡20多万移民中，回族移民数量超过了一半，因此回族文化是红寺堡移民文化重要的组成部分。红寺堡区回族群众来自南部山区各个地方，大家和平共处、团结互助，共同在新家园演绎着民族团结的华美乐章。不同建筑风格的清真寺点缀着移民新城的美丽画面，彰显了回族建筑艺术的高超，给新城增添了几分肃穆与生机。清真饮食产业方兴未艾，大型清真餐饮店鳞次栉比，能承担接待、婚宴、会议等大型活动。酿皮、烤肉等回民特色小吃遍布红寺堡城区，不仅为广大群众提供方便快捷的餐饮服务，也促进了经济的发展。服饰也是构成回族文化的重要组成部分，红寺堡回族移民群众男子戴白色的小圆帽、穿黑色的马甲；回族妇女戴盖头，喜欢戴金银耳环、戒指、手镯等饰品。宗教节日是红寺堡回族移民文化的重要组成部分，开斋节、古尔邦节和圣纪节是回族传统的三大节日，每逢节日期间，红寺堡回族群众在各清真寺举行宗教活动，以仪式来传承节日的记忆，孩子们可以在浓厚的节日氛围中潜移默化地传承着宗教知识。政府部门在节日期间走访各个清真寺进行慰问，彰显了党和政府对信教群众的关怀和

▼ 移民村的清真寺

对民族宗教工作的重视，各个寺坊之间以及不同教派的穆斯林群众都彼此互道节日的祝福，共享节日的喜悦。

◎ **小视窗**

回族　回族是中国10个信仰伊斯兰教的少数民族之一。其先民主要是13世纪蒙古人西征后大批东迁的“回回人”，以及远在唐宋时期侨居中国东南沿海的穆斯林“蕃客”。他们在长期历史过程中通过通婚等多种因素，吸收了汉族、蒙古族、维吾尔族等，逐渐形成了回族。

汉语为回族的共同语言，在日常交往及宗教活动中，回族保留了一些阿拉伯语和波斯语的词汇。回族信仰伊斯兰教，生活习俗各方面受伊斯兰教影响较大，主要节日有开斋节、古尔邦节、圣纪节三大节日。

回族是中华民族大家庭中不可分割的重要组成部分，为中国的发展做出过十分宝贵的贡献。在当今国家的建设和发展过程中，回族也与其他民族一样，在各行各业发挥着积极和重要的作用。

黄河文化　红寺堡能建成全国最大的生态扶贫移民集中区，得益于黄河水的滋润。红寺堡移民因水而生，因水而富，宁夏扶贫扬黄灌溉工程的修建使古老的黄河文化在这里得到了移植与发展。该工程新建主泵站17座、支泵站18座、扬水干渠267公里、支渠289公里、干渠建筑物756座，田间配套支渠、斗渠、农渠共3526公里，建筑物12886座，累计扬水高达299米，灌溉土地50余万亩。该工程是黄河上游扬水灌溉面积最大、扬水干支渠和斗渠及农渠最长、工程累计提水扬程最高以及安置贫困移民最多的农业一体化工程。在利用黄河水灌溉的同时，为储存水源、改善城区生态环境，红寺堡区在城区和城郊修建了清云湖、北海子等几块人工湿地，起到了涵养水源、改善环境和休闲观光的巨大作用。黄河扬水大泵站从西北向东南梯级分布，彩虹飞渡、气势雄浑，遍地密布的渠网像血脉般支撑着红寺堡人的生命，生态林、经果林欣欣向荣，节水农业、设施农业等新生事物在黄河水的滋润下如雨后春笋般涌现。这些新生事物不仅为红寺堡注入了黄河文化的基因，同时工程本身也构成了红寺堡的巨大景观。在旅游产业发展如火如荼的今天，这些景观成为红寺堡旅游产业发展的巨大资源，红寺堡正围绕这一资源打造扬黄提灌生态景观带。黄河是中华民族的母亲河，黄河文化是中华民族的古老文化。红寺堡移民文化中的黄河文化元素不同于传统灌区的黄河文化。红寺堡黄河文化是以解决民生问题为目的的，融入了传统灌区黄河文化中所缺少的艰辛与珍贵，融汇了共产党的恩情与山区人民的渴望，黄河水在这里成为生命之水，“共产党好、黄河水甜”成为20多万移民的心灵呼声。因此，红寺堡黄河文化集灌溉、党恩、民情、艰辛、勤劳、珍贵、慈善等要素为一体，丰富了传统黄河文化的内涵。

红色文化　宁夏是革命老区，有着深厚的红色文化底蕴，留有许多珍贵的历史遗迹。抗日战争期间，中国工农红军西征军在今红寺堡地区活动达半年之久，成为红寺堡地区最早的红色记忆。解放战争时期，回汉支队坚持在盐、环、同地区坚持游击战争，扩大了红色区域，谱写了可歌可泣的红色篇章。新中国成立后，红寺堡地区主要有部分解放军和武警部队驻守，广大官兵全面开展剿匪活动，积极投入保卫新生革命政权的斗争。20世纪末，党和政府为保障宁夏南部山区100多万回汉贫困人口的生存权和发展权，切实改善宁南山区人民群众生产、生活条件，从根本上解决农村贫困人口温饱问题，经过多次的调查研究后开工兴建宁夏扶贫扬黄灌溉工程，此工程是目前国内最大的以水利为基础、以扶贫为宗旨的移民项目，也是新时期的一项德政工程、民心工程。红寺堡灌区是宁夏扶贫扬黄灌溉工程的一部分，自1998年开始，历时15年的开发建设，使宁夏南部山区20多万困难群众结束了广种薄收、靠天吃饭的“雨养农业”历史，在红寺堡安家落户，发展葡萄、经果林、设施农业、黄牛养殖等特色农业，走上了脱贫致富的金光大道，经济、社会事业取得了巨大飞跃。同时，工程的实施大大减轻了宁夏南部山区的发展压力，在搬迁区实行退耕还林，有效缓解了南部山区生态脆弱的状况，促进了人口、资源与环境的协调发展。自1998年开发建设以来，先后有15位党和国家领导人亲临红寺堡视察和指导工作，充分体现了党和政府对移民群众生活的关怀，红寺堡的开发建设是党和政府为民谋福祉的鲜活实例，移民脱贫致富以及红

▲舞龙

寺堡区的设立更是当代共产党执政为民的成功典范。

慈善文化　作为“首善之区”的红寺堡，早在2010年就提出创建慈善工业园区，解决残疾人就业问题的初步思路，即“把慈善与产业有机结合，打慈善牌，举慈善旗，走慈善兴业之路，将传统的救助型、补助型输血慈善提升为现代的产业型、发展型造血慈善”。红寺堡率先建设弘德慈善产业园区，制定了一系列吸引外商前来投资的优惠政策，红寺堡慈善产业由此兴起。目前，红寺堡弘德慈善产业园区已经成为全国打造慈善与产业相结合的先行试验区，充分发挥了打造“黄河善谷”主战场和核心区的示范带动作用，依托区位、交通、土地等资源优势，挖掘社会善源，搭建社会善意，吸纳一些具有社会公益性质的企业入驻，开创了慈善事业与扶贫开发相辅相成、与经济发展互融互动的良好范例。目前，以爱德制衣厂为首的一批福利企业入驻慈善工业园区，集中安置了具有一定劳动能力的残疾人就业，使产业与事业完美结合。在发展慈善产业的同时，慈善事业也稳步推进，2011年兴建了菊花台残疾人疗养中心与城区敬老院，鳏寡孤独者和残障人士在这里可得到免费照料，成为社会弱势群体的阳光家园，保障了他们的自然权利，获得了人的尊严。慈善产业与慈善事业的结合催生了红寺堡慈善文化的萌芽，随着慈善产业与事业的逐步做大，慈善文化必将成为未来红寺堡移民文化的主流。

航空文化　航空文化是一种伴随科学技术的进步而兴起的一种新型文化，是最近几年才在全国零星几个大城市发展起来的文化活动。航空活动也是一种资金投资大、科技含量高、环境要求高的体验活动，一般包括各类飞行器的静态展览、高空体验、模型表演以及航模大赛等几个方面。红寺堡建区以来，在没有名山大川的依托下，红寺堡人大胆地发挥了人的创造性，经过多次考察论证，利用红寺堡位于宁夏中部的枢纽地位，再加上罗山脚下空域广阔、地势平坦的飞行优势，决定打造航空旅游产业，以科学技术弥补风景名胜的缺憾，并将红寺堡区定位为航空新城。红寺堡区政府在罗山脚下修建了航模基地，分别在2011年和2012年成功举办了两次航空旅游文化节，在2013年、2014年举办了两次全国青少年航

▲航空文化

空航天模型锦标大赛，营造出了良好的文化氛围，使原本遥不可及的航空体验活动走进移民新城的寻常巷陌。在红寺堡区开展以航空表演和互动体验为主题的航空旅游文化活动，以展示无人机、飞艇、动力伞、热气球等各类飞行器表演为亮点，不但可以聚集人气，达到宣传红寺堡、推介红寺堡的目的，而且对于促进当地文化产业、旅游产业、体育事业的发展，繁荣红寺堡社会经济，展示罗山地区深厚的文化底蕴、人文精神和时代风貌具有重要的意义，对于普及航空科学知识、塑造中华民族的新时代航空文化、激发全民爱国热情、增强全民国防观念都十分重要。

移民文化的特征

红寺堡移民文化是移民社会共同的产物，是移民社会所形成的特殊价值观的具体体现，具有开放性、包容性、平等性、创造性与进取性等特征。

开放性　只有开放的社会才能承载开放的文化，红寺堡移民社会是一个开放的社会，为各种文化的竞相展演提供了机会与平台，避免了各种地方性文化的狭隘排外心理。来自宁南八县以及甘肃、陕西等外省的移民群众带来了他们沿袭已久的礼俗文化和社会风尚，在新家园植根生长、交流融合，逐渐成为新家园本土文化的一部分。同时，人口的高度流动使移民社会突破了狭隘的地域限制，形成更为开放的文化心理形态。从各种方言的多样性上也可以看出红寺堡移民文化的开放性。红寺堡汇集了多种地方性语言，包括北部川区方言和宁南山区方言，可以说整个宁夏方言甚至整个西北地区的方言都可以在这个地方找到，再加上普通话的推行，使红寺堡活脱脱成为一个语言的博物馆。在日益开放的当今时代，红寺堡人更需要睁眼看世界，移民文化的繁荣发展更离不开同外界多种文化之间的对话和交流，以更加自信的心态、更加开阔的视野，吸纳各家之长、汇集四方精义，从而使移民文化的各种元素都拥有自由生长的空间，永葆生命力。

包容性　红寺堡移民文化的包容性源自它的开放性，各种文化元素兼容并蓄，体现了红寺堡移民文化多元一体格局中的多元性。红寺堡移民文化各元素之间有彼此借鉴与吸纳的远见与气度，更有互相包容的开阔胸襟。各种文化在展演过程中相互借鉴，相互学习，吸收对方文化中的有益成分，从而推进自己文化的不断革新，永葆文化的活力。红寺堡地方秧歌在多次的文艺展演中吸收了陕北秧歌的某些特征，从而使这种地方性文化完成了蜕变，成为具有红寺堡地域特色的节日文化，这是红寺堡移民文化包容性最典型的例证。

平等性　如果说开放性与包容性是所有移民文化的共有特征，那么平等性则是红寺堡移民文化最典型的特征。在红寺堡这个移民社会中，没有主人与客人之分，不同民族、不同地域的移民为了同一个致富梦想从四面八方汇集而来参与新家园的建设，在身份、地位上是完全平等的创业者，可以说红寺堡全体移民都是这块土地的主人，各民族文化以及各种文化元素之间没有上下之别，没有高低之分，平等地在这块土地上竞相绽放，呈现出百花齐放、百家争鸣的文化生态。

创造性　创造性也是红寺堡移民文化的一个新的特征，移民建设新家园的过程就是一个不断创造的过程。创造性充分体现在红寺堡航空旅游文化上，罗山航模基地的修建以及航空旅游节的举办就是文化创造性特征最好的诠释。在没有名山大川的依托下，红寺堡旅游文化的发展超越了传统旅游文化的思维，走上了一条依托科技的航空体验文化，这是一种具有前瞻性和远大前途的新兴文化，体现了红寺堡人的远见卓识与创造性思维，使一种原本具有“高大上”特点的航空文化生根于移民新城，走进普通人的生活。慈善文化的兴起也体现了红寺堡移民文化的创造性。慈善概念在中国古已有之，慈善行为也不绝如缕，但是慈善作为一种文化却一直处于自发状态，没有形成浓厚的文化氛围。“黄河善谷”的提出开启了红寺堡慈善兴业之路，弘德慈善产业园区的兴建和慈善企业的入驻标志着红寺堡慈善产业的起步，菊花台残疾人照料中心的建立标志着慈善事业的萌芽，促使慈善文化从自发走向了自觉，这也是红寺堡移民文化创造性的体现。

进取性　红寺堡人自从来到这块土地上就没有停止过对自然和生活的改造，没有沉溺于对故乡、往事的回首，乐观、豁达的心态使他们对自己充满了信心、对新家园充满了希望、对新生事物充满好奇，相信通过自身的努力一定可以改变新家园的面貌，并且创出一番新天地。迁移使移民来到了红寺堡这个开放多元的社会，摆脱了原有相对封闭的山区家族单元对思想的束缚，生产方式也从山地旱作农业转变为灌溉密集型农业，机耕作业又将大量劳动力从土地中解放出来，这一切环境的“突变”使红寺堡移民对陌生的新生事物充满了好奇心，由此又催生了移民创业致富的进取精神，使他们没有对原有生活抱残守缺，没有将自己的观念局限在传统的框架内，而是用自己的眼光寻求一切创造财富的机会。设施农业、拱棚蔬菜、黄牛养殖、枸杞种植、甘草种植、葡萄产业等一切能创造财富的事物都体现了红寺堡移民的进取精神。移民文化的进取性特征还表现为移民对优越和权利的追求，他们没有将自己原有文化中的落后成分全盘保留下来，而是随着时代的变化不断弃旧革新，吸收新的文化来提升自身素质。越来越多的移民群众从乡村进入城市后，实现了从农民到市民的身份转变，在物业服务、医疗、社会保障等方面有了更高的追求，对机会均等、平等就业、受别人尊重等各种权利的诉求也日渐凸显出来，这一切都体现了移民文化的进取性。

▲ 罗山航模基地

“美美与共、和而不同”的文化理念

红寺堡是一个移民社会，四面八方的人汇集在这里，必然带来他们各自的文化传统与生活习惯，这就必然会产生文化上的碰撞与摩擦。就如何处理不同移民文化之间的关系，著名社会学家费孝通教授给了我们一个确切的答案。1990 年 12 月，在就“人的研究在中国——个人的经历”主题进行演讲时，费孝通先生总结出了“各美其美，美人之美，美美与共，天下大同”这一处理不同文化关系的十六字“箴言”。这样一种处理不同文化关系的理念更适合于红寺堡这样一个移民社会。但是，文化的多样性是民族文化发展规律的内在要求，也是民族文化进步的活水源头，更是民族文化得以健康发展的正常生态。一个移民社会健康的文化生态应该是多元文化的共存，在相互吸收、相互借鉴中共同繁荣，因此“各美其美，美人之美，美美与共，和而不同”这样一个提法更适合移民社会文化的存在状态，这将是红寺堡移民文化今后发展的一个理念。

“各美其美”说明尊重文化的多样性，首先要尊重自己民族的文化。对本民族优秀的传统文化要自觉地继承并发扬光大，同时进一步培育、发展本民族的现代文化。不同地域、不同民族的移民群众来到红寺堡后将自己原有的文化符号移植在这里，并在新家园精心培育，初步构筑了新家园的人文生态。在十余年后的今天，移民群众对文化教育与精神追求有了更高的诉求，对自己的文化有了深刻的自觉，更加自觉传承本民族优秀的传统文化，使红寺堡移民文化出现了百花齐放的良好局面，同时也积极接受现代文化，不断丰富自身的社会文化生活，充分展现了对自身文化的高度尊重。

“美人之美”就是在欣赏自己文化的同时要尊重其他民族的文化。盲目崇拜自己的文化可能会陷入唯我独尊的狭隘心境中难以自拔，从而导致文化上的自我中心主义，扼制了自身文化的创新。“美人之美”就是相信他山之石可以攻玉，要求移民群众在做到了“各美其美”后，也要学会欣赏别人的美，学会尊重不同地域、不同民族的文化，吸收其他民族文化中的优秀成分。在具体的社会生活中，要尊重差异、理解个性、平等相待、和睦相处，从而营造良好和谐的文化氛围，

共同推动红寺堡区人民文化生活的繁荣。

“美美与共，和而不同”就是移民文化发展的最终状态，“和而不同”强调在保持文化多元差异的前提下，努力寻求相互间的和谐对话和观念共享，以创新发展文化。首先，要承认“不同”；其次，进行文化交往。在经济全球化的今天，文化的互渗、趋同是必然的，不同文明和文化之间的相互影响将不可避免。红寺堡移民文化是全球化大潮中的一朵浪花，不可避免地会与其他文化元素产生激烈碰撞。因此，移民文化的建设必须放在全球化的大背景之下来进行。因此，我们要以更加开放的思想，以积极的心态和广阔的胸襟去对待不同民族的文化，不仅“拿进来”，还要“送出去”，在吸收与融合的过程中，逐步构建起具有移民社会特色的多元文化体系，构筑“美美与共、和而不同”的移民文化理念。

▲ 具有地方特色的社火

第二节　文化体育事业的发展

新城文艺开新宇，盛世奇葩沐新风。红寺堡开发建设以来，历届党委、政府始终坚持以现代文化为引领，深入挖掘文化、艺术、体育特色资源优势，以大规模、创造性开展城乡公共文化服务和体育活动为抓手，不断提高城乡各族群众科学文化素养，满足各族群众精神需求，文化体育事业蓬勃发展，呈现出了移民新区百花齐放、百舸争流的全新气象。

百花齐放春满园

移民使红寺堡人文荟萃，这里汇集了来自四面八方的文化英才，他们的到来改变了红寺堡“文化荒漠”的现状，开启了本土移民自我表述的时代。随着移民开发建设的不断深入，十余年来，红寺堡区汇集了各方面的文化人才，文艺工作者队伍不断壮大，文艺创作也呈现出一片勃勃生机，围绕“移民开发与经济建设”这个主题，创作出了一批思想内容健康、积极向上的文艺作品，弘扬了移民开发建设主旋律，传递着社会正能量，不仅起到了引领社会风尚、凝聚移民人心的巨大作用，也彰显了红寺堡移民社会的本土尊严与精神风貌。

文苑荟萃　2001 年，《红寺堡镇中学校报》刊发，拉开了本土学子创作的序幕，校报就像一颗文化的种子，在这个荒漠上生根发芽。此后，各种报纸杂志如

▲红寺堡第一份报纸

雨后春笋般涌现出来，展现了移民群众巨大的创作热情。2002年春，由工委宣传部主办的《创业报》刊印，在部队官兵中涌现出一批文艺创作骨干。2003年，红寺堡中学创办的《绿沙》期刊面世，表达了莘莘学子在沙滩上培植生命、创造新绿的美好愿望，该刊后被评为全国优秀校园期刊。此后，《西北角》《吻雨》等校园刊物也相继出刊，红寺堡文学创作队伍伴随着经济社会的发展也在不断壮大、进步。尽管条件艰苦，工作任务繁重，但还是有一部分文学爱好者以坚韧不拔的精神，用心灵、用热情、用神圣的使命感，创作出了一些讴歌时代、讴歌改革开放，反映移民新家园日新月异变迁的具有浓烈现实生活气息的作品，并陆续在区内外各级各类报刊发表。

◎ **小视窗**

《绿沙》 创办于2004年，是红寺堡中学在办学初期创办的第一份校园杂志，共出刊四期，凝结着创刊者的心血和师生们的热情。一些爱好写作的学子们通过这个平台展示了自己的风采，其中的一些作品被《语文报》等全国性刊物收录。它像沙漠中的一抹绿，滋润着莘莘学子的求知欲，后被评为全国优秀校园刊物。

2003年，《荒漠上崛起的绿洲》编纂完成，系统阐述了开发区开发建设5年来各行各业取得的成就，这也是红寺堡的第一本书，成为早期开发建设的第一手资料，具有珍贵的史料价值。2006年，《红寺堡开发区志》出版，客观、系统地记录了红寺堡开发建设以来各行各业的创业史，标志着红寺堡人有了自己的志书。

2008年，红寺堡工委专题研究决定成立文学、民间文艺等3个群众性文艺协会，并拨付资金，征集作品编纂出版了《塬之春——红寺堡开发区文学作品集》，标志着文学创作从此步入了专业化道路。2009年，又出版了文学作品集《罗山神韵》，该书的出版发行，展示了红寺堡文学创作的实力和潜力，对发现人才、培养人才、繁荣文艺创作起到了积极的推动作用。2009年8月，《红寺堡之光》系列丛书出版，作为红寺堡开发区成立10周年暨红寺堡区设立成功的献礼，这套丛书堪称红寺堡的百科全书，既有历史的纵深，也有内容的广博，有着巨大的史料价值。

◎ 小视窗

《红寺堡之光》 该系列丛书在红寺堡开发区成立10周年、红寺堡区设立之际，由区内外诸多专家学者、作家、诗人参与编写，于2009年10月22日正式出版发行。这套系列丛书由《旱塬播绿》《拓荒者》《红寺堡移民开发史》《红寺堡历史文化研究集》《罗山神韵》5本书组成，内容涉及红寺堡的地理、建制沿革和历史传说，以及红寺堡开发区成立10周年来在政治、经济、文化等领域的发展状况，记录了红寺堡10年来波澜壮阔的开拓史，收编了反映红寺堡开发建设历程、建设成就、经验总结、典型事迹、散文诗歌等435篇文章、200多万字和1000多幅照片。文学评论家、作家、历史学家高嵩，宁夏社科院原副院长、研究员吴忠礼，宁夏文史馆研究员杨森翔分别对《红寺堡之光》系列丛书进行了点评。红寺堡工委、管委会现场向宁夏回族自治区图书馆、宁夏大学、宁夏医科大学、宁夏师范学院、六盘山高级中学、吴忠市图书馆等单位赠送了《红寺堡之光》系列丛书。

▲《红寺堡之光》系列丛书

2011年，张治乾出版了以红寺堡开发建设为主题的长篇小说《大漠长歌》，这是红寺堡区的第一部个人长篇小说。2012年，在区委与政府各级领导的关怀下，红寺堡区文化体育旅游局的大力支持下，红寺堡区文联主办的《罗山文苑》正式创刊。

▲《罗山文苑》

《罗山文苑》是红寺堡开发建设特别是设区以来第一份由政府创办的大型文学季刊，改变了红寺堡长期以来没有文学刊物的历史，有着广大的读者群体，赢得区内外的一致好评。该刊物的出版发行给红寺堡文学艺术界带来了福音，是红寺堡文学发展的奠基石。

从2001年创办的第一份校报开始，红寺堡人在十余年的开发建设中创办了报纸、杂志、图书等十余种，使移民文化从最初的星星之火发展成为今天的燎原之势。

沙枣花开　红寺堡汇聚了来自4市8县的20万移民群众，他们带来了不同地域的优秀文化，通过不断地挖掘和探索，形成了具有红寺堡特色的移民文化。随着红寺堡区经济和社会事业的快速发展，文化事业呈现出勃勃生机，文艺活动已成为深受广大群众喜爱的一项文化活动。十多年来，各机关单位、学校以节庆文化、文化下乡等为载体，开展了丰富多彩的系列文化活动。在文化部门的引导下，农民群众每年利用春节期间自发组织社火等民间文艺活动，农闲时间在村部或自家小院自编自演小品、折子戏、眉户剧，并经常组织团队公开巡回在各个乡镇演出，为群众奉献出丰富多彩的节目，繁荣了农村的文艺舞台。2005年以来，由开发区组织报送的大型歌舞在区市专题展演中屡创佳绩。红寺堡虽为移民新区，但这些移民都来自文化底蕴深厚的宁南老区，秦腔爱好者很多，红寺堡区新庄集乡杨柳村村民在2005年春节组建了秦腔自乐班，自编自演，为广大老百姓提供了一个以乐会友的平台。剧团成立后，越来越多的戏剧爱好者加入，为广大移民群众提供了一个展现自我的机会，成为村民农闲之余的精神享受，同时也成为移民区一道亮丽的风景。目前，红寺堡区共有25个村组建了秦腔自乐班。

随着生活水平的不断提高，红寺堡区移民的精神诉求也在高涨，他们在睁眼看世界的同时，也在向世界表达着自己。在大众传媒发达的今天，移民群众创作了自己的歌曲、自己的电影。2009 年，建成了红寺堡区数字影剧院，影剧院建立以来，面向全区群众，尤其是中小学生，集中播放了一些具有爱国主义教育色彩的纪录片、科教片等，社会效应良好。2011 年，由红寺堡区精心策划，北京中视迦胤影视文化发展有限公司投资拍摄完成了国内首部反映生态移民成就的电影《罗山脚下》。该片讲述了在宁夏南部山区生态环境不适合人类生存的情况下，通过党和政府的生态移民政策，让老百姓搬到了风景秀丽的罗山脚下，住进了新居，新区有水、有田，老百姓过上了好日子。影片主题思想十分突出，在讲述移民自己的故事的过程中反映了党和政府在环境绿化、生态移民和民族团结方面做出的巨大贡献。影片获全国原创作品奖，开启了红寺堡本土影视文化的先河，其中的主题歌曲《红寺堡组歌》唱出了移民的心声，电影尚未播映前便已蹿红网络。

翰墨丹青　书法与绘画是美化心灵的艺术，也是人类情感与精神的结晶，人们能从中获得视觉的愉悦和美的陶冶。在红寺堡，汇集着一批书法与绘画的爱好者，他们挥毫泼墨、激扬文字，创作出一幅幅享誉自治区的作品，满足了移民群众的视觉享受。在书法、绘画艺术展览中，涌现出了傅国胜、杨有恒、陈永康、王晓龙、张世铎等一批德艺双馨的文艺工作者，累积发表书画作品 100 余幅，70 余幅作品在区内外重大展览中获得奖项。自 2006 年红寺堡书画工作者协会成立以来，成功举办了 4 次大型书画展，较好地展示了红寺堡书画艺术创作的佳绩。近几年来，以高爱国、杨有恒、周鹏、李怀玺、吴长善、刘立诚等为代表的一批摄影爱好者在各级刊物发表摄影作品 270 余幅，这些作品，为推广宣传红寺堡起到了很大的作用，正是他们的存在使红寺堡这块土地的艺术文化不再荒芜。

草根技艺　非物质文化是那些以非物质形态而存在的具有艺术价值与历史价值的东西，一般不脱离民族的生产生活方式，是民族个性、民族审美习惯“活”的显现。在红寺堡农村中，移民保留着丰富的非物质文化遗产，如刺绣、擀毡、

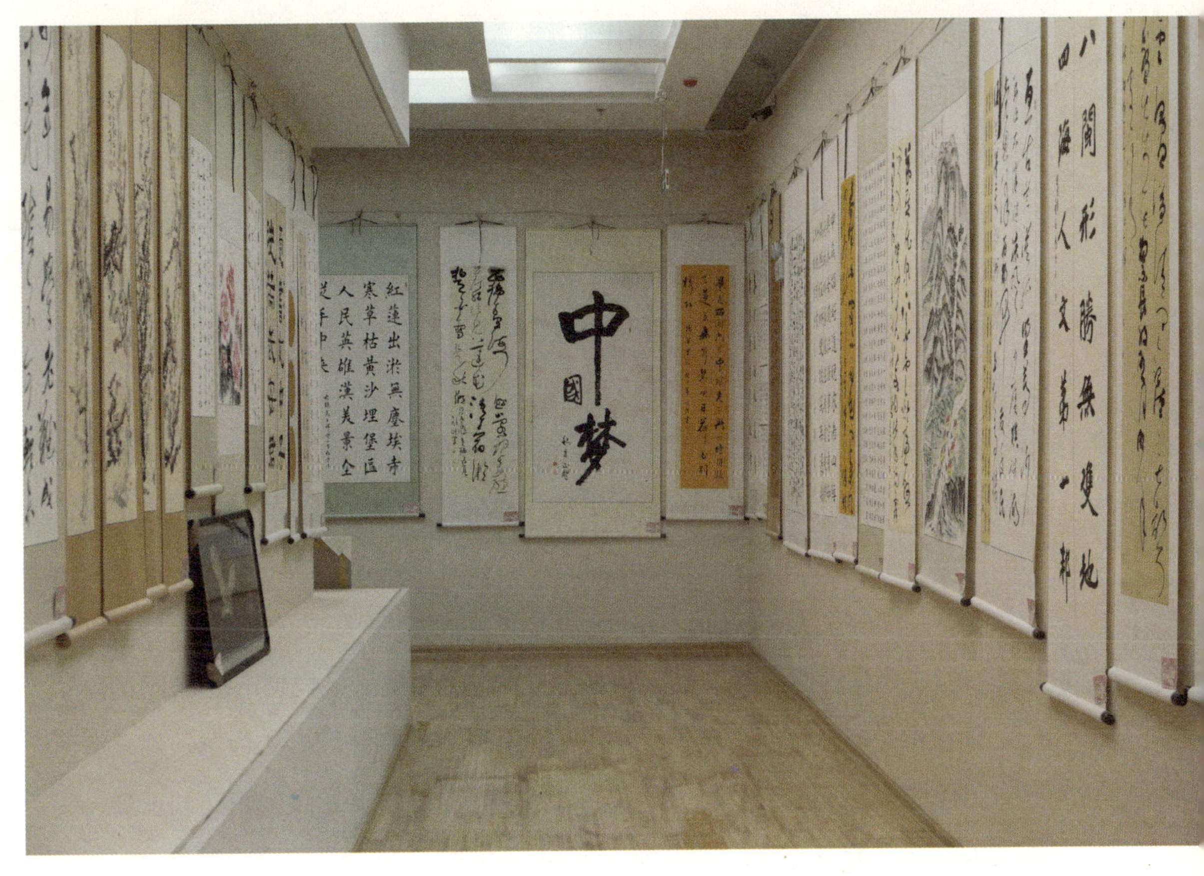

▲ 红寺堡区书画作品展

酿醋、刘家拳等，这些遗产的传承者们上承祖辈、下启后代，代代相传着这些民间技艺，保留着草根文化的精髓。

红寺堡区民间聚集着一批刺绣爱好者，赵秀兰是其中的佼佼者，她还入选吴忠市级第三批非遗传承人。赵秀兰从 9 岁起就跟母亲学刺绣，掌握了民间各种刺绣，系第六代刺绣传人。主要作品有：《八仙过海》《嫦娥奔月》等，其中刺绣《八仙过海》在 2007 年宁夏首届建设社会主义新农村系列文化活动中荣获一等奖，《五福图》在 2008 年宁夏展示会中荣获金奖，《苗族少女》在全国七夕红手工艺大赛中荣获银奖，《红楼梦》在第四届中国（宁夏）回商大会妇女手工艺作品中荣获二等奖。

“擀毡”是指人们把选好的羊毛，通过弹、铺、洗这样几个环节制作成一种床上铺的生活用品。擀毡技艺自出现以来，流传了上千年，它在以放牧为生的山区人们的生活中有很重要的作用。由于山区人都习惯睡土炕，用羊毛擀的毡具有很好的隔潮作用，尤其对老人的身体有很好的保护作用。何兆元（现已亡故），系红寺堡擀毡第三代传人。他16岁就开始学习擀毡，在数十年的擀毡生涯中，摸索出了一种新的方法，擀出来的毡具有瓷实、耐用、光滑等特征。何兆元擀毡所用的大弓是用上好的木材和牛皮做成的，已经有200多年的历史，因此何兆元也成为第一批吴忠市级非遗传承人。

红寺堡移民中还存留着手工酿醋这种中国古老的民间技艺，其中以新庄集乡红阳村的马兆莲老人的兆莲酿醋最有特色。马兆莲老人系酿醋的第四代传人，她酿醋的最大特点是使用固态分层发酵方法，由此酿造出“酸而不涩，香而微甜，色浓味鲜”的独特风味，在色、香、味等方面很有优势。在文化部门的大力帮扶下，兆莲酿醋成为吴忠市非遗项目，马兆莲老人也成为第一批吴忠市级非遗传承人。

刘家拳是宁夏民间古老的武术流派，其所有的打法以棍法为主。刘家拳至此已有四代传人，第四代传人刘文军1970年出生，7岁开始跟随祖父刘正清、父亲刘汉雄习武，勤奋好学，习武20余年从不间断，全面继承了刘家拳。2000年搬迁到红寺堡太阳山镇后，刘家拳作为一种文化形式迁移到红寺堡。现在传承的刘家拳有完备的体系和繁多的套路，集三家之长的刘家武术，经过四代人的演绎和变革，最终形成稳健、敏捷、刚健有力、奇巧多变的武术风格。随着时代的变迁，刘家拳目前面临着后继无人的危局，红寺堡区正积极筹划刘家拳的保护与传承方案，通过加大投资、培养人才和深入研究等方式，努力使刘家拳这一优秀的民间武术重放光彩。

群众文化　遍地花开

群众文化是以群众为主体，由群众直接或间接参与的一种社会文化现象。它包括群众文化活动、群众文化工作和群众文化生活等要素。群众文化以满足人民群众精神生活需求为目的，是以自身活动为主体，以文学艺术为中心内容的社会历史现象。2009年设区以前，开发区共送科技和爱国主义教育影片下乡2576场，

▲ 群众观看演出

送图书资料 10000 余册，新组织成立流动电影放映队 3 个，为农村精神文明建设发挥了积极作用。以节日庆典活动为平台，累计举办广场文化活动、“迎新春文艺联欢会”“文化三下乡”专场演出、“庆新春、迎奥运”农民才艺比赛活动、“颂歌献给党”专场文艺晚会等优秀节目展演 170 余场次，为移民群众送上了一道道丰盛的精神大餐。与此同时，十多年来陆续成立的“书画家协会”、文学民间艺术工作者协会、摄影书法协会和音乐舞蹈戏曲家协会等群众文艺团体，使开发区的群众文化活动水平逐年提高。在各乡各镇还组织成立了数十个村一级的吹拉弹唱班子，成为开发区一道亮丽的风景线。

2009 年以来，红寺堡区设立文化体育旅游局专门负责文化事务，机构的设

▲ 群众文化活动丰富多彩

置标志着红寺堡文化事业的发展走上了专业化轨道，不仅有了推进文化事业的阵地，同时也有了经费的保障。在红寺堡区政府的大力支持下，文化事业有声有色地开展起来，红寺堡区文化体育旅游局将丰富群众文化生活作为改善民生的重要环节，通过完善基础设施、壮大文艺队伍、丰富文艺形式、弘扬传统文化等手段开展各种主题鲜明的文化活动，使群众文化活动遍地花开，丰富了广大移民群众的生活。新时期群众文化的开展接续了开发区时期形成的良好传统，开展“文化下乡”活动，组织节日期间社火展演活动，举办书画摄影剪纸等展览活动，极大地调动了移民群众参与文化生活的热情。同时，自 2012 年以来定期举行以“和谐幸福红寺堡”为主题的广场文化活动，以各单位为基础，充分发掘干部职工的演艺才能，自编自演一些移民群众所喜闻乐见的生活情景，并依此形成长效机制，

每年演出不少于20场次，广场活动将群众文化的发展推向了新的高潮。

软实力的“硬”

红寺堡区设立以来，区党委和政府高度重视党中央关于社会主义文化大发展大繁荣的战略举措与建设社会主义文化强国的构想，为进一步丰富移民群众业余文化生活、传播科技文化知识、促进农民增收致富，发挥文化知识引领社会时尚与凝聚人心的作用，红寺堡区自2009年起，加强了公共文化服务设施的建设，启动实施了一系列大型文化工程，有力地促进了红寺堡区文化事业的发展。

农家书屋工程　农家书屋工程是政府推进文化建设的有力举措，到2011年已实现了红寺堡区62个行政村全覆盖的目标，形成以村委会人员为主、热心公益文化事业的农民为补充的农家书屋管理主体。在农家书屋建设过程中，红寺堡区严格按照“五个统一”的标准，即统一书目、统一标牌、统一书柜、统一管理账册、统一规章制度，充分利用农村文化大院、村委会等阵地，在文化部门统一管理的基础上，采取了乡镇管理、村委会管理、社会管理等不同模式相结合的管理模式。红寺堡区农家书屋大多建设在村委会，由村委会人员兼管，属于无报酬的义务服务性质。为加强书屋的科学化管理，切实发挥书屋在乡村社会的作用，文化部门采取培训的方式对管理人员进行培训，请新华书店的专业人员专门举办了培训班，收到了良好的培训效果。在现有农家书屋管理员中，80%以上均是初中以上文化水平，其中95%以上受过专门培训，提高了农家书屋的服务管理水平。

乡镇文化站工程　设区以来，随着经济生活水平的提高，移民群众对更多更好精神文化作品的需求日益突出。为进一步改善红寺堡区农村基层文化设施条件，保障广大移民群众的文化权益，自2010年以来，红寺堡区在自治区文化厅的大力支持下，根据自治区《“十一五”乡镇综合文化站建设规划》，开始在各乡镇筹建综合文化站，逐步完善农村公共文化服务体系。到目前为止，已建成红寺堡镇文化站、大河乡文化站、南川乡（现为新庄集乡）文化站3个乡镇综合文化站，柳泉乡文化站正在建设当中，普及率达到75%；兴建文化大院4个，都设有文化舞台，并正常开展活动。

▲ 红寺堡图书馆

文化站与文化大院的建设，极大地改善了乡镇公共文化服务条件，及时有效地宣传了党的路线、方针、政策，推广了先进农业生产技术，拓宽了农民致富信息渠道，满足了广大农民群众的基本文化需求，对于推进社会主义新农村建设，维护农村社会发展、稳定大局，构建和谐乡镇都具有十分重要的意义。

图书馆工程　图书馆工程是红寺堡区完善城市服务功能、发展文化事业的又一有力举措。2012 年 4 月，红寺堡区图书馆工程立项，并得到自治区财政厅的大力支持。红寺堡区图书馆主体建筑分为借阅室、典藏室、数字图书室、设备用房、办公用房和多功能展示厅，其中借阅室 3000 平方米、典藏室 400 平方米、数字图书室 500 平方米、业务技术设备用房 300 平方米、行政办公及后勤保障用房 300 平方米、多功能展示厅 862 平方米，并配套相关附属设施。图书馆建成后，可充分满足红寺堡区各类读者群的需求，对促进科学文化发展，扩大文化交流，建设学习型社会，促进地区文化事业的发展将起到重要的推动作用，对满足广大人民群众日益增长的文化诉求、提高广大人民群众的文化素质、推动先进文化的发展以及全面建成小康社会都将起到积极的推动作用。

百艺人为先

文化的发展离不开人才的支撑。红寺堡十分重视文化人才的培养，通过加大投资、搭建平台、组织培训等方式培养了一大批文艺爱好者，他们引领社会风尚，凝聚人心，发挥人才的示范效应，将红寺堡区群众文化的发展推向了一个较高的层次。

2013 年，红寺堡区举办了吴忠市公共文化服务体系基层公共文化服务队伍业余文艺团队骨干队伍培训班，来自各乡镇、各社区和行政村的相关人员参加了培训。同年，又开设了公共文化服务体系部分政策解答、国家公共文化服务体系示范区创建标准（西部）、公共文化服务体系知识问答、广场舞等课程，红寺堡区各乡镇（社区）文化站依照所分配名额推选了业余文化辅导员工作的基层文化专兼职人员、业余文艺团队骨干、街道（社区）具有文艺爱好或特长的居民共 150 人参加了培训。除此之外，还开展了 2013 年红寺堡区“移民文化创新人才培养”项目，开设了秦腔演唱、器乐演奏、广场舞、刺绣、书法等课程，培养了群众文化领军人才 100 名，非物质文化传承人才 10 名，培养文化产业带动人才 10 名。

目前，红寺堡区已组建民间文艺团队 23 支，其中被吴忠市评星定级的星级文艺团队 5 支，各民间文艺团体已具有正规的团队管理办法以及演员考勤制度，设有团长、副团长、编导、财务、演员等职位，发展迅速，初具规模，有的已经能承接各类演出，人才的规模效应初现。

移民文化的窗口

宁夏移民博物馆作为红寺堡区的标志性建筑，是宁夏党委、政府为了传承移民文化，展示国家“八七”扶贫攻坚和宁夏“双百”扶贫攻坚成果而建设的综合性博物馆。博物馆全面记录和真实再现了宁夏扶贫移民工作全过程，生动展现了宁夏民族团结、繁荣发展和移民群众自力更生的创业精神。

博物馆外形为正方形，边长为 64 米，高为 16.8 米。正方形四个角寓意四方移民，边长相等寓意移民群众不分地域、不分民族一律平等。博物馆外形整体采用中国传统西北民居砖墙拼花的建筑元素与回族建筑元素相融合的现代建筑风格，色彩以黄色和白色为主，黄色体现了黄土高原的气质，白色代表着回族文化。博物馆门前的草白玉护栏上镌刻着葡萄图案，展示的是红寺堡区特色葡萄产业。博物馆主体建筑有三层：一层为办公区域，设有办公室、文物库房、设备库房等；二层和三层为博物馆展陈区域，分为序厅、宁夏移民史刻、新时期新移民 3 个展厅。

序厅采用现代风格，开敞、大气、通透，顶部建设采用透光玻璃材料，借助自然光线展览，体现了资源节约与绿色环保的建馆理念。序厅以瓷壁画的形式从

▲ 绿树掩映中的宁夏移民博物馆

4 个板块分别展示了红寺堡 15 年来具有重大意义的建设成就。北墙的瓷壁画主要表现的是宏伟的扬黄梯级大泵站、葡萄园和葡萄酒庄。通过四级扬黄泵站，将滔滔黄河水引进亘古荒原，结束了荒原无水与干涸的历史，成就红寺堡灌区千里沃野的美好景象。西墙的瓷壁画主要表现的是一望无际碧绿的田地、罗山航模基地和移民旧址。航模基地的修建充分体现了红寺堡人的创造精神与超前意识，利用航模基地可以开展航空旅游项目和举办全国性的航模锦标大赛，营造出了良好的文化氛围，预示着航空旅游项目在移民新城冉冉升起。移民旧址储存着移民的集体记忆，见证了红寺堡的沧桑巨变，是一部可以打造的旅游文化资源。南墙的瓷壁画主要展现的是美丽的红寺堡城区和慈善产业的发祥地弘德工业园，经过十多年的建设，红寺堡已是 20 多万移民的生态宜居之地，职能区、商贸区、住宅区等分片建设、规划合理。弘德工业园的兴起标志着慈善产业初具雏形，慈善文化在移民新城生根发芽。东墙的瓷壁画主要表现风能、光伏新能源发电场和奔腾的野马，构成红寺堡区一道亮丽的风景线。

第二展厅面积约 1000 平方米，共分八个展陈板块，分别是秦汉移民，奠定根基；北朝移民，民族融合；唐代移民，兵食完富；党项立夏，生产发展；元代移民，汇纳百川；明代移民，屹为重镇；清代移民，回族聚居；民国移民，百业待兴。第二展厅以时间为线索，通过对宁夏移民文化特点的艺术整合，以秦汉至新中国成立各历史时期的文物、文献、展板为主要展示对象，以大型场景设计为依托，采用绘画、雕塑、场景复原等艺术手段，有序地向观众展示从秦汉至新中国成立前宁夏古代少数民族大迁徙、移民、屯垦戍边和宁夏移民历史的演变。

第三展厅展示的是宁夏新时期的新移民，以时间为线索，展示新中国成立后的支边建设到今天的“十二五”规划生态移民的基本情况，重点展示了红寺堡这个全国最大的生态扶贫移民区 15 年来的开发建设成就，以及移民文化的形成和移民社会的变迁过程。参与了红寺堡开发建设过程的移民群众在这里可以忆苦思甜，回味那些已经逝去的艰苦岁月，感谢党和政府的移民政策。孩子们可以在这里接受教育，明白幸福生活的来之不易，深切感受党和政府移民决策

▲ 群众参观博物馆

的良苦用心。

自 2013 年 10 月开馆以来，宁夏移民博物馆布展工作总体上得到了外界的肯定与好评，每月参观人数达 3000 人次，参观主体以中小学生为主，很好地发挥了博物馆的教育功能，博物馆成为学生的第二课堂。目前，宁夏移民博物馆已经成为吴忠市第一批党史教育基地和红寺堡区国防教育基地，肩负着弘扬移民文化、进行国防教育和爱国主义教育的重任，是红寺堡区精神文明建设和对外宣传的重要基地。同时，宁夏移民博物馆也成为宁夏黄河金岸旅游线上一个重要的点，成为人们休闲观光的首选之地，同时也是外界了解红寺堡移民文化的一个窗口。

◎ 小视窗

宁夏移民博物馆赋

癸巳蛇年，金秋十月，宁夏移民博物馆开馆。矗立于红寺堡新区中央，巍巍焉，如干云蔽日，神工天巧。其型方正，轩峻壮丽。南北东西，四门独开；布局严谨，对称相宜。拾阶而上，归于平台。罗山遥望，园林分列。设计精巧，蕴含深邃。土黄外墙，白色门厅；八幅浮雕，尽显神韵。蕴西北民居特点，显回族建筑风情。开朗不乏严谨，经典不落时尚。深嵌历史风光惊人，福泽移民人文关怀。忍痛割爱离故土，依依惜别辞祖茔。真所谓：穷家难舍，故土难离。移民情愫，世人皆知；乘势发展，当为共识。抢抓机遇，正视利弊。改善环境，发展经济。筹划建馆，心系民生；历时一载，主体建成。鲁美设计，精装内饰；建馆记事，以飨民情。播撒党恩，教化民众。徜徉其间，古迹绵绵：匈奴入塞，蒙恬北逐。汉武疆场，匈奴北遁；安定属国，南匈归顺；唐代浑堿，地衍其名；党项立夏，朱栴驻宁。明清旧事，不绝于耳。移民画卷新展，窑洞沟壑再现；打谷牧羊山间，辗转奔波艰难。感谢党恩黄河水甜，移民乐居幸福家园。可谓：滔滔故事凝于静穆，重重悲欢归于画卷。今我移民，知变迁之由，晓移民之艰；怀感恩之心，扬创业风范。感怀记事，以昭永远。（作者：陈维良）

体育事业 方兴未艾

红寺堡区自开发建设之初就十分重视体育事业的发展，以健身为特色的群众体育和以比赛为特色的竞技体育在红寺堡开发区蓬勃兴起，篮球、象棋、乒乓球、围棋、羽毛球等比赛活动连年不断。各单位运动会、篮球等比赛已形成传统定期举行，为竞技体育打下了坚实的群体基础。2007 年，开发区筹资 23 万元组建了由 180 余人组成的代表团，参加了吴忠市首届体育运动会，取得女子篮球第一名、男子篮球第三名等 18 项好名次。通过参加这些体育赛事，不仅加强了交流与合作，也全面提升了开发区的竞技体育水平。全民健身活动如火如荼展开，打篮球、踢足球、扭秧歌、跳健身操等群众性体育活动已经成为社会和谐的“润滑剂”。2009年以前，红寺堡开发区始终以“体育下乡、篮球进村”工程和宣传文化体育中心户为活动前沿，先后组织开展了100次各类大小全民健身活动，参与群众达10万余人，将全民健身意识和活动推向了一个高潮。

自红寺堡建区以来，区委和政府将繁荣体育事业作为构建和谐红寺堡的重点工作，在社会各界的大力支持下，体育事业进入了一个飞速发展时期，呈现出百舸争流的发展态势，取得了一系列可喜的成绩，有力地推进了红寺堡区精神文明的建设。

青少年体育运动蓬勃开展　红寺堡区牢固树立“激活体育、增强体质、强壮民族、振兴中华”的教育理念，将培育青少年作为全区体育工作的重中之重，大

▲ 红寺堡区第一届运动会开幕式

力开展中小学生阳光体育运动，积极落实“在校学生每天锻炼一小时活动时间”的要求，每两年举办一届大型中小学生阳光体育运动会。同时，在发展青少年体育运动的同时，特别注重科技体育的发展，成立了红寺堡区第一所航空特色学校。2013 年，组队参加了全国青少年航空航天模型锦标赛和全国青少年机器人创意大赛，取得了一个单项全国第一名和团体全国第一名的好成绩。在社会各界的大力支持下，红寺堡区青少年科技体育发展势头良好，成绩骄人，充分展示了红寺堡青少年的精神风貌和体育工作的教育成果。

竞技体育水平提升　2010 年，红寺堡区在自治区第七届少数民族传统体育运动会上取得了女子双蹴银牌的好成绩。在自治区第十三届运动会上，获得跆拳道女子 55 公斤级金牌，这是红寺堡区首次实现了在自治区大型运动会金牌数量上零的突破。2012 年，红寺堡区参加全自治区青少年田径锦标赛共取得了 2 银、2 铜，团体总分 23 分的好成绩，这是红寺堡开发建设 10 多年来取得的最好成绩，尤其是在短跑项目上有了新的突破。2013 年，在自治区青少年田径大赛上共取得 1 金、一个第三名、一个第四名的好成绩。

2012 年 5 月，红寺堡区政府安排 200 万元专项经费成功举办红寺堡区第一届运动会，社会各界表现出了极高的参与热情，共有 45 个单位 2696 人参赛，这是红寺堡开发建设以来由政府主办的规模最大、范围最广、规格最高的一次综合性体育运动会。2013 年政府筹资 20 万元，由 160 余人组成的代表团参加了吴忠市第三届体育运动会，取得了男子篮球第三名、方棋团体第三名、乒乓球女子单打第二名、押加 60 公斤组第一名、押加 60 公斤组第二名、押加 70 公斤组第二名的好成绩。

为了进一步提高青少年运动员的竞技水平，红寺堡区以请进来的方式承办大型赛事，积极争取承办了 2013 年全国青少年航空航天模型锦标赛，共有来自全国 17 个省、市、自治区的 37 支代表队 390 名运动员参加了 21 个项目的比赛，宁夏代表队一队（红寺堡队）的小运动员马莎取得了“遥动电动空战（P3Z）”第一名，宁夏代表队二队的运动员杨卓取得了二级遥控特技（P3A-2）第五名。马莎系初次参赛，取得如此好的成绩受到了裁判员的高度赞扬和肯定。在首次成功承办全国大赛后，经过积极的申请，国家体育总局航管中心批准 2014 年全国

▲红寺堡区体育馆效果图

青少年航空航天模型锦标赛继续由红寺堡区承办。

公共体育设施日渐完善　“全民健身计划”的提出和实施，对提高劳动者的全面素质，建立科学、文明、健康的生活方式，促进竞技体育与群众体育的协调发展，推动社会主义的物质文明和精神文明建设等都将产生积极的作用。

为满足移民群众日益高涨的健身诉求，2012 年 5 月，红寺堡区依靠“雪炭工程”项目，建成职工健身馆，有室内篮球场、健身房、乒乓球室等项目，并于 2013 年 3 月 15 日正式向社会免费开放。

2013 年 7 月，红寺堡区体育场项目立项，规划总占地面积 24214 平方米，新建 400 米标准运动场，看台面积 1000.8 平方米。目前，体育场项目已开工建设，预计 2014 年 9 月底竣工。

2013 年，红寺堡区体育馆项目立项，设计工程建筑面积为 9000 平方米，为地上三层，建成后可容纳 2700 多人同时观看比赛。红寺堡体育馆的建成，将是红寺堡区体育事业的标志性建筑，可解决大型体育赛事、群众健身等一系列问题，具备承担自治区级综合性运动会的能力。体育馆的建成还可以为举办群众文化活动和大型商贸洽谈活动提供场所，对推动地方精神文明建设和经济发展有着非常重要的作用，是一项造福红寺堡区人民，功在当代、利在千秋的公益性事业。

为增强乡镇农民群众的体质，培育竞技体育文化，将全民健身运动推向一个新的水平，红寺堡建区以来十分重视乡镇体育设施的建设，村级篮球场、健身路径等工程深入农村，惠及千家万户，让广大农民群众共享经济发展带来的成果。目前已完成了红寺堡镇、大河乡、南川乡的农民健身工程，太阳山镇和柳泉乡的土地置换手续已经完成，建设申请已上报自治区体育局。2013年，作为生态移民的配套工程，在弘德一村、二村，马渠移民一村、二村建成了农民体育健身工程，满足了广大群众的健身诉求。

第三节　移民文化的发展方向

文化是民族的血脉，是人民的精神家园。党的十七届六中全会提出了社会主义文化大发展大繁荣，十八大又提出了建设社会主义文化强国的重要举措，将文化发展提升到了战略的高度。在党的政策引领下，红寺堡区加大了对文化的投资力度，各种公共文化服务设施如雨后春笋般涌现出来，文化人才队伍不断壮大，各类文体活动不断开展，群众参与文化建设的积极性越来越高，红寺堡区文化事业呈现出一派欣欣向荣的发展态势。文化的发展一方面能够提高移民素质、更新观念、振奋精神、凝聚人心，另一方面文化本身蕴含着经济因素，在带来大众消费的同时也能创造社会财富。然而，红寺堡作为一个全国最大的生态移民集中区，文化的发展起于荒漠，积淀少、底子薄是红寺堡文化的真实现状。在国家财政大力支持下红寺堡区文化事业如火如荼发展的今天，文化产业却还是一片空白，没有产业的支撑，文化发展最终会是无源之水，缺乏后劲。因此，在继续大力发展文化事业的同时，以市场为导向，培育文化经济，走文化产业化道路应成为红寺堡移民文化发展的必然之路。

激发文化自觉意识

文化自觉指生活在一定文化历史圈子的人对其文化有自知之明，并对其发展历程和未来有充分的认识。新的时期，当经济快速发展、人民生活日益富裕之后，红寺堡人需要对自身文化有深刻的自觉，如何准确定位自身的文化，了解自身文化的优势和不足，如何探索自身文化的出路是摆在红寺堡人面前的一个难题。红寺堡是一个移民新城，在开发建设前这里是一片沙漠戈壁，荒无人烟，由于没有人类活动，文化也就无从谈起。从 1998 年移民搬迁起，这里才开始了人的活动，来自宁南山区的 20 多万回汉移民陆续落户这里，为这里带来了丰富的文化元素。传统的大众文化、回族文化因移民的迁入而在这里生根，同时因扬黄灌溉工程的建设，黄河水被引入亘古荒原后因水而生的黄河文化也被移植到了这里，红寺堡生态环境和移民生活由此发生了历史巨变。近几年来随着慈善产业的建设与慈善事业的快速发展，慈善成为红寺堡人耳熟能详的名词，也成为红寺堡这个移民城市的名片，慈善文化的种子正在孕育。红寺堡区政府创造性地发挥了人的主观能动性，依靠科技，走航空旅游之路，举办了两次航空旅游节和两次全国青少年航空航天模型锦标赛，飞行器的静态展演以及航空体验活动的开展，使这种高科技的航空活动走进寻常移民的身边，营造出了浓厚的文化氛围，航空文化也在移民

新城孕育。然而，这些文化元素的背后有一个共同的底色，就是红寺堡人的“拓荒”精神。红寺堡 20 多万移民群众都是天然的拓荒者，正是这种“拓荒”精神支撑着红寺堡人走过曾经的艰难岁月，融入红寺堡人的血液，成为红寺堡人的精神特质，在 15 年后的今天依然发挥着引领社会风尚与凝聚移民人心的巨大作用。因此，红寺堡移民文化是一种在“拓荒”精神引领下，大众文化、回族文化、黄河文化、慈善文化、航空文化等多种文化元素融汇共生的格局。有精神支撑，没有历史包袱是红寺堡移民文化发展的优势，积淀少、底子薄是文化发展的现实短板，只有了解自身的文化现状，认清自己文化的优势和劣势后才能有的放矢，寻求文化的出路。

培育特色　打造名片

红寺堡的文化元素都属移植性文本，除“拓荒”精神这个移民文化的特质外还没培育出能代表自身的文化符号，缺乏自身的特色文化。从长远来说，红寺堡文化发展的路径在于培育特色，打造精品，创出一个能代表红寺堡自

▲ 红寺堡灌区四级扬黄提灌微缩图

身的文化符号。红寺堡文化品牌可行的打造方式是以葡萄为主题，打造具有地域特色的葡萄文化。红寺堡区葡萄产业已成型，葡萄种植面积10余万亩，建成大罗山北侧科冕葡萄基地、朝阳葡萄基地、中圈塘葡萄基地、上源葡萄基地、杨柳葡萄基地等5个万亩葡萄基地，并建成了汇达、瑞丰、紫尚等葡萄酒庄，将葡萄在本地深加工，初步形成了产、供、销为一体的完整产业链。葡萄的大面积种植对生态环境的改善、调节地方气候、涵养水源都有一定的作用，同时也是农民致富的最好路径。产业链完整后需要策划葡萄文化，可以为葡萄专设一个旅游文化节日，以酒庄为基地举行各种休闲娱乐活动，让人们品尝红寺堡本土出产的葡萄金果，品尝红寺堡本土出产的葡萄酒，将葡萄这种自然的恩赐赋予文化内涵，让人们在品尝的同时忆苦思甜，感受美好生活的来之不易，同时进一步激励红寺堡人的拓荒精神，鼓足干劲走创业致富之路。

▲ 红寺堡凯仕丽干红葡萄酒

面向市场　创新升级

传统文化作为一种历史的结晶，是民族历史与民族记忆活的显现，对传统文化的保护就是对民族历史的尊重与珍视，对新一代人也有教育启迪作用。红寺堡民间蕴藏着丰富的传统文化，有些传统文化随着时代的发展而渐趋式微，如果不及时加以保护会面临消亡的危险。

目前，红寺堡区农村有一些传统的非物质文化遗产正面临流失的危机，单纯的保护已经无法起到传承的作用。传统非物质文化遗产的保护与传承必须依赖科技创新，面向市场，走产业化之路。

▲刺绣

马兆莲酿醋是红寺堡区一个非遗名录，兆莲酿醋由食用谷物发酵而成，使食醋含有更多的氨基酸等人体必需的营养成分。醋色泽亮丽，集酿香、料香、醇香、酯香为一体，它的酸味纯正柔和、口感醇厚，具有断腥、去臊、除膻、杀菌之独特功效，是烹煮各种美味佳肴的精制调料，兼能养身健体、治病美容。然而这样一种独家技能随着传承人年龄的增大，手工作坊的低效率，再加上技术上的限制，目前正面临消亡的危机。兆莲酿醋是一种小成本的自产自销，无经济实力将此步入正轨并将其做大，手工作坊的低效率是其走向衰微的主要原因，因此，需要政府部门的大力支持，邀请相关专家研究，采用机器，提高生产效率，把传统的技术和现代的酿醋加工工艺相互结合起来，瞄准市场潜力，从而形成规模效应，使兆莲酿醋技艺进一步发扬光大，也让这种非物质文化遗产焕发生机，形成独具特色的清真食醋品牌，并最终走出宁夏。依赖科技创新，面向市场，在传承中保护，在保护中创新，是兆莲酿醋发展壮大的唯一出路，也是文化传承的有效方式。

最后，发展文化产业需加强人才队伍的建设。国以人昌，业以才兴，在人类社会发展进程当中，人才是社会进步、人民富裕、国家繁荣的重要推动力量，也是重要的社会生产力。党的十七届六中全会提出，推动社会主义文化大发展大繁

▲剪 纸

荣，队伍是基础，人才是关键，将人才的培养放在了战略的高度。红寺堡文化事业起于荒漠，根底浅、底子薄是红寺堡移民文化的最大现实，人才资源的匮乏逐渐成为制约移民文化进一步发展的瓶颈。文化人才贡献的不仅是物质文明的GDP，更是精神文明的GDP。因此，人才培养与人才队伍的建设应该成为红寺堡移民文化发展的第一要务。目前，红寺堡文化人才处于数量少、层次低的状态，文化的发育处于低端状态，缺乏引领移民文化发展的高层次人才队伍，这将长期影响移民文化的健康发展与文化精品的产生。因此，打造精品，加强人才培养与人才队伍的建设应该成为社会各界的共识。树立短期招聘、长期培养的可持续理念，不拘一格引进人才，改善用人环境与待遇，确保文化人才能够引进来和留得住，努力在全社会形成尊重文化、尊重人才的良好局面，激发人才的创造力，让文化人才在自己的工作中深刻体会自身劳动与创造的价值和意义，最终带动红寺堡区社会文化的全面进步。

第三篇 托起移民梦

枸杞采摘

见证

红寺堡开发建设之路

HONGSIBUKAIFAJIANSHEZHILU

站在新的历史起点上，新一届红寺堡区委、政府班子审时度势，为20多万移民群众的未来考虑，开始在2700多平方千米的国土上绘制新的蓝图。

2014年的钟声刚刚敲响，新任红寺堡区委书记徐军同志在中共红寺堡区二届八次全会上，作了题为《改革创新，转型升级，全面开创开放、富裕、和谐、美丽、慈善红寺堡建设新局面》的报告，号召广大干部群众抓住历史机遇期，坚持稳中求进、进中求好、好中求快，用改革统揽经济社会发展全局，高举慈善大旗，加快“黄河善谷”核心区建设，深化体制机制创新，更加注重转型升级，更加注重民生改善，更加注重文化引领，深入推进工业增量、农业增效、三产增速、城乡增容、民生增福“五大战略”，建设“开放、富裕、和谐、美丽、慈善”红寺堡。之后，在红寺堡区第二届二次人民代表大会上，区长丁建成同志在《政府工作报告》中对建设“五个红寺堡”进行了详细的阐述，“五个红寺堡”建设翻开了新的一页。

第一章　开放迎来八方客

解放思想，改革创新，建设开放红寺堡。建设开放红寺堡，核心是解放思想，突破口是打造优越的投资发展环境。要进一步解放思想，强化开放理念，正确处理好政府和市场的关系，按市场规律办事，通过深化改革破除影响发展的体制机制弊端，用政府职能的转变换取市场活力的倍增效应。建设物流、人流、信息流畅通的大枢纽，以大工业、大商贸和红寺堡人宽广的胸怀吸引、迎接四面八方客人来红寺堡投资兴业。

◎ **小视窗**

全面开创开放　富裕　和谐　美丽　慈善

红寺堡建设新局面

——在区委二届八次全体（扩大）会议上的报告（摘要）

全区工作的总体要求是：以邓小平理论、“三个代表”重要思想和科学发展观为指导，全面贯彻党的十八大、十八届三中全会和自治区党委十一届三次全会、吴忠市委四届五次全会精神，坚持稳中求进、进中求好、好中求快，用改革统揽经济社会发展全局，高举慈善大旗，加快“黄河善谷”核心区建设，深化体制机制创新，更加注重转型升级，更加注重民生改善，更加注重文化引领，深入推进工业增量、农业增效、三产增速、城乡增容、民生增福“五大战略”，不断提高党的建设科学化水平，全面开创开放、富裕、和谐、美丽、慈善红寺堡建设新局面。

一、加快培育产业集群，着力在新型工业增量上实现新突破。要提升园区聚集功能，培育壮大骨干企业，坚持狠抓“两大任务”。

二、加快农业产业化进程，着力在现代农业增效上实现新突破。要创新农业发展理念，培育壮大特色产业，增强农业发展活力。

三、加快构建现代商贸体系，着力在第三产业增速上实现新突破。要大力发展文化旅游业，加快发展通用航空业，借力发展现代服务业。

四、加快统筹城乡发展，着力在城乡一体化上实现新突破。坚持产城一体，提升城市辐射带动力；坚持城乡一体，增强城镇发展承载力；坚持建管一体，推进城乡环境生态化。

五、加快社会治理创新，着力在和谐共建上实现新突破。要深化平安红寺堡建设，深化民族团结进步创建，深化民主政治建设。

六、加快发展社会事业，着力在增进民生福祉上实现新突破。要继续推进慈善产业，创新扶贫开发模式，大力促进创业就业，推进教育均衡发展，加快医疗卫生事业发展，稳步提高社会保障水平。

七、加快创优发展环境，着力在聚人心树形象上实现新突破。要积极转变政府职能，打造文化精品工程引领社会风尚，优化发展环境。

改革创新永无止境，转型升级时不我待，让我们在区、市党委、政府的坚强领导下，在凝聚实现伟大“中国梦”精神力量的引领下，紧密团结和带领全区广大干部群众，以敢为人先的魄力、敢谋新篇的勇气、敢于担当的作风，积极投身于红寺堡改革发展的生动实践，为全面开创开放、富裕、和谐、美丽、慈善红寺堡建设新局面，与全国全区同步建成小康社会而努力奋斗！（区委书记徐军，2014 年 1 月 13 日。）

第一节 大枢纽

红寺堡地处宁夏腹地，是承接宁夏东西南北的地理中心，是宁夏的十字路口，处于“包呼银”交通干线经济带、“银榆鄂”能源金三角和宁夏沿黄城市圈的主要节点地带，北距首府银川市127千米，距吴忠市70余千米，南距固原市220千米，西距甘肃省会兰州市360千米。东距银川河东机场110千米，西距中卫香山机场不到150千米。

境内福银高速、定武高速、京藏高速等3条高速公路由滚红高速与红寺堡连接，国道G307线、G109线、G101线和太中银铁路以及规划建设中的银西高铁在这里构成十字形大通道，成为连接全国东西南北的交通大枢纽，也是商贸、物流、信息流的集散地和交换地。

境内有省道164千米，乡道153千米，村道1557千米。红寺堡区农村公路

▲ 火车驶过新城

总里程达 1710 千米，其中沥青路 191 千米，水泥路 525 千米，沙砾路 727 千米，土路 342 千米，已实现乡乡通柏油路，61 个行政村基本实现村村通公路。红寺堡区有客运公司 1 家，长途客运和公交车辆 439 辆，出租公司 2 家，出租车 150 辆，实现了红寺堡至银川半小时营运间隔，村村通公交，出租招手停，已形成由铁路、公路、管道、航空等多种运输方式构成的交通运输立体网络。

铁路建设

未来十年，规划建设银西高铁，增建太中银二线，太阳山至白银铁路，建设宁东至太阳山延伸线和沿黄经济区城际铁路；境内太中银铁路横跨东西，即将建设的银西高铁纵贯南北，两条铁路大动脉在这里形成十字结构，将红寺堡与外面的世界紧紧连接在一起。红寺堡人东到东海之滨，西去雪域高原，北上塞外冰城，南下水乡泽国都可恣意行走。特别是银西铁路的建设，从银川到西安 4 个小时可以抵达，红寺堡人也跻身到“高铁俱乐部”，成为名副其实的“西部快客”。

◎ 小 视 窗

太中银铁路 太原至中卫（银川）铁路，简称“太中银铁路”，是《中长期铁路网规划》规划的西北至华北新通道的重要组成部分，线路东起太原榆次编组站，西达包兰线迎水桥编组站（支线至银川站），跨越山西省西南部、陕西省北部、宁夏中北部地区，横穿 23 个县市区，三跨黄河，是国家“十一五”铁路建设重点项目，设计时速 160 千米 / 小时，预留提速 200 千米 / 小时。线路全长 944 千米，其中太（原）中（卫）正线 752 千米，定（边）银（川）支线 192 千米。沿线设计车站 65 个。其中，红寺堡境内有 55 千米，建有红寺堡站和太阳山站 2 个车站。铁路于 2011 年 1 月 11 日正式通车运营。该铁路的建设，填补了包兰线、陇海线、宝中线、包西线等铁路范围内的路网空白，打通了华中至西北的新通道。

银西高铁 银川至西安的高速铁路干线，项目建成后将形成连接以银川为中心的沿黄城市带、以西安为中心的关中城市群间的便捷通道（银川至西安的运输由 15 小时缩短到 4.2 小时），南端通过西安枢纽与陇海线以及西康铁路、宁西铁路等衔接，实现区域与全国铁路网的便捷联通，辐射华东、中南、西南等广大地区。银西铁路自银川枢纽引出，经宁夏吴忠市、甘肃庆阳市、陕西咸阳市至西安市，线路全长 609 千米（其中宁夏境内长 182 千米）。银西铁路规划北由包兰线西干站引出，向南经灵武市、吴忠市、红寺堡、甜水堡、环县、庆城、庆阳市区、和盛等，进入陕西后引入西安枢纽，目前已经开工建设。

高速公路

未来计划修建红桃高速（红寺堡至桃山，双向六车道，红寺堡境内 70.8 千米）将成为京藏高速主线，修建 G85 银川至昆明高速公路（红寺堡境内 32.3 千米）与境内已有福银高速、定武高速、滚红高速等高速公路纵横连接，在红寺堡形成双十字形高速公路网。红寺堡人无论南来北往，还是东奔西走，出了家门就上高速，红寺堡人追赶着世界的节奏昂首前进。

▲ 高速公路红寺堡出入境口

◎ 小视窗

京藏高速 京藏高速公路是国家级高速公路，起点为北京，终点为拉萨，简称G6。规划里程3718千米，通车里程1830千米。该高速公路起点为北京，终点为西藏自治区拉萨，途经北京、河北、内蒙古、宁夏、甘肃、青海、西藏7省区，全长约3724千米。途经城市：北京、张家口、乌兰察布、呼和浩特、包头、巴彦淖尔、乌海、银川、吴忠、红寺堡、中卫、白银、兰州、西宁、格尔木、拉萨。

福银高速 福银高速公路是福州至银川高速公路，简称福银高速，从红寺堡西北角掠过。福银高速途经福建、江西、湖北、陕西、甘肃、宁夏，沟通了我国的华南、华中与西北地区，全长2485千米。宁夏境内从泾源县沿川子（宁甘界）至银川银古路口，贯穿宁夏全境，于2011年11月28日正式通车后，打通了宁夏通往东南沿海的高速通道。

定武高速 国家高速公路规划重要干线“青银高速（G20）”的联络线。编号：G2012。途经陕西定边，宁夏盐池、红寺堡、中宁、中卫，甘肃景泰和武威。盐中高速公路是指盐池至中宁高速公路，贯穿红寺堡区东西全境，是国家高速公路网规划的重要组成部分，也是欧亚大陆桥宁夏境内的核心路段。这条高速公路全长160.3千米，起点在宁夏盐池与陕西出境高速公路，终点在中宁县恩和镇，与已经建成的北京至拉萨高速公路相连，是2005年交通部新增的18个生态环保典型示范工程之一。2006年8月开工建设，于2008年8月20日全线建成通车。红寺堡境内61千米，双向四车道，60千米，有沙泉、红寺堡区等2个出口。

红桃高速 项目位于红寺堡区西北部，途径红寺堡区红寺堡镇、大河乡和同心县河西镇，红寺堡境内沿途涉及红寺堡镇兴旺村、大河乡开元村、香园村、龙兴村、乌沙塘村和石炭沟村。京藏高速是我国高速公路网的重要组成部分，起点为北京，终点为拉萨，全长约3710千米。红桃高速公路作为京藏高速公路石嘴山至中宁段改扩建工程的新建段，是银川通往固原、西安和兰州、西宁、拉萨两个方向最便捷的道路，也是太原、陕北通往兰州、西宁方向的便捷之道。红桃高速公路的开通将带来巨大的经济效益和社会效益。项目全长70.8千米，全线按高速公路标准建设，工程总概算约为70亿元。

省道县道

未来红寺堡将依托国家、自治区和吴忠市项目，如G338海兴—天峻公路、G344东台—灵武公路、G211线银川—榕江公路、银川至西吉公路、立弘慈善大道及慈善大道延长线、利红快速通道和太预公路等项目的实施，新建和改扩建一级公路586.1千米，与现有的高速公路、一级公路将形成“七纵七横”公路网格局，红寺堡人在自己两千多平方千米的土地上任意驰骋。

▲ 省道县道纵横交错

◎ 小视窗

盐兴公路 2000年8日上午10时，被喻为“阳光工程”的大型扶贫工程盐（池）兴（仁）公路全线建成通车。盐兴公路是宁夏“三纵六横”路网中最长的一条横干线。它起于宁夏盐池县，止于宁夏、甘肃交界处的海原县兴仁，全长250.5千米，境内122千米。按国家新颁布的二级公路标准设计，工程投资4.7亿元，于1998年9月开工建设，是宁夏第一次利用世界银行贷款、运用国际菲迪克条款监管修建的公路。这条联结陕甘宁革命老区的大型扶贫干线的建成通车，使宁夏中部贫困带的盐池、同心、海原和红寺堡区的经济发展驶入快车道。同时，使连接陕、甘、青、新等西部省区的交通线在宁夏境内的运行距离缩短近100千米，打开了西北通往东部沿海地区的迅捷通道。盐兴公路属于省道，在红寺堡境内长103千米，双向四车道。

罗山大道 利通区至红寺堡区的公路，全长59.4千米，其中红寺堡段6.8千米，总投资约7700万元。设计标准为四车道一级公路，路基宽度为24.5米，中央有7米宽的分隔带，路基总宽度为31.5米，设计速度为80千米/小时。起点位于吴忠市上桥镇涝河桥村南环路与东兴街的平面交叉口处，由北向南布设，终点接S304线（盐兴公路）红寺堡区柳泉乡处，距红寺堡区有16千米，距太阳山为32千米。途经花寺村、巴浪湖农场、马莲渠乡、陈木闸、郭桥、周闸、80306部队农场、扁担沟镇、孙家滩移民区等十多个村庄、农场，可惠及沿线近10万群众。

慈善大道 项目全长53.2千米，其中红寺堡段13千米，总投资8242万元。设计标准为一级公路，路基宽24.5米。

七纵七横公路网 一纵（滚泉—红寺堡镇—大河乡—纪家），全长74.8千米；二纵（滚泉—红寺堡—桃山），全长74.5千米；三纵（太阳山—红寺堡—中川），全长85.7千米；四纵（滚泉—孙家滩—水套—甘沟），全长57.2千米；五纵（利红快速—罗山大道—新庄集—窑山），全长81千米；六纵（利通区—太阳山—韦州，国道，宁夏东线高速），全长32.3千米；七纵（惠安堡—

苏北梁—太阳山—韦州），全长 35.5 千米；一横（鸣沙—新庄集—太阳山—东线高速），全长 85.5 千米；二横（国道，定武高速 G2012，途径红寺堡镇、太阳山镇），全长 79.5 千米；三横（盐兴路），全长 122 千米；四横（河西—大河—红寺堡—太阳山），全长 100.3 千米；五横（恩和—红寺堡—新庄集—中川—马庄子），全长 64.7 千米；六横（河西—乌沙塘—马家渠），全长 39.7 千米；七横（线驮石—王家天桥子），全长 41.2 千米。

航空建设

红寺堡地区空域无空中禁区和飞行限制，具有良好的气象条件和电磁环境，鸟类迁徙路径和障碍物较少，地面开阔，具有无人机、轻型飞行器的全部飞行条件，是试飞训练和飞行表演的理想地域。为了充足挖掘特色旅游资源、推动红寺堡旅游产业发展，红寺堡区政府投资 800 多万元，建设了能容纳 7000 人的看台一座、C25 砼跑道两条、下沉式机库 21 个的航空航模训练基地，已经成功举办四届航空旅游节。目前，中圈塘至航模基地公路已经开工建设，路线全长 18 千米，采取三级沥青道路标准建设，路基宽 8.5 米，路面宽 7 米。此项目的建设将为构建完善的公路网络，推动红寺堡区航空旅游产业的发展，带动区域经济实现可持续发展，加快城乡一体化进程发挥重要的作用。

▲ 红寺堡制造的第一架旋翼机

2014 年在弘德工业园区动工修建罗山通用机场。项目已由宁夏回族自治区发展和改革委员会批准建设，项目位于宁夏回族自治区红寺堡弘德慈善产业园区东北侧的头道沟新建一条 1200 米

×30 米的飞行区跑道、机坪等。罗山通用机场是使用民用航空器从事公共航空运输以外的民用航空活动而使用的机场，是专门为民航的通用航空飞行任务起降的机场，包括可供飞机和直升机起飞、降落、滑行、停放的场地和有关的地面保障设施。可起降小型飞机、轻型飞机、直升机等，开展飞行员培训、空中巡查、防林护林、喷洒农药等作业飞行，以及应急救援、商务包机、空中摄影、景点观光、空中表演、危重病人救助等民生功能，在经济社会建设中具有不可替代的作用。

◎ **小视窗**

宁夏神马通用航空运动有限公司 该公司是一家民营股份制企业。由神马民用飞行器制造厂、神马航空国防教育基地、神马航空运动培训基地、神马银川红海欧传播有限公司组成。公司致力于低空航空器技术的开发与应用。现主要从事民用无人机高新技术的引入、研发和制造，利用植保动力伞和无人机从事农林业飞播业务。

宁夏神马通用航空运动有限公司应用各类通用航空飞行器开展体育运动，从事飞行驾驶执照培训业务，开展旋翼机、轮式动力伞、动力三角翼滑翔伞、热气球、超轻型无人飞机等运动项目的培训及器材销售，承办各类庆典活动的飞行表演，开展航摄、航拍和航空摄影测量、数字化地理信息系统以及空中广告等业务，在吴忠市红寺堡区弘德工业园区内，建有旋翼载人和无人飞机生产基地。

机场、铁路、高速公路、等级公路和县道、乡道、村道构成了红寺堡立体交通网，这里将成为人流、物流的聚散地、转换地，旅游目的地和投资兴业的福地。

今后十至十五年，交通运输事业的发展要坚持经济结构调整、争取国家支持、生态环境保护、改善民生、扩大对外开放、以人为本、可持续发展与交通事业发展相结合的原则；突出重点，注重特色，集中有限的资金、人力、物力加快区域交通基础设施建设，发挥其带动作用。在建设上充分体现地方特色和民族特色，实行分类指导，注重适应性完善交通工程。以公路网为主体，构建基础设施结构完善，布局合理，规模适度，各种运输方式协调发展的综合运输线网体系，加大客运站点、线路的建设，实现城乡旅客运输一体化，公共服务均等化。加快物流节点建设，构建支持产业发展的现代物流总体布局，积极培育物流市场，引导物流企业发展，推进物流信息化建设，打造运输供给能力增强、运输装备改善、运输组织优化、运输效率和服务水平提升的综合运输服务体系。

一是完成汽车北站建设，与红寺堡火车站形成运力互补的客运市场网络。项目占地面积 70 亩，建筑面积 6000 平方米。依据一级客运站标准，新站的最大设计日均发送量可达到 2.5 万人，能够满足 2030 年前红寺堡区道路客运发展的需求。

二是加快红寺堡区物流中心建设，服务于铁路货运的中转及工业企业的专业物流中心。为吴忠、中卫地区的企业、工商业等产业，在运行过程中产生的物流组织和物流管理提供运作设施和集成环境。规划用地 300 亩，预计 2015 年物流操作量 600 万吨。

▲ 公路网

三是以宏观调控的手段，以市场为导向，提高班车客运的通达能力和舒适水平，建立完善的公交体系，显著改善货运装备水平，实现货运方式的根本转变。

客运网络通达自治区内主要城市，同时合理布局红寺堡区内客运线路。到2015年，跨省连接西安、兰州、呼和浩特市及榆林，共4条，开辟跨地市线路2条，主要为沙湖和沙坡头两条旅游线路，形成罗山旅游区与外市县旅游资源的联网互补。客运班车达到100辆，4000座位，高档客车占总车数的82%以上；出租客车达到300辆，公交车达到150辆。

今后计划在红寺堡区发展物流企业3家，货运车辆40辆，运力总吨位1600吨；物流企业计划达到2家（太阳山工业园区1家，红寺堡区1家），货运车辆100辆，运力总吨位达到40000吨，初步实现道路客货运输的专业化、集约化、智能化和网络化。

公路客运量和客运周转量以每年10%的速度递增，到2015年公路客运量达160万人次，客运周转量达4900万人／千米。

积极发展道路运输服务业。在致力于道路建设和运力发展的同时，以火车站为依托，组建货运交易中心、服务中心等，并使其逐步发展成集联运、仓储、中转、租赁、配载、搬运装卸、车辆调度等多位一体的运行体系。积极发展“三代”业务，强化代理手段，完善代理制度，拓宽代理范围，建立健全代理体系。支持帮助有关单位和个人创办信息装饰品咨询服务机构，加大投入，加快通信设施的建设，促使信息传导快速、准确，建立起信息反馈、沟通国内其他省市的业务联络网络，努力提高红寺堡区的现代物流业水平。

第二节　大商贸

红寺堡独特的地理优势和交通优势为红寺堡商贸流通业的发展提供了得天独厚的条件。商贸流通产业是国民经济的基础性产业、先导性产业，是连接生产与消费的桥梁和纽带。红寺堡区紧紧抓住西部大开发的历史机遇，紧紧围绕发展主题和结构调整主线，开拓市场，扩大消费，拉动生产，增加就业，完善城镇功能，

▲ 农贸市场

保障人民消费安全，提高人们生活质量水平，以改革开放为动力，大力发展商贸流通产业，取得了较大的成就。

市场引领商贸大潮

商以路而兴，客以路而聚。1998 年，个体工商户自发的在盐兴公路和滚新公路交接处两侧开铺、摆摊，以经营布匹、鞋帽、床上用品、日用百货等小商品和小饭馆为主，形成沿路“两大商贸经济带”。移民中特别是回族移民有经商的传统和经验，他们因陋就简，划地设摊摆点，不但满足了移民搬迁初期生活的需要，还为今后脱贫致富和创业打下了坚实的基础。

2001 年，依托滚新公路良好的区位、交通优势，规划建设了红寺堡综合市场，总占地面积 15 万平方米。综合市场按行业分为建材区（南区）、服装鞋帽区（中区），百货饮食区（北区），有营业房 687 间，各类摊位 262 个。综合市场的建成为个体私营商业的发展和开发区的经济建设奠定了坚实的基础，有效促进了第三产业的发展。

2002年，综合市场摊位发展到300个，登记注册的个体工商户由2001年的300余户发展到540户，集市贸易成交额也由2001年的800万元上升到1100万元。

◎ 小视窗

农副产品综合交易市场　红寺堡农副产品综合市场位于红寺堡城镇金水街以南、罗山路以东、团结街以北、沙泉路以西，是吴忠市红寺堡区最大的农副产品综合市场，同时也是全红寺堡区唯一指定的瓜果蔬菜经营场所。

红寺堡农副产品综合市场始建于2001年，占地总面积45870平方米，建筑面积14250平方米，总投资约6000万元，为红寺堡商贸业的发展做出了贡献。

▲ 罗山商城

社会力量注入了新活力

2003年，由于市场出现人员拥挤、交通堵塞的现象，为使市场规范化、商品贸易正常流通和发展，工商、公安、城建、税务、消防等部门开展了市场秩序专项整治。2003年5月，清真牛羊肉市场建成并运营，占地总面积37352平方米，营业平房150间，建筑面积6498平方米。到2003年年底，红寺堡区综合交易市场共登记个体工商户646户，注册资金1011.9万元。

2004年，红寺堡区引进社会资金建成罗山商城并投入运营，总投资2100万元，占地面积5.5万平方米，建筑面积2.68万平方米，营业房400套，隔断房、大棚摊位500多个，可容纳2600人就业。2005年，开发区管委会采取企业投资、个体户集资、自筹、贷款等方式，对综合市场进一步投资建设，投入1.16亿元，改建面积22082平方米。到2004年年底，红寺堡区综合交易市场共登记个体工商户921户，从业人员1404人，当年成交额达1700万元。

◎ **小 视 窗**

红寺堡罗山商城　始建于2003年，初建时占地面积55000多平方米，建筑面积为26800平方米，总投资3700万元，共建设营业楼房460套、钢架结构营业房400间，零散摊位178个。共有经营户438家，解决社会就业人员1868人，再就业人员376人。日客流量约5000人次，年商品成交额达78450万元，年上缴利税45万元，成为红寺堡区商贸流通集中区。

为了促进红寺堡商贸流通业的快速发展，罗山商城坚持“传承时尚，荟萃名品，服务大众，秉持诚信”的理念，全力打造“红寺堡区第一商城”。2012年红寺堡区委、政府将罗山商城列为重点建设改造工程项目，该项目占地面积34893.35平方米，总建筑面积13.23万平方米，建筑层数4~26层。总体工程分三期完成，一期建筑面积2.86万多平方米，二期工程建筑面积6.91万多平方米，三期工程建筑面积3.46万多平方米。主要经营金银首饰、化妆品、小家电、百货、服装、鞋帽、箱包、床上用品、瓜果蔬菜、牛羊肉、禽肉（蛋）、家私、住宿、餐饮等。

到2013年年底，罗山商城总投资达到7.8亿元，共有经营户938家，解决社会就业人员3268人，再就业人员376人。日客流量约13000人次，年商品成交额达12.4亿元，年上缴利税140万元，成为红寺堡区商贸流通集中区。

商贸流通领跑全区经济

到2008年，红寺堡区实现社会消费品零售总额15786万元，同比增长21.88%。按登记注册类型分：国有经济实现2918万元，私营经济实现1883万元。

2009年，个体工商户达到2694户，从业人员6299人，社会商品零售额达到20550万元，产值6326万元；注册企业240家，从业人员3110人，社会商品零售额94680万元，产值30100万元，对繁荣消费市场起着支撑作用。

2010年，个体工商户达到3036户，从业人员6543人，社会商品零售额达到22546万元，产值6610万元；企业注册274家，从业人员3379人，社会商品零售额98650万元，产值32890万元。

2011年，个体工商户达到3123户，从业人员6789人，社会商品零售额达到24736万元，产值6862万元；企业注册447家，从业人员3608人，社会商品零售额103360万元，产值35150万元。

十字路口旱码头

2013年，博大购物中心一期、汇达酒店、汽车交易中心投入运营，银洲国贸、博大二期加紧建设，综合市场、罗山商城改造工程顺利推进，清真餐饮、小商品批发零售、快递货运流通繁荣活跃，经营实体达到3768家。建成鲁家窑、节灌站等生态移民村便民市场，农村消费市场不断完善。预计实现社会消费品零售总额3.6亿元，增长16.1%。引进了宁夏银行、飞亚小额信贷公司等金融服务机构，人流、物流、资金流和信息流加速聚集，第三产业成为推动经济发展的重要支撑。

如今，当你在红寺堡转上一圈后，你就会感觉出红寺堡的广阔畅通，红寺堡

▲ 博大购物中心

的大气大度，红寺堡人的热烈情怀。红寺堡大力实施项目带动战略，红寺堡人采取网络招商、节会招商、以商招商等方法，以项目促发展，以招商活经济。

亲商、爱商、富商是红寺堡人信守的承诺。从政策制定到兑现落实，从客商的接待到项目的洽谈，从合同签订到项目实施，党政主要负责人都非常重视，亲自参与协调。在政策允许的情况下，从土地价格、税费征收、配套设施等方面为企业提供尽可能多的优惠，特事特办，努力营造良好的投资环境。

第三产业从无到有，迅速发展，2013 年年底，个体工商户达到 4502 户，从业人员 9818 人，社会商品零售额达到 28476 万元，产值 7508 万元；企业注册 577 家，从业人员 4455 人，社会商品零售额 110325 万元，产值 39035 万元。商贸方便了群众，活跃了流通，繁荣了经济，消费拉动经济发展的能力明显增强。红寺堡正在演绎着商业大发展、经济大繁荣的发展奇迹，红寺堡已经成为宁夏中部重要商埠，十字路口旱码头的商业地位已经形成。

◎ 小视窗

红寺堡博大商贸中心 2011年宁夏博大商贸有限公司投资建设红寺堡博大商贸中心。充分利用区位优势，整合商业资源，极力打造适宜创业投资的商业区，集购物、休闲、娱乐、餐饮为一体现代化商业综合购物中心。计划投资6亿元，总建筑面积约12万平方米，该项目实施分三期建设完成。第一期：博大购物中心；第二期：综合商业楼及博大家居城；第三期：博大星级酒店。

博大购物中心总建筑面积39800平方米，投资2.2亿元。经营楼层为六层（地下一层，地上五层）。购物中心采用高标准的装修，其内设施一应俱全，商场统一布局，售货方式新颖独特，规范化管理，为全区商场首创的多元化组合布局。购物中心于2011年11月份建成，2012年12月份正式投入营业，日均人流量达到1万人次。年营业交易额1.4亿元，为打造“中华黄河善谷”和红寺堡区经济增长提供广阔的商业平台。负一层6500平方米，为副食品、百货超市，其中政府粮油、蔬菜物价保障定点销售网点占地约1000平方米，为红寺堡市民及周边乡镇居民提供完善的服务。商场外立面营业房招租销售已完成，中国电信、中国农业银行红寺堡区支行、中国邮政储蓄银行、红寺堡区农村信用合作银行、宁夏银行等先后入驻购物中心，形成了金融电信服务中心。

地方经济的“半壁江山”

2014年进一步优化商业网点布局，完善商业服务业发展体系，力争实现第三产业增加值3.5亿元，增长7.5%。以打造宁夏中部商贸物流集散地为目标，完成博大购物中心、罗山商城等“商业综合体”，创业街、团结街等“特色小吃街”，太阳山镇、新庄集乡等“小城镇商贸区”的建设，建成清真牛羊肉定点屠宰和畜禽交易等专业市场，推进城乡商务融合发展。据不完全统计，目前红寺堡区已建成大中小型市场8个，有服装、鞋帽、布匹、农贸、百货等批零营业户2710家，餐饮业315家，物流货物公司14家，快递公司4家。红寺堡人小到针头线脑，

▲ 博大购物中心一角

大到家电汽车足不出户就可以买到；市场上柴米油盐酱醋茶供应充足，新鲜蔬菜四季上架；网络购销，送货上门，诚信经商，公平交易已经蔚然成风，商业经济已经占据红寺堡区经济的"半壁江山"。

◎ **小视窗**

汇达饭店 是宁夏汇达置业集团有限公司与子公司宁夏汇达饭店有限责任公司、宁夏汇达商务中心有限责任公司联合投资7600余万元建设集餐饮、住宿、休闲娱乐为一体的服务性商务中心，位于罗山花园北侧。饭店装修时尚高雅，设施齐全，环境舒适，并拥有商务客房，豪华餐饮包厢、会议厅、商务中心等配套服务与娱乐设施一应俱全。

商贸大潮中的护航人

为了确保商贸流通业的健康发展，红寺堡区大力发展特色优势产业，给政策、抓管理、促效益，为红寺堡区的商贸流通业的发展保驾护航。

一是落实“三个抓手”为个体、企业营造宽松的发展环境。一抓舆论宣传，大力宣传红寺堡区个体、企业发展的惠民措施，营造提速发展的浓厚舆论环境；二抓政策落实。认真贯彻落实中央、自治区关于发展非公有制经济的一系列方针政策，营造加快个体、企业发展的宽松政策环境；三抓依法行政。切实规范行政执法队伍执法行为，坚决纠正“三乱”和“吃、拿、卡、要”等现象，营造加快个体、企业发展的良好法制环境。

二是开展“两项活动”规范个体工商户经营行为。大力开展行业整治专项行动，工商、质检、卫生监督等执法监管部门积极开展肉类市场、食品生产加工小作坊、食品摊贩、校园周边食品安全等专项检查，特别是对从业人数较多的餐饮行业每年进行为期两周的专项检查，涉及个体经营户378家，有效规范了个体

▲ 活跃的城乡商贸

经营者的经营行为。大力开展行业文明宣传活动，通过“3·15维护消费者权益日”“光彩服务日”等活动，宣传普及相关法律法规，提高广大个体、企业守法经营意识，同时积极选树表彰优秀个体、企业代表，发挥示范作用，带动更多经营者守法、合法、规范经营。

三是“一项贷款”加大扶持创业力度。认真贯彻落实国家关于鼓励全民创业、壮大市场主体的相关政策，积极联系邮政银行等金融企业先后发放小额担保贷款1.8亿元，直接或间接带动4780多人实现就业。同时，工商部门以注册登记改革为契机，简化审批程序，优先办理注册登记，帮助了解市场行情，让广大创业者更好更快地见到经济效益，提高经营积极性。

截至2014年第一季度，吴忠市工商局红寺堡分局登记注册个体工商户4730户，同比增长7.4%；从业人员10150人，同比增长9.4%；注册资金38883万元，同比增长16.1%。登记注册企业511家，同比增长7.4%；从业人员5489人，同比增长9.4%；注册资金188830万元，同比增长16.1%。

2014年，完成综合市场、牛羊肉市场、罗山商城、博大购物中心的改造提升任务，达到“准入规范、功能齐全、卫生达标、管理有序”的总目标。

如今“无农不稳、无工不富、无商不活”的观念已经深入人心，在城镇化、城乡一体化迅速发展的今天，逐渐脱离土地的农村富余劳动力一部分人出外打工，成为不浇水不施肥的“铁秆庄稼”，而另一部分人自己开始当老板，掘得第一桶金，逐渐走进富裕人的行列。

◎ **小视窗**

吴忠市红寺堡区工商联成立

2014年1月，宁夏吴忠市红寺堡区工商联召开第一次会员大会，选举产生了工商联（民间商会）执委会及领导班子，宁夏博大商贸有限公司董事长高强担任主席。自治区工商联党组成员、副主席马春杨，吴忠市委统战部副部长、市工商联党组书记杨志有，市工商联主席康俊杰，红寺堡区区长徐军和四套班子主要领导，区委、政府各职能部门、乡镇、工业园区负责人，以及会员代表120余人出席会议。

据悉，红寺堡区现有个体工商户3803户，从业人员7636人，注册资金23775.4万元；私营企业381户，注册资金142822万元，已成为当地经济社会发展的重要力量。红寺堡区工商联组织的成立，也标志着宁夏全区工商联组织实现了全覆盖。（《中华工商时报》，记者：吴宣，2014年1月2日。）

构建商贸大格局

未来5~10年，要下大力气在“建、管、做”上大做文章。

建：就是对红寺堡区商业服务设施将按四个级别优化配置。

一级商业服务设施主要为主城区。一是围绕“一轴两心、一城一园”商业服务业发展总体规划，加大内引外联，吸纳社会投资，引进新型业态，优化商业网点布局，完善商业、服务业发展体系，着力打造博大购物、罗山商城、特色小吃街等综合商业实体。改造相关市场人行道、停车区、家禽屠宰区、水产品污水处理、公共厕所、监测设施等，使各市场硬件有根本的提升，环境面貌有极大改善。二是建设百货商店、大型超市、专业市场、餐饮店、食品店、药品点、农产品配送中心、农贸市场等。三是调整商业网点布局。综合市场以经营农副产品为主，罗山商城主要经营金银首饰、化妆品、小家电、百货、服装、鞋帽、箱包、床上用品、餐饮等。博大商贸中心主要经营化妆品、男女皮鞋、箱包、黄金饰品、珠宝、名表、精品服装、床品家饰、文体用品、学生用品、餐饮娱乐、休闲茶座、桌球、家私产品等。综合市场设农副产品交易区，主要经营农副产品批发和销售。在罗山路设立商业街，长度为1000米以上。同时在金水街设立500米以上品牌商品专营区，实施品牌提档升级，实行星级规范和管理。在车站以南设立地方产品特色街，要求500米以上的街道设立当地葡萄、枸杞产品专营店，提供专门商品和专业服务。在团结街设立500米以上的夜市街，主要配套经营餐饮文化娱乐、古玩、图书报刊、电子产品等服务。在沙泉路设立500米以上的汽车4S店，主要经营品牌汽车、售后服务、汽车装潢等服务。同时，规划建设500亩二手车交易市场1个，200亩装饰材料市场1个，200亩粮油交易市场1个。

◎ 小视窗

汽车 4S 店入驻红寺堡

今年，红寺堡区结合城市规划和商贸服务业发展需求，通过招商引资，与红寺堡本土企业——鹏胜房地产开发公司积极洽谈，建设鹏胜汽车交易维护中心。该项目是集汽车销售、维修、保养及售后服务为一体的大型服务项目，也是红寺堡区第一家高标准汽车销售维护项目。该项目预计投资 8000 万元，规划建设汽车销售 4 个展区，汽车维修中心 1 个展区，商业服务中心 1 个展区，规划占地面积 35 亩，建筑面积 27000 平方米。项目自 2013 年 3 月份启动以来，受到了区委、政府的重视，投资商积极建设，已投入资金 4000 万元，目前已建成汽车销售 3 个展区、12 个展厅，直接拉动零散销售企业积极洽谈，已入驻 10 余家。（选自红寺堡区人民政府网，作者：白桦，2013 年 7 月 15 日。）

▲ 商贸活动

二级商业服务设施主要布置在大河、新庄集、柳泉和太阳山等乡镇，建设零售商店、餐饮店、食品店和药店等。

三级商业服务设施主要布置在农村新型社区和规模较大的村庄，建设餐饮店、便民店、药房等。

四级商业服务设施主要布置在小村庄，建设便民店。

管：就是创建一套符合红寺堡区实际的市场发展规划和软件管理规范，全面改善各市场购物环境，使红寺堡区的管理取得新进展。

一是加强管理队伍建设，配齐配全岗位人员，强化岗前培训，打造一支素质精良的市场管理干部队伍；二是制定红寺堡区商业发展的长期规划和短期计划，避免重复投资和拆建，力图实现地方特色与民族特色的美妙结合；三是治理整顿市场秩序，严厉打击欺行霸市、囤货居奇、哄抬物价、欺客压主等黑恶势力，建立公平、诚信、安全的市场心秩序；四是强化服务意识，简化办事程序，转化办事态度，提高办事效率，以优良的服务吸引客商到红寺堡区经商投资兴业。

做：就是要经营市场。

一是以良好的环境吸引客商。做大做强商业，利用红寺堡区便利的交通优势、地权优势，把红寺堡区打造成宁夏中部物资商品的集散地和中转站。二是以优惠的政策吸引客商。打破城乡二元结构格局，吸引农民进城经商，同时规范农村农贸市场和商业网点，采取送货下乡等措施开拓农村消费市场；规范邮政“农家店”，将快递网点向农村延伸；打破户籍限制，吸引南部山区及陇东、陕北等地区群众来红寺堡投资经商，把红寺堡打造成这些区域民众置业居家的首选地。三是搭好文化台，唱好经济戏。以办“节”办“会”的形式招商，推介具有地方特色的产品，促进地方经济发展，宣传和打造红寺堡的整体形象。通过举办航空旅游节、葡萄节、甘草节、黄牛节、物资交流会、农副产品交易会、民族用品展示会以及广场文化活动吸引区内外客商赴会参展和进行贸易活动。通过多渠道、全方位的强势宣传与推介，提升本地产品、企业和地方的知名度。通过节会期间的系列性经济与非经济活动，打造“知名品牌”，吸引来自各方面的社会关注，为地方经济超常发展创造良好契机。通过节会迅速地、大范围地积聚起地方经济与社会事业发展所必需的人气，并使之不断地转变为财气。通过举办节会激发干部群众的兴奋点，引导移民群众解放思想，与时俱进，打破常规地创造出商业奇迹。

第三节　大工业

构建大工业体系，拉动地方经济

红寺堡区抓住打造“黄河善谷”核心区的机遇，抓基础、上项目、优环境、促开放，全面建成宁夏弘德慈善产业园区10平方千米核心区，入园企业达到63家。中石化塑料制品、弘德彩印包装等项目建成投产，瀛海塑料编织袋、天得葡萄酒、长燃能源等项目加紧建设，2013年完成投资25亿元。园区投资强度、发展速度和关注热度持续攀升，慈善产业引领经济发展的势头日趋强劲。以葡萄酿酒为主的农产品加工业稳步推进，汉森、紫尚葡萄酒项目建成投产，中贺、康龙等葡萄酒生产项目基本建成；嘉泽风电、光电建成并网，大唐光电有序推进，初

▲奠基

步形成以葡萄酿酒、包装印刷、农副产品深加工、新材料、新能源、紧急救援物资为主导的新型工业体系。2013 年实现工业增加值 3.1 亿元，增长 32%。争取各类项目 445 个，引进招商项目 71 个，完成固定资产投资 56 亿元，增长 40.1%，保持了投资的强劲拉力。

◎ 小视窗

弘德慈善产业园区 红寺堡区以慈善创新铸就大爱，将慈善事业由“捐助型、输血型”的传统模式，转化为“产业型、造血型”的现代模式，以兴建宁夏弘德慈善产业园，实施特殊政策，着力打造慈善家、企业家投资兴业、扶贫济困的道德高地，在全国走出了一条政府主导、企业参与、市场带动的扶贫新路。宁夏弘德慈善产业园作为全国打造慈善与产业发展相结合的先行先试区，充分发挥打造“黄河善谷”主战场和核心区的示范带动作用，

▲ 宁夏弘德慈善产业园一角

依托区位、交通、土地等资源优势，提前谋划、科学规划，远期规划面积为90.06平方千米，核心启动区规划面积为10.06平方千米。园区位于红寺堡区滚红高速连接线东侧、盐中高速北侧，距红寺堡城区3.5千米，空间按“一园五区”规划建设，分别是行政商贸教育片区（为园区提供行政管理、安检、工商、税收、贸易洽谈、职业教育等综合服务）、一类工业片区、二类工业片区、仓储物流片区和景观绿化片区。园区于2011年4月正式开工建设，经过几年来的建设，已完成10平方千米范围内的基础设施建设。完成规划区域内七纵六横的11条39千米道路建设；园区供水工程鲁家窑380万方蓄水池建成投运；园区供电工程35千伏和110千伏两所变电站项目完成，入驻企业全部实现通电；园区通信设施项目铺设光纤15.6千米，建设通信基站2座，入驻企业已实现通电话、通网络。园区的招商引资工作按照“边建设、边招商”的要求，协议建设项目63个，弘德彩印包装材料、中石化塑料制品、东方盛达管业、红川辣椒酱、白浪包装印务、荣廷纺织品、精华电气等18个项目建成投产；石蜡油、瀛海天弘塑料编织袋、天得葡萄酒、中东晟榕等23个项目正在抓紧建设；玻璃制品、酒标及酒类包装、中央空调设备加工等22个项目正在做开（复）工前期准备工作。宁夏弘德慈善产业园区的建设为培养和挖掘社会善源，搭建社会善意，聚合社会平台，吸纳集中安置具有一定劳动能力的残疾人就业，具有社会福利性质的企业入驻，开创了慈善事业与扶贫开发相辅相成、与经济发展互融互动的良好局面。

太阳山工业园区　园区位于同心韦州、红寺堡买家河湾、盐池惠安堡一带，园区内冶镁白云岩储量23.69亿吨，镁含量20%左右；太阳山一带煤炭储量约为64.7亿吨，有肥、气、焦三个品种，发热量在6800~7300大卡；舍儿山一带可生产水泥及化工产品的石灰岩、碳酸钙含量占90%以上，是目前发现的全国品质最好的石灰岩矿，储量约为49亿吨，为工业园区的发展提供了得天独厚的资源条件。规划发展思路是：冶镁工业区：前期规划占地面积4000亩，规划到2008年白云岩开采总量达150万吨/年；建设年产1.2万吨的金属镁厂2座；镁合金材料生产厂1座。并规划加工镁合金、铝合金添加剂、钢铁脱硫剂、镁粉等二级产品。煤炭采选工业区：规划到2008年整个太阳山矿区煤炭开采能力超过400万吨/年。并规划加工炼焦、碳化硅、活性炭、碳素等产品。建材工业区：规划占地5000亩，整合舍儿山一带现有石料加工企业和采石点，鼓励有资金实力、生产技术先进的企业兼并弱小企业，走集团化经营的路子，开采加工量保持在400万立方米/年。相关产业发展区：围绕冶镁、煤炭、建材核心工业区，规划占地4000亩，建设碳素厂、洗煤厂、炼焦厂、火电厂、甲醇加工厂、机砖厂等，拉长产业链，鼓励企业加强联合或以强带弱，扩大相关产业发展的生产规模。

宁夏红寺堡风电场 宁夏嘉泽发电有限公司计划投资4.8亿元建设风力发电项目，安装国产兆瓦级风力发电机组。其中，项目资本金9600万元，占项目总投资的20%，由宁夏嘉泽发电有限公司以自有资金出资，其余部分申请银行贷款解决。项目建设规模为49.5千瓦，风机基础采用新型P&H基础，

▲ 蓬勃发展的清洁能源项目

工程位于红寺堡区境内，交通便利，紧邻盐兴公路。风电场主风向明确，全年南风向出现的频次最高。主风能方向与主风向一致性较高，有利于风力发电机排布。风速春季大、夏季小，白天大、晚间小，正好与水电互补，年内变化较小，全年均可发电。

提升服务水平，促使企业上规模出效益

2014年，加快建设园区道路、公租房、公共服务区、微小企业创业园等基础设施，立项建设园区垃圾中转站、消防站，进一步提升园区的承载能力。抓好东方盛达管业、石蜡油加工、天得葡萄酒、苹果醋加工等项目建设。年内园区完成固定资产投资30亿元以上。同时，将红寺堡工业园区纳入宁夏弘德慈善产业园区统一管理，集中清理闲置企业，盘活土地资源；推进实施线驮石矿区资源整合，加快刘家沟湾、罗花崖等煤矿建设进度，督促湾岔沟煤矿开采运营。抢抓自治区实施产业振兴规划的机遇，重点发展农副产品加工、新能源、包装印刷等产业，推动工业经济提速增量。加强项目跟踪服务和经济运行监测，及时协调办理项目报批、用地、供电、环评、安评等前期手续。狠抓工业项目建设，力促大唐风电一二期、京能源深一期光伏等新能源项目尽早开工，加快黑金新型建材、长燃能源、可可太阳能等项目建设进度，积极鼓励红川脱水蔬菜、老马清真食品、鼎锦穆斯林用品等企业培育品牌、做大规模，增强工业经济发展后劲。力争年内新增规模以上工业企业4家，实现工业增加值4亿元，增长26%以上。

积极启动罗山通用机场建设，打造集飞行培训、飞机组装、航运旅游为一体的特色产业集群，力争利用5~10年时间，将红寺堡建成宁夏最大的通用航空产业园、中西部通用航空重要培训基地、私人飞机组装和托管基地。

◎ **小视窗**

宁夏大唐国际红寺堡20千瓦时光伏电站 项目位于红寺堡大河乡康马头，装机容量为20千瓦时，占地面积为780亩。该项目全部采用多晶硅电池组件及固定式支架，总投资约3亿元，运营期25年。项目采用一回35千

▲ 光伏发电

伏输电线路就近送至附近的110千伏线驮石变电站，投产后年平均上网电量约2849万千瓦时，上网电价为1.0元/千瓦时。该项目的建设，将有效节约一次能源消耗，对减少环境污染起到积极作用。该项目已于2013年12月26日并网发电投入运营。

挖掘潜力培育新产业

未来5~10年，红寺堡区将在加快培育产业集群，着力在新型工业增量上实现新突破。一是提升园区聚集功能。把宁夏弘德慈善产业园区作为开放开发、引领发展的重要平台，研究制定园区规划、土地利用、人才引进等配套政策，理顺体制、强化服务、完善功能。全面建成弘德保障性住房、瀛海商贸、瀛海餐饮文体服务中心，提升公共服务功能。全面推进紧急救援物资产业基地、研发培训教育中心及14平方千米拓展区道路等基础设施建设。着力打造集旅游、观光、人文为一体，具有浓郁现代气息的创业基地，使其成为红寺堡区工业经济的增长极、转型发展的主引擎。进一步盘活土地资源，激活“休眠企业”。实施土坡矿区资源整合、联合改造，加快煤矿建设进度，力争尽快投入正常运营。二是培育壮大骨干企业。研究制定入园企业发展激励办法，从人才培训、市场开拓、协调融资、跟踪服务上强化对骨干企业的支持。鼓励燕山石化、弘德彩印包装、金风·嘉泽、大唐国际、上海航天机电等骨干企业扩规增效，发展壮大。加快瀛海编织袋、中石油塑料制品、黑金陶土、伊荣服饰等项目建成，促其尽快投产达效。大力培植紧急救援、建材、高新技术等新兴产业，加快产业集群发展。三是紧盯国家政策走向和投资方向，抢抓国家经济转型和产业布局新机遇，积极谋划新项目、好项目，争取落实新投资。要转变招商理念，抓住对口帮扶协作的机遇，内引外联、以商招商，扩大与发达地区的交流合作，瞄准沿海、聚焦国企、对接500强民企，开展资金、技术、项目合作，力争引进新企业，带动新投资。要强化领导干部包项目责任制，继续开展重点工作和重点项目观摩促评，推动项目落到实处，见到实效。

◎ **小视窗**

宁夏紫尚葡萄酒业有限公司　公司坐落在被誉为“中国葡萄之都”的贺兰山东麓优质葡萄产区。公司全套引进意大利酿酒和灌装设备，100%按照国际葡萄与葡萄酒组织标准进行种植和生产。公司聘请全球知名专家，在葡萄园管理、葡萄采摘、葡萄处理及发酵、贮存等环节精心操控，信守真实原则，敢为人先，承诺始终保证优质品质。项目计划总投资2200万元在弘德慈善产业园区建设办公楼、生产厂房、地下酒窖等配套生产设施，建设集于红葡萄酒酿造、加工、销售为一体的综合性葡萄酒厂，项目建成后葡萄酒年产量达2000吨。公司现拥有酿酒葡萄园2000亩，设计生产能力2.5万吨。

宁夏红川农业科技有限公司　宁夏地区规模最大的清真辣椒制品加工企业，年加工各类辣椒制品5000多吨，销售辣椒原料4000多吨，带动周边农民1700多户种植辣椒、枸杞等特色农产品12000多亩。产品有三大类四十多个品种，主要销往本区及周边甘肃、陕西、青海、新疆、山东等省区。产品被国家绿色食品发展中心认定为“绿色食品”，公司已通过ISO 9000、ISO 22000、HALAL认证，公司产品被评为宁夏名牌产品，“红山河”商标被评为“宁夏著名商标”，是“全国少数民族特需商品定点生产企业”“中国

▲餐饮企业

质量万里行食品安全示范单位”和“自治区级农业产业化重点龙头企业”。

2012年红山河食品有限公司依托兰州、西安、郑州、太原四个配送分销中心和二十多家“红山河”产品自营专卖店开拓广阔市场。在残疾人创业园租赁标准化厂房2栋，投资3000万元引进干辣椒加工设备四套，全封闭半自动油辣椒加工设备一套，先进的微波干燥灭菌设备一套，精炼油设备一套，建设原料前处理车间、清洗及切段车间、离心脱水车间、热风干燥车间、真空冷冻干燥车间，购置各种配送车辆10辆。项目建成后，将形成年加工真空冷冻干燥枸杞、红椒等产品1200吨，热干枸杞、辣椒，胡萝卜粒等产品3800吨，可带动红寺堡区3000多户农民种植蔬菜，每亩每年能为农民增加收入1200元，并增加就业岗位2000个。

第四节　大胸怀

大力弘扬移民文化和创业精神

经过十几年的交流、冲撞与磨合，红寺堡人已经形成了“包容、团结、自信、超越”的移民精神。包容是团结的基础，团结是发展的前提和保证，自信是动力，超越是目标。如果每个红寺堡人都具备包容、团结的精神，红寺堡的社会就一定会和谐发展；每个红寺堡人都具有自信和超越的精神，无论干什么就一定能干成干好，就能推动红寺堡社会的全面进步。

包容、团结、自信、超越就是红寺堡人博大胸怀的写照。今后，红寺堡人要开阔眼界、开阔思路、开阔胸襟，树立先行先试的意识和勇于探索的精神，摸着石头过河，大胆探索、大胆实践、大胆突破。要紧扣“改革创新”，在职能转变和服务提升中创先敢为，以“海纳百川”的胸怀，营造开放大环境，更好的为人民服务，让人民满意。

深化科学执政理念

进一步完善重大事项集体决策、专家咨询、社会公示、听证评估等制度，加强调查研究，注重集思广益，不拍脑袋、不违规律，特别是在公共政策制定和公共事业发展方面，把账算明白，把前因后果想清楚，绝不能按下葫芦起来瓢。坚持按职责定位，各负其责，各尽其职，创造性地抓好政府的各项工作；坚持正视问题，直面矛盾，善于破解难题，关键时刻能决断，困难面前顶得住，保一方平安，富一方百姓。

弘扬求真务实作风

深入开展以为民、务实、清廉为主要内容的群众路线教育实践活动，着力解决政府系统“四风”问题。启动运行“电子监察”系统，认真落实限时办结制、首问负责制和效能问责制，盯住不落实的事，严查不落实的人。建立严格的责任倒逼机制，倡导雷厉风行、急事急办的作风，对区委、政府的决策事项，无论是政府班子成员，还是乡镇部门，都要抓紧谋划、抓紧去办、抓紧落实，决不推诿扯皮、敷衍塞责。进一步健全督查督办制度，加大政府决策事项跟踪督办力度，着力根治“不作为、慢作为、乱作为”等现象，努力在红寺堡区上下形成崇尚实干、比学赶超、狠抓落实的工作氛围。

严守依法行政规则

坚持把依法行政贯穿于政府工作的各个领域、各个环节。严格落实行政执法责任制，强化执法监督，推进综合执法，切实解决行政“越位、错位、缺位”问题。

自觉接受人大依法监督和政协民主监督，提高人大代表议案建议和政协委员提案办理质量，定期向人大、政协报告和通报工作，邀请人大、政协领导列席政府常务会议，建立完善与人大代表、政协委员的常态化联系机制。高度重视司法监督、舆论监督和社会公众监督。广泛听取各民主党派、工商联、无党派人士和人民团体的意见建议，切实提高法治政府建设水平。

创新政务服务机制

加快红寺堡区深化改革总体设计，按照“精简、统一、效能”的原则，加快推进行政审批制度改革，实行“两个清单、三个一律”，力争行政审批事项减少60%以上，平均办结时限压缩60%。探索开展政府向社会组织购买服务活动，规范政府市场监管、社会治理、环境保护等职责。推进行政服务规范化建设，尽快启动运行政务服务中心，力争将所有面向群众的审批事项和服务项目全部纳入中心集中办理，最大限度为群众办事提供方便。

◎ **小视窗**

两个清单，三个一律 两个清单指行政审批事项负面清单、政府权力清单。三个一律指凡负面清单以外的经济活动一律取消审批，凡直接面向基层的经济社会事项一律下放审批权限，凡市级权限内的企业核准项目一律实行备案制。

深化财税金融改革

加快财源建设，加强税收征管，优化财政支出结构，提高财政资金的使用效益。建立财政风险监控和预警机制，把政府负债控制在合理区间。深化乡镇财政体制改革，把马渠、鲁家窑移民点公用事业经费单独纳入预算“包干管理”，把本级财政安排的年度农田水利建设资金纳入乡镇经费“包干预算”；把农牧、社保、就业、民政、扶贫等项目资金纳入“三财中心”统筹统管。支持金融业务创新，积极引进各类金融机构在红寺堡区设立金融网点、开办业务；鼓励发展民营金融机构，吸纳社会资本增资扩股，培育发展小额信贷等担保融资实体。

▲ 窗口服务

强化廉洁勤政氛围

始终把廉洁从政作为政府工作的底线，认真执行中央“八项规定”，牢固树立长期过紧日子的思想，严格控制“三公”经费，真正把有限的财力用在最急需的地方，用在改善民生最迫切的事情上。坚持用制度管权、管事、管人、管资金，强化重点领域、关键环节的行政监察，加强财政资金、重大项目和民生工程的审计监督。严肃查处违纪违法行为，坚决纠正损害群众利益的突出问题。加强政府决策行为、活动信息及财政预算公开，让群众知道政府花了多少钱，办了什么事，打造政府部门公正廉明的良好形象。要加强社会主义核心价值体系建设，用中国梦凝聚人心，坚持立德树人，加强精神文明建设，着力提高全社会的文明程度。大力弘扬“包容、团结、自信、超越”的移民精神，唱响主旋律，凝聚正能量，努力构建红寺堡区人民美好的精神家园。

倚罗山，观九州热土；张双臂，迎八方来客。这就是红寺堡人的胸怀和豪情。

第二章　携手走上富裕路

产业支撑，转型发展，建设富裕红寺堡。建设富裕红寺堡关键是发展，要始终坚持狠抓第一要务不放松，坚持科学发展不动摇，坚持发展速度、质量和效益的有机统一，全力打造红寺堡经济升级版。要突出重点、转型升级，做优做强工业。坚持走新型工业化道路，做强一批优势产业，壮大一批新兴产业。要培育特色、提质增效，做特做精农业。以节水农业、设施农业为特色的现代农业为方向，突出特色，打响品牌，拓展市场。要扩大总量、提升层次，做活做大服务业。突出发展文化、旅游、物流等产业，促进服务业发展提速、水平提升，比重进一步提高。要抓好重大项目建设，注重发挥投资和项目对产业转型升级的带动作用，谋划、储备、实施一批科技含量高、同行业领先、带动能力强、符合环保要求的大项目和好项目。要大力实施创新驱动发展战略，强化企业技术创新的主体作用。要切实增强企业发展活力，真正把各类市场主体的能量释放出来，形成又好又快的发展局面。

建设富裕红寺堡，要始终坚持“城市带动、产业带动”的原则，实打实地抓好帮扶工作，突出增收致富、产业扶持、公共服务和生态建设，严格落实好基础设施到村、产业项目扶持到户、培训转移到人、帮扶责任到单位的“四到”措施，扶持“整村推进”村基础设施建设和特色产业发展，建立产业扶贫示范乡镇2个、示范村20个、示范户3000户；扶持一批贫困村完善基础设施建设、加快特色产业发展和加强社会治理。继续深化“互助资金·千村信贷”工程，稳步扩大金融支农投入规模，努力帮助群众早日走向富裕。

◎ 小视窗

生态移民：不仅留得住，还要过得好

——特色产业拓宽致富路。在红寺堡区红海村，冯自学一家是村里出名的甘草大户，他们带着村里人靠甘草发家致富。他们一家从同心县新庄集乡搬到这里，在老家，他们一家除了种植玉米等传统作物，还在农闲时靠采集野生甘草来增加经济收入。

作为支部书记的冯自学多次带村干部到甘肃和河北等地考察，最终决定，结合红寺堡的土壤条件，大力发展甘草种植业。

当年，冯自学带动160户农民种植甘草1100多亩，次年甘草创收达500多万元，冯自学本人也被红寺堡开发区评选为“科技特派员一等奖”。为了加快甘草产业发展，冯自学牵头成立了“红海中药材产业合作社”，目前，

▲ 第四代移民新居

全村甘草种植面积近万亩。

随着甘草种植面积的不断增加，销路成为摆在他们面前的一大难题，当地的市场容量已经消化不了更多的甘草，这极大地挫伤了种植户的积极性。为此，冯自学和村民们到广州、长沙等地考察，并在广州设立了代销点。同时，为提升甘草产品的品质，他们在2009年成立了益民中药材有限公司，进行初级加工，不仅提高了甘草的售价，也扩展了甘草产品的销售渠道，目前，红海村的甘草和甘草产品销售到广州、湖南、湖北和河北的多家制药企业。

现在，冯自学兄弟6人都在从事甘草种植和加工，全家的种植面积近千亩，每年的纯收入有一百多万元。采访时，冯自学外出跑销售去了，他的六弟冯自禄告诉记者，目前，中药材公司已经配置了新的厂房和加工设备，会进一步对甘草进行深加工。而村里越来越多的农户开始加入到甘草种植这个行业，包括当时放弃种甘草选择跑运输的姐夫。

冯自禄说，当初从罗山脚下搬过来，村民们都非常愿意。因为在山区，缺水、靠天吃饭，一年下来连温饱都解决不了的日子让村民们看不到希望。而现在，村里再也没人为吃饭问题犯愁。整齐的街道，清一色的砖瓦房，每一家的日子都过得相当红火。而冯家老四的“豪宅”更是远近闻名——复式楼房，全套的电器和家具，修建起来花了80多万元。

而在红寺堡镇梨花村，村里的特色产业则是西红柿制种和中药材种植。据村支书马林介绍，除了传统的玉米和小麦种植，村子里有200家农户加入了西红柿制种专业合作社，为甘肃武威的一家公司提供西红柿育种服务，算下来，一亩地的收益平均在1.3万元。而村里成立的另外一个合作社是中药材合作社，由农户和一家药材公司组成。新的一年，村里希望能有更多的农户加入中药材合作社。目前，在村里带动中药材种植的甘肃老板姬明勇从村民手里按照每亩700元的价格流转来土地，然后村民在企业里工作，每天有70元的收入，农民的收入比原来增加了一倍。

——移民不富，探索不止。弘德新村的村民在2012年刚刚完成搬迁，算是红寺堡最新的一代移民。村里的房子是政府统一盖的，54平方米的房子，外加一个小院。屋内统一装的太阳能热水和采暖系统。院子里还有一片空地，如果将来农户有实力也有需要，可以加盖房屋。“总结了多年的经验后，政府决定不能把房子一步盖到位，要留下空间给移民去打拼，而不是一直坐等政府帮扶。”弘德新村临时党支部书记田涛说，整个房子建下来的成本是8万多元，而每个农户需要自己负担的只有1.28万元。“还是有相当一部分农户交不起这部分钱，迁出县会暂借1万元给他们，等他们有了经济能力再偿还。”

58岁的王成一家去年6月份刚从原州区搬到这里，来到新家的时候，政府统一配备了一袋米、一袋面、一桶油、一袋调料、100公斤炭、一张床、一套炉具，还为移民免费提供“第一顿午餐”。在村里给农户配备的一个小小的蔬菜温棚里，为了让新来的移民吃上菜，在播种的季节，村里已经组织

▲ 甜在心头

人统一为各家都种上了韭菜、大葱、胡萝卜等蔬菜。政府规定，在入住的前2年，每年补助每个农户500元水费、500元取暖费，保证他们搬过来能“住得下”。现在，王成负责打理家里的近10亩耕地，平时也在附近打打零工，老伴在附近的工业园区做饭，每月有2000元的收入，这“相当于在老家全家一年的收入”。（节选自《今日中国》，作者：卢茹彩、陶克图，2013年第3期。）

坚持把生态移民作为最大的民生工程。认真落实既定的规划部署，统筹做好产业发展、就业创业、社会治理等重点工作。近期新建移民住房1343套，搬迁安置移民1769户6500人；发展移民新村经果林、设施农业等特色产业1.2万亩，力争移民人均年收入突破5000元，确保移民群众安置有着落、发展有基础、生活有保障、致富有渠道。始终把社会治理作为移民工程的重中之重，继续实施村务民主、经济组织和社会服务“5531”管理模式，教育引导移民树立遵纪守法观念，倡导健康文明生活方式，努力把移民新村建成经济发展、环境优美、村民和谐的“美丽村庄”。

◎ 小视窗

“5531”管理模式 第1个5即组织、责任、服务、宗教和社会保障的五大管理；第2个5即住房、拱棚种植、土地承包、土地流转和务工就业的五大合同；3即房产证、土地证、宅基地证三个证书；1即网格化管理。

深化全民创业就业，加大高校毕业生、生态移民的就业援助和技能培训力度。力争2014年创业培训1400人，城镇新增就业700人，农村劳动力转移就业4万人次，城镇登记失业率控制在4%以内。推动社会保障提标扩面，医疗保险、养老保险参保率分别巩固在90%和93%以上。启动实施城乡居民大病医疗保险，让重病百姓不硬扛、有希望。继续提高社会保障和救助标准，让困难群众有念想。建设保障性住房920套，改造农村危房800套，让低收入家庭有指望。鼓励社会力量以多种形式发展养老事业，让老人、家庭、社会无后顾之忧。进一步完善“广覆盖、保基本、多层次、可持续”的社会保障体系，切实提高广大群众的生活质量和幸福指数。

今后，要以农业增效、农民增收为核心，大力发展葡萄、设施农业和肉牛养殖三大优势产业。加大力度建设罗山葡萄酒庄文化示范园，红寺堡高效节水生态农业示范园。培植枸杞、红枣、中药材、露地蔬菜等特色产业，使其规模逐年扩大，效益稳步提升。依托壹加壹科技农牧有限公司、百瑞源、天得等一批龙头企业，加快产业化发展进程，促进农民增收。

◎ 小视窗

政府工作报告

——在红寺堡区第二届人民代表大会第二次会议上的讲话（摘要）

政府工作的总体要求是：全面贯彻党的十八大、十八届三中全会和自治区、吴忠市“两会”及区委二届八次全体（扩大）会议精神，坚持“稳中求进、进中求快”总基调，紧盯“改革创新、转型升级”总目标，进一步解放思想、凝聚共识，深入实施“五大战略”，着力扩大对外开放、打造发展引擎，着力加快慈善兴业、集聚发展优势，着力推进城乡统筹、强化发展支撑，着力保障民生改善、夯实发展根基，着力提升行政效能、优化发展环境，全面建设开放红寺堡、富裕红寺堡、和谐红寺堡、美丽红寺堡、慈善红寺堡，努力推进红寺堡经济社会又好又快发展。

全区经济社会发展的主要预期目标和约束性指标是：地区生产总值增长13%以上；全社会固定资产投资增长26%以上；地方公共财政预算收入增长20%以上；社会消费品零售总额增长15%以上；城镇居民人均可支配收入增长11%以上；农民人均纯收入增长12%以上；人口自然增长率控制在13.5‰以内；节能减排完成上级下达目标。

一、紧扣“转型升级”，在结构调整和扩大投资中抢先善为。在推动慈善产业园区发展上实现新突破，在做大做特现代农业上实现新突破，在推进新型工业化上实现新突破，在培育壮大第三产业上实现新突破，在实施“两大任务”上实现新突破。

二、紧扣“产城联动”，在城乡统筹和融合发展中领先能为。抓创建提升城市品位，抓统筹夯实基础设施，抓规划推进产城一体化，抓治理构筑生态文明。

三、紧扣“扶贫攻坚”，在改善民生和慈善惠民中优先有为。坚定不移地实施扶贫开发工程，坚定不移地实施慈善惠民工程，坚定不移地实施生态移民工程，坚定不移地实施民生实事工程。

四、紧扣“和谐构建”，在创新治理和深化服务中争先作为。深入实施“科教兴区”战略，全力推进社会事业发展，积极创新社会治理机制，促进民族和睦、宗教和顺、社会和谐。

五、紧扣“改革创新”，在职能转变和服务提升中创先敢为。深化科学执政理念，弘扬求真务实作风，严守依法行政规则，创新政务服务机制，深化财税金融改革，强化廉洁勤政氛围。

风正潮平，蓄势扬帆竞起；披荆斩棘，自当激情跨越。今日红寺堡，赶超正当时。让我们以中华民族伟大复兴的“中国梦”为引领，立争先之志，谋发展之策，创兴区之业，为建设“开放、和谐、富裕、美丽、慈善”红寺堡，与全区全国同步全面建成小康社会而努力奋斗！（红寺堡区委副书记、区长丁建成，2014 年 1 月 19 日）

第一节　掐指细说红寺堡

自然资源储量丰富

红寺堡区不仅有大量未开发利用的国有荒地和大量廉价的劳动力，境内还有丰富的矿产资源。有冶镁白云岩储量 23.69 亿吨，镁含量达 20%；有玻璃陶瓷（CD）级白云岩露天储量 143.69 万吨；有肥、气、焦三种品位的煤炭储量约 19 亿吨，热量达到了 6800~7300 大卡，可炼焦炭；可生产水泥及化工产品的石灰岩储量约

▲ 果蔬之乡

为 49 亿吨，碳酸钙含量占 90% 以上，是目前发现的全国品质最好的石灰岩矿。

地区经济发展迅速

2013 年，红寺堡区实现地区生产总值 12.85 亿元，可比增长 13.5%，位列全自治区第一。其中：第一产业实现增加值 4.11 亿元，增长 4.9%；第二产业实现增加值 5.54 亿元，增长 28.4%；第三产业实现增加值 3.2 亿元，增长 7.4%。农林牧渔业实现总产值 7.9 亿元，同比增长 5.6%；实现增加值 4.11 亿元，同比增长 4.9%。红寺堡区规模以上工业实现增加值 1.26 亿元，同比增长 30.0%，位列全自治区第一。完成全社会固定资产投资 53.2 亿元，同比增长 32.2%，位列全市第二。完成社会消费品零售总额 3.5 亿元，同比增长 14.8%，位列全吴忠市第一。地方公共财政预算收入完成 1.46 亿元，同比增长 34.1%，位列全吴忠市第一；地方公共财政预算支出完成 16.5 亿元，同比增长 16.2%，位列全吴忠市第一。

特色农业初具规模

已建成6个万亩葡萄种植基地、5个设施农业示范园、19个大小拱棚示范区和3个规模化养殖园区，葡萄、经果林、设施农业、黄牛饲养量分别达到9万亩、8.96万亩、5.45万亩和4.17万头，农民人均纯收入的1/3来自特色农业产业，成为农民增收的重要渠道。

工业经济起步良好

红寺堡区和太阳山工业园区建设步伐加快，引进建成科冕葡萄酒、老马清真食品、壹加壹农牧科技、瑞峰葡萄榨汁等一批农业产业化龙头企业；引进建设银仪风电100兆瓦、中国国电50兆瓦光伏发电、泰山阳光、陕西瑞能煤炭开采等

▲ 太阳山工业园区厂区一角

工业项目。完成工业总产值1.5亿元，实现工业增加值7800万元。以农副产品精深加工、新能源、煤炭、热电、冶金为主的工业经济开始起步。

基础设施逐步完善

农业基础设施得到加强，累计开发灌溉面积40万亩。农村信息化覆盖率达到100%，高速公路通车里程达到61.4千米，农村等级公路里程达到502千米。实现了乡乡通柏油路、村村通硬化路或沙砾路（不含未接管的7个村），实现了通水、通电、通电视、通电话、通网络的“六通”目标。城市建设框架基本形成，城镇基础设施基本健全，城区建成区面积达到6.4平方千米，城镇化率达到16%。

生态环境持续好转

实施乌沙塘生态防护林供水工程、风积沙化带毛渠砌护工程以及土地开发整理、城北生态综合治理等生态建设工程，累计完成人工造林120.4万亩，人工种草留床面积达到6.1万亩，治理水土流失967.6平方千米，林木、植被覆盖率分别达到39%、75%。生态环境恶化的形势得到有效遏制。

社会事业不断加强

教育“两基”评估验收顺利通过，义务教育阶段入学率和巩固率保持在99%和98%以上。县、乡、村三级医疗服务网络基本建全，新农合参合率达到90%以上，计划生育率达到87.8%，人口自然增长率下降到15.38‰。社会保障体系逐步完善，农村低保覆盖率达到7.3%，五保户集中供养率100%，基本实现了应保尽保。

人民生活明显改善

城镇居民人均可支配收入15438.6元，同比增长12.5%；农民人均纯收入5305.1元，同比增长14.9%。农村自来水入户率达到85%，农村广播电视覆盖率达到100%，农村清洁能源覆盖率达到32%以上。居民住房条件改善明显，人均面积达到25平方米。

◎ 小视窗

红寺堡区 2011 年民生 10 件事

一是新建菊花台残疾人照料中心。

二是新建回民中学宿舍楼，三中一期工程的两栋教学楼、学生食堂、实验楼和学生住宿楼。

三是新建 5 所标准化村卫生室，人民医院住院综合楼。

四是提高新农保实际参保率。

五是建设西部农村饮水安全水源改造及扩建工程。

六是新建 50 套经济适用房和 130 套廉租住房。

七是今年培养小老板 26 名，培养小企业 20 家，开发创业项目 20 个。

八是建立防控体系，开展“平安小区星级化创建活动”。

九是新建 5 个“农家店”，新增 2 个便民服务站；建设太阳山镇、大河乡信用社营业网点、客运站、邮政所。

十是新建集中供热工程和城乡生活垃圾转运系统。

第二节　城乡流行色

“仓廪实而知礼节，衣食足而知荣辱。”红寺堡开发建设之初，移民的穿着破烂，样式陈旧，色彩暗淡，做工粗糙，带着浓郁的泥土味，也不乏贫困的色彩。经过 15 年的发展，如今，广大移民穿衣换套，各有所好。看品牌，重名牌，追赶流行色，引领新时尚。回族移民群众的服饰，以白色、黑色为主，男性多戴绣花小白帽，老年女性仍以白色小帽和盖头为主，而青年女性则热衷于纱巾、纱网等头饰，具有民族风格的长袍也出现在闹市上。新婚女子佩戴黄金首饰成为时尚和钢性需求。汉族服饰没有太大的变化，但质料向高档，做工向考究看齐。人们对服装的价值取向、生活观念、消费习惯发生了巨大变化，移民在追逐着装的时尚化、个性化、舒适化方向发展，多样化方面的要求愈来愈高，合体、得体、前卫、

▲ 走向商海的回族妇女

时尚成为着装标准。服装已经成为一个充满生机的时尚文化，多姿多彩的时尚流行装，已成为城乡一道亮丽的风景线。

今后，红寺堡区政府将把工作重点落实到农村致富、农民增收上，以大工业、大商贸和现代化农业为依托，千方百计让百姓的钱袋子鼓起来，满足老百姓日益增长的物质和精神需要。

◎ 小视窗

红寺堡 2012 年民生 10 件事

一是建设 10 所标准化村卫生室，人民医院住院综合楼、卫生监督所、鲁家窑移民区卫生院等。

二是与北方民族大学合作共建了两个科技研究（咨询）中心和六大培训试验基地；新建燕宝小学、三中二期和 2 所幼儿园（弘德一村幼儿园和弘德二村幼儿园），迁建红寺堡镇中心小学；集中实施营养早餐和免费午餐工程，为红寺堡区30所边远学校配备供暖设备。

三是扶持建设4个小拱棚示范基地，7个大拱棚示范基地，扶持群众养殖基础母牛，扶持建设标准化棚圈，扶持建设“三贮一化池”设施。

四是新修银川路、团结村纬二路、慈善大道、小康街、弘德街等市政道路、农村公路，硬化部分村庄道路。

五是投入运营残疾人照料中心，将残疾人纳入日间照料，有效改善残疾人生产生活条件。

六是民工权益维护与技能培训就业工程落到实处。

七是举办第二届宁夏（红寺堡）航空旅游节，推进红寺堡区文化旅游产业快速发展；举办广场文化活动，建设文化示范大院。

八是建设农业节水示范工程。

九是城乡环境整治工程。

十是集中供热改造提升工程。

第三节　餐桌上的变迁

经济的发展给红寺堡人的餐桌带来了实质性巨变，餐桌上的“内容”正悄然发生变化，由原来饱餐型向营养型、新鲜型、简便型转变。

过去萝卜缨子浆水面，一缸酸菜吃半年。以前上午土豆煮白菜，下午白菜就土豆，这是移民在原居住地和搬迁初期生活的真实写照。如今一年四季有鲜菜，肉蛋奶已经成为寻常百姓家的家常便饭。手抓羊肉、馓子、羊杂碎、油香、糊饽、盖碗茶、荞面糅糅、燕面糅糅、麻麸包子、小笼包子等特色风味受到移民的青睐。

特别是在婚宴上则更为讲究。回汉族婚礼大同小异，均追求喜庆、吉祥。回族一般有说“色俩目”、插花、迎亲、念“尼卡哈”、撒喜、闹洞房、表针线、回门等程序。汉族也有提亲、定亲、送彩礼、迎亲、念证婚词、拜堂、入洞房的规程。而在待客方面，已经摒弃了十大碗、十三花等大席，吸收了海原、同心等

▲ 四世同堂

地的“苦碗”，既经济又实惠还快捷。汉族群众在待客时，也借鉴回族的待客方法，馓子、面果等具有回族特色的食品也开始出现在汉族的筵席上。近几年，高粱、玉米等杂粮再度“走红”，移民餐桌上的饭菜一天比一天丰盛。

今后，将进一步改善农业农村基础条件，发展农业特色产业，促进农民持续增收。实施农业综合开发，推进农业产业化发展，抓好植树造林工作，巩固退耕还林成果。稳步发展葡萄、蚕桑、枸杞、甘草等特色产业，提高产量和产出品质，扶持农业龙头企业。推广生态农业，抓好菜篮子工程，扩大无公害农产品、畜禽产品生产，确保群众餐桌安全，提高生活质量。

◎ **小视窗**

罗山大道现代农业示范带 指沿利通区、孙家滩、红寺堡区境内的罗山大道10千米左右的范围内，包括利通区的上桥镇、马莲渠乡、高闸镇、扁担沟镇、巴浪湖农场、部队农场以及孙家滩开发区，直至红寺堡区沙泉村，示范带总长度约60千米、总面积约600平方千米。这个产业带以奶产业为主导产业，以瓜菜、精品林果为特色产业，以生态畜牧产业集群发展、快速发展、产业提升为主攻方向。建立五个功能区：奶牛规模牧场功能区、奶牛托管功能区、“菜篮子”基地功能区、设施农业功能区、精品林果功能区。争取到2015年，实现“33111”的总目标，奶牛存栏达到30万头，配套优质牧草30万亩，精品林果、酿酒葡萄、优质瓜菜各达到10万亩，优势特色产业产值占农业总产值的90%以上，带动示范带内农业产值较2011年翻一番以上，示范带内绿色、有机农畜产品比重达到70%以上，建成全国最大的奶牛养殖带，西北最大的酿酒葡萄种植带，宁夏最大的“菜篮子”供应带。

第四节　安居方圆乐业梦

安居才能乐业。这是中国人，也是红寺堡人一直以来的愿望。移民搬入红寺堡后，告别了生存多年的窑洞、箍窑、平顶屋和偏厦房，砖木结构、砖混结构的瓦房、平房及楼房成为移民新家园的主要建筑模式。整体建筑以宽敞、舒适、明亮、耐用和多功能为特色，地面铺砖、墙体贴面，热水器、洗澡间一应俱全。过去就地取材，凿窑洞以居之，如今以村为单位，集中连片居住，部分家庭的住房已经换了三代。建区以来，红寺堡区投入大量资金用于廉租住房、经济适用住房建设。城镇人均住房面积已达到25平方米，农村人均居住面积达到45平方米。庭院旁有菜园，菜园旁有水渠，村内道路纵横，路网、电网、水网、宽带网，构成了移民群众的幸福网。

今后，将继续加快保障性住房建设，健全配租配售使用和产权管理制度。继续争取国家扶贫开发工作重点县扶持，用好整村推进等扶持项目资金，加大扶贫开发工作力度，使人民生活有较大改善。健全社会保障体系，认真落实老年人各项优待政策，关注弱势群体生活，做好社会救助救济，提高政府公共服务均等化水平。

▲安居工程

◎ 小视窗

红寺堡2013年民生10件事

一是旧城改造工程。实施城区供水改造工程，鲁家窑水源至二水厂管道连接工程，盐兴公路红寺堡城区段排水工程，罗山路改造工程，前进街、劳动街、创业街和利民巷等5条市政道路改造工程等。

二是扶贫开发工程。实施新圈灌区高效节水灌溉工程、同土公路建设工程和生态移民工程。

三是支农惠农工程。新增设施农业1万亩，发展瓜菜、枸杞、中药材等特色种植；发展设施拱棚1.1万亩；建成标准化养殖圈棚2100座、“三贮一化池”1120座。

四是卫生健康工程。建成人民医院住院综合楼、急救中心、卫生监督所、鲁家窑卫生服务中心和51所标准化村卫生室。

五是扶弱助困工程。发放各类救助、各种补贴等扶弱助困。实施生态移民“四个一”救助工程和“百名爱心人士抚育千名孤儿慈善项目”。

六是教育惠民工程。全力保障学生“营养早餐”“营养午餐”改善计划；投资改造4所学校集中供热工程；新建红寺堡区第三小学、第一幼儿园。

七是社会保障工程。全年落实社会保险配套资金，提高区、乡两级医疗保险系统报销结算率。

八是文体促进工程。举办全国青少年航空航天模型锦标赛，建设图书馆、移民博物馆后期工程。

九是环境整治工程。开工建设垃圾填埋场工程；新建一批沼气池，推广太阳能热水器进农家。

十是法律援助工程。为困难群众提供法律援助，解决弱势群体“打官司难”的问题；为新搬迁的移民免费提供入住协议公证服务。

第五节　轮子上的生活

自行车、摩托车、拖拉机、蹦蹦车曾经一度是红寺堡移民最“当家”的代步工具，也是红寺堡开发建设之初最具有符号意义的社会特征。15年前，“私家车”只是红寺堡人的一个梦想。曾经在教育部门工作的一名干部曾惊奇地发现：好多机关办公楼，包括学校建筑设计图纸上都有很多小汽车停泊，当时还认为是设计者为了图纸好看而刻意设计的。可是，不过10年，红寺堡的大街小巷、学校门前、居民区已经是车满为患，人们在为泊车位焦急、烦恼。

10年前，红寺堡开始有私家车出现，但普遍都是5万~6万元的经济型轿车，如奥拓、羚羊、自由舰、夏利等，如今北京现代、雪铁龙、尼桑、广州本田、东风日产、奔腾、奥迪、别克、雅阁、帕萨特等中高档轿车满街穿梭，红寺堡大大小小的车市名牌车、进口车、概念车琳琅满目，只要你能想得到的车，到

▲ 私家车泊满街巷

市场上逛一圈，一定能开回家。

过去买车是为了工作和生意，一般是老板才有私家车。如今红寺堡人买车更多是为了周末郊游、朋友聚会、放假出行。红寺堡团结村是有名的富裕村，如今户户都有小轿车，拥有数辆汽车的家庭比比皆是。随着红寺堡经济和交通事业的发展，越来越多的人选择以小汽车代步，私家车的数量以惊人的速度增长，老百姓的生活“安”上了车轮。据不完全统计，截至 2013 年年底，红寺堡区有宁夏南原汽车运输有限公司、红太集团、永达出租车公司和大众出租车公司 4 家客运企业。有客运班线汽车 100 辆，公交车 120 辆，出租车 260 辆，货运汽车 551 辆。年旅客运输量 158.3 万人次，客运周转量 12613.3 万人千米；货运量 32.7 万吨，货运周转量4904.7万吨千米。乡镇通车率达到100%，行政村通班车100%。建成大河、沙泉等农村客运站，建成农村招呼站38个。一个以县城为中心，以乡镇为节点，连接城乡、关联农村的城乡客运网络体系已经形成，红寺堡人实现了在“四个轮子”上前进的梦想。

◎ 小视窗

红寺堡区2014年民生8件事

一是加大残疾人救助力度。对我区义务教育阶段和高中教育阶段贫困残疾学生分别按照年人均400元和年人均800元的标准进行救助，实现贫困残疾中小学生救助全覆盖；对精神、智力（二级以上）和肢体（多重一级）持证残疾人按照年人均700元的标准发放居家托养补助，切实减轻残疾人家庭负担，让更多残疾人感受到党和政府的温暖。

二是为60岁以上参加统筹城乡居民养老保险人员发放基础养老金补贴。在统筹城乡居民养老保险基础养老金国家发放55元、自治区发放30元、吴忠市发放10元的基础上，区政府为全区9720名60岁以上参加统筹城乡居民养老保险人员，每人每月补助10元基础养老金。

三是实施老旧小区供暖管网和外墙保温改造工程。通过争取自治区既有建筑节能改造项目和本级财政配套，分期分批对老旧小区年久失修的供暖管网（主管网）和外墙保温进行改造。

四是提高城乡学校和老旧住宅小区安防能力。为28所城乡学校和建兴小区、教师新村、园丁园小区、恒馨园小区等老旧小区安装电子监控系统，进一步增强广大师生和群众的安全感。

五是提高农村五保供养对象供养标准。将我区农村五保供养对象供养标准由300元/月提高到500元/月，切实保障农村五保供养对象的正常生活。

六是实施文体惠民工程。在城区主要街道、居民小区门前以及未安装健身路径的乡镇主要文化活动场所安装全民健身路径，方便群众健身；免费向

▲ 惬意的早晨

公众开放青少年文化活动中心、生态公园、宁夏移民博物馆等公共文化设施，全年服务群众 15 万人次以上。

七是建成启用政务服务中心。将所有直接面向群众的审批事项和服务项目全部纳入中心办理，实现一门受理、一条龙服务，最大限度方便群众办事。

八是实施农村庄点巷道通畅工程。按照红寺堡区统筹城乡一体化发展规划，采取分步实施的办法，对农村庄点特别是无硬化巷道的庄点实施巷道硬化，逐步解决群众反映强烈的巷道高低不平、雨雪天泥泞难行等问题。

◎ 小视窗

红寺堡：入眼平生几曾有

如果首次踏访，你会惊叹，千古荒原变身富饶绿洲；如果多次来访，你会诧异，这块土地如此日新月异；如果了解历史，你会赞叹，勤劳人民逐梦矢志不渝。让20多万群众脱贫致富的，就是扶贫扬黄灌溉工程；让千古荒原变成生态移民样板的，就是全国最大的扶贫移民开发区——宁夏吴忠市红寺堡区。

在红寺堡正式开发15周年、国务院正式批复设区5周年之际，记者再度踏上这片神奇的土地，所见所闻可谓“入眼平生几曾有”。

299米：红寺堡人刻在心中的高度。“299米”——记者在采访中，多次听到这个数字。299米，是黄河水的总扬程。也就是说，经过4级扬水，引到红寺堡的黄河水已经高出黄河水面近300米。

在宁夏，上百万贫困群众生活在南部山区，而中部干旱带却是千古荒原。于是，一个经过反复协商，得到多位中央领导同志支持，大胆又富有创意的设想在20世纪90年代初被提出来：将黄河水引到同心、中宁一带的荒原上，将住在自然环境恶劣地区的贫困群众迁徙过来，再造一片绿洲。

黄河水引到哪里，哪里就变成绿洲。在原来荒无人烟、不见草木的地方，聪明、勤劳的迁徙群众开发出一片新家园。2767平方公里寸草难生的荒原上，诞生了60多万亩稳产、高产的水浇地。

2009年9月，国务院批复设立县级行政机构。来自8个县的20多万回汉群众（60%以上是回族）搬迁过来，组建了红寺堡区，下辖3个乡、两个镇、一个街道办。

0.135元：红寺堡人记在心间的水价。红寺堡的黄河水，从百余公里外引过来，被提升了近300米，但当地只向农民收取每立方米0.135元的水费，如果按实价收取，农民种地的收益将大幅减少。

党和政府为移居群众兴修水利设施，还修建了房屋，配套了乡村道路、学校、幼儿园、卫生室、文化室，安装了太阳能和电视接收装置。

1.88亿方：红寺堡人做足文章的指标。1.88亿立方米水，是红寺堡人时时装在心里的数据，因为这是每年分给他们的引水量。黄河水，在宁夏是稀缺资源。

红寺堡的开发建设，首先要考虑水的因素，否则一切都无从谈起。节水伴随红寺堡开发的始终，红寺堡区区长丁建成告诉记者，红寺堡开发以来，已为节水投入上亿元，仅2013年就投入1000多万元，新开垦的农田全部采取节水措施，渗灌、膜下滴灌、小畦灌溉等各项节水技术都用上了。

丁建成对记者说：种一亩玉米，需要400多方水，收入仅有六七百元，而栽植葡萄每亩只需要260方水，收入却可以达到3000元，栽植枸杞用水量更少。调整作物结构，在红寺堡具有战略意义。记者看到，这里的农田全部改栽葡萄，如今已形成万亩葡萄园。现在，红寺堡引进了11家葡萄酒加工企业，其中6家葡萄酒厂已经建成投产。

红寺堡年均降雨量只有277毫米，蒸发量却高达2050毫米。在基本无地下水可采的条件下，红寺堡人靠极为有限的降水和1.88亿方引水，养活了20多万人，建成生态林129万亩，实现生产总值13亿元，农民年人均纯收入超过5300元。

5次：红寺堡人津津乐道的换房。在红寺堡采访时，记者听到这样一个群众津津乐道的故事——不到20年时间，农民田彦平5次翻建新房。

红寺堡移民群众最早的住房，都是由政府代建的，限于当时的条件，建筑面积较小、建设标准较低。随着经济收入增加、生活水平提高，翻建住房的人家越来越多，5次翻建新房的田彦平虽属个例，但两次、三次改善居住条件的群众确实不在少数。

丁建成说，过去移民搬家，一个三轮车就能装下全部家当。现在，搬家一辆卡车常常拉不下要装载的物品。在红寺堡，出行由自行车变成摩托车，再换成小轿车，生产由架子车变成小三轮，再换成大卡车。

在有限的空间利用有限的资源，红寺堡人写出了一篇大文章。（选自《光明日报》，记者：庄电一，2014年8月27日。）

第三章　和谐花开别样红

对于红寺堡这样一个移民区来说，和谐就是稳定的根本，和谐就是发展的动力，和谐是建设小康社会的根本保证。多年来，从红寺堡开发区工委、管委会到红寺堡区区委、政府，历届党委、政府充分认识到移民问题的复杂性和艰巨性，把社会综合治理和民族团结作为建立和谐社会的首要问题去抓，边移民边建设边探索，坚持以人为本，

▲ 新区遍开和谐花

强化管理，重点从完善民主法治建设入手，突出破解社会综合治理难题，着力重构体制和加强精神文明建设，消除了一个新兴地区存在的“无人管事、无力办事、无法成事”的现象。

经过多年实践，红寺堡人探索出了一套成功的社会管理模式和路径，推出宗教和顺、人民调解等系列“组合拳”，以百姓之心为心，以保障和改善民生、增进人民福祉为根本，以维护民族团结为基础，以化解社会矛盾、促进社会公平正义为保障，依法施政，成效显著，逐步形成了成熟的社会管理体系和长效机制，这个移民之地成为了和谐之区，谱写了发展新篇章。

第一节　为了一个共同的目标

打造脱贫致富的物质基础

红寺堡移民来自四面八方，移民成分构成复杂，文化、宗教、生活习惯千差万别，可以说是一群陌生的人来到一块陌生的土地上，他们遇到了另一群陌生的人，说着陌生的话语，干着一件件陌生的事。

红寺堡区移民主体是生活在宁夏南部山区自然条件最恶劣而又脱贫无望的农民。这个群体祖祖辈辈生活在山大沟深、干旱少雨、交通不便、信息闭塞的林区、水库淹没区和山体滑坡区，那里缺水、缺电、缺粮、缺钱一直是萦绕在群众心头上的一块心病。他们长年累月辛苦劳作，却收成无几。久而久之他们在思想上麻木，行为上迟钝，意识上封闭，精神上颓废，无可奈何地接受命运的捉弄。

当西部大开发的春风吹进闭塞的山村，异地生态移民唤醒了他们早已麻木的神经，欣喜若狂地丢弃了坛坛罐罐，离开家乡踏上一片陌生的土地，尽管“故土难离”，但他们还是义无反顾地来到红寺堡，呈现在他们面前的是一个崭新的世界。他们一到红寺堡每户就获得了政府补贴新盖的两间砖木结构瓦房，一亩左右的庄院（宅地），一亩左右的菜园，每人还分到两亩平整而又配套完备的水浇地。这种按人口、按农户无偿分配的基本生产和生活资料的做法无疑是一场空前的土地革命，在思想上，使广大移民感受到了与生俱来才有的一次平等，也使移民获得了脱贫致富的物质基础。

在历经半个多世纪贫穷的煎熬后，广大移民获得了人均大致相等的生产资料，这个时期移民感受最深的就是平等，而这个“平等”来自于党和政府的政策，所以移民从心底里迸发出对党和政府的感激之情，自觉和不自觉地摒弃了各种落后的思想和习气，以温顺善良、团结友爱、谦逊礼让的姿态出现在公众面前。开发初期，邻村近组、左邻右舍，谁家有事大家帮，谁家盖房全村上，谁家搬迁众人忙，曾一度出现夜不闭户、路不拾遗的良好风尚，“包容、团结、自信、超越”的移民文化初见端倪。

有了致富的物质基础就有了希望。随着红寺堡各项事业的稳步推进，有的人看到了开发区的发展优势，便积极行动起来，投入到创业致富的行列中来。开发区要平整土地，有人买来推土机包地块；开发区兴修水利设施，有人就买挖掘机、装载机承包项目；开发区要发展交通运输，有人就买车买路线；开发区建筑行业用工量大，有人就承包楼盘工程。一时间，建材厂、建材商遍布大街小巷。在农村，有人搞起了养殖业，有人加入了特色种植业。一些没有门路、没有资金和技术的农民也把眼光投向商业和服务业，也有一些“赤手空拳”的农民走出家门去打工。

这种“千军万马”四处“掘金”现象产生的主要原因是：一是政府的主导，政府为了移民群众尽快从贫苦中走出来，出台了一系列发展、开放、搞活的政策，吸引他们充分发挥自身优势去干事创业；二是受市场经济大潮的冲击，原先深居山林僻壤的农民长期受信息闭塞的限制，一旦被外部信息的冲击，激发起他们本能的欲望，而信息的对称给了他们更多的机会；三是求富、攀比心理的膨胀，驱使他们不得不走出去；四是刚性需求的影响。在经过一个时期磨合之后，人们发现到新灌区固守几亩土地，温饱问题完全能够解决，但却从根本上还不能改变贫穷的面貌。如孩子的教育费用、结婚费用和医疗费用还不能从土地上去解决，这就迫使他们从事第二、三产业。

逐渐脱贫致富的移民尽管还要和风、沙等恶劣的大自然做斗争，尽管还要治理和绿化美化家园，还要学习和掌握新的农耕方式和方法，但他们在劳动之余聚

▲乐在“棋”中

会起来，以快板、小品、歌咏等形式抒发对党和政府的感念之情，歌唱未来美好的新生活。

提升移民的精神文化生活质量

农民的改造问题不仅仅因为一场土地的重新分配而解决。大多数移民由于他们刚刚脱离南部山区，其思想、意识和文化带有比较明显的山区文化特征。在价值观方面，移民都有小富即安、安于现状、封闭保守的思想，缺乏创新意识和进取精神。在思维模式方面，他们习惯以自身为中心来考虑问题，缺乏集体主义思想。在行为规则方面，法纪意识、公德意识和文明素养明显缺乏。在生产方式方面，由于突然转变耕作方式，很多人都不能适应。但是也不乏思想活跃、意识超前的人。

经过几年的发展和变迁，在红寺堡开发区变为红寺堡行政区的这个节点，红寺堡区已经基本完成了社会投入，经济形态日趋完善，文化教育等公共事业走上良性发展轨道。移民的新的生产关系基本确立，移民的经济状况、思想意识和文化素养已经发生了深刻的变化，在同一个起跑线上出发的移民不同程度地拉开了距离。一是一些捷足先登、勇闯潮头的人，已经掘得第一桶金，率先富了起来，如红寺堡镇的团结村、红关村的农民，他们大都有了自己的创业项目，富裕起来的农民房子盖得更漂亮了，车子开回来了，衣着也光鲜起来了，说话底气也足了。二是利用技术致力于特色农业的群众家底也殷实起来，走上了可持续发展的道路。三是利用技术走第三产业的人也赚得盆满钵满。富裕起来的人开始向更高层次的需要迈进，他们出资供帮学堂寺庙，施舍救济贫残弱势群体。四是从精神方面开始显露自己的精明与能干，自然而然地把自己纳入精英的行列。

◎ 小视窗

试论红寺堡农耕文化的传承与摒弃

红寺堡是全国最大的生态移民开发区，除少部分从事第三产业外，绝大多数移民仍以从事农耕为主要活动，也是他们经济的主要来源。

宁南七县是全国有名的贫困县，长期以来那里的群众主要以农业为生。虽然各县（区）种植结构略有不同，但冬小麦、玉米和洋芋是农业种植结构中的主导品种。在长期的农业生产实践中，农民根据土地的平缓和肥沃情况种植不同的作物，一般是山峁山塬上的平地种植冬小麦，山坡地种植小杂粮，川台地种植玉米，塌窝、慢坡地种植洋芋。

由于地理位置的千差万别，种植结构也呈现出一些地方特色，如西吉的洋芋，原州区北部、彭阳南部和隆德的冬小麦，原州和彭阳东部的小杂粮、泾源的豆类作物种植都很有名。在经济作物方面，以彭阳红河的辣椒、隆德的药材、泾源的长青苗木和原州区的蔬菜生产而各具特色。

无论种植何种作物，但农民的耕作方式大同小异。靠天吃饭，等雨下种；二牛抬杠，人畜同作。若遇上风调雨顺之年，则是农人一大幸事；若遇干旱之象，则干打干种，把命运交给上天。早出晚归，流血流汗，还不一定就有收获。

▲农耕方式的嬗变

搬迁到红寺堡后，最大的变化就是土地。从过去的黄土地到沙壤地，从过去的山、川、塬、沟、峁到平展展的梯田，他们赖以生存的第一生产资料——土地，发生了本质的变化。第二大变化就是水。有了黄河水的浇灌，按季节播种，一般都能保种保收。

由于生产资料的变化，农民的耕作方式也发生了根本性的转变。

一是不再等雨下种。山区群众有一句俗话：种粮还要看天爷的脸势。现在再也不看所谓“天爷”的脸势，只等开闸放水，就可以播种。过去，山区群众一般都要在伏天翻耕土地三遍，为的是给土地保墒。而到灌区以后，则不用深翻地，只要做好冬灌、春灌就行了。要灌好地，首先要平整土地、修理渠道。所以，农作方式摒弃了以人力和畜力深翻地的方式，改为平土地、修水渠了。

二是不再让“二牛抬杠”。过去从耕种到收获完全离不开畜力，耕地、播种、运输、打碾全部环节都要借助畜力。如今，地平了，播种、运输、脱粒已经实现了机械自动化，将农民从苦、累、脏的耕作方式中解放了出来。

三是种植结构发生巨大变化。由于红寺堡是扬黄灌区，移民继承了种植玉米和洋芋的习惯，由原来种植冬小麦改为种植春小麦，吸收了川区农民的套种模式，一般是玉米和洋芋、春小麦与玉米、玉米与黄汤子（一种寄生药材）、玉米与大豆等作物实行套种，有效提高了单位面积的产出。

四是经济作物种植成为灌区的主导产业。广大移民吸收了中宁种植枸杞的经验和方法，引种枸杞获得巨大成功，同时种桑养蚕、种草养畜、人工甘草、酿酒葡萄等农牧产业也实现了规模化种植，改变了以往单一的种植结构，成为农民增收的新亮点。

五是节水灌溉农业的兴起。红寺堡因水而生，但又因水资源的短缺这个现实，红寺堡开始推广高效节水农业，大量建设日光温棚，种植蔬菜、瓜果，减少用水量大的粮食种植面积已经成为红寺堡现代农业的必由之路。

由于耕作方式、耕作观念的转变，农业生产方面的劳动力投入明显减少，富余的劳动力资源开始转向第三产业，一部分劳动力干脆脱离农业生产，转向建筑、商业、手工业和餐饮业。全区的建筑工地上，绝大多数是农民工；城市里从事商业、贩运和餐饮业的人员中，农民是主力军。

总之，红寺堡的农耕文化既传承和包容了山区传统优秀农耕文化的特征，摒弃了原始落后的耕作形式，如山区农民的犁地（犁地时一手扶犁铧，一手执鞭驱赶牲口，眼睛要盯着犁辕，犁辕的中心要与犁垄对齐。若深耕，手要将犁把往前推；若浅耕，犁把用往后拽，一般人不刻苦练习难以掌握）、抹地（抹地时，一手扶牲口，一手执鞭驱使牲口，两脚叉开站于地抹之上。若重抹，脚要向前踩；若轻抹，脚要往后踩，还不能刮着秧苗，还不能带起更多的土）、碾场（碾场，非常讲究，无论用牲口还是机械都要赶“曼”，即一边收，另一边扩，这样，籽粒才能碾净，草才能够绵软）、扬场等传统农艺已经失传，同时也吸收了川区农耕文化的精髓，如：平田为畦、修渠引水、间作套种、温棚栽植等，形成了一个具有移民特色、灌区特色和时代特色的新的农耕文化现象，并且在相互交融、碰撞、包容与摒弃中不断完善和发展。（选自《华兴时报》，作者：张治乾，2013年9月27日。）

第二节　综合治理扎稳根

全民普法走在前

面对红寺堡的实际，红寺堡区把移民的教育问题摆在政府面前的头等大事来抓。结合社会综合治理和普法活动，通过宣传、教育和引导，提高移民的文明素养，形成与主流文化相一致的思想意识和文化行为。

立足于建设法治社会，结合“五五”“六五”普法，继续深化法律“六大进”和“七小进”活动。把普法依法治理作为维护民族团结、促进民族地区长期稳定繁荣发展的重要举措。坚持贴近基层、贴近群众、贴近实际，结合不同行业和对象实际，针对机关、乡村、社区、学校、企业、单位的不同特点和需求，创新方式，确保取得实效。深入开展法律进宗教场所、进文化广场、进建筑工地、进市场、进车站、进街道、进看守所活动。

▲普法宣传

利用清真寺进行宗教活动普法是红寺堡普法的重要渠道。根据红寺堡回族聚居的特点，利用各清真寺的人民调解组织，创建规范化调解室；充分利用回族宗教界人士在讲经的同时，对坊民进行普法宣传教育；利用周五主麻日阿訇宣讲“瓦尔兹”，开展普法宣传教育广。为了提高普法效果，宗教局在各清真寺安置了健身器材，创办了“穆斯林书屋”，利用群众健身和学习的机会宣讲法律知识，受到广大回族群众的欢迎。

根据不同行业、不同对象的不同特点和需求，创新方式方法，突出服务科学发展主题，立足促进经济发展和维护社会稳定，深化“法律进机关”活动，提高公务员社会主义法治理念，不断增强依法管理和服务社会的能力。

深化“法律进乡村”活动，开展“农民工法律服务直通车”活动，建立农民工法律服务长效机制。深化“法律进社区”活动，推进社会管理创新，提高社区的自治和服务功能。深化“法律进学校”和青少年“与法同行”主题实践活动，培养青少年法律素养和道德情操。深化“法律进企业”活动，组织法律服务工作者为企业提供优质高效的法律服务。深化“法律进单位”活动，加强事业单位和非公有制经济组织、新社会组织管理人员法制宣传教育，提高他们依法管理、依法办事能力。

◎ **小视窗**

红寺堡：“草根”普法换来四方平安

面对从深山沟普法盲区搬迁过来的20余万移民，成立只有10年的红寺堡移民区，在政法编制人数只有全区相同规模人口县、区五分之一的情况下，运用“草根”普法模式，实现了矛盾纠纷“软着陆”。

——首开“以案定补”先例。红寺堡区移民来自南部山区，是处在贫困带上就地脱贫无望的贫困农民。由于迥异的风俗习惯、陌生的生活环境，加之全新的生产方式、多样的利益诉求等，搬迁伊始引发了层出不穷的社会矛盾。因土地分配、农业生产、淌水灌水、交通事故、安置费用领取、惠农助农补贴等引发的群体性急访、越级访等“日日有踪”，红寺堡移民区一度成为社会矛盾纠纷的聚集场。

“五五”普法依法治理工作启动后，2006年，红寺堡在全国司法行政系统中首开“以案定补”先例，按照案件调解难易程度给予有公信力的调解员一定补助，聘请他们及时处理民间纠纷，使大部分移民之间的矛盾纠纷免费得到“判决”，费用由政府买单。日前，南川乡八村村民穆建国与王有成因宅基地使用权发生争执。司法所所长朱佩琦和八村部分阿訇、教师找到双方调解，纠纷在两个小时内得以平息。穆建国说：“村里长者和老师为俺家纠纷上心，调解公平，一分钱诉讼费没花，俺心里高兴。”

人民调解是依据群众自治原则和传统民间纠纷解决方式设立的具有中国特色的法律制度，被誉为“东方一枝花”。记者了解到，红寺堡区按照调解案件难易程度，对受聘农村人民调解员的农民、阿訇等人士通过以案定补的方式给予20元至100元的补助。近日，阿訇康伏海在一周内连续调解成功了两起交通事故死亡赔偿纠纷。据悉，该区42个村活跃着539名像康伏海一样的人民调解员，每年化解各类民间纠纷超过3000起，仅记录在案的就

▲ 回族群众聚精会神学法律

多达1200余起。有纠纷，找调解，通过合法渠道化解利益诉求，在红寺堡区真正形成“大调解”维稳局面。

——特邀调解催生“冷清”法院。法院审判力量严重不足怎么办？红寺堡创新矛盾纠纷解决机制，在全区最早依托人民调解员组织选聘特邀调解员。两年过去了，法院立案数年均同比下降30%~40%。“法院审判力量不足，我们探索通过特邀调解员的机制来补充，聘请黄生福等61名有社会名望的首席调解员、宗教界人士等化解民间纠纷，取得了案件庭外调解提升、履行息诉率提升的良好效果，并成为全国唯一民商案受理数大幅下降的地区，年均为群众节约诉讼成本300多万元，现在区里人均办案诉讼成本全国倒数第一。”红寺堡区法院副院长杨志勤说。

据悉，红寺堡区首席调解员哈玉明为调解村民马成章与马建伏长达10年多次上访的土地纠纷，在双方当事人互不相让的情况下主动将自己的一处价值2万元的宅基地使用权无偿转让给一方当事人，使纠纷得以平息。法院民庭庭长徐万学给记者算了一笔账，“如果群众因为一件不大的事闹到法院开庭审判，这个过程需要花费交通费、误工费、律师费大概2000元。但如果通过特邀调解员调解，不花一分钱双方就能和气收场，也免除了法院判决后当事人双方老死不相往来的窘况。”据了解，2008年至今，61名调解员就地调解拟起诉矛盾纠纷600多起。

记者了解到，在全国各级法院案件受理数普遍大幅上升情况下，红寺堡法院很“另类”：连续两年受理案件数量在全区独一无二地呈现下降态势，成为全区首批“无执行积案法院”。今年前5个月，特邀调解员将90%的民商案件过滤到政府和法院外，调撤率高出全区平均水平近30个百分点，拉家常式的劝说让双方自动履行率达80%，无一起缠诉闹访、群体性事件和民转刑案件发生。

——五年平安建设走到全国前列。红寺堡区建立平安建设领导联系点制度，签订“十户联防”责任书1万余份，在商城、车站、居民小区和重点发案区安装监控设备。过去社会治安案件频发的南川乡，通过开展“十户联防”“养殖户互防”“农村幼儿安全托管所”等平安群防群治活动，侵财性案件同比下降80%。（节选自宁夏新闻网，记者：苏峰，2010年6月17日。）

打击犯罪稳准狠

公安机关全面落实社会治安综合治理目标责任制，加快推进公安信息化、执法规范化以及和谐警民关系建设，严厉打击各类违法犯罪。加快解决移民群众“迁户难”“两头跑”的问题，规范户籍和人口管理。依法加强宗教事务管理，严厉打击非法宗教势力。深入推进“六五”普法，建立健全人民调解、行政调解、司法调解相互衔接配合的纠纷解决机制，及时化解各类矛盾纠纷；深入持久地开展矛盾纠纷大排查和领导干部“大接访”活动，落实信访工作责任制，切实解决群众关心的热点、难点问题，全面加强和创新社会管理。

检察机关认真接待群众来访，每月提前排出院领导接待时间表进行公示，方便上访群众知晓。指定专人做好领导接访的联络、记录、督办和反馈等工作。

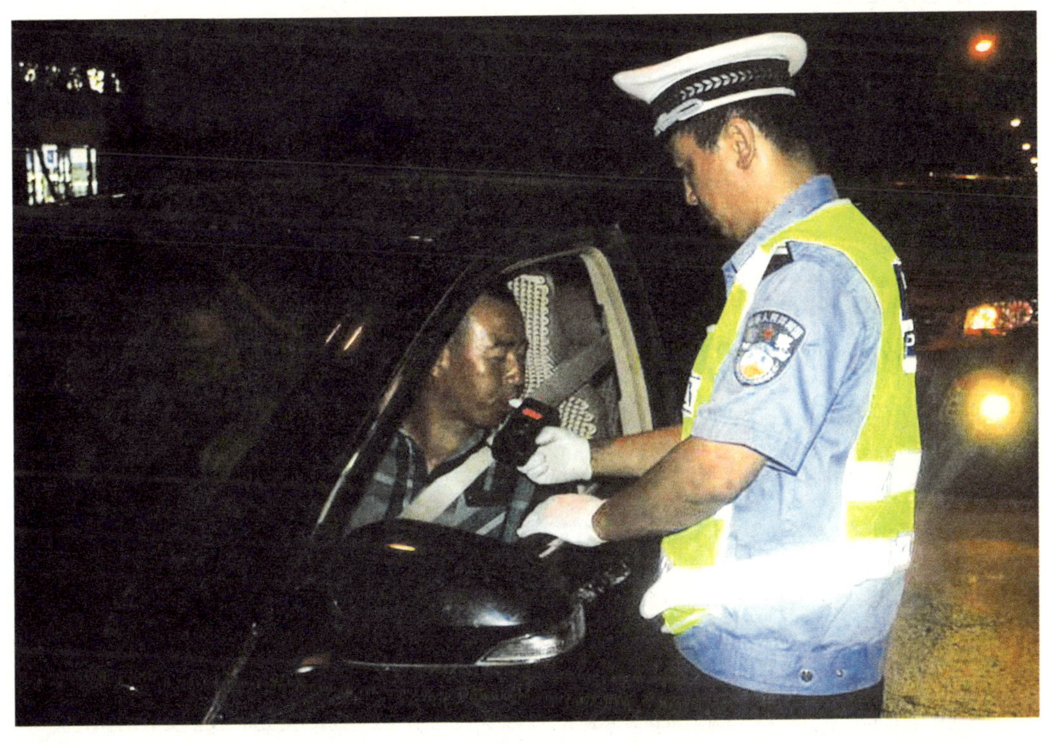

▲ 交警子夜查醉驾

平时采取预约接访的方式，同时采取定期接访、重点约访和带案下访、巡回接访相结合。按照属地管理、分级负责，谁主管谁负责，依法、及时、就地解决问题与疏导教育相结合的工作原则，通过热情接待群众、严格依法办案、强化思想疏导，协调、帮助被害人解决实际困难。对于带案下访、巡回接访的，坚持及时就地化解矛盾，促其息诉罢访。对违法乱纪的乡村干部发现一批，处理一批，绝不手软。

法院机关坚持法官下基层活动，零距离贴近群众，关心群众疾苦，及时有效地化解司法难题。利用群众传统节日，深入寺庙开展慰问、宣法活动。邀请宗教界人士担任特邀调解员，做好法院与当事人之间沟通的桥梁。进一步完善诉讼与非诉讼相衔接的纠纷解决机制，推进速调对接，化解社会矛盾纠纷。坚持"调解优先，调判结合"原则，在案结事了上下功夫，将矛盾纠纷及时化解在萌芽状态，努力促进各民族群众团结和谐相处。

联动治理树新风

工商部门深入开展"红盾护农"，严厉打击制售假化肥、假农药活动，推进农村平安建设；加大对传销的打击力度，禁止在中小学校周围200米内开设网吧，积极开展"扫黄打非"行动，加大对印刷、销售环节的监管力度并配合公安部门，打击盘踞在建筑、运输、采矿等重点行业、市场的黑恶势力。

文化、教育、宣传部门以实施法制教育工程、文明新风培育工程、基层民主管理工程为抓手，构建联动机制，强化社会治安综合治理，建设"平安红寺堡"。大力繁荣文化事业，切实加强公共文化服务体系建设，提升文化软实力。

安检、劳动和社会保障部门牢固树立"安全第一、预防为主、综合治理"的方针，逐级健全安全监管机制和安全生产责任制，继续深入开展安全生产专项整治行动，坚持不懈地抓好道路交通、矿山、危险化学品、建筑、公众聚集场所、农产品质量等重点行业、重点领域的安全监管；全面健全应急反应救援体系，加强气象、地震、地质灾害的监测预警、防灾减灾和应急救援力量建设，防止重特大安全生产事故的发生，确保人民群众生命财产安全。

第三节　民族团结谱新曲

在红寺堡区这片2700多平方千米的土地上，一个由回族、汉族、蒙古族、藏族、维吾尔族、苗族、满族、彝族、侗族、白族、哈萨克族、傣族、土族、黎族、东乡族、土家族等16个民族组成了一个大家庭，在这个大家庭里少数民族占人口总数的61.4%。15年来，各民族团结友爱，和谐相处，书写着“汉族离不开少数民族，少数民族离不开汉族，各少数民族之间也相互离不开”的团结篇章。

找准“症结”下对“药”

红寺堡区移民中，回族占总人口的60%以上，属典型的少数民族聚居地，是门宦派别比较集中的地方。加强少数民族内部的团结是维护社会稳定的前提。为化解“十一五”期间移民区的宗教遗留问题，统战、宗教局干部职工，深入村

▲ 吴忠市和红寺堡区领导看望回族群众

镇，了解调查，总结研究，查找结症，寻求良药。红寺堡与其他回族聚居县（区）的宗教情况有根本的区别，在其他县（区），通过几百年，甚至上千年磨合，形成了比较稳定的宗教格局，这种宗教格局随着社会的发展而不断调适自身的适应性。因而产生宗教矛盾的概率极低。在红寺堡，原宗教格局随着移民搬迁被打破，新格局初建，存在一个逐步与宗教生活及社会主义相适应、相磨合的过程。同时也是一个矛盾多发的过程，因而，对宗教局来说如何调整其格局的不合理性，引导、加速新建宗教格局与社会的相适应，成为化解各类宗教矛盾的突破口。要完善、调整、建立一个适合红寺堡区情的宗教格局，首要的是健全制定相关的规章制度。俗话说：没有规矩，不成方圆。针对红寺堡的宗教矛盾多是因搬阿訇、推荐寺管会成员产生的实情，通过向乡镇基层民族宗教工作者、宗教界人士等多方征求意见和建议，反复研究制定了《红寺堡区宗教事务依法管理暂行规定》（以下简称《规定》），以此为依据，对红寺堡区宗教场所进行摸底调查，掌握详细情况后，对未登记的 39 所宗教场所分别作出按照程序申请报批、补充登记和宗教部门备案、不予登记的处理。以和谐寺观教堂创建活动、星级宗

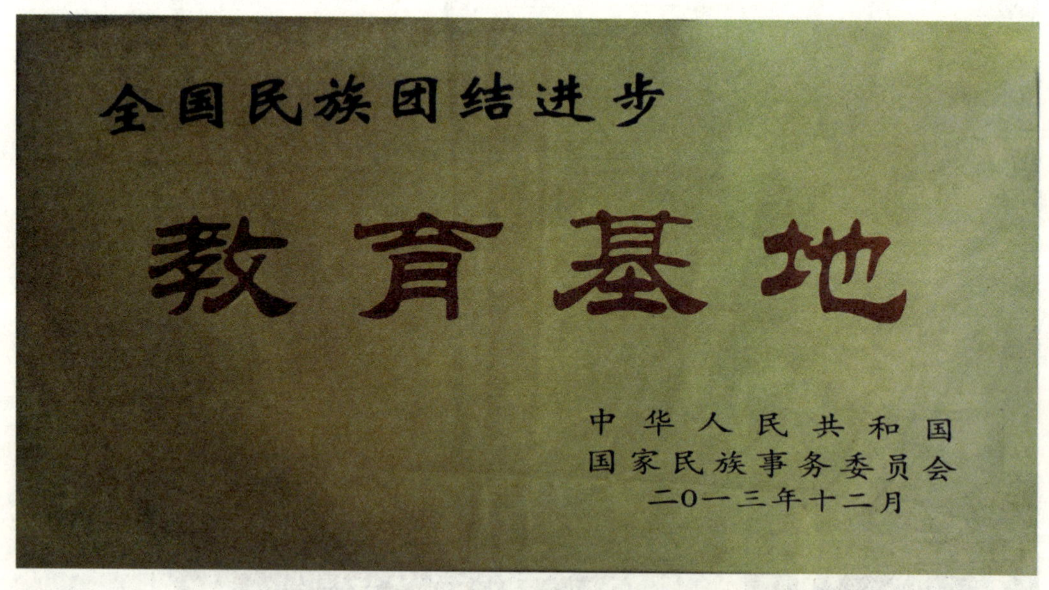

▲ 宁夏移民博物馆被国家民委授予全国民族团结进步教育基地

教场所和“五好”寺管会主任评选活动为抓手，强化合坊并寺，加强依法管理。积极化解各类宗教矛盾，如对推荐不出寺管会班子的坊社，在《规定》中明确规定，对于协商三次仍然不能达到一致的，由村（居）组织指导，参照《村民委员会选举法》制定具体办法选举产生，并且张榜公示三天，无重大问题的才能生效。为遏制非法建寺，《规定》要求在合法登记的宗教场所任职的教职人员，必须是辞去在未登记的宗教场所任宗教职务 3 年以上。《规定》出台后，通过一段时间的强化治理，使各类宗教矛盾大为缓解。

红寺堡统战、宗教部门一手抓历史遗留问题化解，一手抓以和谐寺观教堂创建活动，星级宗教场所和“五好”寺管会主任评选活动为目标，建立机制，提升管理水平，每季度召开一次宗教工作联席会议和分析会议，以及健全领导干部宗教工作联系点制度，宗教界约谈制度，提高对各种宗教矛盾的预见性，做到未雨绸缪，见微知著，把矛盾化解在萌芽状态。

上紧“安全阀”，注入“催化剂”

多年来，红寺堡区委、区政府以建设和谐社会为己任，以进一步营造民族团结、宗教和顺的社会环境为载体，以牢牢把握“共同团结进步、共同繁荣发展”的民族工作为主体，以抓学习、求团结、树典型、促和谐、保稳定、谋发展为抓手，以民族团结宣传教育月活动为契机，全面贯彻落实党的民族政策，大力实施“得民心工程”，进一步加强新形势下的民族团结创建工作，上紧“安全阀”，巩固和发展平等、团结、互助、和谐的社会主义民族关系，实现区域各民族的团结进步和谐发展。

主管部门多次召开专题会议，分析红寺堡区民族宗教形势，部署民族宗教工作，把民族团结进步创建作为维护社会稳定、民族团结、宗教和顺、促进发展的“一把手工程”来抓。要求各级领导个个做到“三个带头”，即带头维护民族团结，带头维护社会稳定，带头维护各族人民利益，努力实现“三个人人”，即人人都讲民族团结的情，人人都说民族团结的话，人人都做民族团结的事，从党和人民事业发展全局的高度深刻认识开展民族团结进步创建活动的重要性和紧迫性。要求每个人都做民族团结的催化剂，并严格按照红寺堡区民族团结进步创建标准和营造民族团结宗教和顺的社会环境工作细则，细化各项任务，使民族宗教创建工作做到层层有人抓，件件有人做的工作格局。

◎ 小视窗

红寺堡民族团结之花分外美丽　共圆致富梦想同筑和谐家园

吴忠市红寺堡区三中7年级3班回族女生马花花双腿残疾，同学们轮流照顾，有4名汉族女生自发组成帮扶小组，每天照顾她的生活起居，帮助她提高学习成绩。“学校秉承‘民族团结从娃娃抓起’理念，校园里民族团结互助蔚然成风。”该校马副校长说。记者获悉，红寺堡扎实开展民族团结进步创建活动，民族团结之花开得分外美丽。

前些年红寺堡进行产业结构调整时，在回民村推广葡萄种植遭遇阻力。该区发挥宗教人士的积极作用，不遗余力地宣传推广葡萄种植，目前，葡萄已成为红寺堡主导产业。大河乡香园村碱井组是汉民村，马路对面的香园组是回民村，汉民种田精耕细作，回民有养殖传统，两组群众和睦相处，回民学会了科学种田，汉民家家户户搞起了养殖。碱井组要社火、唱秦腔，香园组回民有的也积极参与，婚丧嫁娶彼此帮忙。如今，香园村人均收入已由最初的2000元增加到5000元。

红寺堡区每年确定20个创建示范点，在清真寺设立法律咨询台，建立宗教人士调解室、穆斯林书屋等。学校开设民族团结教育课程，开展“中华一家亲”演讲比赛，通过一系列活动，使民族平等、民族团结、民族互助、民族和谐的理念在红寺堡干部群众中得到提升。今年4月，宁夏移民博物馆被国家民委命名为“全国民族团结进步教育基地”，成为宣传民族宗教政策、展示民族团结进步成果的重要平台和阵地。（节选自《宁夏日报》，记者：杨之汀，2014年5月12日。）

建好“维稳墙”，护好“稳压器”

为在红寺堡区范围内营造良好的民族团结进步创建工作的氛围，区委、区政府结合各项中心工作，充分利用群众会议、党员干部会议等有利时机，以群众集体性活动为载体，不断把民族团结宣传教育活动推向高潮。利用回族爱好干净的习俗，将汉族群众组织到回族村庄进行观摩学习农村环境综合整治成效；利用汉族群众吃苦耐劳的精神，将回族群众组织到汉族村庄观摩学习农田水利基本建设成果，促进回汉群众共同进步、共同发展；利用主麻日、开斋节、古尔邦节等回族节日宣传党的政策和民族团结的意义，充分发挥宗教界人士作为一堵“维稳墙”和清真寺作为一台“稳压器”的作用；利用红寺堡区举办的各类文体活动日和学校教育阵地，向师生宣讲党的民族政策，不断扩大民族团结宗教和顺的宣传教育覆盖面，使民族团结进步创建活动宣传得到了全面化；通过悬挂横幅、刷写永久性标语等方式，广泛开展民族团结进步创建宣传发动工作；采用民族知识竞赛、

▲ 和睦一家人

瓦尔兹演讲比赛等进行宣传；利用春节举办社火和秧歌表演竞赛活动进行宣传；利用新闻媒体、有线电视、播放广播等形式进行全面宣传，积极引导各族群众参与到创建活动中来，不断巩固平等、团结、互助、和谐的社会主义民族关系，牢固树立“三个离不开”的思想，使各民族坚定不移地维护改革发展和社会和谐。同时，结合“科学发展观学教活动”“创先争优活动”“转作风、强素质、树形象活动”“营造风清气正的发展环境”和“群众路线教育实践活动”等一系列活动，走访慰问老党员、老干部和少数民族贫困群众，把民族团结进步创建活动宣传与解决各族群众最关心、最急需、最紧迫的现实问题结合起来，让各族群众得到更多实惠，切实感受到党和政府的温暖。

◎ **小视窗**

红寺堡清真北大寺：架起民族团结连心桥

“我们这座清真寺不仅是开展正常宗教活动的场所，还是附近移民群众学习政策法规、科技等知识的场所。通过清真寺的宣传带动，各族群众团结和谐，多年来未发生过影响民族团结的重大事件。老百姓都称赞咱们清真寺为民族团结和谐架起了连心桥。”谈起民族团结，68岁的红寺堡清真北大寺寺管会副主任王进贵显得很自豪。

红寺堡清真北大寺始建于2000年3月。多年来，该大寺坚持爱国爱教、遵纪守法的办教宗旨，依法开展宗教活动，使该大寺逐步走向了规范化、制度化、法制化。自我市民族团结宣传教育年各项活动开展以来，该寺以创建文明宗教活动场所为目标，积极争创和谐宗教活动场所。注重对中青年阿訇和寺管人员的培养，送他们到宁夏社会主义学院和伊斯兰教经学院的培训学习，从思想上不断提高宗教人士的理论水平。同时，北大寺寺管会坚持狠抓宗教事务规范化管理，积极开展宗教“和谐寺观教堂”“三进两创一公开”创建活动，并实行重大问题由寺管会集体讨论决定的民主管理制度。

在北大寺专设的调解室，有效地发挥了民事调解组织的作用。同时，积极开展“科学发展、国策法规、综合服务”进清真寺等活动，并利用清真寺聚礼日向信教群众宣传党的法律法规、富民政策，配合各级组织集中开展法制宣传19场（次），累计发放《禁毒法》《道路交通法》等有关政策法规宣传材料3万多份，多形式、经常性地向信教群众开展爱国爱教、遵纪守法、维护民族团结的宣传教育活动。

北大寺鼓励和支持宗教界人士代表赴新疆、永宁等地考察学习农业特色产业，将所学到的经验向群众作专题宣讲，影响和带动农民群众主动进行产业结构调整，为推动红寺堡农业产业发展发挥出重要作用。（节选自《吴忠日报》，记者：粟振国，2010年8月3日。）

俯首百姓事，添好“润滑剂”

为了把党的温暖传给少数民族群众，红寺堡区党委、政府积极为移民办实事、办好事，像润滑剂一样滋润着这里的少数民族群众。一是推广种植设施农业方面向少数民族倾斜，如大小拱棚西甜瓜种植，枸杞、葡萄种植。二是不折不扣实施少数民族发展资金项目，如村内渠道配套和维修工程、村庄道路硬化工程、人畜饮水工程，着力解决了农民行路难、人畜饮水难、农田灌溉难等问题。三是扶持特色养殖业，如梅花鹿、马鹿、獭兔、珍珠鸡、滩羊、肉牛等。四是注重培养和选拔少数民族干部和各行业的领军人才，提高少数民族占有比例。五是利用开斋节、古尔邦节慰问穆斯林群众，为他们送上党和政府的关怀。六是利用宗教界慈善周活动和红寺堡区壹基金活动，开展为孤寡老人送温暖、救助大学生活动。七是给教职人

▲ 民族团结教育进校园

员和清真寺发放补贴，使少数民族老百姓深刻感受到党的温暖。

有了区委和区政府的关怀与支持，红寺堡各界也纷纷行动起来，投入到民族团结共建活动中来。各乡镇、各部门采取多种形式宣传教育，营造氛围。红寺堡区团委以“和谐红寺堡”创建为目标，通过民族团结话剧巡回演出等形式，积极开展民族团结教育“进机关、进乡村、进社区、进学校、进企业、进单位”六进活动，把话剧《回民干娘》送到学校，用精彩纷呈的和谐文化滋润广大群众的心灵，引导广大群众牢固树立“四个认同”和“三个离不开”思想，自觉践行社会主义核心价值体系，凝聚人心、增进团结，唱响“共产党好、社会主义好、改革开放好、伟大祖国好、各族人民好”的时代主旋律。

▲ 团结花儿开

播好“金种子”，培育“团结花”

在红寺堡区各中小学认真开展党的民族政策、法律法规知识宣传，民族常识、民族团结进步教育，认真落实少数民族学生学费减免政策，经常性开展少数民族文化、体育活动。积极开展“民族团结教育进课堂”活动，充分发挥课堂教学主渠道作用，从实际出发，科学设置民族团结教育课程，确定民族团结教育的教学课时，切实做到保质保量。红寺堡区小学和初中阶段每学年保证10~12个学时的教学活动时间、高中阶段每学年保证8~10个学时的教学活动时间，充分保证对学生进行民族团结教育。积极开展“民族团结教育进学生头脑”活动。坚持贴近生活、贴近实际、贴近学生情感，根据不同阶段学生的年龄特征和身心特点，努力改进教学方式方法，把课堂教学、专题教育有效结合起来，积极开展好内容丰富、形式多样、有针对性的民族团结教育活动，以新颖的形式和浓郁的民族特色吸引广大学生积极参与，把教育活动开展到每一个班级、覆盖到每一个学生，从而使民族团结的观念深深根植在每一个学生的脑海里，成为一粒“种子”，生根、发芽、开花并结出民族大团结大发展大繁荣的丰硕果实。

◎ **小视窗**

民族团结之花开满红寺堡

当红寺堡区委、区政府为解决“三农”问题，大力调整农业产业结构，提出发展30万亩酿酒葡萄时，有些穆斯林群众有抵触情绪。红寺堡宗教部门组织宗教界人士和穆斯林群众外出观摩学习，回来后红寺堡镇上源村的马清海和黄克福两名开学阿訇率先将挖掘机叫到自家的农田开沟，他们分别种了十几亩葡萄。在他们的带动下，许多信教群众参与热情高涨，全村的680户回族群众8000多亩农田全种上了酿酒葡萄。一石激起千层浪。随后太阳山镇甜水村、红寺堡镇东源村、朝阳村、兴旺村等重点产业结构调整村，相继全部开沟种了葡萄。如今，全区产业结构调整正在火热进行中。“红寺堡的发展，离不开回族群众。”提起自己带头示范发展产业的事，马海清感到无限光荣。

“红寺堡区的发展，见证了党和国家民族政策和扶贫开发战略的成功实践。”原区委书记南武征很是感慨地说，“红寺堡发展到今天，是回汉各族群众共同努力的结果。只有民族团结、社会稳定，红寺堡各项事业才会取得新的发展。”（节选自《吴忠日报》，记者：马淑玲，2010年6月21日。）

第四节　人民调解结硕果

构筑五道防线保平安

社会综合治理是一项系统工程。红寺堡区委、政府以及司法部门摒弃了“头痛医头，脚痛医脚”的做法，在长期的司法实践活动中，探索出了一条适合农村实现社会和谐的新方法——人民调解。

平安是民生之需，稳定是发展之基。多年以来，区委、区政府按照落实科学发

▲依法保障移民权益

展观、构建和谐社会和建设“平安红寺堡”的要求，牢固树立“发展是第一要务、稳定是第一责任”的思想，以畅通信访渠道为主线，以落实信访工作领导责任制为突破口，以解决群众信访问题为核心，深入开展矛盾纠纷集中排查调处、重信重访、信访积案专项治理为重点，在矛盾纠纷集中排查调处活动中，进行了一些有益的探索与实践，初步建立了一条切合红寺堡实际的矛盾纠纷排查调处工作新路子。

充分依靠广大人民群众的力量，发挥人民调解员的优势。大力加强村（居）人民调解组织，在各村（居）形成了人民调解委员会、调解组、调解小组、调解中心户、纠纷信息员的五级人民调解网络。在自治区率先提出“以案定补”方式解决人民调解员报酬，并得以在自治区乃至全国推行。推行行业性人民调解组织建设，在学校、医院、农贸市场、企业等设立人民调解组织。大力开展人民调解、司法调解、行政调解“三调联动”的工作局面。形成了“小事不出村、大事不出乡镇、矛盾纠纷不上交”的人民调解维护社会稳定第一道防线。

把化解矛盾纠纷作为民生大事。为了探索基层矛盾纠纷发生的特点、规律以及化解的方法，近年来，红寺堡经过深入调研发现，基层矛盾纠纷绝大部分由一般性的民事小纠纷引发，由于长期得不到调解，积小成大、积怨成仇，引发“民转刑”或群体性事件，进而影响一方平安稳定。只有把维护稳定工作纳入党委、政府的重要议事日程，及时理顺群众情绪，解决利益诉求，维护合法权益，群众才能相信干部，依靠组织，保障红寺堡区稳定和谐发展。为此，区委、区政府相继出台了《关于进一步加强矛盾纠纷排查化解工作的实施意见》《红寺堡区重大矛盾纠纷及群体性事件应急处置预案》等规范性文件，为搞好矛盾纠纷排查调处工作打下了坚实基础。

把矛盾纠纷化解在萌芽状态。由村委会负责，联合村级调解组织配合，发动有威望的群众进行说服教育，落实管好自己的人，解决好自家事，构筑第一道防线；由村党支部负责，村治保、司法、调解等组织配合，及时化解矛盾，保证矛盾不推诿、不上交、不激化，构筑第二道防线；由乡镇、包村领导负责，派出所、司法所干部配合，积极处理村、社区解决不了的矛盾纠纷，确保矛盾纠纷不出村，构筑第三道防线；由乡镇、部门主要领导负责，其他领导配合，集中精力、集中时间解决辖区热点、难点问题，使热点不升温，难点不积压，构筑第四道防线；由区委、区政府主要领导负责，四套班子分管领导配合，协调督办重大疑难矛盾纠纷和突出问题，做到矛盾纠纷就地消化、彻底解决，构筑第五道防线。

◎ 小视窗

第一个探路的人

康伏海是个回族，也是一位年轻的阿訇。他曾就读于西吉滩经学院、同心县洪岗子私立阿语经学班。毕业后在同心县马家洼子清真寺任教。1996年以后先后在中央社会主义学院、宁夏经学院、宁夏社会主义学院进修学习。1999年，他响应党和政府的号召，搬迁定居于红寺堡开发区，面对村镇社区层出不穷的民间纠纷，他以阿訇的身份试着参与民间纠纷的调解工作，没想到初试锋芒就获得了意想不到的成功。在十多年的人民调解工作中，他以维护稳定为先，以促进团结为重，依法参与调解了上百起民族纠纷，参与调

▲ 家常絮语解心结

解重大矛盾纠纷调解4000多起，调处成功率98%以上，履约率100%。化解持械对峙事件30余起，防止矛盾激化60次，防止民转刑案件40起。调解案件跨中国13个省40多个县（市）地区，为受害人挽回经济损失5000多万元。特别是震惊一时的“巧媳妇餐厅”案件的处理，受到当地群众的好评，他先后被任命为人民陪审员、人民调解员后，没有辜负回汉移民赋予的神圣职责，维护了法律的尊严和社会的和谐稳定，得到了各级领导的认可与重视。先后被自治区高级人民法院评为“优秀人民陪审员”“全区法院优秀人民陪审员”，被宁夏伊斯兰教协会评为宁夏穆斯林“优秀助判员”。2008年12月18日被中华人民共和国最高人民法院、司法部评为“全国模范人民调解员”，被自治区党委、宣传部、司法厅、宁夏日报报业集团评为宁夏第三届“十大法治人物”。2007年被红寺堡法院评为优秀人民陪审员。2009年被红寺堡开发区工委评为“民族团结先进个人”“政法综治工作先进个人”“优秀特邀调解员”“优秀人民陪审员”。

“以案定补”催生人民调解员职业化

康伏海的成功催生了红寺堡区人民调解之路向正规化、法制化迈进。红寺堡区政法委、人民法院、司法局将康伏海成功的经验如法复制，很快在红寺堡区培养和建立了一支土生土长的人民调解员队伍。人民调解员队伍最初以热心人为主，凡是志愿从事人民调解的进步青年均纳入人民调解员队伍。实行“以案定补”机制，即按照案件调解难易程度给予有公信力的调解员一定补助，聘请他们及时处理民间纠纷，使大部分移民之间的矛盾纠纷免费得到“判决”，费用由政府买单，这一举措在全国司法行政系统中首开先河。如今红寺堡区40多个行政村活跃着500多名像康伏海一样的人民调解员，每年化解各类名单纠纷超过3000起，仅记录在案的就多达1200余起。

有纠纷，找调解，通过合法渠道化解利益诉求，在红寺堡区真正形成“大调解”维稳局面。南川乡八村村民穆某与王某因宅基地使用权发生争执。司法所长朱佩琦和八村部分阿訇、教师找到双方调解，纠纷在两个小时内得以平息。

穆某说："村里长者和老师为俺家纠纷上心，调解公平，一分钱诉讼费没花，俺心里高兴。"

人民调解员制度建立后，红寺堡法院立案数年均同比下降 30%~40%，取得了案件庭外调解提升、履行息诉率提升的良好效果，并成为全国唯一民商案件受理数大幅下降的地区，年均为群众节约诉讼成本 300 多万元，人均办案诉讼成本全国倒数第一。

以案定补推动了人民调解员的职业化。由于人民群众的信任、政府的支持，一些人脱离了日常农业生产，专职从事人民调解工作，杨志忠、康伏海、孙晓成、王汉民等职业人民调解工作室纷纷成立，每人每年调处各类矛盾纠纷 200~300 起。如今，红寺堡区有职业人民调解员 45 人，每个乡镇 10 人以上，覆盖到全红寺堡区 80% 以上的村（居），成为维护社会稳定的中坚力量。

一多一少显成效

如今，找调解员调解的人多了，去法院打官司的人少了。实践证明，特邀调解员制度和人民调解程序、诉讼调解程序对接制度的实行，从根本上解决了"案多人少"的突出矛盾，满足了日益增长的司法需求，让大多数群众在不投入诉讼成本的情况下，纠纷得到调解，减轻了民事法官的工作压力。另外，绝大多数诉讼群众选择特邀调解员调解解决纠纷，也说明了两项制度赢得了群众的信任，由此赢得了上级党委的肯定和政府的支持。

在试行一段时间后，红寺堡区又从上百名志愿者中通过法律专业考试、案件调解测试等形式，筛选了60名文化程度高、从事人民调解工作5年以上、群众认可、热心人民调解工作的调解员，作为首席人民调解员进行重点培养。聘请宁夏司法警官职业技术学院、宁夏民族职业技术学院等专家，现场进行人民调解知识讲解、法律援助、社区矫正、调解技能、实用法律法规、卷宗整理等方面的系统培训。并邀请自治区、吴忠市相关专家和优秀人民调解员到红寺堡，结合实际案例，进行分析指导培训，进一步提高了首席调解员的理论知识和实际工作能力，制度创新催促着他们向更高层次、高水平迈进。

红寺堡区法院特邀调解员制度、诉讼调解与人民调解对接制度，为多元化的社会矛盾纠纷解决机制和解决当前法院“人多案少”的矛盾探索出了一条新路子，具有针对性和实效性，把“司法为民”的措施真正落到了实处，有效解决了群众诉讼能力弱的问题，并为诉讼群众节约了大量的诉讼成本，实现了为当地社会促进和谐、维护和谐、增强和谐的目的。

和谐需要正能量

今后要紧扣“和谐构建”，激发社会正能量，在创新治理和深化服务中争先作为，把加强和创新社会治理摆在更加突出的位置，努力提高公共服务均等化、优质化和效益化水平。

积极创新社会治理机制。认真落实重大决策社会稳定风险评估机制，对医保、低保、扶贫和惠农补贴等群众关注的热点问题，探索推行网络问政、微博问政和公告公示等“阳光工程”，预防和减少矛盾纠纷发生。推进“六五”普法，依法防范和打击各类违法犯罪活动，努力建设平安、法制红寺堡；推行“网格化”社会管理，优化社会服务，维护社会稳定。健全信访调解体系，落实信访“包案化解责任制”，着力解决群众合理诉求。落实安全生产“党政同责、一岗双责”，

▲ 确保一方稳定

严防较大及以上事故发生。加强日常监管工作，保障食品药品安全。完善应急管理体系，加强综合应急演练，不断提高突发公共事件应急处置能力。落实党的民族宗教政策，依法加强宗教事务管理，扎实开展民族团结进步创建和宣传教育活动，促进民族和睦、宗教和顺、社会和谐。

◎ **小视窗**

“网格化”社会管理 在村居、社区大格局不变的基础上，按照一定标准将城乡基层划分若干个单元网格，并搭建社区信息化平台，运用数字化、信息化手段，以街道、社区、网格为区域范围，以城乡部件和事件为管理内容，以处置单位为责任人，通过网格化管理信息平台整合社区资源，强化社区职能，提升社区服务，实现社区管理科学化、精细化和长效化的新型管理模式。

第五节　文明之树春永驻

步入红寺堡，跃入眼帘的是一道道秀美壮阔的文明风景，扑面而来的是一股股沁人心扉的浓浓春意：街道干净整洁、绿树环绕，住宅小区优雅舒适、安静和谐，商场诚信经营、购销两旺；走进乡镇村庄，只见柏油路、水泥路环村入户，栋栋砖瓦房崭新漂亮，村文化大院里图书室、娱乐室一应俱全……团结奋进的20余万红寺堡移民群众满怀信心地建设着自己的美好家园，共享着精神文明建设的丰硕成果。

这就是红寺堡，一方因波澜壮阔的移民开发建设而强势崛起的生态绿洲，一座不断创造着经济奇迹又一直坚守着精神高地的城市。

崇善尚德树正风

漫步红寺堡，无论是广场公园，还是大街小巷，随处可见的一幅幅“讲文明树新风”公益广告和标有“遵德守礼”文明用语的提示牌，向人们传递出道德的力量、文明的熏陶。

▲温 暖

伟大由无数的细小构成，崇高由无数善举累积。

30年坚守呵护丈夫的孝老爱亲道德模范杜雪梅、身残志坚用双手迎来美好新生活的盲人董天保、诚信经营铸就辉煌的青年创业代表寇玉宝、用身心诠释爱岗敬业的尹月儒……

这些本不为人知的名字，从“无名百姓”成为“文明先锋”，他们的名字走进了千家万户，他们的事迹在红寺堡区广泛传颂，他们的品德潜移默化地影响着越来越多的人。

以宣传、推介各行各业先进典型、先进人物为基点，红寺堡区全面推进公民思想道德建设，促进经济社会健康和谐发展。仅近五年来，就选树各级各类道德典型近300名，一个个根植于民间、彰显时代精神的道德榜样就这样被挖掘出来：“新中国成立以来60位感动宁夏人物”康伏海，“2010年感动宁夏十大人物”和“见义勇为”模范沙渊聪，全国第三届道德模范提名奖获得者杜雪梅，中国好人榜入选者赵凯峰和首届“吴忠好青年”青年教师姜宁等。通过在电视台开设“我们身边的好人”等专栏专题，建设“道德模范墙”，开展先进人物事迹报告会等多种形式，不断放大“身边好人”影响力，教育引导广大干部群众自觉学习道德模范，崇尚道德模范，争当道德模范，进一步弘扬了中华民族文明礼仪、诚实守信、孝老爱亲、助人为乐、见义勇为的传统美德，形成了良好的社会风尚。

随着道德模范人物先进事迹进企业、进社区、进机关、进校园、进农村，红寺堡区受教育群众达 3 万人次。在道德模范、文明先锋的带动引领下，越来越多的凡人善举也不断涌现出来。现在的红寺堡，无论是单位还是个人，无论是干部还是群众，无论是成年人还是未成年人，都在身体力行地用行动来建设社会公德新高地，为构筑城市高度添砖加瓦。

▲ 绿色文明家园

◎ 小视窗

沙渊聪 男，回族，1997年7月出生于宁夏泾源县，2002年随父母定居于红寺堡。2009年小学毕业以优异成绩考入红寺堡中学，系红寺堡中学初一（4）班学生，共青团员，班级劳动委员。2010年7月5日在红寺堡城北生态林园为抢救落水少年而英勇牺牲，年仅13岁。

内提素质树形象

在红寺堡，行走在大街上，不会看到裸露的垃圾，也不会看到电线杆和广告牌上让人生厌的“牛皮癣”。

漫步在集镇、村居的道路上，人们会发现，自觉爱护环境、保护环境的人增多了，街道、公路沿线村庄变得更干净、更美丽。

乘坐公交车，主动让座的多了，拥挤上车的少了；红绿灯下，闯红灯的没有了，主动搀扶老人过马路的多了……

红寺堡作为宁夏“黄河善谷”发展战略的核心区，在城市转型升级的探索和实践中，逐步认识到要提高城市综合实力，不仅要打造宜居的城市新形象，更要建设文明道德的人文环境。只有提高服务人民群众的水平，群众生活质量、幸福指数和满意度，提升红寺堡发展软实力，培育城市核心竞争力，才能让百姓更幸福，让社会更和谐。

在红寺堡，思想道德建设礼仪、诚信、和睦、爱心“四大工程”全面推进。党政机关和窗口服务行业以诚信建设为重点，深入开展“行风评议”“行业优质服务竞赛”、争做人民满意公务员、争创文明优质服务窗口等活动，勾画行业服务“金牌”风景线；在未成年人中广泛开展“做一个有道德的人”主题实践、“日行一善”“中华经典诵读”“文明新风在身边”“我知父母心，感恩在行动”等系列活动，提升了青少年的思想道德素质；在农村、社区以孝德建设为重点，广泛开展“星级文明户”“和谐家庭”“好婆婆、好儿媳”“我身边的好人”“最美红寺堡人”等评选，促进了家庭和睦，社会稳定。

◎小视窗

红寺堡教师赵凯峰荣登中国好人榜

2013年11月份的中国好人榜名单日前揭晓，100位身边好人上榜名单中，红寺堡区回民中学语文教师赵凯峰荣获见义勇为好人称号。

赵凯峰2010年考取红寺堡区特岗教师。2012年7月下旬的一个中午，赵凯峰与同事在公园人工湖边散步时，突然听到了远处传来的呼救声。当发现有5个孩子落水，不识水性的赵凯峰与同事跳入水中，试图将落水的孩子拉上岸。经过大家的努力，5个孩子全部被救上岸，然而其中的两个孩子却因落水时间太长，抢救无效死亡。几天后，孩子的家人送来锦旗，而赵凯峰却说："我们只做了应该做的事，我想任何一个有爱心和责任心的人都会这样。"

"我推荐、我评议身边好人"活动每月举办一次，由中国文明网按照助人为乐、见义勇为、诚实守信、敬业奉献、孝老爱亲五个类别，对全国各地推荐的候选人事迹进行集中展示宣传，接受网友评议投票。

据悉，自该活动开展以来，我市已有李潇、纳振东等人上榜，此次赵凯峰荣登中国好人榜，将推动我市进一步营造学习道德模范、崇尚道德模范、争当道德模范的浓厚氛围。（选自《吴忠日报》，记者：杨伟，2013年12月15日。）

群众素质是文明之本。着眼于人的全面发展，红寺堡大力提高群众文明素质，为提升城乡文明程度奠定基础。围绕《公民道德建设实施纲要》、市民文明公约、市民行为守则和社会主义核心价值体系为内容，以创建慈善城市为主题，引导广大移民群众掌握、理解慈善城市精神的内涵，动员红寺堡区人民用实际行动践行慈善大爱的奉献精神，将善行活动具体化、特色化和本地化，切实为发展慈善产业、打造"两优"发展环境和道德高地夯实基础，进而激发群众广泛开展道德实践活动的热情，公民自觉履行法定义务、社会责任、家庭责任的意识明显增强，公民道德素质和社会文明程度明显提升。

自此，经过3年间的积累和沉淀，红寺堡区移民群众素质有了较大的提升，社会公德意识广泛普及，社会主义核心价值体系已初步建立。

◎ 小视窗

宁夏第11例造血干细胞志愿捐献者成功捐献

记者10月28日从宁夏红十字会了解到，吴忠市红寺堡区的杨晓东日前在北京捐献造血干细胞，成功救助一位白血病患者。他是中华骨髓库宁夏分库第11例捐献者，也是中国造血干细胞捐献者资料库第3792例造血干细胞志愿捐献者。

今年26岁的杨晓东，是吴忠市红寺堡区汽车站一名普通员工。去年6月，他参加志愿献血时偶然看到一篇关于捐献造血干细胞救助白血病人的新闻报道，随后也毅然报名加入中华骨髓库。今年3月底，一位患者与他配型成功，且高分辨确认相合，经宁夏分库组织全面体检和总库咨询专家反复审核，符

▲ 红寺堡区首例造血干细胞捐献者杨晓东

合捐献条件。

今年10月，在中华骨髓库的协调安排下，杨晓东在北京指定医院成功捐献造血干细胞，完成了挽救他人生命的善举。（选自宁夏新闻网，记者：房名名，2013年10月29日。）

文明创建树新风

经济建设是本，精神文明建设是根。近年来，红寺堡区始终坚持“两手抓、两手都要硬”的方针和“有为才有位”的指导思想，以培育新时代红寺堡人为根本，以净化社会环境为重点，不断深化志愿服务工作，广泛开展文明创建活动，城乡面貌日新月异，大街小巷、村庄院落四处劲吹文明风。

咬定青山不放松，是红寺堡人的性格。从城到人，从人到城，当文明成为一座城市的梦想和追求时，人民群众中蕴藏的巨大热情，就点燃成精神文明建设的燎原之火，文明之花在红寺堡大地竞相绽放。

围绕打造红寺堡新时期移民文化，以“共产党好，黄河水甜”为主线，创作拍摄了电影《罗山脚下》，编撰完成了《红寺堡民间传奇故事集》。以庆祝新中国成立60周年和吴忠市红寺堡区设立暨红寺堡开发区成立10周年活动为契机，创作出一系列文化精品，编辑出版了《旱塬播绿》《拓荒者》《红寺堡移民开发史》《红寺堡历史文化研究文集》《罗山神韵》系列丛书，诠释红寺堡历史文化渊源，描写红寺堡本地文化民俗，歌颂红寺堡拓荒创业精神，记录红寺堡崛起发展壮举，为红寺堡积淀出厚厚的文化底蕴；《红寺堡颂歌》歌唱出红寺堡的精、气、神，歌颂了红寺堡人战天斗地的魂；《荒漠绿洲红寺堡》邮册历史地再现了红寺堡由荒原到绿洲的蜕变；《十年》电视纪录片和长篇小说《大漠长歌》的出版全景式地展示了红寺堡的奋斗史，一系列文艺精品的诞生赋予了红寺堡厚重、灵秀、俊美的性格。

文明创建，主体在民，根基在民，血脉在民。通过不断夯实文化阵地，红寺堡建成了青少年活动中心、宁夏移民博物馆等一大批文化设施，农家书屋、农村文化体育场所覆盖率达100%。先后组建红寺堡区秦腔剧团1家，发展农民自乐班19个，争取自治区广电局电影院系统3套，安装户户通30472套，完成农村数字电影放映5000余场次。建成3个乡镇文化综合服务站，大力实施农民健身工程，城区健身路径全覆盖，真正使广大城乡居民享受到了改革发展的成果。

以创造优美环境、维护优良秩序、提供优质服务、培育道德风尚、丰富文化生活为主要内容，文明城市创建活动深入开展。全面开展了城乡环境综合整治暨绿化美化“两大工程”，城乡面貌大为改观。累计创建自治区级文明单位4家，市级文明单位14家，红寺堡区级文明单位25家。按照“城乡一体化”的要求，红寺堡大力推进农村精神文明创建工作。以各级新农村建设示范村为重点，广泛开展了“文明村镇”“乡村好人家”等创建活动，创新实施农户信誉“评星定级”的金融服务新模式。被授予吴忠市文明村镇3个，红寺堡区文明村镇6个，吴忠市级乡村好人家420户。

以创建促发展，以创建惠民生，以创建增活力。10多年来，在精神文明建设的进程中，20万红寺堡人民同心协力，争朝夕，共建共享，让文明之风吹拂着移民新区的每个角落。红寺堡，年年都有新举措，处处都有新变化，走出了一条西部城市创建文明城市的特色之路。这座城市，也因文明的滋养而越来越美丽动人。

▲ 文化引领新风尚

第四章　移民新区美如画

加强环境保护，提高全民素质，建设美丽红寺堡。要保护天蓝、地绿、水净的生态环境，建设美丽城市、美丽乡村，塑造美丽心灵，共创美好生活。要坚持规划引领，把红寺堡作为一个城市规划建设，率先推进城乡发展一体化。要加大节能减排力度，控制好资源开采的节奏、进度、规模，促进资源有序开发，提高资源综合利用效率，走清洁生产、低碳节能、绿色环保的发展路子。目前，红寺堡率先在宁夏全区编制完成“九划合一”的城乡一体化发展

▼ 美丽的街区

总体规划，一张红寺堡未来美景的蓝图已经绘就。

◎ 小视窗

九划合一 即《红寺堡区统筹城乡一体化发展规划》由人口、产业、水务、空间布局、发展建设、土地利用、道路交通、市政基础设施和社会公共服务九个子规划组成。

第一节 瀚海明珠露芳姿

清凉之地罗山

红寺堡是宁夏中部干旱地带最大的生态绿洲。罗山是宁夏三大名山之一，居宁夏中部最高峰。罗山风光旖旎，以山川景色、诗旅文化为主要特色，“罗山叠翠”“石关积雪”及云青寺景观最为著名。罗山的群峰叠翠、苍翠如染，引来了众多的诗词文人的热情赞美。庐陵人穰穆的《蠡山叠翠》中咏道：“秀倚晴空万叠多，星辰常恐势凌摩。云生秋碧涵眉黛，雨洗春容点翠蠡。幽鸟闲花屏画里，断猿孤木石岩阿。足凭藩府为天柱，东接长安西带河。”

山上植被丰富，鸟类种类繁多，泉水汩汩，溪水潺潺，为宁夏中部干旱带上的一颗璀璨明珠，古人对此写道：“蠡山雨洗高嵯峨，群峰叠翠攒青螺”“千盘登绝娇，百转出深溪。草覆流泉暗，萝繁细路迷”及“山高蠡屹立，叠翠万重峦”。

红寺堡开发建区之后，罗山管理处迁至红寺堡城内，罗山成为红寺堡区着力打造的旅游休闲胜地，已经成为红寺堡对外宣传的一张靓丽名片。

多姿多彩的清真寺

红寺堡是回、汉等多民族移民的聚居地，不同的民族有不同的宗教信仰。红寺堡区清真寺数量较多，且因属不同的教派，而呈现出不同的特点。境内红河清真大寺、红寺堡清真大寺、和平大寺、中和大寺、清真北大寺、清真南大寺等数百座清真寺星罗棋布，犹如一颗颗美丽的明珠镶嵌在红寺堡大地。清真寺主体建筑坐西向东，具有典型的伊斯兰特色：琉璃屋顶，新月映天；邦克楼高耸入云，直指苍穹。大殿采用排柱支撑的大跨度横梁设计，为多层建设结构，一拱两脊，飞檐翘角，云斗成串，殿内前两侧刻有精致的以《古兰经》节文为内容的传统阿拉伯文书法，庄严肃穆。大殿内一般可容千人同时做礼拜，是穆斯林群众礼拜、聚会的主要场所，也是红寺堡独特的人文景观。

古朴的历史遗址

红寺堡自古以来就是多民族的移民聚居之地和兵家必争的军事要塞，有大小烽堠 24 处。特别是庆王朱栴陵墓位于罗山东麓，地处今太阳山镇周新以西，面积 30 多平方千米，陵区被称为“宁夏明代博物馆”。

红寺堡古城堡、红寺堡旧城内散布大量瓷片和砖瓦等建筑构件，散落着大青砖、瓦片和图案精美、色泽鲜艳的青花瓷片，城外南门有夯筑的地基。根据现存遗迹，初步判断是明代用于屯兵养马的城堡。还有红寺堡明长城、旧寺堡子、烽火台。高大宏伟的宁夏移民博物馆、现代农业示范园都是人们考察探胜、游玩休闲的好去处。

鲁家窑军事基地位于红寺堡区政府北面 10 千米处，面积 214760 平方米，周长 2000 米。鲁家窑军事基地于 1966 年勘察确定，1967 年由中国人民解放军国防科技委员会批准建立。筹建时按照军级单位设立，后又改为师级单位。1983 年 3 月，该部队工作任务完成，撤销建制后移交给兰州军区炮兵部队作为炮兵靶场。炮兵部队为团级单位，主要工作是监测气象，提供雷达信息，为飞机打靶训练服务。部队于 1999 年红寺堡开发前全部撤离，只留下了昔日的军营，具有一定的历史、军事价值。

沧桑的移民旧址

罗山西麓原是宁夏同心县原新庄集乡群众聚居地。整体搬迁后，在罗山脚下留存有废弃的院落近 7000 座，房屋、窑洞和羊圈近万间，还有周边零星分布的古老的城址、清真寺、庙宇、道观等。整个村庄背山面川，被灌木包围，很难寻觅。

搬迁后的新村与旧址一沟之隔相互映衬、尽收眼底的反差一览无余，是一笔储存发展记忆、见证沧桑巨变的移民文化财富。红寺堡移民旧址作为一道独特的历史景观，蕴藏着极大的原始村庄古文化内在元素和“荒凉”卖点，是宁夏开发旅游和拍摄影视作品极为难得的人文景区，也是见证党的扶贫移民政策、和谐社会建设成果和移民生活变迁的真实写照。

神奇的扬黄梯级大泵站

红寺堡是我国最大的扬黄灌区，黄河扬水大泵站从西北向东南梯级分布，彩虹飞渡、气势雄浑，是我党在改革开放新的历史条件下，为有效解决宁夏南部山区贫困群众生产生活问题而建设的全国最大的黄河提水系列泵站。红寺堡扬黄梯级大泵站具有“五最”：扬水灌溉面积最大，控灌面积达到 50 万亩；扬

▲ 乡村如画

水干、支、斗、农四级渠道最长，累计约498千米；提黄河水高程最高，经过三级扬程高达297米；安置贫困带生态移民最多，异地搬迁安置群众20万人；生态环境改善速度最快，昔日白草黄沙、荒漠戈壁如今成为塞上草长莺飞、生机勃勃的人工生态绿洲。

宜人的城北生态园

红寺堡城北生态园，是镶嵌在红寺堡大地上的一颗生态明珠，它的建设不仅发挥了生态效益，更是人们休闲避暑、观光旅游的好去处。登上山顶，红寺堡风光一览无余。远处若隐若现气势雄浑的扬黄泵站、气势磅礴的风车、雄伟壮观的光伏电站，加上风平沙静、林网漫布、花草如茵的生态绿洲，近处的万亩葡萄园，脚下的湖光水色，让游人在幽幽果香中品味红寺堡的美景，更让游人感叹党的扶

▲ 生态园

贫政策的伟大和红寺堡人“敢叫日月换新天”的精神。

壮观的风力、光伏发电场

鲁家窑风力发电场位于滚红高速两侧，近百台风力发电机，宛似一个个硕大风车，雪白的塔杆支撑着三片流线型的叶片，十分美丽，成为了红寺堡区一道亮丽的风景。巨大叶片随风舞动，一幅“风车王国”景象，让游客们感受低碳经济、绿色能源之美。鲁家窑光伏发电站位于城北约 15 千米处，占地面积 4500 亩，是我国目前主要的光伏发电基地之一。在辽阔的平原上，一字排开的太阳能电池板银光闪闪，蔚为壮观。

宏大肃穆的弘佛寺

弘佛寺位于红寺堡区红寺堡镇红海村。寺院之西紧靠古老的清水河中段，俗称“洪沟”，有“古塬雄浑、垒沙烁浪、洪沟流水、鸣声呜咽”的自然景观。地貌复杂，沟壑纵横，源头起伏，碧川连绵。弘佛寺总占地面积 109050 平方米，建筑面积 2000 平方米左右。现已成为一个集儒、释、道三教为一体的宗教场所。弘佛寺每年的农历七月十五日举办传统庙会，也叫丰硕水会。大雄宝殿塑有释迦牟尼佛、阿弥陀佛、药师佛、文殊菩萨、普贤菩萨、倒坐观音、十六尊者造像，大殿内还有 500 罗汉图，造像神情慈祥，气概雄伟，妙相庄严。道观三清殿塑有元始天尊、道德天尊、灵宝天尊造像，供奉三清四御、三百诸神，乾坤清气，势若凌霄。三霄殿翼然独立，供奉三霄娘娘，为民众祈祷平安、敬香福祉，每日香火不断。独立成规的殿堂有三佛殿、药王殿、财神殿、龙王殿、土地庙等各具灵光。至若两院山门，玉简瑶参。钟鼓二楼，钟声悠扬。远览古寺，富丽堂皇、灿若明星。寺院之南，藏一座独特山丘，毗邻洪沟，脚下濒临大水塘，四围有泉水出，四季不干。周围田畦数亩，榆杨成株，塘畔芳草野花，美景如画，恰似一处袖珍小江南。山有一天然洞穴，名“药王洞”。“洞中本为药王住，虎啸猿啼生古气。仙气飘飘采药去，入山云深不知处。”乃神奇之地也。

方兴未艾的航空运动

红寺堡独特的自然地理条件非常适合航空运动的开展，每年都会在罗山国家级自然保护区举办航空旅游节。旅游节包括无人机、热气球、动力伞、飞艇等多种航空器的参观、乘坐，为观众带来一场精彩的空中表演盛会。航空旅游节可为移民群众和游客了解航空知识、参与航空运动提供机会。同时，也为红寺堡打造旅游品牌、提升对外形象、促进合作发展搭建了重要平台。目前大罗山脚下建设有旅游航空跑道一条，配套建设有观众席和住宿服务设施。附近建设有狩猎场、骑马场、野外赛道、农家乐等休闲旅游设施。

第二节　罗山脚下园林城

休憩宜居园林城

红寺堡主城区在建区前只有6平方千米，那是历届开发区工委、管委会呕心沥血的见证，也是十几万移民艰苦拼搏的历史印迹。区区6平方千米的土地在诉说着一段战天斗地的豪情，也给后人留下一个“荒漠变绿洲，沙丘起高楼”的现代神话。

红寺堡城市建设始于2000年，坚持“国家扶持，政策吸引，社会参与”的建设思想，围绕“园林围城、罗山连城、仿古建城、三产兴城”的建设思路，加快基础设施建设步伐，牢固树立绿色城市和经营城市的理念，高起点、高要求打造新型城市框架，吸引了移民投资置业。

2003年年底，依靠国家投入城市基础设施建设资金5320万元，修建城区道路10条，给水工程17.5千米，排水工程20.4千米，架设路灯565杆，占地2.4平方千米的城市框架基本形成。2004年，开发区进一步扩大城市规模，拉开城市框架，自筹资金1157万元修建吴忠路北段、银川路北段和文化街的道路硬化及给排水工程，同时对罗山北段的路面进行了整修，架设路灯138杆。2005年，按照“园林围城，罗山连城，仿古建城，三产兴城”和“东工西林，南游北路”的

▲ 红寺堡区委书记徐军、区长丁建成、政协主席马宁等领导调研新区建设

城市发展总体思路，进一步加大基础设施建设力度，共完成 8226 米城市道路硬化及配套给排水工程。

2006 年至 2009 年的三年间，重点建设了占地 8823 平方米的罗山路北部转盘，修建黄河路南段、南川路和政府东街（沙泉路—太阳山路）的道路及供排水工程建设。对盐兴路红寺堡城区段路北至商贸楼前进行综合改造，铺设排水管网 2.84 千米，硬化道路 3.8 千米，架设路灯 103 杆。为解决红寺堡二中、二小、红寺堡敬老院、金翠苑小区的排水问题，连接城市断头路，实现城区道路相连、排水畅通，修建了黄河路、银川路、滚新路、吴忠路等 14 条主干道路，形成了“五纵六横”的城区路网体系；完成了金水广场、罗山商城等基础设施建设；建成了罗山花园、恒馨园等住宅小区和居安园、金水园等街头游园，城市框架进一步拉伸，城市建成区面积达到了 6.4 平方千米，建筑面积达到 75 万平方米，道路硬化率为 90% 以上，集中供热面积达到20万平方米，城镇人口2万多人，城市化水平达到15%。金融、电信、学校等公益事业基本健全，城市管理水平明显提升。

从2009年到2010年，红寺堡城乡基础设施建设三年累计投资30亿元以上，是历史上投资规模最大、增速最快的时期。编制完成了城市总体规划、控制性和修建性详规，城市建设以“南拓北扩、园城联促，商贸引领、产城融合”为思路，以旧城提升区、外围发展区、商贸物流区和工业园区“一城四区”发展为格局，城区规划面积由2009年6.25平方千米扩大到18.9平方千米。新建、改造城区道路78.3千米，建成集中供热站、垃圾填埋场、污水处理厂等重点项目，城镇化率从2009年的15.4%提高到如今的28%。

大县城建设领跑经济腾飞

2011年，根据自治区党委、政府把突破口放在“建设宁南区域中心城市暨大县城建设”上的精神，红寺堡区实施了城区19.9千米道路改（扩）建及供排水工程，其中新建民族街、南川路、弘德街等道路5条，延伸改造黄河路、人民街、罗山路等道路6条；加强集水井、景观灯等市政设施维修管护，新增路灯及配套设施105套；加快推进购物中心、家私城等7个6万多平方米房地产开发项目。

2012年，按照“新区开发、老城提升、南北拓展、东西互动”的发展思路，加快推进团结、红海等“城中村”和老城区改造步伐，全面完善新城办公区、商业区、住宅区等建设内容，全面完成城区集中供热和供水管网改造、污水垃圾处理、免费公厕、公共消防、照明设施等改造建设项目，加大太阳山镇、大河乡、南川乡等小城镇建设力度，创建老城、新区、小城镇“三位一体”的城乡格局，突出抓好城区“断头路、半边街”延伸改造工程，全面推行“数字城管”管理模式，进一步提高城乡统筹发展水平。推广农村屋顶太阳能采暖供热“节能房”2万户9万人，全面提升城乡人居生活质量，着力打造宜居宜业红寺堡。

2013年，按照“大县城”建设布局，实施“北建南扩”战略。城北启动生态主题公园、火车站站前广场建设工程，实施新区1.3千米市政道路和给排水、路灯配建工程，建设法院审判综合楼、人武部民兵训练中心、检察院技侦大楼、

▲城市一角

公安分局指挥中心和行政中心办公楼；城南将团结、红海、红关等村整体扩入“大县城”建设规划，实施“三纵三横”主干道和路灯亮化、屋顶太阳能采暖等建设工程；城区东、南出入口实施绿化、亮化、美化综合改造工程。年内城区南扩面积4平方千米，建成区面积达到15.7平方千米，城市人口达到5万人，城市化率提高到20%。加快综合市场改造、中水利用等工程建设，实施黄河路、人民街、文化街等改扩建道路提升工程；加强市容市貌整治和旧城区改造步伐，扩大提升城镇服务功能。经过红寺堡区建设者的努力，全年累计实施城建项目34项，完成投资7.1亿元，建筑面积23万平方米；城市建成区面积扩展到15.6平方千米，城镇化率提高到30%，是历年来建设项目最多、投入最大、速度最快的一年。武装部业务用房、司法调解中心、综合服务中心等7个公建项目顺利推进，御泉明珠、书香雅苑等5个新建、续建住宅项目全面实施，罗山路、弘德西街等16条新建、改建市政道路建成通车，生态公园、博大商业广场建成运行，城区供热、供水、排水管网改造全面推进，城市民用天然气工程建成运营。实施罗山宾馆西侧、国税局南侧等9个城市景观绿化项目，新增绿地870亩、提质增景560亩。建成城区垃圾中转站、20所城市公厕等基础设施项目；深入开展“创卫”工作，大力整治城区“六乱”现象，城市管理水平进一步提升。

◎ 小视窗

城区“六乱”现象 乱堆放、乱搭建、乱摆卖、乱停放、乱拉挂、乱张贴等损害市容环境的现象。

“数字化”城管 以信息化手段和移动通信技术手段来处理、分析和管理整个城市的所有部件和事件信息，促进城市人流、物流、资金流、信息流、交通流的通畅与协调。

▲ 城市花园

如今，主城区已形成10路16街4巷布局，政府办公大楼和公、检、法办公大楼、博大购物中心、罗山商城商贸楼、罗山宾馆综合楼、国土林业综合楼、宁夏移民博物馆等一批标志性建筑以及红寺堡一中、二中、三中、回中、一小、二小、三小楼群，红寺堡人民医院楼群，罗山花园、祥和佳苑、鹏胜花园、东方世纪城、鼎盛花园、金翠苑等一批住宅楼群拔地而起，宽阔的“1236”广场，整齐划一的街区，鳞次栉比的高楼大厦，繁茂蔽日的绿荫，星罗棋布的清水湖、紫光湖、北海湖、清漪园、洪湖点缀其中，成为一道靓丽的城市风景线，2013年被自治区人民政府命名为“园林城区”。

位于主城区北部的弘德工业园区，已经建成纵横14条街道，50多家大中型企业入驻并投入生产，成为黄河善谷工业孵化园和红寺堡新的经济增长极。

2014年，将进一步完善城市服务功能，建成武装部业务用房、检察院技侦楼和社保服务中心等项目；实施劳动东街、文化东街、小康西街等市政道路新建改建工程，建设第二供热中心、火车站站前广场和27所城市公厕；实施城市东区基础设施建设工程，完善供水、排水、亮化、供热功能，彻底解决该区域城市服务功能缺失、环境脏乱差的现状。创新经营城市理念，引导、鼓励社会资金参与城镇基础设施建设和公用事业发展。加大城市管理力度，力争完成综合市场、罗山商城改造工程，切实解决市场秩序混乱、卫生脏乱和商户零乱等问题；探索推行“数字化”城市管理运行模式，进一步明晰建设、城管、公安、国土、规划、交警、园林、社区等单位管理职能，形成条块结合、上下联动的管理机制，提高城市管理的精细化水平。

远景目标是：通过慈善大道的南延长线开通，主城区与工业园区用2~3条绿色通道连接为一体形成一城两区的格局，南部为生活区，北部为创业区，并结合小城镇建设，力争建成一批产业突出、布局合理、特色鲜明、带动有力的商贸名镇，努力把县城建设成“设施配套、功能完善、环境优美、富有活力、生态文明”的特色民族新城。力争到2017年，城市核心区面积达到17.91平方千米，城市人口达到7万人，城镇化率提高到40%。未来，红寺堡基本实现城乡一体化，一个“城在绿荫间，林在城郭边，城是前庭院，乡是后花园”的宜居红寺堡展现在人们面前。

◎ 小视窗

红寺堡被自治区政府命名为“园林城区”

近日，自治区政府正式命名吴忠市红寺堡区为自治区园林城区。

近年来，红寺堡区加大城市绿化资金投入，扩大城区绿地空间，提高城区绿化档次，改善城区人居环境，城区绿化生态效益进一步彰显。经自治区有关部门组织评审，自治区政府决定命名红寺堡区为自治区园林城区。（节选自《宁夏日报》，作者：吴宏林，2014年2月26日。）

第三节　产城一体示范区

城乡一体化统揽全区发展

红寺堡区委、政府十分重视城乡一体化建设，在建区后的三年间，累计投资30亿元以上，成为历史上投资规模最大、增速最快的时期。编制完成了城市总体规划、

控制性和修建性详规，城区规划面积由 2009 年 6.25 平方千米扩大到 18.9 平方千米。新建、改造城区道路 78.3 千米，建成集中供热站、垃圾填埋场、污水处理厂等重点项目，城镇化率从 2009 年的 15.4% 提高到如今的 28%。建立健全公路养护管理机制，建成农村公路 28 条 431.6 千米，等级公路通车里程达到 658.1 千米。实施了“三北”四期防护林、天然林保护和盐中高速、滚红高速等生态建设项目，完成人工造林 40 多万亩，森林覆盖率从 2009 年的 8.4% 提高到如今的 10.9%。完成草原围栏 92 万亩，草原补播改良 8 万亩，草原植被覆盖率从 2009 年的 33% 提高到如今的 65%。整理治理土地 31.6 万亩，建成高标准小畦田 33 万亩，新增耕地 10.5 万亩，亩均节水 20 方以上，自来水入户率达 85%。土地例行督察通过国家土地督察局审查验收。扎实开展城乡环境综合整治和供电、通信等改造工程，城乡统筹发展成效初步显现。

2013 年，按照建设大罗山生态经济圈的目标，重点实施城南生态综合治理、利红快速通道、新区行政中心等造林绿化项目，力争以每年 10 万亩的规模，深入推进生态林业建设；加大太阳山镇酸枣梁天然酸枣保护力度，努力打造国家级生态保护及沙地生态观光示范基地。全面实施农村人饮安全、小流域治理和农

▼ 城乡一体化建设

▲ 丁建成区长深入农村调研

田水利基本建设等项目，治理水土流失 480 平方千米，城乡供水一体化率提高到 75%，自来水入户率达到 100%。乡村道路建设向偏远和新建移民点延伸，投资 6 亿元新建农村硬化路 600 千米，实现农村村（巷）道全部硬化的目标。投资 5 亿元扩建盐兴、滚新二级公路，投资 2 亿元新建沙泉至新庄集、同心纪家庄至新庄集公路。一个屋舍俨然、阡陌交通、林草相间、作物繁茂、畜禽满圈、鸟语花香，人与大自然和谐相处的社会主义新农村已呈现在世人的面前。

一城五体打造五彩回乡

今后，红寺堡区将按照“科学布局、功能互补、联动发展”的思路，严格落实“一城五体”城乡空间布局规划，精心打造“生态宜居城和大河清真美食乡、柳泉乐活风情镇、新庄集罗山红景源、太阳山乌金财富地”，培育不可复制的城乡个性，展示红寺堡“五彩回乡、移民福地”的城乡文脉。按照“规模集中、绿色生态、优质高效、突出特色”的思路，启动实施“一轴一廊两带双核”城乡产业发展规划，探索创新“以城促产、产城联动”的发展之路。打造以改善农村人居环境为目的，集中实施农村道路、给排水、村部、文化墙及广场、绿化、路灯照明、围墙整修等基础设施工程的幸福（美丽）村庄。力争利用 3~5 年时间，把新庄集打造成宁夏城乡一体化示范乡，把红寺堡打造成宁夏城乡一体化示范区。

◎ **小视窗**

五大战略 工业增量、农业增效、三产增速、城乡增容、民生增福。

一城五体 一城即红寺堡城，五个综合体即大河城乡聚合综合体、新庄集城乡聚合综合体、柳泉城乡聚合综合体、太阳山产城聚合综合体、石炭沟产村聚合综合体。

幸福（美丽）村庄 以改善农村人居环境为目的，集中实施农村道路、给排水、村部、文化墙及广场、绿化、路灯照明、围墙整修等基础设施工程。

一轴一廊两带双核 一轴即沿盐兴公路形成的综合产业发展轴，一廊即葡萄产业走廊，两带即沿红桃高速形成的慈善产业发展带和沿罗山大道特色农业产业带，双核即红寺堡中心城区综合产业发展核和弘德慈善产业园区慈善产业发展核。

一城两镇 一城指红寺堡城区，两镇指柳泉乡葡萄小镇和新庄集乡葡萄小镇。

城乡水务一体化 按照统筹城乡发展、推进城乡一体化战略部署，抓好水利基础设施建设、全域供水和水资源管理工作，实施农村饮水安全项目、城乡供水管网建设、水环境整治、污水处理厂建设等多项工程，以水循环为机理、以水资源统一管理为核心，实现水资源合理开发利用。

一城五路四园 一城即红寺堡城区，五路即盐兴公路、滚新公路、滚红高速公路、慈善林通道工程二期、罗山大道，四园即弘德工业园区、红寺堡区高效节水生态农业示范园区、罗山葡萄酒庄文化示范园区、城市森林公园。

做大做特现代农业，坚持走特色产业和高品质、高端市场、高效益的“一特三高”发展路子，力争2014年实现农业增加值4.5亿元，增长5%。以打造贺兰山东麓葡萄文化长廊“明星产区”为目标，研究制定促进葡萄产业发展的实施意见，集中财力、物力和智力，高标准建设“一城两镇”葡萄产业带，建成罗山葡萄酒庄文化示范园3千米文化长廊，新建葡萄酒庄6家，新增葡萄种植1.8万亩。以建设红寺堡高效节水生态农业示范园区为载体，力促隆惠源、东港海逸等“龙头企业”加快入园项目建设。巩固提升和培育壮大设施农业、畜牧养殖等特色产业，打造龙泉、玉池等3.2万亩设施农业，城东、乌沙塘等8000头肉牛养殖，十字沟、灰家窑等5000亩马铃薯，月亮湾、海子塘等4.2万亩经果林和鲁家窑露地蔬菜等产业示范基地。

▲ 第二故乡

始终坚持打造“生态文明创建区”的发展目标不动摇，加快实施“一城五路四园”绿化工程，完成慈善大道、滚新公路、滚红高速等道路和生态湖景观带、红柳沟生态公园绿化建设。严守生态保护红线，明确空间管制区域，建立健全资源有偿使用和生态补偿制度，稳步开展基本草原划定工作，完善草原经营承包权，促进资源的合理开发、高效利用和有效保护。扎实做好土地确权、登记工作，依法、稳妥处理土地遗留问题。

加快推进“城乡水务一体化”，积极实施罗山水源地保护、城区生活污水处理及区域饮用水源达标等工程，确保饮用水源水质达标率100%。继续推进主干道路大整治大绿化工程，实施太阳山镇小城镇建设，打造朝阳、杨柳等“幸福村庄”。大力实施农田水利、农村公路等基础建设工程，城乡面貌大为改观好。加快朝阳、香园等“美丽村庄”建设，加快农村沼气、太阳能等清洁能源利用，建设绿色生态家园，让居住在农村的群众感觉更舒适、生活更美好。

◎ **小视窗**

少女·红寺堡

我眺望着她，她是如此的美丽。

她那绿色的头发显得苍翠欲滴，她那温滑细腻的皮肤令人羡慕不已，她那美丽的花朵散发着清香的气味使人心旷神怡。她如同一个亭亭玉立的少女，恬雅可爱，中国是她的家，她便是红寺堡。

十多年前，红寺堡还是一片荒漠，常常狂风怒吼，黄沙满天，天气特别闷热，比在蒸笼里还难受。刮风的时候，狂风怒吼着，越刮越大，越吹越凶。转眼间，地上的沙土一下子被风掀了起来，满天飞舞，仿佛一条凶猛的黄龙。风呼呼地刮着，犹如一头发怒的雄狮，疯狂地呼啸着，到处乱窜。它随心所欲地乱窜，一会儿呼啸而来，一会儿扬长而去，一会儿把电线吹得像荡秋千似的甩来甩去，一会儿又把烟囱里的浓烟吹得直打转转。那时的红寺堡仿佛就是一位野性男儿，丝毫没有温柔美丽的少女的柔情。

那时的红寺堡不但毫无今天的柔情，而且待人也火辣辣的。到了炎热的夏天，炙热的气温使得荒草丛似乎就要燃烧起来，抬头一看太阳，只见一道光圈，放出夺目的亮光，射得人眼睛发痛，这光圈如同哪吒的乾坤圈一样刺眼。人们如同烤箱中的面包，被烤得难以忍受。

就是以前这样恶劣的环境，也阻挡不了人们想建设红寺堡的心愿。人们络绎不绝地迁移到了红寺堡，为了建设红寺堡，人们十年来奋力拼搏，不管是狂风怒吼还是黄沙满天，不管是骄阳似火还是大雨倾盆，人们总是勤劳苦干，不怕困难，勇猛前进。在建设者共同的努力下，我们看到了今天这美丽灿烂的红寺堡，看到了红寺堡由一个野性男孩到一个美丽可爱的乖乖女的过程。这个过程是辛劳的，因为这蕴含着建设者的心血；这个过程是甘甜的，因为它体现了建设者的聪明才智；这个过程是友好的，因为它体现人民之间纯洁的友谊；这个过程是阳光的，因为它代表了现代化，指引人们走向光明、幸福、美好而文明的现代化世界。

如今的这位少女——红寺堡，没有狂风怒吼、黄沙满天的现象。变得风和日丽，这位阳光明媚的少女毫不犹豫地脱掉了又脏又难看的黄沙衣，披上了干净好看的绿装。紧接着，春姑娘送给了她五彩缤纷的光彩，点缀在漂亮的绿装上；夏姐姐送了一些纯洁无瑕的雨水，滋润红寺堡这位温霁典雅少女的皮肤；秋婆婆送给了她什么呢？原来呀，秋婆婆看到这位少女这么美丽，便送给了她许多营养的食物，可好吃了；冬爷爷为了使这位少女的心灵如玉般纯洁，精神如雪般神圣，便送给了她冰雪纱衣、冰雪帽子、冰雪般的皮肤，使她变成了一位洁白无瑕的白衣天使。

现在，红寺堡的天更蓝了，水更清了，黄沙变成了绿坪，平房变成了高楼。

红寺堡美的纯洁，美得让人心旷神怡；红寺堡的美是建设者们劳动的结晶，是红寺堡人民的骄傲；红寺堡的美是春姑娘、夏姐姐、秋婆婆和冬爷爷的美丽的礼物装点而成的。

温柔恬静的少女红寺堡，你是伟大的，你是美丽的，你是幸福的，你是文明的，你的明天一定是美好的。明天的我们一定会让你更加光彩夺目，永放光芒。（作者：马田，红寺堡第二小学6年级5班学生。）

第五章　慈善兴业铸大爱

红寺堡区由于搬迁安置的移民多为宁夏南部山区贫困群众，截至2009年，红寺堡区贫困人口8万人，占总人口的40%以上，各类残疾人14611人，残疾率达8.42%，高出自治区平均比例1.62个百分点，社会救助和扶贫就业工作任务十分艰巨。按照自治区党委、政府建设“黄河善谷”的战略部署，红寺堡大胆创新、先行先试，打“慈善牌”，举“慈善旗”，举全区之力，走慈善兴业之路。通过建设

▲ 首善之城

全国首个慈善工业产业园——宁夏弘德慈善产业园区，构筑企业经济社会效益“双赢”发展和残疾人就业平台，试点推行重度残疾人福利津贴制度，切实解决残疾人实际困难和生活保障问题，在全国率先开启了从慈善“输血”到产业“造血”的创新发展之路。

把发展与民生结合，把慈善与产业结合，变“输血型”为“造血型”，让残疾人真正实现幸福尊严的生活。慈善产业激活一池春水，成为助推红寺堡经济社会发展的发动机。红寺堡，这个新兴的移民新区，也成长为“黄河善谷”首善之区、核心之区；这片神奇的创业热土，将点燃慈善兴业的燎原之火，让人间大爱，在宁夏大地种植下磅礴的诗行！

第一节 一个老人的善举

2009 年 11 月 15 日，上海，一位年近八旬的老人因病医治无效，带着对他所资助的百余位困难学子的眷恋和难舍离开了人世，他就是宁夏高级人民法院原院长邹献朝同志。邹献朝带领一家人从 2003 年开始资助家境贫寒的学生，红寺堡是他的第一站，多年来，他号召众多个人和企业加入到这场爱心战斗中。他心系困难群众、关爱下一代健康成长的拳拳爱心以及无私资助贫寒学子的动人事迹，将永远镌刻在红寺堡大地。

2003 年，邹献朝老人第一次来到红寺堡。时年 3 月 9 日，他带着儿子、儿媳、女儿、女婿 8 人及 5 个孙子组成的“亲友团”，来到红寺堡资助了 10 名贫困生，5 个孙子还与他们结成了互助对子。当年他资助的 10 个贫困学生，有的现在考上了大学，有的进入职业学校学习，还有的正在高中就读。

2004 年，邹献朝和家人在红寺堡小学一年级资助了一个“春蕾班”，受助学生 52 名。

2005 年，由于实行两免一补，邹献朝将资助春蕾班的 5000 元钱设立了一家春蕾书屋。10 月 26 日，他为红寺堡小学捐赠了 50 套学习用具和 600 册“春蕾”书籍。

2006 年，当了解到春蕾班的孩子们生活依然很困难，邹献朝决定在充实春

▲ 邹献朝和他资助的学生们在一起

蕾书屋的同时继续每年资助他们5000元，直至小学毕业。时年8月7日，他再次带着“亲友团”来到红寺堡与受助贫困生座谈交流。同年，邹献朝被宁夏回族自治区妇联评为“双合格”家庭教育先进个人，2007年被自治区党委宣传部、宁夏广播电视总台评为“建工杯”感动宁夏2007年度十大人物。

2007年由邹献朝先生牵线，上海美声服饰辅料有限公司决定向红寺堡捐赠，资助开发区大学生、高中生、初中生、小学生完成学业。

2009年，邹献朝又重新选择了9个正在读高中的孩子进行资助。同年六一前夕，已身患病痛的他在不能亲身前往的情况下，委托女儿邹红梅到石嘴山惠农区采煤沉陷区石嘴山第二十二小学，对那里的26名贫困学生进行每人每年200元的资助，这是邹献朝生前最后一次资助学生。

多年来，邹献朝老人一直关注支持红寺堡贫困学生和教育事业的发展，先后捐资近10万元，为红寺堡62名特困学生继续接受教育创造了机会，帮助一个又一个贫困家庭的孩子摆脱贫穷的困扰，迈进高等学府的大门。这些爱心救助，不仅帮助众多贫困家庭孩子改变了个人命运，也改变了诸多家庭的困境。用邹献朝老人的话来说："几年来最大的收获莫过于收到被资助学生、家长的问候信近1000封，最大的回报莫过于受助学生一个个健康成长，成为祖国有用的人才"。

这位老人虽然远离我们而去，但他无私助人的精神将在红寺堡大地根植繁衍。无论是名声远扬的知名人士，抑或是默默无闻的普通市民，他们都以实际行动传递着爱心接力棒，阐释着"助人为乐"，温暖着人间社会。

◎小视窗

邹献朝（1931~2009年），男，安徽省濉溪县铁佛乡人。共产党员，宁夏高级人民法院原院长，最高人民法院咨询委员会原委员，中国法学会原会员。

1998年，在司法部门工作了几十年的邹献朝退休了。在长期的司法工作中，他遇到过许多青少年案件，离开工作职位后，对青少年的关爱，是他心中最放不下的情结。告别繁忙的工作后，他便开始思索怎样为青少年做一些力所能及的事，并萌发了资助贫困学生的想法。这个想法一说出来，子女们马上支持，于是就有了8个子女、5个孙子每年定期向父亲提供爱心基金。

2002年，邹献朝在北京协和医院住院期间，正值党的十六大召开。他与参加大会的宁夏红寺堡的同志取得了联系。在病房里，红寺堡负责青少年工作的同志谈的失学儿童情况让邹献朝的心情久久难以平静。他说，现在自己生活好，有责任尽力帮助困难的群众，帮助那些需要关爱的少年儿童。

"孩子们，爷爷想你们了。"这是邹献朝说的第一句话。他鼓励孩子们一定要克服家庭困难，励志成才。说这番话时，记者看到许多受助孩子和家长的眼睛中闪着泪光。随后，他委托红寺堡妇联将孩子们的学费送达到位，并交给红寺堡小学校长王耀斌5000元的"春蕾书屋"费用。

谢文辉后来考入南京农业大学，是受助贫困生中的第一个大学生。邹献朝摘下自己的手表给谢文辉戴上，并塞给他500元路费。谢文辉激动地说，自2003年第一次见面以来，邹爷爷一家人给了他莫大帮助，"可以说，没有邹爷爷就没有我的今天。"谢文辉一再表示，将来自己要成为社会有用的人，接过邹爷爷的爱心接力棒去帮助别人。

第二节 风雨菊花台

菊花台，一首流行歌曲的名字，歌声婉转感伤。

在罗山脚下，红寺堡区南川乡（现为新庄集乡），有个村庄也叫菊花台，诗意的名字难掩残酷的现实：这里是红寺堡残疾人比例最高的村庄。全村居民278户1405人，却有残疾人76户99人，其中一家2名以上残疾人的有19户44人，68名重度残疾人生活不能自理。

贺小雪，一个如花似玉的名字。然而19岁的她智力残障，至今不会说话。贺小东，贺小雪的弟弟，智障，已经10岁的他每天穿着开裆裤满院子乱跑。这个不幸的家庭共有4人，均是重度残疾。2006年从隆德县移民至此。因为没有任何生活能力，贺小雪的叔叔贺福成便担当起照顾他们一家的重任，60岁的他至今未婚。

48岁的蒙耀军一家也是2006年从隆德移民过来。蒙耀军1 4年前视网膜脱落导致双目失明，妻子杨彩灵（后于2013年去世）从小患小儿麻痹，双脚失去行动能力，年迈的母亲也已失明七年。全家人的唯一收入就是每年老家给他们发的2000多元退耕还林款。因遗传所致，17岁的女儿也高度近视，为了减轻家里的负担，初中刚毕业年便到银川市一家餐厅打工，每月收入七八百元，用柔弱的肩膀挑起一家的重担。

当别人提出任何问题时，村民邵希阳只会用“就是，就是”来应答。邵金阳、邵希阳弟兄俩都是智障残疾人，生活完全不能自理，全靠近60岁的哥哥邵贤阳照顾。“哥哥不在了他们咋办呢？”村支书高堆仓话语中透出深深的伤感。

郭秀华，儿子外出打工，家里留下了4个未成年的孙子和疯癫的儿媳妇。每天，她除了照顾4个孙子的生活，还要一步不离地跟在儿媳妇旁边，儿媳妇已经走丢过多次，每一次都要跑好几个村子才能找回来，有一次大冬天跑出去，因为没有穿衣服，差点冻死……

在菊花台，很多不幸的家庭，有着近乎雷同的不幸故事。在老家西海固地区因为山大沟深出行困难车祸频发而导致的肢体残疾、因水质含氟量较高和近亲结婚等因素造成的智力残疾、因遗传类疾病导致的目盲耳聋乃至身体畸形……

这个村庄，似乎一直在与命运进行着无谓的抗争。因为短期内难以根本改变的这种基础与现状，使得这个成为红寺堡残疾人群和低收入群体缩影的村庄，一直苦苦挣扎在温饱线以下。

村支书高堆仓心中装着一本账，这个村庄发生的很多事情都是极为棘手的难题。有的智障家庭，组织上每年都会调拨一定的被褥和粮油，但他们只是将其随意堆放而不知道拿来用；有的家庭所有人口都为精神类疾病患者，动辄走失，村上要组织人力物力一次次地寻找；有些肢体残疾的家庭，因为缺乏劳力，土地无人耕种，全村此类情况导致的撂荒土地高达千亩以上……他说，村“两委”班子当前面临的最主要问题不是怎么发展，而是如何先把这些残疾人家庭的基本生活问题解决好。

党和政府不会忘记生活贫困的移民群众。菊花台，因为极度贫困而吸引了更多关注的目光。

2010 年 8 月 21 日，宁夏回族自治区党委书记张毅参加全区县域经济观摩活动，在红寺堡区南川乡菊花台村调研残疾人生活情况时，看到菊花台残疾人和群众生活整体贫困的情况后，心情十分沉重。他对随行调研的区、市相关领导说：“不要把残疾人当成一种包袱，要换个角度看问题，想办法将其变为促进发展的优势，要打慈善牌，引进福利企业，发展光彩事业，帮助残疾人实现就业，增加收入，为残疾人解愁。”

在各级党委、政府的关心和社会各界的鼎力支持下，菊花台，这个曾经名不见经传的移民村庄，迎来了命运扭转的曙光。

在自治区相关厅局和吴忠市、红寺堡区两级党委、政府的高度重视下，红寺堡菊花台村“阳光家园”残疾人日间照料中心和幼儿园立项建设。项目总投资 1500 万元，建筑面积 3721 平方米，北京中联环设计院免费进行设计，宁夏发电集团提供了太阳能光热系统方面的基础设施，宁夏燕宝基金提供善款 100 万元用于项目建成后正常运营。菊花台“阳光家园”项目于 2011 年 10 月 22 日建成投

▲ 2012 年自治区党委书记张毅、副主席刘慧等领导为菊花台阳光家园照料中心揭牌

入使用，这个可供 120 名残疾人吃、住、健身、娱乐、康复的集中供养中心，是菊花台村最漂亮、最现代化的建筑，通过对全村失去劳动能力的残疾人进行集中照料，这里成为残疾人温暖的家。

◎ **小视窗**

菊花台赋

宁夏川，滔滔黄河，自甘汇宁，势遇塞北江南而趋平；汤汤河水，自西走北，恩播大河两岸亦流芳。宁夏党委政府高瞻远瞩，沿黄经济跨越发展。黄河善谷首创慈善之路，慈善兴业再造惠民之风。

红寺堡，弘德园，慈善产业先行先试核心区；南川乡，菊花台，助残养障集中供养地。

菊花台，地生菊花而隽秀，民多残障而悲怆。党委政府精心谋划，残障保证落地生根。

岁在辛卯，时届深冬，菊花虽谢，其香犹存。阳光和煦，彩旗飘飘。人心乍暖，典礼隆隆。政府慈善，阳光家园。重残智障，集中供养。光彩事业，厚德载物。

阳光家园，四合民院。科学设计，人文理念。绿色环保，功能齐全。餐厅厨房，明净宽敞。餐桌供给，科学配方。宿舍浴室，设置恰当。康复器材，康健保障。用具设施，相得益彰。生活学习区，医疗康复屋，人员办公区，布局相宜；管理员，炊事员，工勤员，爱心在线。

阴阳之枢纽，人伦之轨模。智障重残，凡四十三人，昔日：颠沛流离，饱经沧桑；今朝：安居适舒，面满春光。起居有度，作息正常。修饰装扮，感热知凉。嬉笑晏晏，性灵外放。戚戚作揖，意谢恩长。乐居家园，人伦尽享。

人获尊严，地集灵气；紫气东来，菊花芳菲。助残如春风大雅，播善似秋水长天。

嗟夫！仰罗山之巍巍，俯大地之苍翠。慨菊花之香流芳，歌民生事业溢光。慈善未央，续写华章。风流人物，再造辉煌。（作者：陈维良）

人间真情，大爱传递。菊花台，这个村庄里，爱心接力一直在延续。

2012年1月5日，自治区党委书记张毅再次来到菊花台，为阳光家园残疾人照料中心的建成揭牌。他看望慰问了接受照料的残疾人，并指出，成立残疾人照料中心，这种模式在全国来说都是一种探索，发现问题要及时解决，及时研究，不断完善，做到标准化建设、标准化管理，切切实实为残疾人谋福祉。张毅说，既要让残疾人充分感受到党和政府的温暖及社会各界的关爱，也可以尝试着组织一些适宜的或游艺性的生产活动，让残疾人做一些力所能及的事，让他们的价值有所体现，让他们享受照料，心里踏实。

▲ 自治区主席刘慧在红寺堡区慰问残疾人

2012 年 2 月 16 日，世界杰出华商协会慈善公益中心主任卢星宇个人捐赠 25 万元购置的“平安校车”，捐赠到菊花台村阳光家园幼儿园，承担起接送孩子们上下学的重任。

2012 年 4 月 21 日，北方民族大学法学院与菊花台村建立结对帮扶关系，并向菊花台小学捐资 3000 余元以及课外书、工具书、学习用具等。

2012 年 5 月 20 日，全国助残日。宁夏广播电视总台“安琪爱心汇”栏目举办的“走基层、学雷锋、献爱心黄河善谷特别行动”在红寺堡举行现场捐助。来自区内外的爱心人士共募集 8 万多元善款，用于红寺堡区残疾人事业。同时还购买了价值 3 万元的生活物资，专程捐赠到菊花台残疾人照料中心，用于解决照料中心物资不足等问题……

“菊花残，不再殇”——当慈善的星火，点燃了残疾人主动融入社会、自尊自信体面地生活和发展的希望，这片土地，不再寂寞，不再忧伤。慈善大爱的涓涓细流，在这里，必将汇集成磅礴的力量！

第三节 “黄河善谷”——慈善的力量

消除贫困、改善民生、实现共同富裕，是社会主义制度的本质要求。残疾人是一个特性突出、特别需要帮助的社会群体。让这一特殊困难群体实现脱贫致富、过上小康生活，是全面建设小康社会的应有之义。2011 年，宁夏回族自治区党委、政府创造性地提出打造“黄河善谷”发展战略，依托黄河文明发展区域经济，在黄河两岸形成慈善盆地，将传统的救助型、输血型慈善提升为现代的产业型、造血型，以慈善事业助推经济发展。红寺堡，因为残疾人口多，扶贫开发任务重，自身基础薄弱，由此成为黄河善谷发源地、宁夏培育和打造慈善产业的核心区和先行先试区。在这片爱心与慈善充溢的大地上，一种力量正在悄然积蓄。不负善名——新的故事，新的节奏，新的篇章，新红寺堡，因特色而变，因希望而变。

战略决策

红寺堡区历经十余年移民开发建设，经济社会取得长足发展，移民群众生产生活条件得到较大改善，但发展落后、民生困难问题仍然比较突出，尤其是各类困难群体的脱贫致富问题更需要下大气力去解决。在自治区、吴忠市各级党委、政府的高度关注下，一个以集聚产业慈善资源，探索扶贫助残新模式为目标的重大发展战略由此诞生。

2011 年，自治区党委书记张毅在一篇调研文章中这样写道：去年下半年，我们在红寺堡区一个叫菊花台的村子调研时了解到，该村残疾人多达 99 人，其中重度残疾 29 人，他们的生存生活状况，深深地触动着现场每一位同志，使我们感到寝食难安。之后，我们又到一家名为爱德福利制衣有限公司的企业调研，该企业有 160 名员工，其中吸纳了 44 名有劳动能力的残疾人就业，占员工总数的 27%。公司对残疾员工实行每月 1000 元的最低工资保障，并且每年拿出销售收入的 5% 设立企业残疾人扶助基金。这家企业的做法和这里残疾人的精神面貌，也深深地打动了我们，引起了对如何帮助残疾人脱贫致富、共享美好生活的思考……

我们决不能把残疾人完全当做“包袱”，也不应该单纯依靠“输血”救济，而要看到残疾群体中蕴藏的精神财富和创造能力，努力搭建助残扶贫平台，调动一切积极因素，走慈善兴业之路，正是残疾人脱贫致富的希望所在……实现好、维护好、发展好包括残疾人等特殊困难群体在内的最广大人民的根本利益，是我们工作的重要出发点和落脚点。要积极推进慈善兴业，助残扶贫，努力帮助包括残疾人在内的特殊困难群体同步进入全面小康社会。

2010 年 9 月 2 日，中民慈善捐助信息中心起草的一份针对宁夏慈善事业发展的计划信送至自治区主席王正伟的案头。王正伟在详细阅读后当即作出批示：请民政厅拿出工作方案，吸收有关方面参加，并支持推进。12 月 6 日，自治区党委书记张毅、政协主席项宗西视察红寺堡区菊花台村和汇川爱德福利制衣厂。在随后召开的座谈会上，张毅书记提出了创建慈善工业园区的思路，并要求相关方面研究实施意见。12 月 13 日，张毅同志针对协调落实创建“慈善工业园区”有关情况作出批示，要求相关领导和部门进一步研究创建“慈善工业园区”相关事宜，以解决红寺堡 1.46 万残疾人发展问题为重点，并将此作为向东部招商引资的措施。

▲ 慈善企业

如何解决像红寺堡菊花台这些残疾、贫困人口的生计问题？自治区党委层面，提出了一套解决方案：让有劳动力的残疾人，到福利企业实现就业；没有劳动能力的残疾人、失能失智的老人，则由专业的社会组织为他们提供照料服务。

自治区党委随即提出“创建慈善工业园区”：政府以优惠政策鼓励福利企业来贫困地区落户，吸纳残疾人就业；另一部分没有适合残疾人岗位的企业，则拿出一定比例善款，购买社会组织的服务，为弱势群体提供更专业的帮扶。

根据自治区党委关于慈善产业化发展的思路，自治区民政厅全面开展慈善园区建设策划方案，研究提出慈善福利等方面优惠政策，并参与选址考察工作。吴忠市将发展慈善事业作为 2011 年的工作重点，加快规划在红寺堡区和利通区建设两个慈善工业园区。

2011 年 2 月，宁夏正式提出打造“黄河善谷”发展战略，即在沿黄河地区建设产业聚集区，为当地有一定劳动能力的残疾人群和贫困人口创造就业机会，以慈善事业助推经济发展，在黄河两岸形成慈善盆地，探索一条由政府主导、企业参与、市场带动的“造血型”慈善新路。

◎ **小视窗**

黄河善谷“一部、六园、七城”总体架构

按照黄河善谷总体构架，宁夏全力打造现代慈善发展平台。“一部”就是慈善总部，在银川市建设宁夏慈善大厦，为企业家们提供服务，吸引慈善家都来宁夏投资项目，成为宁夏慈善头脑中心、信息研究中心和公益组织孵化基地。“六园”就是建设红寺堡弘德、利通立德、同心同德、原州圆德、西吉吉德、海原厚德慈善园区，成为聚集和承载慈善产业的核心区。“七城”即沿黄河的石嘴山、银川、吴忠、青铜峡、灵武、中卫以及作为“黄河金岸”延伸带的固原 7 个城市争创中国慈善城市，形成“善谷”，成为全民慈善的基础环境。具体来说有“八大工程”，即政策法规创新、体制机制创新、慈善园区建设、慈善组织培育、弱势群体救助、慈善城市创建、慈善人才培养、慈善文化建设工程。

▲ 自治区主席刘慧调研慈善产业

黄河是中华文明的发祥地，开放、包容、和谐的文化生态，彰显海纳百川、源远流长、生生不息的精神；“善谷”则寓意现代慈善的发祥地和聚集区，代表慈善洼地和产业特区。由此，一个被业界广为称赞、被媒体竞相报道的新型慈善模式——“黄河善谷”出现在大众视野中。

2011年，宁夏反复调研、讨论和上报的“黄河善谷”发展模式，得到了国家民政部和一些学者的肯定。曾任民政部社会福利和慈善事业促进司司长的王振耀认为：慈善产业化是慈善事业发展到一定阶段后的必然。将慈善事业产业化，这是与欧美发达国家慈善理念接轨的先进模式。宁夏既从法规上肯定社会慈善企业，又设立专门的园区，在缺乏经验的条件下先行先试，对慈善界是个贡献。

2011年9月5日，时任中共中央政治局委员、中央书记处书记、中宣部部长刘云山到弘德慈善工业园视察时指出：“现阶段，在贫困地区用慈善产业的发展来带动经济发展，解决贫困人口和残疾人的问题是一个创举，应当大力宣传。”

▲ 自治区政协主席项宗西调研慈善产业

路径的选择

宁夏“黄河善谷”发展战略的目的就是以园区为依托，以产业为支撑，通过发展慈善工业园区，把残疾人的民生问题解决好，并从过去的救助型转变成现在的产业型，从过去的输血型转变成如今的造血型。通过吸引企业投资，发展工业，吸引残疾人就业，长期解决残疾人就业问题，也解决贫困人口就业。这一发展战略的提出，引起了社会的强烈反响，宁夏各级各部门同心戮力协同推进，社会各界踊跃参与共襄善举。塞上宁夏，春风涤荡，慈善兴业，呼之欲出。

为了让党的扶贫惠民政策不断惠及最广大人民群众，让慈善兴业的有益探索造福更多的特殊困难群体，宁夏计划实施多项财政政策支持慈善工业园区发展，打造政策洼地吸引企业家投资兴业行善，进一步支持造血型慈善。从政策支持方面，宁夏颁布实施了《宁夏回族自治区慈善事业促进条例》，以地方法规的形式对慈善组织、慈善活动、慈善企业做了进一步明确。制定了《宁夏慈善园区招善引资优惠政策》，安排专项资金支持慈善工业园区提升服务功能，鼓励入园企业投资建设公共技术研发、公共信息等公共服务平台，按照不超过公共服务平台实际投资额的50%给予补助，并同步实施税费减免，对入园企业吸纳宁夏户籍残疾人、失业人员就业的，给予全额或50%的社会保险补贴；对进入园区企业就业并签订劳动合同的城乡低保对象，实施城乡低保政策链接等。

2012年8月，中国（宁夏）慈善博览会在银川举行。全国70个城市、175家慈善组织、87家乐善企业参加，2万余人次参展，积极搭建了慈善企业、园区和慈善组织之间的对接平台。参加会展的全国政协副主席白立忱对宁夏立足现代慈善前沿、着眼大力改善民生、创新发展慈善事业科学模式的做法给予充分肯定。在招善招商成果发布暨项目签约仪式上，共签订68个项目，总投资额达332.8亿元，慈善项目15个，涉及助学、助困、医疗救助、养老服务等方面。

以加大慈善公益项目对外宣传推介为抓手，宁夏积极打造"慈善项目库"，不断争取国家支持，吸引社会力量关注。2013年10月举办的第二届中国公益慈善项目交流展示会上，宁夏共有22个项目入选中国公益慈善项目库，宁夏以"黄河善谷"建设为核心，创新慈善事业发展的特点和思路，得到了清华大学、北京大学等公益慈善专家、学者的一致好评，成为香港有线电视台等境内外媒体关注的焦点。

在宁夏，通过积极推动"重生行动、生命抢救、爱心助学、扶老助残"等慈善项目实施，一批企业家和慈善人士积极参与，惠及特殊群体3万余人。各类慈善组织有了新发展，宁夏慈善公益组织联合会等一批公益慈善组织和慈善基金会先后成立，全区慈善组织达到193个，专职从业人员1000多人……

◎ **小视窗**

宁夏：从菊花台村到"黄河善谷"

菊花台村，一个美丽的名字，但这个村庄的故事并不轻松，这里是宁夏吴忠市红寺堡区残疾人比例最高的村庄。蒙耀军眼睛失明，而他的妻子杨彩灵则患有类风湿，不得不依靠拐杖行走。菊花台村即将建成一所残疾人照料中心，蒙耀军夫妇都符合入住条件，但杨彩灵却有顾虑。

高支书说服杨彩灵入住的残疾人照料中心，目前正在收尾、装修阶段，10月底就可以完工。这里不收残疾人一分钱，实行的是政府和慈善组织共同出资的供养模式，最多可以照料120名残疾人。菊花台村所属的红寺堡区，还努力为残疾人创造更多就业工作的机会，从传统的救助型、输血型慈善提升为现代的产业型、造血型慈善。

打造包括弘德工业园在内的黄河善谷，就是要在宁夏的黄河两岸形成慈善盆地，通过产业园的优惠政策，以慈善事业助推经济发展，又以经济发展保障慈善事业。（选自中央电视台《新闻联播》，2011年10月6日。）

作为慈善产业的先行先试区，吴忠市大胆实践，积极探索，规划建设了立德、弘德两个慈善产业园区，推出了“十大优惠政策”，建立了规范透明的慈善基金会，创建了专门的残疾人职业教育培训基地，并通过形式多样的宣传推介和招善引资，引进了一批慈善产业项目，在慈善兴业、助残扶贫方面积极探索，迈出了步子。

以规划为龙头，吴忠把慈善事业与慈善产业纳入园区发展总体布局。在规划定位上，确定立德慈善产业园为研发和培训基地，弘德慈善产业园为生产基地。在建设功能上，立德慈善产业园以创意研发、教育培训、康复服务为主，规划了残疾人创业、清真产业和文化创意等7个产业功能区；弘德慈善产业园以劳动密集型产业、高科技产业项目为主，大力发展特色农副产品加工业、加工贸易型产业和高科技产业。在规划建设目标上，依托宁夏沿黄经济区建设，形成慈善事业与慈善产业相辅相成、与经济发展互融互动的一体格局。

通过抓政策引导，吴忠市造就输血与造血共同促进机制。按照“国家鼓励、社会参与、民间自愿”的原则，着力扶持、培育和发展慈善产业，在土地征用、基础配套、税费减免、善企认定等方面给予落户企业“含金量”较高的优惠政策，以生成“洼地”效应，鼓励和吸引慈善家、企业家入园投资兴业、助残扶贫。通过促进慈善企业可持续发展，把一部分利润不断注入慈善基金，使丧失劳动能力的残疾人和其他贫困弱势群体得到更多救助供养，同时，也使更多有劳动能力的残疾人增强能力、实现就业创业，使传统救助型、补助型输血慈善向产业型、发

▲ 吴忠市委书记赵永清深入宁夏弘德慈善产业园区调研

展型造血慈善拓展。

吴忠市狠抓项目带动，严把慈善项目入园关，使“举善”和“兴业”保持高度相关性，做到“真举善”“举真善”。同时，通过积极引资引善引智，先后在南京等地举办了吴忠慈善产业投资环境推介会和慈善产业发展研讨会，吸引了区内外几十名专家、百余家商会、近千名企业家考察洽谈、出谋划策。在引进的项目中，有的企业在园区直接投资兴业，有的是以捐赠厂房、支持项目等方式助推慈善产业。已开工建设的许多项目，如穆斯林用品产业等，既是当地致力发展的特色产业，也具有劳动密集型的特点，有利于吸纳更多的残疾人就业。

立足园区抓产业、跳出园区兴慈善，吴忠市积极引导全社会关注民族地区慈善兴业、助残扶贫，产生了良好社会反响。通过参加首届“中国城市公益慈善指数”发布会，举办“长河大爱”慈善主题晚会，组织开展“慈善之星”“慈善人物”评选等一系列活动，有力地调动了社会各界共同参与慈善兴业、助残扶贫的积极性和主动性。

吴忠市倾力打造的“立德”和“弘德”两个慈善工业园区，倾注着广大干部群众干事创业的汗水，体现着社会各界助残扶贫的爱心，也开始收获着和谐发展的成果。

2012年8月27日，第二届“中国城市公益慈善指数”在吴忠市发布，在这个被称为“城市爱心GDP”的指数评比中，北京、上海、深圳、无锡、南京综合“慈善实力”跻身前5强。在黄河善谷带动下，宁夏吴忠等4市荣获全国百强慈善城市，吴忠同时还拿下“七星级慈善城市”桂冠。

崛起的力量

慈善托举发展重则，大爱汇集民生福利。红寺堡，因残疾人口众多而备受民生多艰之负累，也因大胆实践先行先试，聚合社会力量创新发展慈善产业，从而成为中国慈善产业的发祥地，宁夏“黄河善谷”的先行区和核心区。几年来，红寺堡以推进政策创新为动力，以强化政策落实为抓手，快节奏地抓招商引善，高效率地促项目落地，在较短时间内开拓了慈善兴业、助残扶贫的工作局面。

用产业引领慈善，让爱心更有力量。红寺堡区坚持发展慈善事业与产业培育相结合，按照政府推动、政策引导、社会参与、企业实施的原则，全力推进经济社会发展。对生活困难的残障群体，采取提高残疾人补贴标准，扩大救助范围，推行残疾人“全覆盖”救助机制，让残疾人真正实现幸福尊严的生活；对有一定劳动能力的，采取针对性的职业技能培训和教育，使其掌握一至两项职业技能并实现就业，尽快融入社会、享受平等待遇；对于重度残障，采取建设福利中心，实行集中供养的办法，彻底解决他们的基本生活问题，有效减轻了社会负担。通过举红寺堡区之力打造慈善家、企业家与贫困群众互利共赢的政策洼地、道德高地，慈善，已经成为一面旗帜，成为一种力量，更成为红寺堡实现转型发展、跨越发展的路径选择。

按照产业化发展的总体思路，红寺堡区规划建设了全国第一个把慈善和产业有机结合、联动发展的新型工业园区——宁夏弘德慈善产业园区，红寺堡慈善兴业的步伐从这里坚实起步，“黄河善谷”核心区由此拉开建设大幕。

选择，决定视野；机遇，决定成败。在红寺堡，慈善产业激活一池春水，这里成为一片充满希望和活力的投资创业的热土。区委、政府围绕这个宁夏全区社会经济发展的一号工程，举红寺堡区之力发展慈善产业。专门制定了推进慈善产业发展的实施方案，成立慈善产业发展领导小组，明确了工作任务，设立了慈善产业研究部、慈善产业推进部、创建慈善城市推进部、劳动力保障工作部、宣传协调工作部五个工作单位来各司其职、分头推进，为慈善产业的发展提供了强有力的保障。

随着慈善兴业步伐的不断加快，中央电视台等中央主流媒体对红寺堡发展慈善产业进行深度宣传报道，营造了良好的社会舆论氛围。弘德慈善产业园基础设施建设稳步推进，产业聚集和项目承载能力有效增强，招商引资成效显著，神华集团、中石化、中烟总公司等大型企业相继入驻园区。以慈善产业为突破，红寺堡全力打造吴忠增长极，为实现跨越式发展奠定了良好的基础。

▲ 爱心奉献

第四节　朝阳产业——腾飞的希望

宁夏“黄河善谷”发展战略实施以来，红寺堡通过慈善兴业助残扶贫，致力于解决残疾人最关心、最直接、最现实的利益问题，努力寻找慈善事业和现代化建设的有效结合点与有力突破口。通过规划建设弘德慈善产业园，为发展慈善产业搭建了平台，以实施“三争双招”为抓手，积极引进大型公益慈善企业，开辟了一片慈善洼地和产业特区，让越来越多有劳动能力的残疾人走上就业创业之路，越来越多丧失劳动能力的残疾人有安身怡养之所，生存权更好得到保障、生命权更加得到尊重，真正做到了发展成果由最广大人民群众共享。

一个工厂的启示

2010 年初冬，自治区党委书记张毅一行来到红寺堡一个名不见经传的小小制衣厂调研。这家企业名为爱德制衣厂，是红寺堡区最早建设的一家集防寒服、工服、校服、劳保服装、棉被、被套等加工制造为一体的福利企业。爱德制衣厂之所以引起了张毅书记的关注，是因为企业 160 名员工中，有 44 名残疾人，占员工总数的 27%。当了解到爱德制衣厂对残疾员工实行每月 1000 元的最低工资保障，并且每年拿出销售收入的 5% 设立企业残疾人扶助基金，张毅书记被企业的做法和这里残疾人的精神面貌深深打动。他在后来提到这次调研时说：在爱德制衣厂的见闻，引起了我对如何帮助残疾人脱贫致富、共享美好生活的思考……

后来，宁夏汇川服装有限公司与爱德福利制衣厂合作，建设年产 30 万件（套）服装和 6 万顶救灾帐篷的生产线项目，将企业更名为汇川爱德福利制衣厂，成为宁夏“黄河善谷”发展战略实施以来，红寺堡区第一家专门安置残疾人就业的企业。

在爱德制衣厂，透过很多残疾人背后心酸的故事，可以深刻体会到这样一家福利企业，为他们带来的不仅仅是生活的基本保障，更重要的是，企业帮助残疾人融入社会，让他们更有尊严地体面地生活。

27 岁的赵福霞，因为残疾被视为累赘而被丈夫家“扫地出门”，她抱着 5

▲自强

个多月的孩子四处流浪、无家可归。听到爱德制衣厂招工的消息，她抱着碰一碰运气的想法报了名。令她难以置信的是自己居然被接纳了。进入公司后，她小心翼翼经营着“这想破头都想不到的工作”。每天清晨，她早早起来为其他职工做饭；上班后，她埋头苦干，任劳任怨；下班了，她拖着那条不听话的腿，在大院儿里收拾杂物……“我们每次都说，你不要这么辛苦，做你正常的该做的工作就行了，但是她不听，一刻也停不下来！”董事长侯建军面对赵福霞也没了脾气，只好由着她去。

考虑到她的实际困难，厂里分了一间“母女房”给她，加上辛苦工作挣得1700多块钱工资，赵福霞幸福的一塌糊涂，经常流泪感叹：“原来我也有尊严。”

现在，赵福霞每月包吃包住还能拿上一千七八的工资，其他员工一边羡慕一边也想办法提高自己的工作效率。周玉萍也是其中之一。年幼时因为一次意外失去左臂的她，在进入爱德制衣厂后，在工厂和吴忠市慈善总会的关心和帮助下，免费安装了假肢。“经过锻炼，现在已经适应了，可以骑自行车，干活时（假肢）

的帮助作用相当大。”周玉萍说：“来到这里，我的生活发生了巨大的改变，我不但能自食其力，而且克服了自卑心理，走在大街上也敢挺起胸膛，不再畏惧别人异样的眼光了。”

大学毕业的马小强，因为患有强直性脊髓炎，只能依靠拐杖行走。在爱德制衣厂，他找到了人生中的第一份工作。他和女友姜宁的感人爱情故事经中央电视台等主流媒体报道后，引起社会广泛关注。在当地政府和社会爱心人士的帮助下，一家爱心医院免费对马小强进行治疗，取得了明显的疗效……

在这里，残疾员工享受到更多的福利待遇：工资比正常员工高出20%，提供免费的食宿，大病不出红寺堡，小病不出厂子，每年拿出销售总额的5%作为残疾人的救助资金，主要用于工资补贴、福利补贴和大病医疗。残疾人月平均收入接近2000元，最高的拿到2800多，最低的一千五六百。残疾人主要在专用机器上工作，操作起来比较方便。新盖的宿舍楼，专门为残疾人设置了无障碍通道。

能生存，有尊严，怎么活都温暖。汇川爱德福利制衣厂运营模式的成功实践，让一批特困群众和残疾人实现了就业，不再是家庭的负担、社会的包袱。在他们看来，他们得到的不仅是一份工作，而是做人的尊严；收获的不仅是一份薪水，而是人生的价值；改变的不仅是一种生存方式，而是对生活的希望。

一个园区的长势

位于宁夏轴心的红寺堡，在宁夏“黄河善谷”发展战略中占据重要的地位。按照自治区党委、政府和吴忠市委、政府的统一部署，红寺堡全力规划兴建宁夏弘德慈善产业园区，通过不断强化基础设施建设，加快招善引智步伐，着力构建宁夏中部慈善家、企业家投资兴业、扶贫济困的道德高地，积极探索发展将传统的救助型、输血型慈善提升为现代的产业型、造血型的以慈善事业助推经济发展的新模式，着力形成慈善事业与扶贫开发相辅相成、与经济发展互融互动的新局面。慈善产业，成为助推红寺堡经济社会发展的发动机。

宁夏弘德慈善产业园区位于红寺堡区滚红高速连接线东侧、盐中高速北侧，距红寺堡城区3.5公里。园区远期规划面积为30平方公里，近期规划面积为

10.06 平方公里。按照“构建产业与事业一体发展格局”的思路，园区进行了“一园五区”的规划布局。劳动密集型产业区主要发展服装、残疾人用品、穆斯林用品等轻纺产品制造产业；加工贸易型产业区重点引入葡萄、枸杞等果类加工、清真食品加工、绿色蔬菜加工等农副产品加工产业；新能源装备制造产业区大力发展风能装备制造和太阳能光伏设备制造产业；仓储物流产业区着力培育物流企业，发展现代物流配送，提供物资储备、集散、周转、配送等服务；行政商贸教育片区主要为园区提供行政管理、安检、工商、税收、贸易洽谈、职业教育等综合服务。与此同时，红寺堡还立足规划做好项目配套，探索拉长产业链，打造产业集群，着力构建完善的现代产业体系。

2011 年 3 月，宁夏弘德慈善产业园区完成了总体规划，4 月份正式启动 4.4 平方公里的启动区建设。这个被称之为我国首个慈善园区的工业园，从规划到建设，得到了社会各界的高度关注和大力支持。

中石化集团公司承诺，投资 9000 万元在园区建设中石化燕山红寺堡塑料制品项目，完成建设后，将连同机器、设备全部无偿交给宁夏回族自治区政府。

▲ 建设中的神华创业园

中烟旗下公司在弘德工业园投资3.7亿元建设宁夏弘德彩印包装项目的同时，国家烟草专卖局决定一次性无偿给园区提供1亿元资金，用于园区基础设施建设。

自治区交通厅援建8.3公里园区道路，自治区水利厅援建380万立方米蓄水池及配套水厂工程，自治区发改委、财政厅、民政厅、残联……许多部门对这份慈善事业给予了最大的关怀和帮助。

2013年3月，弘德慈善产业园区规划得到进一步深化，规划园区面积90.06平方公里，控制面积30平方公里，其中创新规划了14平方公里紧急救援物资产业基地，大手笔描绘了弘德慈善产业园区未来发展的蓝图。

截至2014年6月，园区各类基础设施建设投资累计近10亿元，完成启动区10平方千米的七纵六横39千米的道路、27千米给排水以及29千米的道路亮化工程，建成了380万方的鲁家窑蓄水库和水处理工程，完成35千伏兴旺变电站和110千伏戎家川变电站工程，铺设通讯光纤15.6千米，建成通讯基站2座，平整场地1.2万亩，植树1840亩14万株，建成2台20吨热水锅炉房及附属工程，铺设一级管网6.1千米，建成换热站7座，建成公共服务区公租房4栋400套18000平方米，拓展区18.5千米道路土方路基基本完成，紧急救援物资基地直升飞机临时跑道、慈善林及周边生态综合治理项目正在抓紧建设。

如今，园区建设前的荒山丘陵旧貌早已改头换面，核心区主次干道纵横交错、绿树成荫、水电畅通。这里已经成为红寺堡发展慈善产业的主战场和全新平台。

慈善速度

按照“边建设、边招商”的思路，红寺堡区在宁夏弘德慈善产业园区规划建设伊始，就着力实施项目带动战略，创新招商与招善联动兴业模式，全力打响招商引资和项目投产达效攻坚战。通过“走出去”与“请进来”，积极举办慈善产业投资环境推介会等方式方法，谋划大项目、瞄准大型企业，开展招商引资和合作洽谈，引资引善引智，吸引区内外专家学者、企业家、慈善家来红参观考察、举善兴业。

在宁夏弘德慈善产业园区，感受一种崛起的力量。在这片慈善兴业的热土上，

▲ 筑巢引凤

一种全新的“慈善速度”，诠释着一个朝阳产业兴起的魅力和希望。在这里，引进的每一个项目都成为拉动园区经济发展的强力引擎。

2011 年，从启动区基础设施建设破土动工，到园区初具雏形，短短数月间，已有 13 家企业落地弘德工业园，总投资达到 92.7 亿元，7 家企业开工建设。8 月 22 日，第一家入园企业宁夏白浪包装印务有限公司入驻园区；9 月 6 日，宁夏黑金新型建材公司陶土干挂板及保温耐火材料生产项目破土动工；9 月 22 日，神华集团援建红寺堡创业园项目奠基；11 月底，神华集团投资 1.2 亿元无偿援建的 20 栋标准化厂房，一期 10 栋交付红寺堡使用……

2012 年，园区协议建设项目 32 个，已建成白浪包装印务、荣廷纺织品、艾依莎服装加工等 7 个项目，宁夏弘德包装材料、中石化燕山红寺堡塑料制品、黑金新型建材、金风嘉泽科技园、兴盛邦 4 万吨钢结构等 21 个项目开工建设，大唐国际热电联产、甜玉米加工等 4 个项目加紧实施前期准备工作……

2013 年，弘德烟包、中石化塑料制品、嘉泽发电、荣廷纺织、白浪包装、红川辣酱、汉森葡萄酒、紫尚葡萄酒、中贺葡萄酒、康龙葡萄酒、精华电器等项目均步入正轨。园区 12 家生产经营企业共完成工业总产值 2.17 亿元，同比增长 186%；实现利税 47 万元，同比增长 85%……

涓涓细流汇成海。这是爱心的召唤，是社会责任的最好诠释。带着这份责任和良知，企业家们从全国各地来到了这里，将慈善的希望点燃。截至 2014 年 4 月，已有 53 个项目落地慈善园区，其中，建成投产项目 17 个，正在加紧建设项目 28 个，正在做建设前期准备工作 8 个。弘德烟包、中石化塑料制品、嘉泽发电、荣廷纺织、白浪包装、红川辣酱、汉森葡萄酒、紫尚葡萄酒、中贺葡萄酒、康龙葡萄酒、精华电器等项目均已步入正轨。

随着慈善兴业理念的不断延伸，在红寺堡大地，基本形成了以慈善产业为支撑，以城区和工业园区为轴线、以乡镇、社区、企业、农户为构架的核心商贸经济圈。

政策洼地与道德高地

思路决定出路。红寺堡区将慈善与产业相结合，赋予了慈善全新的内涵。通过设立由政府监管的慈善壹基金，有效聚集了社会善源；制定出台了土地、税收、奖励等十项全国独一无二的优惠政策，对现有福利企业制度进行大尺度突破，积极为残疾人和特殊贫困群众脱贫致富创造机会、开辟途径；通过引导落地企业将每年盈利部分按一定比例汇入慈善基金，有效解决了当地没有劳动能力的残疾人群体的生活保障问题。

按照集聚生产要素、优化资源配置、营造生态产业、加快制度创新的思路和“立足西北、面向全国、辐射中东”的原则，红寺堡区组织编制了紧急救援物资产业基地详细规划，聚集清真食品、农副产品深加工、装备制造、新型建材、救灾物资等产业，采取以商招商、以园招商、以会招商和驻点招商等多种形式，跟踪对接重点招商项目，积极参与招商项目的洽谈、客商会见、优势推介。通过到外省实地考察交流，上门邀请企业来红寺堡区考察投资、洽谈合作等形式，形成了领导带头、部门协同、上下联动的招商引资机制。

结合自治区打造“在西部最优、比东部更优”的投资发展环境要求，区委、政府大力推行“一站式”办理、跟踪式服务的运行机制，实行“一事一议”“特事特办”，通过制定“一站式”服务流程，对所有入园项目前期手续办理实行“保姆式”服务，限期办理，做好项目入园建设的前期手续、办证等有关工作，力争入园企业早开工、早建设。坚持“洽谈项目抓签约、签约项目抓开工、开工项目抓进度、建成项目抓投产”的工作方针，完善和落实项目建设责任制，每周召开项目调度会，研究解决存在问题，全力抓好重点项目的落实。针对小微入园企业困难较多的实际，协调联系中国烟草专卖局和神华宁煤集团捐资1.5亿元援建标准化厂房39栋，争取国家投资项目建设入园企业职工公租房4栋400套，切实为有需求的企业解决了实际困难。

这里，已经成为宁夏慈善产业发展的政策洼地和道德高地。对入驻企业给实行“土地出让金全部用于企业发展”，税收“减五免五”，电价、水价参照居民

消费标准……一切为了客商，一切围绕客商，一切服务于客商。良好的投资环境和投资优惠政策，吸引了埃及等阿拉伯国家和江苏、浙江、广东、上海等省市的客商前来考察慈善事业。

为了更好地帮助残疾人和贫困人口实现就业，红寺堡区下大力气发展劳务经济，设立移民村劳务输出服务站，与许多企业建立移民优先务工合作关系。依托重点项目建设、弘德工业园区和产业基地，按照企业用工需求，采取“菜单式”培训模式，建立企业用工人才储备库，广泛开展移民劳动力、残疾人就业培训。通过举办双向就业洽谈会、劳务输出服务月、招聘会等活动，不断拓宽移民务工渠道。如今，在红寺堡区通过慈善企业招工找到就业岗位的移民，超过了1500人，慈善劳务成为生态移民增收的“半边天”。

随着越来越多的关注的目光聚焦“黄河善谷”，越来越多的有志于慈善公益事业的企业家和客商在宁夏弘德慈善产业园区汇集，红寺堡区委、区政府全力实施“三争双招”战略和产业化发展的思路，慈善兴业步伐不断加快。红寺堡，这片曾经荒芜、贫瘠、落后的土地，正以“只争朝夕、时不我待”的豪情全力实现新的跨越。

第五节　大爱红寺堡

怀抱慈心，施以善行，是中华民族的传统美德，也是人类走向文明的漫漫长路中，像星光一样温暖人心的精神财富。年轻的红寺堡区，不负善名。这里，变劣势为优势，抢抓机遇谋求崛起，慈善兴业成为助推经济社会发展的代名词。随着政府主导、企业唱戏、舆论引导、社会参与，大爱善举在红寺堡蔚然成风，爱心接力棒在红寺堡大地竞相传递，慈善文化在这里落地生根，慈善之城在宁夏黄河善谷城市群巍然屹立。红寺堡，真正成为投资发展的政策洼地、行善兴业的理想福地。

关爱聚焦的地方

“黄河善谷”发展战略的提出、国内首个慈善产业园区的探索与发展、红寺

▲ 紫尚酒业生产线

堡立足区情解决残疾人生活问题的实践与努力，吸引了无数关注的目光。从中央领导到地方党委、政府领导，对慈善产业发展给予高度的关心与支持，慈善家、企业家对宁夏弘德工业园区青睐有加，纷纷前来投资兴业，社会各界富有爱心的人们，更是将关注的目光聚焦在这里，将爱心撒播在这里。

自“黄河善谷”发展战略实施以来，中央领导、国家相关部委、部分国企以各种形式，表达了对慈善产业发展的支持和对红寺堡这个移民扶贫开发新区残疾人问题的关注。

2011 年 3 月，全国“两会”期间，中共中央政治局常委、中央纪律检查委员会书记贺国强听取了宁夏打造黄河善谷战略构想及吴忠市建设慈善工业园的情况和思路的汇报，给予充分肯定。同年 10 月，贺国强又专程到吴忠对慈善工业园区建设情况进行了调研。

2011 年 9 月 3 日，中共中央政治局委员、中央书记处书记、中宣部部长刘云山到弘德慈善工业园视察时指出：“现阶段，在贫困地区用慈善产业的发展来带动经济发展，解决贫困人口和残疾人的问题是一个创举，应当大力宣传。”

2011年7月23日，全国人大常委会副委员长、民建中央主席陈昌智到弘德慈善工业园视察，对宁夏打造“黄河善谷”、发展慈善产业的做法给予充分肯定。

十届全国人大常委会副委员长兼秘书长盛华仁，这位年过古稀的老人，先后十次到红寺堡区就慈善产业发展和慈善工业园区建设情况进行调研，并牵线联系部分央企对弘德工业园区基础设施建设给予资金和项目的支持。

国家民政部对宁夏打造黄河善谷、吴忠发展慈善产业给予了充分肯定。社会福利及慈善事业促进司在北京召开“慈善产业理论与实践讨论会”，就吴忠市建立国家慈善产业试验区的方案进行了论证，认为通过慈善与产业结合促进民生改善，吴忠可以先行先试。在民政部的支持下，吴忠市成功举办宁夏黄河善谷吴忠慈善产业发展研讨会，来自全国的专家、学者纷纷建言献策。

国家烟草专卖局对宁夏弘德慈善产业园区建设发展给予大力支持，确定投资建设宁夏弘德印刷包装项目，这成为第一个落户吴忠慈善工业园区具有引领作用的工业项目。同时决定支持弘德工业园1亿元人民币用于园区基础设施建设。

神华集团出资为园区援建20幢标准化厂房，并援建红寺堡残疾人创业园项目。创业园建成后，将无偿交付红寺堡区人民政府使用，对红寺堡引进、发展劳

▲ 于文华真情演绎《爱在黄河善谷》

动密集型和加工贸易型产业，促进红寺堡区经济社会发展和残疾群众脱贫致富将起到极大的推动作用。

中国长江三峡集团决定投资建立吴忠残疾人培训基地项目；中石油宁夏石化公司决定投资建设生产 1 亿条编织袋生产线；中石化燕山分公司决定无偿援建的年产 7500 吨棚（地）膜滴灌带项目……

◎ **小 视 窗**

神华集团投资 1.2 亿元援建红寺堡创业园

今天下午，由神华集团投资 1.2 亿元援建的红寺堡创业园在宁夏弘德工业园开工奠基，创业园建成后将无偿捐赠给红寺堡区政府，用于红寺堡区引进和发展劳动密集型、加工贸易型产业，改善困难群众的生产生活条件，加快当地贫困人口脱贫致富步伐。

今年年初，宁夏回族自治区提出适应黄河金岸建设，打造“黄河善谷”的构想，这一构想让身处“黄河善谷”核心区的红寺堡群众看到了希望，也为像神华集团这样执着于慈善事业的企业提供了“回馈社会”的平台。为深入贯彻落实自治区党委、政府关于实施中南部地区生态移民工程的决策部署，神华宁夏煤业集团经调查研究，拟订了产业型、造血型的捐助方案，并专题向神华集团作了汇报。神华集团高度重视，决定投资 1.2 亿元率先在红寺堡区弘德工业园援建占地 180 亩的“神华创业园”。一期计划投资 5000 万元，建设 10 栋普通标准化厂房，配套水电路、职工餐厅等基础辅助设施。（选自中国广播网宁夏分网，记者：郭长江、马玲艳，2011 年 9 月 22 日。）

在宁夏，全力推动“黄河善谷”建设、推动慈善产业发展，被提升至前所未有的高度。自治区领导张毅、王正伟、李建华、刘慧、崔波、齐同生等，多次到吴忠、到红寺堡进行调研，对建设慈善产业园区、大力发展慈善产业作出具体安排部署。时任自治区党委常委、政府副主席刘慧同志，多次带领自治区相关厅局就园区道路建设等事宜进行现场办公，解决建设中存在的困难和问题。

领导关注、部位支持，企业援助，一时间，各大媒体聚焦宁夏，“黄河善谷”的发祥地红寺堡走红全国。

2011年9月25日，中央电视台财经频道邀请伊利集团、三峡集团等11家知名企业负责人到吴忠市考察慈善产业发展情况，对宁夏黄河善谷的构想给予高度评价，对吴忠市创新发展慈善产业表示认可，并表达了加强合作、共同推进的意愿。

9月26日，中央电视台财经频道《对话》栏目到红寺堡区汇川爱德制衣厂录制黄河善谷爱心接力专题节目。自治区主席王正伟作为嘉宾参加了此次访谈，与主持人陈伟鸿共同对话，畅谈黄河善谷战略构想和慈善产业的发展。

9月28日，中央财经频道《经济信息联播》栏目开始播发《来自“黄河善谷”的报道》。《对话“黄河善谷”》系列报道活动在2011年整个“十一”长假期间在中央电视台财经频道连续播出，一贯只播出60分钟的节目，首次为宁夏、为慈善破例，延长至90分钟，掀起了全国关注的高潮。

随后，中央电视台《新闻联播》《东方时空》等栏目也相继播出题为《宁夏：从菊花台村到“黄河善谷”》的记者走基层、开展第一手调查的新闻内容，全面展示了宁夏通过努力发展慈善产业，以此解决更多困难群体的生活问题，依靠慈善产业发展来推进经济社会发展的经验和做法。

10月12日，中央电视台财经频道邀请吴忠市领导做客人民网“强国论坛”，以黄河善谷为主题，围绕打造黄河善谷、发展吴忠慈善产业、创新社会管理与广大关注慈善产业的网民进行交流。

而红寺堡，也更多地吸引了社会各界慈善家、企业家和爱心人士关注的目光。中央电视台系列报道播出后，许多慈善家、企业家纷纷来电来函，希望能进驻园区，为慈善事业做一份贡献。

“中国首善”陈光标率领香港企业界爱心人士访问宁夏，并专程到红寺堡汇川爱德制衣厂、生活贫困的残疾人家庭进行走访，为太阳山镇周庄村贫困残疾人和爱德福利制衣厂职工捐助3万多元。

为了将吴忠市慈善产业文化推向更高层次，吴忠慈善产业形象大使、著名歌

▲ 中央电视台《对话》栏目对话“黄河善谷”

唱家于文华，带着演播组多次深入菊花台村照料中心，亲自参与制作吴忠慈善产业歌曲。她为吴忠市创作了《长河大爱》《爱在黄河善谷》《让我说声谢谢你》3 首慈善产业歌曲，并制作了 1 部慈善产业专题片。《长河大爱》在中央电视台音乐频道多次播放，有力地宣传了宁夏黄河善谷。而这一切，她没有要一分钱报酬……

红寺堡，是“黄河善谷”这颗爱心大树上的重要组成部分。顺着这棵大树的脉络，人们看到了全社会慈善事业的希望。

◎ 小视窗

中央电视台《对话》栏目对话“黄河善谷”

自治区党委、政府提出的打造“黄河善谷”战略构想和我市发展慈善产业的创新举措，引起国内企业界和中央媒体的广泛关注。9 月 26 日下午，中央电视台财经频道《对话》栏目来到了红寺堡区汇川爱德制衣厂厂区，录制“黄河善谷”爱心接力专题节目。

节目现场，自治区主席王正伟对打造“黄河善谷”、发展慈善产业的战略意义作了精彩解读。伊利集团、三峡集团、三元食品集团、河套酒业集团负责人积极发言，用共鸣、感触、温暖、渴望、阳光、智慧等关键词来表达此前调研过程中对“黄河善谷”的感受。大家一致认为，“黄河善谷”的提出是智慧之举、创新之举，并围绕如何打造“黄河善谷”、如何发展慈善产业，提出了有建设性的意见和建议，表达了将大力支持“黄河善谷”、支持慈善产业发展的意愿和想法。

王正伟表示，“黄河善谷”的提出，是对慈善事业的开拓、丰富和创新，通过谈论，更加坚定了宁夏打造“黄河善谷”的信心和决心。他说，打造“黄河善谷”不是空谈，我们要抓好产业规划，搞好慈善产业发展论坛，进一步完善有关慈善产业发展的政策，还要举办慈善博览会、慈善家企业家塞上行等活动，全力打造“黄河善谷”。最后，王正伟颇有感触地说，打造“黄河善谷”、发展慈善产业要从脚下做起，从一点一滴做起，从企业家做起。希望更多的企业家关心支持“黄河善谷”的建设，为宁夏经济社会发展做出贡献。

吴忠市市长吴玉才在节目录制现场积极参与对话，谈了慈善产业发展的意义和对吴忠市经济社会发展的作用，表示吴忠市一定会抓好政策落实，做好产业发展规划，做好服务，努力通过慈善产业发展来解决更多困难群体的生活问题，通过产业发展来推进吴忠经济发展。（节选自《吴忠日报》，记者：苏志龙、马淑玲，通讯员：贾丽，2011 年 9 月 27 日。）

人间大爱，在红寺堡悄然汇集。在这重要的历史节点上，红寺堡擎起慈善旗帜南下北上，一路风尘仆仆，招善引资、招善引智，引入 50 多家企业入驻园区，开启了慈善与产业相结合的创新之举，变革了中国传统慈善以捐赠为主的单方“输血”行为，让慈善有了自我代谢成长的“造血系统”，成为政府主导下社会力量的“聚合体”。短短 3 年时间，慈善产业“点”荒滩变福地，弘德工业园招善引资104亿元，“洼地效应”快速显现，方圆数公里内，塔吊、机车、建成投产运营的错落厂房、川流的货车，汇成了一幅慈善兴业勃发的画卷，慈善兴业步伐不断加快，慈善产业迸发出了新的活力。

慈善之风

在历史的长河中，中华各民族深受儒家仁爱思想的影响，逐步形成“崇尚仁爱，孝慈为怀”的思想特征。红寺堡慈善文化的萌芽生根结果源于广大移民群众早已形成的仁慈心怀，以“爱心·慈善·和谐”为核心的红寺堡慈善文化氛围正是基于这种正能量基础在全社会形成。“爱心·慈善·和谐”，是红寺堡人的特质，更是红寺堡慈善思想的内核。

近几年来，红寺堡采取强有力的措施推进慈善文化建设，精心策划组织各种形式的慈善文化活动，使慈善宣传成为媒体的“热门版块”和“焦点话题”，形

▲ 爱的传递

成了良好的慈善公益的舆论氛围。

在红寺堡，慈善之风洋溢在这个年轻的移民新区。校园里，利用校园文化艺术节、感恩教育等活动，以标语、简报、墙报、黑板报和文艺演出等形式开展的慈善宣传随处可见，“善心善行”，从娃娃抓起，努力营造了良好的慈善文化氛围；在城区，街心广场、道路两侧的宣传阵地上，“共产党好、黄河水甜”“慈善托举发展重则、大爱汇集民生福利”“日行一善、善行天下”等大型慈善宣传标语，无不展示着慈善事业、慈善理念的深邃内涵与无穷张力；在窗口服务单位，以慈善募捐箱为主的善款募集方式，为贫困残疾人的生活困难提供了不小的帮助；在宗教场所，利用聚礼日，清真寺阿訇以宣讲“瓦尔兹”形式传递慈善文化信息，慈善观念深入人心……

红寺堡区广泛组织文化、新闻、广播电视等媒介利用资源优势，广泛播报慈善产业动态，讴歌慈善事业中涌现出来的典型。这里，及时出台了各项优惠政策，主动与企业建立互相合作的“伙伴关系”，全面支持企业千方百计吸纳残疾人就业；这里，精心设计制作的“壹基金爱心联系卡”，大力宣传“每人每年一块钱，资助贫困大学生”慈善理念，动员广大干部群众从一块钱开始，参与慈善事业；这里，积极推动对轻度残疾人的劳动技能培训，提高了残障人士就业谋生能力；这里，定期举办的慈善主题讲座、慈善文化主题演讲等活动，把慈善文化建设不断推向前进，使“爱心·慈善·和谐”为核心的红寺堡慈善文化建设走在宁夏黄河善谷城市群前列。

在慈善文化引领下，一个以慈善为荣，以慈善为任，人人讲慈善，人人谋慈善，人人干慈善的慈善大爱之城业已形成。慈善，成为红寺堡特殊的名片，也成为这个新兴移民城市崛起与发展的不竭动力。

爱心接力

红寺堡，移民之地，慈善之地。爱从祖国大地的广袤版图上流传、凝聚，融合在这里；爱从世界各地人们的心间萌生、沉淀，汇聚在这里；爱从塞上回汉600多万群众的期盼中，扎根在这里。近年来，先后涌现出了一大批助人为乐、孝老爱亲、诚实守信、敬业奉献等感人至深的“红寺堡好人”典型。他们以嘉言善行浸润着罗山大地，将平凡善举汇聚成推动红寺堡区转型跨越发展的正能量。大爱善举在这里蔚然成风，感动着每一个人，而这正如种子破土，一切才刚刚开始。

◎ **小视窗**

不离不弃，阳光照亮美丽爱情

姜宁，汉族，1984年6月出生，现为红寺堡区回民中学教师。这个爽朗的东北女孩，8年里，用自己的双肩撑起男友的天空。在艰辛的生活中，没有花前月下的浪漫，一度面临着遥遥无期的幸福，但她毅然选择了守望，用执着谱写了一首动人的真情之歌。

2004年，来自辽宁的姜宁考入宁夏大学，并与患有强直性脊柱炎的回族小伙马晓强相识。姜宁被马晓强面对病魔不屈抗争的坚强感动，不顾众人反对，与马晓强正式确定了恋爱关系。此后，她开始细心地照顾马晓强，不

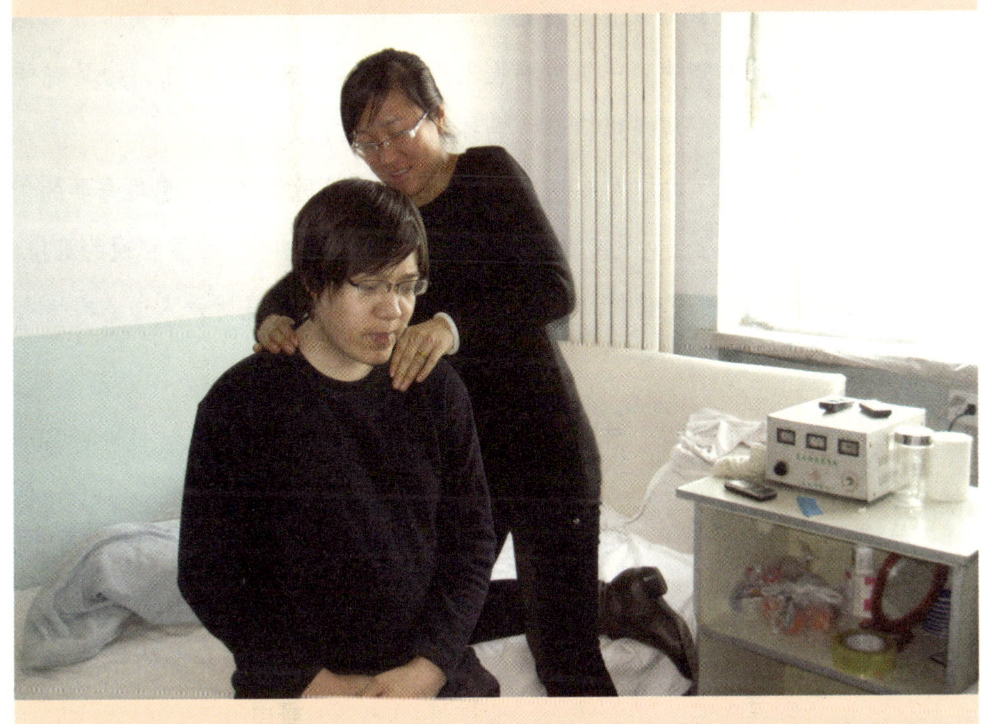

▲ 黄河善谷里的美丽爱情

停地搜集各种治疗方面的资料，鼓励他要鼓起勇气，战胜疾病。

马晓强病情日益加重，到后来，拄着拐杖都走不了30米。他不愿拖累女友，四次提出分手，都被姜宁拒绝。大学毕业后，姜宁为爱留在宁夏，考取红寺堡特岗教师。马晓强因病情恶化，回到西吉老家治病。每个周末，姜宁都奔波在红寺堡到西吉之间400多公里的路上，整整两年，累计行程4万多公里，这个善良的姑娘苦苦丈量着他们的爱情。

2010年，姜宁和马晓强的爱情故事感动了福利企业爱德制衣厂负责人，制衣厂同意招收马晓强为正式工人。自此，两个相爱的人终于团聚，并在黄河善谷筑起爱巢。为方便马晓强上班，姜宁每天早晚骑电动车专程接送。2011年，姜宁义无反顾地和马晓强办理了登记结婚。此时的马晓强无法独自走路超过20米，更无力从事家务，提水、买菜、做饭等繁重的家事全部落在姜宁一人身上，但她对此从无抱怨，尽己所能勤俭持家，坚持日复一日地为丈夫查资料、做食疗、进行康复训练。

姜宁和马晓强的爱情故事感动着越来越多的人，社会各界纷纷向他们伸出援手。宁夏青铜峡市一家专科医院采用中医“熏蒸”疗法，为马晓强进行免费治疗。现在，马晓强已经能丢掉拐杖独立行走了。

什么是无怨无悔、天长地久的爱情？什么是历雨经风、患难与共的依靠？在姜宁和马晓强身上，不仅看到他们两人彼此深深相爱、心灵相通的那份感动，而且他们的美丽爱情当中，我们可以得到答案，那就是博爱人道、有情有义。

第六节　首善之区

慈善是缩小贫富分化，促进社会和谐的平衡器，是社会文明进步的重要标志。近年来，红寺堡经济社会全面发展，人民生活水平普遍提高，社会保障体系基本建立。创建慈善移民城已经具备条件，政府科学制定红寺堡慈善发展规划，不断完善慈善事业发展政策，建立健全行政杠杆和社会力量良性互动关系，形成健康的慈善事业发展机制，将慈善事业发展融入整个城市的发展大局，以建设“最具人文关怀的慈善爱心城”作为城市发展的战略目标，大力弘扬社会主义核心价值观，切实推进慈善事业的快速发展。

慈善惠民

坚持举“慈善旗”，打“慈善牌”，着力研究制定慈善产业发展规划，走具有地域特色的慈善兴业、慈善扶贫和慈善惠民之路。发挥慈善产业发祥地、“黄河善谷”核心区的优势，把慈善事业推进与经济建设发展结合起来，先行先试、招商引善，招资引智，积极吸引国内外慈善家、企业家来红寺堡置业行善。积极发展慈善事业，建立健全基金会、社团等慈善组织，扩大善款募捐渠道和救助覆盖面。继续完善菊花台阳光家园残疾人照料中心基础设施，鼓励创办慈善超市、慈善医院、慈善学校。全面开展慈善城市创建活动，形成全社会参与慈善、推动慈善、践行慈善的浓厚氛围，努力把“善行弘德、爱聚罗山”的慈善品牌推向全国。

战略推进

红寺堡慈善事业发展的战略目标定位为：逐步实现慈善事业由政府公益到社会公益的转变，树立全球化的视野，在全球通用的先进慈善运作经验和发展模式中探寻适合红寺堡的方式，并加以推广和实施，从而构建国内一流的具有中国气派和红寺堡特色的慈善城市。

在未来的发展中，将以打造慈善产业为战略重点，挖掘“移民文化”“黄河文化”“回族文化”的精神内核，以孤儿养育、养老养生、文化教育和残障康复就业等产业为突破点，以点带面整体推动慈善事业，形成可持续发展的战略慈善。通过宣传慈善理念、强化慈善意识，发展慈善组织、规范社会力量，鼓励和支持发展民间慈善组织，完善政策法规、创造良好环境，进一步建立健全完善的慈善发展体系。创建一批品牌项目，开发出一批具有知名度和示范效应以及良好社会效果的“明星”慈善救助项目。

协同推进

以慈善文化为先导，深层次开发以“移民文化”为内核，以现代慈善文化为外延的“大爱红寺堡文化”；积极宣传以“爱心·慈善·和谐”为核心的慈善文化，建立“慈善文化”品牌，加强慈善文化教育。通过举办慈善图片展或开展各种慈善演讲会，向公众展示红寺堡慈善事业发展历程和慈善事迹，大力弘扬慈善文化，宣传慈善公益理念。

以慈善事业专业化发展为路径，努力开辟参与慈善的新空间、新渠道、新路径，让慈善参与成为红寺堡人共同的生活习惯、价值取向、人格内涵。进一步完善和健全“政府推动、民间运作、社会参与、各方协作”的慈善事业发展新机制，组建慈善工作协调机构，并建立长效机制，协调多方力量，解决政策落实、捐赠救助等慈善工作中遇到的重大问题，不断提高行业的透明度和公信力；努力实现慈善组织的制度化、专业化运作，尽可能发挥利益相关者的各自优势，共同参与慈善领域的社会治理。鼓励和支持发展民间慈善组织，完善政府购买社会组织服务政策体系，多种方式促进民间公益慈善组织的发展；推进慈善组织孵化基地建设，扩大慈善超市和经常性社会捐助工作站（点）覆盖范围，改革运营机制；创新公益慈善项目，建立完整的慈善行业链条，着力打造具有凝聚力、公信力和影响力的品牌项目；推动慈善从业人员的职业培训工作，逐步完善专职慈善工作者的福利待遇，不断壮大慈善工作队伍；推动制定慈善行业从业标准和职称评定标准，提升慈善行业管理水平和服务效能。

红寺堡，共和国版图上最年轻的县级行政区划之一，曾经是一块未开发的处女地，在西部大开发的洪流中，从亘古荒原上起步，成为国家“双百”扶贫工程的主战场，经过15年的开发与建设，这里已经矗立着气势恢宏的扬黄灌溉工程，神奇般地长起一座现代化城市，奇迹般地变成了秀美绿洲和黄河善谷，一个适宜居住、充满大爱、美丽和谐、富裕开放的新型城乡共同体犹如一颗璀璨的明珠在宁夏中部崛起，20多万回汉各族群众共同见证这个属于我们的时代辉煌！

附录 红寺堡开发建设大事记

（2009.10~2014.9）

★ 2009 年 9 月 30 日，国务院批复设立吴忠市红寺堡区，10 月 28 日，吴忠市红寺堡区设立暨红寺堡开发区成立 10 周年庆祝大会在红寺堡金水广场隆重举行。全国政协副主席白立忱、九届全国政协副主席钱正英发来贺信。

★ 2009 年 10 月 28 日，京藏高速公路与定武高速公路的一条重要连接线——滚泉至红寺堡高速公路正式建成通车。

★ 2009 年 11 月 25 日，中共吴忠市红寺堡区第一次代表大会胜利召开。

★ 2009 年 12 月 6，政协吴忠市红寺堡区第一届委员会第一次会议胜利召开。

★ 2009 年 12 月 10 日，吴忠市红寺堡区第一届人民代表大会第一次会议胜利闭幕。

★ 2011 年 4 月 20 日，宁夏弘德慈善产业园区正式开工建设。

★ 2011 年 9 月 3 日，中共中央政治局委员、书记处书记、中宣部部长刘云山来红寺堡区视察慈善事业发展情况。

★ 2011 年 9 月 30 日，首届宁夏红寺堡航空旅游节在罗山航模基地隆重举行。

★ 2012 年 1 月 5 日，红寺堡区菊花台阳光家园残疾人照料中心正式投入运营。

★ 2013 年 5 月 20 日，十届全国人大常委会副委员长兼秘书长盛华仁来红寺堡考察。

★ 2013 年 9 月 30 日，宁夏移民博物馆正式开馆。

★ 2013 年 11 月 29 日，宁夏红寺堡罗山通用机场项目选择评审会在红寺堡召开。

★ 2014 年 1 月 13 日，中共吴忠市红寺堡区委二届八次（扩大）会议召开，提出了建设“开放、富裕、和谐、美丽、慈善”红寺堡的奋斗目标。

★ 2014 年 2 月 20 日，红寺堡区第二批党的群众路线教育实践活动全面展开。

★ 2014 年 7 月 24~28 日，全国青少年航空航天模型锦标赛在红寺堡区罗山基地隆重举行。

红寺堡开发建设大事记（2009.10~2014.9）

2009 年

9 月 30 日　国务院正式批复设立吴忠市红寺堡区。以红寺堡镇、太阳山镇、大河乡、南川乡的行政区域为红寺堡区的行政区域。红寺堡区政府驻红寺堡镇。意味着红寺堡 20 万回汉各族人民终于有了“正式户口”。

10 月 28 日　宁夏吴忠市红寺堡区设立暨红寺堡开发区成立十周年庆祝大会在红寺堡金水广场隆重举行。全国政协副主席白立忱、九届全国政协副主席钱正英发来贺信，自治区、吴忠市领导王正伟、项宗西、于革胜、刘慧、蔡国英、马秀芬、郝林海、吴玉才、马英杰，宁夏军区政治部主任盛建华以及红寺堡区领导南武征、徐军、马鑫等出席庆祝大会，同广大干部群众共同见证了这个历史性的时刻。

同日　京藏高速公路与定武高速公路的一条重要连接线——滚泉至红寺堡高速公路正式建成通车。该路段自 2008 年 11 月底开建，全长 19.11 公里，设计行车速度为每小时 80 公里，是宁夏“三纵九横”公路网规划中滚泉至郝家集支线的一段。其概算总投资为 3.49 亿元，是宁夏目前造价最低的高速公路。

11 月 7 日　自治区党委书记陈建国，在区市领导蔡国英、赵小平、杨培君的陪同下，到红寺堡区对滚红高速公路、宁夏移民博物馆等项目建设情况进行调研。红寺堡区领导徐军等陪同调研。

11 月 19 日　红寺堡区邮政局正式挂牌成立。吴忠市市长吴玉才和宁夏邮政公司总经理马赞福为红寺堡区邮政局成立揭牌。红寺堡区领导徐军、马鑫等出席揭牌仪式。

▲ 中共吴忠市红寺堡区第一届委员会常务委员会委员

11 月 25~27 日　中共吴忠市红寺堡区第一次代表大会胜利召开。来自红寺堡全区各行各业的200余名代表怀着强烈的历史使命感和政治责任感参加会议。吴忠市委常委、组织部部长马文娟到会指导。这次党代会选举产生中共吴忠市红寺堡区第一届委员会和纪律检查委员会。大会在全面回顾总结红寺堡开发区十年开发建设经验的基础上，确定红寺堡区今后两年及更长一段时期经济社会发展的目标任务。

12 月 4 日　宁夏中北部土地开发整理重大工程项目专家组来红寺堡区检查石炭沟和谭庄子高效节水补灌项目工程规划和评审工作。

12 月 6~9 日　政协吴忠市红寺堡区第一届委员会第一次会议圆满完成了各项议程后胜利闭幕。会议选举马鑫为政协红寺堡区第一届委员会主席，李天奇、刘学芳、邓向华、叶夏为副主席。

12 月 7~10 日　吴忠市红寺堡区第一届人民代表大会第一次会议完成了预定的各项议程胜利闭幕。南武征当选为红寺堡区人大常委会主任，吴军红、吴国军、苏宗荣、曹柯岩、马金鹏当选为副主任，徐军当选为红寺堡区区长，马玉龙、马宁、陆兴明、何建民、贾永玲当选为副区长。

2010年

2月9日　红寺堡区召开创建教育强区工作动员大会，贯彻落实自治区、吴忠市“教育强区”工作会议精神，安排部署红寺堡区“教育强区”工作。

3月1日　红寺堡区从切实加强干部思想建设和作风建设入手，深入开展“发扬十百千精神，打造五大领地”活动。在干事创业上，发扬“人一我十、人十我百、人百我千”的苦干实干精神，奋力将红寺堡建设成为“精神高地、项目洼地、平安佳地、廉政净地、人居福地”。

3月12日　红寺堡移民文化城建设工作座谈会在银川召开。红寺堡区领导徐军等与自治区、吴忠市相关部门领导，以及自治区文联作家、艺术家一同共商推进红寺堡区移民文化城建设工作。

3月15日　自治区发改委领导及相关专家来红寺堡区，专门讨论研究红寺堡

▲ 吴忠市红寺堡区第一届人民代表大会常务委员会主任、副主任

▲吴忠市红寺堡区第一届人民政府区长、副区长

国民经济和社会发展“十二五”规划纲要情况。

3月19日　中国石油川庆钻探公司副总经理谢文虎一行，来红寺堡区考察城市天然气管网建设事宜。徐军就城市天然气管网建设等合作事宜进行深入洽谈。

3月31日　宁夏军区组织协调驻宁5个部队的4000多名官兵进驻红寺堡，为红寺堡区春季植树造林播绿。

4月21日　自治区副主席姚爱兴带领国土、水利、林业等厅局负责人来红寺堡区调研土地开发利用项目进展情况。

6月1日　自治区党委副书记于革胜在自治区主席助理屈冬玉，吴忠市委常委、常务副市长赵永清，红寺堡区领导南武征、徐军等陪同下，调研红寺堡区农业农村工作。

6月2日　自治区党委常委、统战部部长马金虎带领自治区统战部门相关处室负责人在吴忠市委常委、统战部部长杨志文的陪同下，来红寺堡区调研统战民族宗教工作。在宗教活动场所，马金虎鼓励宗教人士要与时俱进，加强学习，争做爱国爱教、服务大局、促进团结、维护稳定的模范。

6月7日　自治区党委常委、宁夏军区司令员陈二曦来红寺堡区调研武装部筹备阶段各项工作开展情况。

6月29日　台湾迦南投资有限公司考察团来红寺堡区考察。

6月30日　中国人民解放军吴忠市红寺堡区人民武装部挂牌成立。陈二曦、刘国祥、吴玉才、陈海辉、韩福振等区、市党政军领导出席了大会。

7月1日　红寺堡区社会保障服务中心正式投入运行。中心在宁夏率先实现了城乡社会保险和医疗救助“一站式”服务。区领导南武征、徐军、马鑫等出席了中心投入运行启动仪式。

7月2日　红寺堡区卫生局、红十字会在金水广场举办以“唱响生命音符·传递心灵感动”为主题的无偿献血和捐献造血干细胞活动。

7月4日　吴忠市政府市长吴玉才带领市委、人大、政府、政协相关领导以及各县（区）委书记、县（区）长，市直各部门负责人组成的全市县域经济观摩团，来红寺堡区观摩全市重点项目建设完成情况。

▲政协吴忠市红寺堡区第一届委员会主席、副主席

7月12日 国家农业部乡镇企业局局长张天佐，在自治区农牧厅相关领导的陪同下，来红寺堡区调研马铃薯产业发展情况。

7月15日 中央驻宁新闻单位和宁夏各媒体的20多名记者，以及宁夏摄影家协会的10余名摄影爱好者来红寺堡区采风。

7月19日 红寺堡区全民创业网正式开通。成为红寺堡区老百姓了解创业政策、接受创业指导、选择创业项目、查询贷款程序的最佳指南。网站还发布大量的岗位信息和求职信息，为用人单位和求职群众提供了良好的信息平台，为广大求职者搭建了一座创业、择业、就业的金桥。

7月27日 中央电视台《曲苑杂坛》节目组和中国国际吴桥杂技团走进红寺堡，在金水广场隆重举行大型综艺晚会。

7月28日 自治区政协副主席、依法治区领导小组副组长陈守信带领自治区“五五”普法考核验收组来红寺堡区考核验收“五五”普法工作。

8月3日 “深圳—红寺堡爱心复明行动”捐赠仪式在红寺堡区举行。100名贫困白内障患者将免费接受白内障复明手术。

8月4日 中国科学院院士孙鸿烈、刘昌明一行，在国家黄河水利委员会和自治区党委常委、副主席齐同生的陪同下来红寺堡区考察节水灌溉工程建设情况。

8月4~7日 北京师范大学资源环境学院研究生暑期专项调研组来红寺堡区调研农业产业发展、林业建设和绿化美化工作。

8月21日 自治区党委书记张毅，带领由自治区党委所有常委、自治区各厅局负责人、全区各市、县（区）党政负责人组成的观摩团，来红寺堡区观摩经济社会发展的新成效、新亮点，交流在加快发展上的新做法、新经验。红寺堡区领导南武征、徐军、马鑫等陪同观摩。

8月27日 自治区政协主席项宗西、副主席安纯人，带领自治区政协各厅局处室负责人来红寺堡区调研农业产业发展、民族宗教、社会保障“一站式服务平台”等民生及社会事业发展工作。

同日 自治区百名省厅级离退休老干部考察团来红寺堡区参观考察，进一步了解生态节水综合治理绿化工程、城市建设及经济社会发展成果。吴忠市市长吴

▲ 时任自治区党委书记张毅率观摩团在红寺堡区观摩

玉才等领导陪同考察。

9 月 2 日　十届全国人大常委会副委员长兼秘书长盛华仁，带领全国人大相关厅局和北京燕山石化负责人，在自治区、吴忠市相关领导的陪同下，来红寺堡区视察设施农业等农业产业发展、农民生产生活和新农村建设情况。

9 月 6 日　自治区原党委书记黄璜在吴忠市委常委、纪委书记胡东升及区市相关部门负责人的陪同下，来红寺堡区视察生态建设和工业发展情况。

9 月 28 日　自治区党委常委、宣传部部长杨春光带领自治区党委宣传部、政研室、党委办公厅等部门负责人来红寺堡区调研深入实施西部大开发战略活动开展情况。

11 月 2 日　红寺堡区惠农扶贫工程代金卡发放仪式在紫庆家电商贸有限公司门前举行。广东 TCL 集团股份有限公司代表中国扶贫基金会向红寺堡区捐赠扶贫资金100万元，这一善举得到了广大人民群众及社会各界的广泛赞誉。

11月10日　自治区副主席李锐带领相关厅局负责人，在吴忠市委常委、常务副市长赵永清的陪同下，来红寺堡区调研保障性住房工程建设和招商引资工作情况。

11月21日　民建中华思源工程薪火计划援建红寺堡区农村沼气项目竣工仪式在红寺堡区太阳山镇沙泉村举行。

11月24日　红寺堡区在大河乡香园村举行农村宅基地登记发证仪式。红寺堡区领导及乡镇、相关部门负责人现场为群众发放了首批农村宅基地登记证书。

12月6日　自治区党委书记张毅率自治区领导项宗西、刘慧、蔡国英、袁汉民、陶源及相关厅局负责人，在吴忠市赵永清等领导的陪同下，来红寺堡区现场督办政协重点提案，实地调研困难群众安全过冬问题。张毅强调，要把关心群众生活作为重大政治任务，从小事做起，从具体的事情做起，从解决实际问题做起，让人民群众特别是困难群众切实感受到党和政府的温暖，享受到改革发展的成果。

12月7日　中国扶贫基金会及上海恒康公司惠农扶贫工程正式启动。向红寺堡区捐赠价值560万元的代金券，支持红寺堡区群众购买太阳能，改善生活条件，提高生活水平。

12月20日　国家发改委国土开发与地区经济研究所和产业经济研究所，以及农业部和国家林业局有关领导组成调研组，在区市相关部门负责人的陪同下，对红寺堡区现代节水农业发展情况进行调研。

12月21日　自治区副主席、综治委铁路护路联防工作领导小组组长李锐，在吴忠市领导徐耀、马和清，红寺堡区领导南武征、徐军陪同下，调研红寺堡区铁路护路联防工作，充分肯定了红寺堡区在铁路护路联防工作中取得的成绩。

12月29日　红寺堡区首届冬季运动会在区体育广场隆重开幕。

2011年

2月23日　自治区党委副书记于革胜、自治区副主席郝林海来红寺堡区调研中部干旱带旱情及春耕生产工作。

3 月 9 日　自治区政协副主席张乐琴一行来红寺堡区调研新一轮移民安置区宗教活动场所布局工作。

3 月 22~23 日　自治区党委常委、副主席刘慧来红寺堡区调研残疾人、民政及社保工作。

4 月 1 日　自治区党委常委、宁夏军区政委王志宏来红寺堡区看望慰问义务植树的宁夏武警官兵。

4 月 2 日　自治区党委常委、政法委书记、公安厅厅长苏德良来红寺堡区调研政法工作。

4 月 18 日　有“中国首善”之称的江苏黄埔再生资源利用集团有限公司董事长陈光标，率 60 多名富有爱心的企业家来红寺堡考察慈善投资项目，并与红寺堡区共商慈善扶贫大计。

4 月 20 日　宁夏弘德慈善产业园区正式开工建设。红寺堡区以慈善创新铸就

▲ 宁夏弘德慈善产业园区新建项目开工仪式

大爱，将慈善事业由“捐助型、输血型”的传统模式，转化为“产业型、造血型”的现代模式，以兴建弘德工业园，实施特殊政策，着力打造慈善家、企业家投资兴业、扶贫济困的道德高地，在全国走出了一条政府主导、企业参与、市场带动的扶贫新路，作为全国打造慈善与产业发展相结合的先行先试区，“黄河善谷”的主战场和核心区。

4月27日　自治区党委常委、副主席刘慧来红寺堡区参加重度残疾人津贴发放试点启动仪式。

5月18日　自治区党委常委、副主席刘慧莅临红寺堡区调研弘德工业园区建设情况。

5月19日　自治区人大副主任冯炯华、刘天贵一行22人来红寺堡区调研交通运输工作。

5月21日　红寺堡区中小学阳光体育运动会在红寺堡中学开幕，这是设区以来举办的第一届中小学体育运动会。此次运动会不仅丰富了红寺堡全区教职工业余文化体育生活，大力推进全民健身活动，而且增进了各中小学校之间的凝聚力，为全面推进教育改革与发展增添了活力。

6月1日　自治区党委常委、副主席刘慧一行30多人来红寺堡区调研慈善产业发展情况。

6月9日　国家水利部调研组来红寺堡区调研苦水河流域综合治理情况。

6月10日　宁夏军区司令员昌业廷来红寺堡区检查人武部工作。

6月18日　红寺堡区基本普及高中阶段教育工作攻坚动员大会在红寺堡区第一中学阶梯教室召开。会议要求红寺堡全区上下要增强做好“普高”工作的责任感和紧迫感；要创新思路，突出重点，增强推进“普高”工作的针对性和实效性，为普及高中阶段教育创造良好环境，保证红寺堡区“普高”工作顺利通过自治区政府验收。

6月30日　国家人事部检查组来红寺堡区检查少工委工作。

7月1日　电影《罗山脚下》正式开机。该电影由北京中视迦胤影视文化发展有限公司来红寺堡拍摄，影片展示了红寺堡在环境绿化、生态移民和民族团结

▲电影《罗山脚下》开机仪式

方面的巨大成就。由中央电视台影视部编导窦君担任导演，主要角色由高强、李梦男、迟志强等饰演，香港影星何家驹友情客串。

7 月 8 日　中国社会科学院国际合作局考察团来红寺堡区考察生态移民等工作。

7 月 9 日　国家开发银行考察团来红寺堡区考察金融服务业工作。

7 月 16 日　中国残联副理事长程凯一行来红寺堡区考察残联工作。

7 月 18 日　“农村土地整治万里行”中央媒体采访团一行 22 人来红寺堡区采访土地开发整理项目实施情况。

7 月 22 日　国家民政部副部长窦玉沛一行来红寺堡区考察民政工作。

8 月 7 日　国家财政部社会保障资金绩效考评工作领导小组来红寺堡区考核财政社会保障资金管理使用情况。

8 月 8 日　自治区副主席姚爱兴检查红寺堡区医改工作开展情况。

8 月 13 日　自治区党委常委、副主席齐同生一行来红寺堡区调研慈善产业和移民区发展情况。

8 月 15 日　自治区副主席姚爱兴来红寺堡区调研应急备用水源工程建设情况。

8 月 22 日　国家外国专家局司长张映霞一行来红寺堡区调研职业教育发

展情况。

8 月 29 日　北京燕山石化集团考察团来红寺堡区考察农业产业发展情况。

9 月 3 日　中共中央政治局委员、书记处书记、中宣部部长刘云山在自治区、吴忠市相关领导及部门负责人的陪同下，来红寺堡区视察慈善事业发展情况。

9 月 7 日　十届全国人大常委会副委员长兼秘书长盛华仁一行莅临红寺堡区视察慈善和农业产业发展情况。

同日　国家烟草专卖局局长姜成康在自治区主席助理刘云，吴忠市市长吴玉才的陪同下，与湖南、陕西中烟工业有限公司负责人调研了黄河善谷红寺堡烟包印刷项目的进展情况。姜成康表示，要捐赠一个亿，大力支持红寺堡区烟包彩印项目以及园区的基础设施建设。

9 月 8 日　宁夏自治区政府与中国石化集团公司援建红寺堡区年产 7500 吨棚膜地膜滴灌带项目在红寺堡区举行签约仪式。十届全国人大常委会副委员长兼秘书长盛华仁，全国人大民族委员会主任委员马启智，宁夏回族自治区主席王正伟与自治区、吴忠市领导崔波、马瑞文、屈冬玉、吴玉才出席签约仪式。

9 月 14 日　中央各大媒体记者来红寺堡区围绕“黄河善谷”开展采风活动。

▲ 自治区、吴忠市领导观摩神华宁煤集团援建的红寺堡创业园

▲ 中央各大媒体记者在红寺堡区采访移民工作

9月15日　国家住房和城乡建设部检查组来红寺堡区检查保障性住房建设工作。

同日　国家水利部调研组来红寺堡区调研水利建设情况。

9月18日　国家民政部调研组来红寺堡调研民政工作。

9月21日　国家烟草专卖局和合肥设计院、湖南轻工纺织设计院相关负责人，就红寺堡区弘德工业园区及年产40万箱卷烟印刷包装项目的开工建设前期工作进行了详细的对接。

同日　自治区人大常委、民革宁夏区委会主委张守志带领民革宁夏区委会调研组，来红寺堡区调研生态移民安置工作及后续产业发展情况。

9月22日　神华宁煤集团援建红寺堡创业园奠基仪式在弘德工业园举行。自治区、吴忠市领导崔波、齐同生、刘慧、冯炯华、解孟林、吴玉才、神华集团董事长张喜武和自治区相关厅局负责人及红寺堡区领导徐军、马鑫等出席奠基仪式。

9月24日　中央电视台CCTV2“走基层”栏目组一行13人来到红寺堡聚焦

慈善产业园进行采访考察。

9月25日　中央电视台走基层《对话》栏目组及受邀的全国各大企业家来红寺堡区就宁夏“黄河善谷”慈善产业发展情况实地进行采访。

同日　中国青少年发展基金会副会长、南都公益基金会理事长徐永光、四川省残疾人福利基金会副理事长李义来红寺堡区就残疾人事业发展情况进行考察。

9月26日　自治区主席王正伟在宁夏弘德慈善产业园作为嘉宾接受了中央电视台财经频道《对话》栏目采访，与国内十多家知名企业负责人、成都市残联代表、主持人陈伟鸿共同对话“黄河善谷”。

9月27日　红寺堡区与大唐国际热电联产及风机检测维修与运营管理中心项目的签约仪式在弘德工业园区举行。吴忠市副市长高万金、宁夏大唐国际大坝发电有限责任公司董事长、党委书记李日龙和红寺堡区领导徐军、马鑫等出席签约仪式。

9月28日　中国扶贫开发协会副会长兼宣传教育委员会主任田爱习，来红寺

▲ 首届宁夏红寺堡航空旅游节在罗山航模基地隆重举行

堡区调研文化产业发展情况。

9 月 30 日　首届宁夏红寺堡航空旅游节在罗山航模基地隆重举行。本届航空旅游节以“畅想科技，我心飞翔”为主题，来自全国的飞行爱好者表演了无人直升机、滑翔机、热气球、动力伞、飞艇等多种飞行器飞行节目，充分展示了红寺堡地区在航空运动方面的优越条件，同时为现场观众带来了异彩纷呈的表演。

10 月 15 日　自治区副主席李锐一行参加红寺堡区政府与北方民族大学战略合作协议签字仪式。

10 月 19 日　自治区副主席赵小平一行参加宁夏弘德包装材料项目开工奠基仪式。

10 月 24 日　中国科学技术协会、中国航空学会在红寺堡一小举行授牌仪式，授予红寺堡一小“全国航空特色学校”称号。

10 月 25 日　中国共产党红寺堡区第二次党员代表大会在政府会堂隆重开幕。红寺堡区委书记仇旭辉代表区委作中国共产党吴忠市红寺堡区第一届委员会工作报告，红寺堡区区长徐军主持开幕式。

10 月 26 日　国土资源部规划司司长董祚继一行检查弘德工业园区土地综合整理事宜。

10 月 29 日　自治区党委常委、纪委书记陈绪国一行来红寺堡区调研重点项目工程建设情况。

10 月 30 日　人民日报社宁夏分社采访团，来红寺堡区采访慈善产业发展情况。

11 月 1 日　中央宣讲团成员、人民日报社社长张研农一行考察红寺堡移民文化和慈善产业发展情况。

同日　自治区副主席姚爱兴来红寺堡区督查土地开发整理项目工作。

11 月 3 日　国家教育部财务司义保处副处长韩冬升来红寺堡调研农村小学生免费午餐工程试点工作。

11 月 5 日　中国记者协会采风团来红寺堡区采访慈善产业发展情况。

11 月 11 日　自治区文联组织的由 30 多名作家、词曲创作者组成的“走进人移民 感受新变化”文艺家采风团走进红寺堡，深入移民一线，开展文艺创作采风活动。

11 月 12 日　宁夏军区援建“黄河善谷”弘德工业园区管井成井交接仪式在红寺堡区太阳山镇举行。自治区党政军领导崔波、刘慧、王志宏、昌业廷，吴忠市委副书记孔平及红寺堡区领导仇旭辉、徐军出席交接仪式，并共同开闸抽水，与当地干部群众一同畅饮从地下 270 米深处抽出的井水。

11 月 14~15 日　自治区党委常委、副主席刘慧带领自治区民政等厅局负责同志，在吴忠市副市长张立及红寺堡区领导的陪同下，到帮扶的太阳山镇柳泉村驻村，与村民同吃、同住，共谋发展大计。

11 月 15 日　民建宁夏区委携手新浪网友为红寺堡区援建农村留守儿童饮用水开发项目仪式在红寺堡镇回民小学举行。

11 月 16 日　自治区政协副主席陶源带领自治区发改委、财政厅、“一事一议”办公室等相关处室负责人，深入所包扶的红寺堡镇朝阳村走访调研，现场办公，研究制订帮扶计划。

11 月 17 日　自治区人大常委会副主任冯炯华带领调研组，在吴忠市领导杜灵娅、马中勇及红寺堡区领导的陪同下，就红寺堡区医药卫生体制改革情况进行调研。

11 月 19 日　自治区领导冯炯华、郝林海、安纯人带领评估验收组，对红寺堡区基本普及高中阶段教育工作进行评估验收。

11 月 23 日　宁夏慈善总会会长、自治区政协原主席任启兴一行，来红寺堡区调研慈善产业发展情况。

12 月 1 日　全国百名杰出企业家在自治区民政厅厅长杜正彬、吴忠市副市长李卫宁的陪同下，来红寺堡区全面考察慈善产业发展情况。

12 月 13~15 日　红寺堡区区长徐军率红寺堡区政府考察团赴内蒙古乌海、包头等地考察招商引资工作。

12 月 16 日　自治区人大常委会副主任张小素带领由自治区人大常委会部分委员组成的调研组，来红寺堡区对慈善事业发展情况进行调研。

12 月 22~23 日　由中国民族歌唱家、国家一级演员于文华拍摄的反映黄河善谷，扩大吴忠市慈善产业影响的歌曲《爱在黄河善谷》MTV音乐电视专题片，在红寺堡区南川乡菊花台开拍。

2012年

1月5日　红寺堡区菊花台阳光家园残疾人照料中心正式投入运营。自治区党委书记张毅专程前来为残疾人照料中心揭牌，并看望慰问接受照料的残疾人。

同日　神华弘德创业园一期工程移交仪式在红寺堡弘德工业园隆重举行。自治区党委书记张毅，神华集团党组书记、董事长张喜武，自治区党委常委、常务副主席齐同生，自治区党委常委、副主席刘慧，吴忠市市长吴玉才，红寺堡区委书记仇旭辉、区长徐军等领导出席移交仪式。

1月13日　中央统战部光彩事业指导中心副主任魏登田一行，在自治区党委统战部副部长、工商联党组书记罗玉林，吴忠市委常委、统战部部长杨志文的陪同下，来红寺堡区调研统战民族宗教工作。

1月23日　自治区党委常委、宣传部部长蔡国英来红寺堡区，在吴忠市及红寺堡区领导张锋、徐军的陪同下，开展迎新春下基层活动，与群众共度新春。

2月13日　红寺堡区委书记仇旭辉主持召开2012年四套班子第二次联席会议。研究了《红寺堡区2011~2012年区域发展与扶贫攻坚规划》《宁夏移民博物馆布展方案》《红寺堡区2012年“大县城”建设方案》《红寺堡区2012年春季造林绿化方案》和马渠生态移民区水利工程建设有关事宜。

2月14日　自治区党委常委、副主席刘慧，在吴忠市和红寺堡区领导张立、徐军等陪同下，对红寺堡区南川乡康庄村民政救助政策落实情况进行全面督查。

同日　自治区副主席李锐在吴忠市及红寺堡区领导李卫宁、仇旭辉的陪同下，就红寺堡区招商引资项目落实和市场体系建设情况进行调研。

2月16日　全国工商联副主席谢经荣一行在自治区党委常委、统战部部长马三刚的陪同下，来红寺堡区调研慈善产业发展情况。

2月23日　红寺堡区在弘德工业园区举行2012年重点项目集中开工仪式。“十大工程”“十项民生计划”和40个重点工程启动实施，标志着红寺堡区全面迈出倾力打造宁夏“黄河善谷”核心区的强劲步伐，为移民新区红寺堡注入了新鲜血液和强劲的发展动力。吴忠市领导吴玉才、丁兰玉出席开工仪式。

2月24日　国家交通运输部总规划师戴东昌一行，在自治区交通厅厅长周舒、吴忠市副市长李学文的陪同下，来红寺堡区调研六盘山片区交通扶贫规划情况。

2月29日　中央编办三司副司长王岐海带领专题调研组在自治区编办主任姚占河，吴忠市委常委、组织部部长马文娟的陪同下，对红寺堡区强化乡镇社会管理服务工作进行调研。

同日　中国青基会领导来红寺堡区考察希望小学校容校貌、周边环境、文化建设、软硬件设施配备以及学生来源等办学条件等建设发展情况。

3月1日　红寺堡区按照“33211”的种植业结构调整思路，即50万亩水浇地的30%种植粮食，30%发展葡萄和经果林，20%发展马铃薯和经济作物，10%发展设施农业，10%发展优质牧草和药材等特色种植，实现种植品种多元化、种植结构规范化，使优化产业结构带动当地农民致富。

3月2日　红寺堡区70名小学生享受到中央电视台“音乐之声 春蕾女童”结对帮扶助学金。

3月5日　红寺堡区见义勇为好少年沙渊聪被中央文明办、中国文明网追授为“中国好人”的光荣称号。

同日　香港慈恩基金会在红寺堡区第一中学开展捐资助学活动，为学校70名优秀贫困生每人发放500元助学金。

3月6日　中国航空学会、中航文化股份有限公司来红寺堡区就航空旅游文化工作进行调研。

3月9日　农村义务教育学生营养改善计划工作启动以来，红寺堡区享受“营养早餐”的学生达到28031名，涉及学校72所，享受“营养午餐”的学生20636名，涉及学校68所。

同日　中国残疾人福利基金会副理事长邢建绪一行对红寺堡区慈善产业、生态移民等工作进展情况进行调研。

3月14日　自治区政协副主席张乐琴带领调研组，对红寺堡区加强和促进民族团结与宗教和谐工作进行调研。

3月22日　武警宁夏总队总队长蔡万源、政委孟德恕，来红寺堡区就武警宁夏总队官兵植树援建工作进行视察。

3月23日　北方民族大学、红寺堡区大学生思想政治教育暨民族团结进步创建基地启动仪式在红寺堡区回民小学举行。北方民族大学党委委员、副校长张维民、高岳林，吴忠市委常委、统战部部长杨志文及红寺堡区领导仇旭辉、马福荣、徐军、马鑫等出席启动仪式。

同日　北方民族大学援建红寺堡区儿童融合教育中心揭牌仪式在南川乡菊花台阳光家园幼儿园举行。

3月26日　红寺堡区首批社会保障卡发放仪式在红寺堡镇政府举行，共有6.1万名城乡居民领到社会保障卡。

3月27日　自治区党委常委、宁夏军区政委王志宏率视察组，来红寺堡区就部队援建工作进行视察，并慰问植树造林的宁夏军区、驻宁部队及武警官兵。

4月1日　由自治区农牧厅主办，红寺堡区人民政府、宁夏草原监理中心承办的“宁夏2012年草原执法宣传月活动”启动仪式在红寺堡金水广场举行。自治区农牧厅巡视员马明、吴忠市副市长何旭东及红寺堡区领导仇旭辉等出席启动仪式。

4月13日　国家民委办公厅主任官兆强带领调研组到红寺堡区调研经济社会发展情况。

同日　香港盛承慧基金会会长盛承慧，在自治区民政厅相关领导的陪同下，来红寺堡区考察资助贫困学生情况。

4月15日　日本绿色之桥推进中心会长佐藤晴男率领“绿色之桥”代表团，在全国青年国际交流中心、自治区、吴忠市团委相关负责人的陪同下，来红寺堡区考察“中日青年生态绿化示范林”工程实施情况。

4月18日　“‘灵州雪’2011年度宁夏经济人物”颁奖盛典在宁夏人民会堂隆重举行。“黄河善谷·红寺堡”荣获2011年度宁夏经济唯一公益奖。

4 月 20 日　红寺堡区红关村儿童幸福家园项目在红关村社区正式启动。国际计划（中国）项目总监刘滨和项目负责人孙海华出席挂牌仪式。

4 月 21 日　由全国政协常委、人口资源环境委员会主任张维庆，全国政协人口资源环境委员会副主任任启兴带领的全国政协调研组，对红寺堡区慈善产业发展和移民生产生活情况进行调研。

4 月 26 日　国家食品药品监督管理局组织由全国各省市食品药品监督管理局人员组成的观摩团，对红寺堡区农村义务教育学生营养改善计划工作进展情况进行观摩。

4 月 28 日　红寺堡区弘德工业园区经过一年多的建设，已完成 10 平方公里范围内基础设施建设；完成规划区域内七纵七横的 10 条 32.46 公里道路建设；园区供水工程鲁家窑 380 万方蓄水池完成坝体夯筑，已成功蓄水 50 万方，自来水厂设备安装调试结束，正式试通水；园区供电工程 35 千伏变电站项目完成，入驻企业全部实现通电；园区通信设施项目铺设光纤 15.6 公里，建设通信基站 2 座，入驻企业已实现通电话、通网络。

5 月 4 日　红寺堡区抢抓自治区宁南区域中心城市和大县城建设战略机遇，加大规划建设力度，稳步推进城区设施配套建设，大力实施绿化、美化、量化工程，切实提高城市管理水平，城市服务功能进一步增强，人居环境得到改善，城市面貌日新月异。调整编制了《红寺堡区城区总体规划》，完成《红寺堡火车站新区控制性详细规划》和《宁夏黄河善谷红寺堡区福利企业创业园总体规划》。

5 月 9 日　红寺堡生产首架旋翼飞机试飞成功，飞行高度达 3500 米。是宁夏弘德慈善产业园区神马通用航空运动有限公司引进德国技术组装生产的旋翼低速载人飞机。

5 月 21 日　自治区政府研究室、人民银行中心支行、国家开发银行宁夏分行、宁夏嘉荣担保有限公司联合在红寺堡区召开围绕农业主导产业发展和农民金融信用体系建设的宁夏农村金融信用体系建设第五次联席会议。

5 月 22 日　内蒙古金岗重工业有限公司总经理陈小虎带领考察团，来红寺堡区考察工业园区及产业发展情况。

5 月 23 日　自治区党委常委、副主席刘慧带领全区慈善园区建设观摩团，来红寺堡区观摩慈善园区建设情况。在红寺堡区领导仇旭辉、徐军、马鑫的陪同下，实地参观了鲁家窑生态移民点和弘德工业园区建设，详细了解入园企业发展情况。

5 月 24 日　国家水利部部长陈雷率考察组在自治区副主席郝林海及自治区水利厅、移民局等厅局负责人的陪同下，来红寺堡区考察扬黄工程和节水灌溉工作。

5 月 27 日　全国政协人口资源环境委员会副主任、宁夏慈善总会会长任启兴，自治区人大常委会原副主任、宁夏慈善总会副会长余今晓，带领全区 30 多个慈善公益组织的 60 多名慈善家，来红寺堡区考察慈善产业发展情况。

6 月 5 日　自治区扶贫办、监察厅等七部门对红寺堡区 2010 年 9 月 1 日至 2011 年 12 月 31 日自治区下达的各类共计 7816 万元扶贫资金的使用、管理及项目实施情况进行监督检查。

6 月 14 日　中国扶贫基金会秘书长刘文奎带领全国公益慈善组织负责人，来红寺堡区就慈善产业发展情况进行考察。

6 月 15 日　燕山石化公司副经理、总工程师华炜带领中石化燕山石化年产 7800 吨塑料制品项目考察团，就红寺堡区项目落地建设情况进行考察。

6 月 17 日　红寺堡区在银川金凤万达广场隆重举行第二届宁夏红寺堡航空旅游节银川宣传站启动仪式，热忱邀请各界人士届时光临宁夏红寺堡航空旅游节。

6 月 18 日　澳门社会服务团来红寺堡区参观考察社会救助和扶贫就业等工作。

6 月 19 日　宁夏白浪包装印务有限公司开业剪彩仪式在弘德工业园区神华创业园举行。自治区轻纺工业局副局长常晋宏、吴忠市副市长张立，红寺堡区领导仇旭辉、徐军等与各企业家出席剪彩仪式。

6 月 20 日　全国人大民委法案室副主任梁庆带领视察组，来红寺堡区视察慈善产业发展情况。

6 月 30 日　中国中小企业协会会长李子彬一行在自治区副主席赵小平及吴忠市相关领导的陪同下，就红寺堡区慈善产业发展情况进行实地考察。

7 月 2 日　中央电视台新闻中心社会部记者来红寺堡区，对慈善产业发展情况进行专题采访。

7 月 6 日　红寺堡区在银川市召开农村金融服务信用体系试点新闻发布会，标志着红寺堡区农村金融信用服务工作将推向新的发展阶段。

7 月 9 日　中国宋庆龄基金会、中国金融教育基金会、上海市儿童健康基金会等百家公益慈善组织代表，来红寺堡区考察慈善产业发展情况。

7 月 17 日　“世界侨商宁夏行”活动组一行 150 余人，来红寺堡区就慈善产业发展情况进行全面考察。

7 月 18 日　宁夏弘德包装材料有限公司投资 3.7 亿元建设的 40 万箱烟包项目开工仪式在弘德工业园区隆重举行。市领导吴玉才、李学文，红寺堡区领导仇旭辉、徐军等出席开工仪式。

▲ 宁夏弘德包装材料有限公司开工奠基仪式

7 月 19 日　中国社科院国情考察组来红寺堡区考察农村经济、社会发展、生态移民、产业结构、工业发展情况。

同日　红寺堡区委书记仇旭辉、区长徐军率区四套班子领导，法、检两长及各乡镇、各部门负责人和部分党代表、人大代表、政协委员及宗教界人士，实地观摩了各乡镇和各部门的 25 个重点工作、重点项目，并进行了现场测评。总结盘点上半年经济运行情况，找准差距，找对问题，找实责任，分析研究安排下半年各项重点工作。

7 月 25 日　红寺堡区隆重举行欢迎仪式，迎接首批原州区 119 户移民群众入住弘德新村。

7 月 28 日　《黄河善谷 大爱华夏》剧组来红寺堡区采风。

8 月 8 日　红寺堡区邀请自治区专家组召开中国（宁夏）贺兰山东麓百万亩葡萄文化长廊红寺堡区“十二五”规划暨葡萄文化主题城和柳泉葡萄小镇项目评审会。

8 月 9 日　全国人大常委会副委员长、民建中央主席陈昌智在自治区、吴忠市相关领导的陪同下，实地视察了红寺堡区慈善产业及生态移民工作。

8 月 12 日　自治区副主席李锐带领相关厅局负责人到红寺堡区调研大县城建设、商贸流通和招商引资工作。

8 月 14 日　来自同心县预旺镇的 442 户 2000 名移民全部搬进鲁家窑弘德一村新家。红寺堡区顺利完成 2012 年从同心县搬迁的生态移民计划。

8 月 16 日　宁夏荣廷纺织品实业发展有限公司在红寺堡弘德工业园区神华创

▲ 第二届宁夏红寺堡航空旅游节在红寺堡罗山航模基地举办

业园举行开业仪式，这是红寺堡区第一家纺织品生产企业。红寺堡区领导仇旭辉、徐军、马鑫等出席了剪彩仪式。

8 月 18~22 日　以“航空梦想从这里开始”为主题的第二届宁夏红寺堡航空旅游节在国家级自然保护区罗山脚下的航模基地成功举办。来自全国各地的无人机、热气球、动力伞、飞艇等多种航空器为现场近万名观众带来了一场飞行表演盛宴。

8 月 20 日　北京市体育局副局长、体育总会副主席苑振洲一行，来红寺堡区考察航空旅游节举办情况。

8 月 24 日　国务院扶贫开发领导小组副组长、扶贫办主任范小建带领国务院扶贫办相关部门负责同志，在自治区领导郝林海和红寺堡区领导仇旭辉、徐军的陪同下，对红寺堡区扶贫工作进行全面调研。

8 月 26 日　备受关注的 2012 中国（宁夏）黄河善谷慈善博览会开幕式暨宁夏“黄河善谷”颁奖晚会在中国穆斯林国际商贸城隆重举行。颁奖晚会上，红寺堡区政府获得黄河善谷集体贡献奖殊荣。

8 月 27 日　中石化科技开发部副主任王玉庆，中石化北京燕山分公司副总经理、总工程师华炜带领验收组在红寺堡区召开“燕化农膜料在高寒地区开发推广应用”项目验收会。

同日　由国内外公益慈善组织和乐善企业代表，各省（市、区）代表团一行 150 人组成的“黄河善谷行”活动组来红寺堡区观摩慈善产业发展情况。

8 月 28 日　河南省鹤壁市人大常委会原主任、吴忠市慈善总会会长郭润营带领考察团，来红寺堡区考察慈善产业发展情况。

8 月 29 日　自治区副主席姚爱兴一行在吴忠市副市长马中勇的陪同下，检查红寺堡区医改、卫生、计生和为民办实事工作。

9 月 5 日　十届全国人大常委会副委员长盛华仁率领视察组，在自治区、吴忠市领导刘慧、马瑞文、刘云、吴玉才的陪同下，来红寺堡区视察工农业发展情况。

同日　自治区党委常委、宣传部部长蔡国英一行来红寺堡区调研文化旅游及慈善产业发展情况。

同日　宁夏市、县（区）宣传系统迎接党的十八大新闻宣传工作会议在红寺堡区召开。自治区党委常委、宣传部部长蔡国英和自治区党委宣传部副部长张克洪、李克强及各市、县（区）委宣传部部长，全区宣传思想文化系统各部门、单位负责人及各媒体记者参加会议。

9月6日　自治区100余位离退休老干部在红寺堡区领导仇旭辉、徐军的陪同下，参观考察红寺堡区的工业、农业、文化旅游等各项重点工作。

9月7日　红寺堡区隆重召开庆祝第28个教师节暨教育表彰大会，90万元专项资金重奖教育教学工作者。

9月13~14日　国家农业综合开发办项目评审处处长王海燕带领检查组，在自治区农业综合开发办相关负责人的陪同下，来红寺堡区实地检查农业综合开发项目情况。

9月14日　由全国妇联副主席、书记处书记甄砚率领的中央信访工作督导组，在自治区、吴忠市信访督导部门负责人的陪同下对红寺堡区信访维稳工作进行督导。

9月18日　自治区人大常委会副主任马秀芬带领部分人大常委会委员及各相关厅局负责人，视察红寺堡区农业法等相关法律法规实施情况和六盘山集中片区特困地区扶贫攻坚工作。

9月19日　美国、加拿大、澳大利亚、新西兰、德国、波兰、匈牙利、西班牙、马来西亚9个国家和地区的22家华文媒体代表团来红寺堡区采风。

9月25日　自治区政协副主席袁汉民带领视察组，来红寺堡区就自治区政协九届五次会议重点提案督办情况进行视察。

同日　福建省晋江市东石区域发展建设指挥部总指挥洪学谋带领晋江市东石镇相关负责人和企业家来红寺堡区考察。

同日　红寺堡区大河乡星伟希望小学隆重举行落成典礼暨揭牌仪式。北京星伟体育用品有限公司董事长甘连童、中国青少年发展基金会副秘书长杨春雷、女子九球世界冠军付小芳、央视少儿频道著名主持人月亮姐姐及体育画报、中国少年报相关负责人和自治区团委与青基会相关负责人出席仪式。

9月26日　自治区老新闻工作者协会主席、原自治区广电局局长张怀武率自

▲ 中共吴忠市红寺堡区第二届委员会（第一次会议）常务委员会委员

治区老新闻工作者一行200余人组成的观摩团，来红寺堡区观摩了解残疾人事业发展情况。

10月16日　自治区党委常委、固原市委书记李文章率固原市四套班子领导来红寺堡区考察指导工作。

10月17日　中国民航工程咨询公司副总经理闵冬丽带领调研组，在自治区、吴忠市相关负责人的陪同下来红寺堡区调研航空文化发展情况。

10月23日　中石化党组成员、股份公司高级副总裁戴厚良一行在自治区人大秘书长肖云刚陪同下，调研宁夏弘德慈善产业园燕山石化红寺堡塑料制品项目建设进展情况。

10月24日　自治区政协主席项宗西、副主席李淑芬带领自治区政协各处室负责人，在吴忠市领导白尚成、丁兰玉、贾红邦的陪同下，来红寺堡区视察各项重点工作完成情况。

10月26日　自治区党委常委、政法委书记、公安厅厅长苏德良一行来红寺堡区调研政法综治工作。

10 月 29~11 月 1 日　政协吴忠市红寺堡区二届一次会议在红寺堡区数字影剧院召开。会议选举马鑫为政协吴忠市红寺堡区委员会主席，刘学芳、邓向华、叶夏为副主席；选举王效军为政协吴忠市红寺堡区委员会秘书长。

10 月 31~11 月 2 日　吴忠市红寺堡区第二届人民代表大会第一次会议在红寺堡区政府会堂召开。会议选举马福荣为红寺堡区第二届人民代表大会常务委员会主任，苏宗荣、吴国军、马金鹏、赵彦林为副主任；徐军为吴忠市红寺堡区人民政府区长，何建民、郑亚亮、贾永玲、马玉祥、于文忠为副区长；罗生明为吴忠市红寺堡区人民法院院长；苏海东为吴忠市红寺堡区人民检察院检察长。

11 月 6 日　福建省第八批援宁工作队在红寺堡区召开第三次工作会议。

11 月 23 日　自治区延安精神研究会常务副会长韩新民一行全面调研延安精神在红寺堡区的弘扬和实践情况。

11 月 28 日　红寺堡区洪沟大桥建成正式投入使用。

12 月 12 日　国家住房和城乡建设部科技推广中心调研组来红寺堡区就生态移民安置房太阳能供热系统和房屋保温等节能减排项目进行调研。

12 月 17 日　自治区党委常委、副主席刘慧带领自治区发改、交通、统计、物价等厅局负责人，在吴忠市领导白尚成的陪同下，调研红寺堡区学习贯彻十八大精神及产业发展、重点项目建设情况。

12 月 26 日　由中央统战部牵头，国家民委、发改委、公安部联合组成的中央督查组，在自治区统战部、民委相关领导和吴忠市委常委、统战部部长杨志文的陪同下，对红寺堡区生态移民的民族政策落实工作进行全面督查。

12 月 31 日　自治区党委书记张毅来红寺堡区调研弘德工业园区发展和弘德新村的移民安置情况。

2013 年

1 月 7 日　国家公安部监管局二处副处长余伟一行，在自治区公安厅监管总队队长孟留甫的陪同下，考核验收红寺堡区拘留所申报一级拘留所达标工作。

1 月 10 日　红寺堡区老龄办在民政局正式挂牌成立。

3 月 25 日　宁夏军区参谋长李勇带领检查组，来红寺堡区检查人武系统正规化建设和常态化民兵试点建设情况。吴忠市军分区司令韩福振、红寺堡区委常委、人武部部长付兆刚等陪同检查。

3 月 28 日　浦东干部学院“非洲法语国家基础设施规划与建设研修班”学员组成考察团，来红寺堡区开展现场教学考察活动。红寺堡区区长徐军等陪同考察。

4 月 1 日　贵州省黔西南州考察团来红寺堡区考察生态移民工作情况。

同日　红寺堡区召开残疾人联合会第一次代表大会。区四套班子领导出席会议。

4 月 8 日　武警宁夏总队政委孟德恕来红寺堡区看望慰问义务植树的武警宁夏总队官兵。

4 月 9 日　由国家公安部、中央综治办、国家教育部联合组成的检查组，对红寺堡区第二中学、红寺堡镇中心小学、南川乡奕龙小学、太阳山镇柳泉小学校园安全工作进行了全面检查。

4 月 12 日　自治区党委书记李建华来红寺堡区就中石化燕山红寺堡塑料制品项目发展情况进行实地调研。

4 月 15 日　国家体育总局航空无线电模型管理中心裁判长王宝庆来红寺堡区，在区长徐军等领导的陪同下，前往罗山航模基地、神马航空公司、红寺堡区健身馆等地，实地察看青少年航空模型锦标赛比赛场地的准备情况。

4 月 18 日　自治区政协副主席刘小河带领调研组，对红寺堡区移民自主创业情况进行全面调研。

4 月 23 日　红寺堡区直机关、企业代表和社会各界人士齐聚金水广场，为四川雅安地震灾区捐款 289780 元。

4 月 25 日　共青团吴忠市红寺堡区第一次代表大会召开。来自红寺堡区各条战线的 119 名正式代表参加了会议。会议选举产生了 25 名共青团吴忠市红寺堡区第一届委员会委员及 12 名候补委员。区委书记仇旭辉，区长徐军及区委、人大、政府、政协其他领导出席会议。

4 月 27 日　自治区副主席姚爱兴带领自治区教育、交通、食品药监等厅局负责人，对红寺堡区校园安全管理工作进行调研。

5 月 12 日　宁夏“慈善日黄河善谷行”活动在红寺堡区举行。宁夏慈善总会会长任启兴，第一副会长陶源、副会长余今晓，吴忠市领导马文娟、李学文，红寺堡区领导徐军等出席了活动。宁夏慈善总会向社会募集善款 1748.5 万元。

▲ 慈善日“黄河善谷行”活动在红寺堡区举行

5 月 13 日　自治区副主席屈冬玉在吴忠市副市长何旭东、红寺堡区区长徐军等领导的陪同下，对红寺堡区重点项目总体建设情况进行调研。

5 月 15 日　国家粮食行业协会副会长宋丹丕带领相关处室负责人，在自治区、吴忠市粮食部门负责人的陪同下，对红寺堡区的粮食工作和放心粮油工程进行调研。

5 月 20 日　十届全国人大常委会副委员长盛华仁带领由全国人大相关专委办领导组成的视察团，在自治区、吴忠市相关领导的陪同下，对红寺堡区燕山石化等工业以及节水农业产业发展情况进行视察。

6月4日　由新时代健康产业集团和中国青基会相关领导组成的考察团，在自治区青基会相关领导的陪同下，深入红寺堡区考察待建国珍希望小学选址情况。

6月8~9日　红寺堡区领导仇旭辉、马福荣、徐军、马鑫率区四套班子领导及各乡镇、各部门单位主要负责人、部分党代表、人大代表、政协委员实地观摩了红寺堡区27个反映全区经济社会发展的重点建设项目，现场进行了测评。并认真分析上半年经济运行形势，找差距、找原因、找对策，安排部署下半年的各项重点工作。

6月17日　自治区党委副书记崔波在自治区农牧等相关厅局负责人和红寺堡区委书记仇旭辉、区长徐军的陪同下，对红寺堡区的设施农业发展情况进行调研。

6月19日　全国深化集体林权制度改革百县经验交流会在红寺堡区举行。国家相关部委、国家林业局、三北林业局领导，全国31省（市、自治区）林业厅（局）分管厅（局）长、林改处处长，全国107个集体林权制度改革典型县林业局局长及吴忠市、红寺堡区领导赵永清、何旭东、仇旭辉、徐军等共300余人参加了经验交流会。

6月29日　瑞士考察团来红寺堡区考察葡萄产业发展情况。

7月3日　自治区党委常委、宁夏军区政委王志宏来红寺堡区，在红寺堡区委书记仇旭辉、区长徐军等领导的陪同下，对军民融合发展情况进行调研。

7月17日　自治区人大常委会副主任吴玉才来红寺堡区调研中石化宁夏石油塑料制品有限公司运营情况。

同日　由黄河经济协作区省区企业家代表组成的考察团，对红寺堡区工业企业运行情况进行了考察。

7月18日　空军后勤部原政委、空军青少年航空教育领导小组顾问林红松一行来红寺堡区调研青少年航空教育工作。

7月20日　红寺堡区在政府会议中心隆重举行全国青少年航空航天锦标赛经贸项目招商推介签约仪式。宁夏汇达置业有限公司的葡萄酒庄建设及葡萄种植等7个项目落户红寺堡，投资金额为19.7亿元。

7月20~23日　由国家体育总局、教育部、中国科协等部门联合主办的全国青少年航空航天模型锦标赛在红寺堡区隆重举行。来自浙江、河南、北京等17省市的35支代表队共390余人，共同角逐电动线操纵空战、遥控火箭助推滑翔机等19个项目。

8月2日　宁夏中外经济发展合作协会名誉主席、宁夏军区原政委王焕民带领调研组来红寺堡区调研工业和农业产业发展情况。

8月20日　自治区副主席姚爱兴带领督查组来红寺堡区督查幼儿及小学教育、户户通电视、电影放映等民生计划实施情况。

8月28日　国家烟草专卖局局长凌成兴率视察组，在自治区副主席王和山及相关厅局负责人的陪同下，来红寺堡区视察年产40万箱烟用包装项目建设情况。

同日　国家民政部副部长宫蒲光一行来红寺堡区，就工业产业发展情况进行全面调研。

9月6日　自治区党委常委、副主席李锐率各市、县及自治区相关部门负责人，来红寺堡区调研弘德慈善园区建设情况，并研讨加快慈善园区建设发展的思路。

9月8日　红寺堡镇东源村群众载歌载舞，喜迎宁夏军区某给水团援建管井立塔开钻。据悉，这是宁夏军区继援建东源村村委会办工楼后又一援建项目。

9月12日　由民建中央发起和资助的“思源佑华　教育移民班”正式落户红寺堡。民建宁夏区委会副主委、吴忠市副市长马中勇和红寺堡区领导刘维国出席开班仪式。

9月17日　红寺堡区委书记仇旭辉和区委常委、弘德慈善产业园区管委会主任马自忠前往中阿博览会银川国际会展中心参观红寺堡区参展企业——宁夏黑金新型建设有限公司研发的展品。

9月24日　自治区党委书记李建华、主席刘慧带领全区各市、县（区）党政负责人和各厅局主要负责人，对红寺堡区产业发展和重点工作进行观摩。吴忠市委书记赵永清、市长白尚成及红寺堡区四套班子领导陪同观摩。

9月25日　福建省晋江市政协主席周伯恭带领考察团，来红寺堡区对生态移民、大县城建设及教育教学等方面工作进行考察。

▲ 自治区党委书记李建华带领观摩团在红寺堡区观摩

9月26日　青海省林业系统考察团在自治区、吴忠市林业部门负责人的陪同下，对红寺堡区集体林权制度改革工作进行考察。

9月27日　天津市静海县唐官屯镇与红寺堡区大河乡签约交流合作仪式，标志着两地友好合作关系迈上了新起点。

9月30日　宁夏移民博物馆正式开馆。展陈面积约3200平方米，布展设置了序厅、宁夏移民史刻、新时期移民3个大厅，全面记录和真实再现了宁夏扶贫扬黄灌溉工程建设和扶贫移民、生态移民工作取得的成就，生动展现了宁夏各民族团结、共同繁荣发展的情景和各族移民群众自力更生、艰苦创业的精神，成为红寺堡区的一个标志性建筑和文化对外窗口。

10月11日　新时代健康产业集团有限公司向宁夏希望工程捐款36万元，援建红寺堡区太阳山镇国珍希望小学。

10月21日　宁夏2013年生态移民现场观摩会在红寺堡区召开。自治区政协副主席张乐琴带领自治区各厅局及各市、县（区）政府分管领导对红寺堡区2013

年生态移民、农田水利基本建设工作进行现场观摩。

同日　红寺堡区招商引资项目集中签约仪式在弘德慈善产业园区指挥部隆重举行。签约仪式共签约石嘴山市东方盛达管业投资 2.3 亿元的芯模振动 PCCP 制管生产项目，宁夏天得葡萄种植有限公司投资 1 亿元的葡萄种植生产加工及葡萄酒庄项目，宁夏汇达置业有限公司投资 8700 万元的园林式苹果深加工项目。

10 月 23 日　红寺堡区通过自治区住房和城乡建设厅专家验收组验收，达到了自治区园林城市标准。

10 月 29 日　红寺堡区罗山临时起降点协调会在银川召开，标志着罗山临时起降点正式落户红寺堡。兰州军区司令部、民航西北管理局、甘肃和宁夏空管局，自治区发改委、财政厅等部门有关领导，以及红寺堡区区长徐军等领导出席会议。

11 月 5 日　香港特别行政区高级公务员一行 34 人组成的考察团，在自治区外事侨务办领导的陪同下，对红寺堡区慈善事业发展情况进行全面考察。

11 月 11 日　红寺堡区乌沙塘综合水源工程正式开泵蓄水。

11 月 13 日　国家民政部社会福利和慈善事业促进司副司长郭玉强带领调研组，在自治区和吴忠市民政部门负责人的陪同下，来红寺堡区调研慈善事业发展情况。

11 月 28~29 日　民航西北地区管理局组织专家组，来红寺堡区实地勘察通用机场项目选址情况。

11 月 29 日　红寺堡区召开宁夏红寺堡通用机场项目选址报告评审会。民航西北地区管理局机场处副处长赵战利、自治区发改委基础建设处调研员惠耀明和红寺堡区区长徐军等领导出席会议。

12 月 2 日　红寺堡区总工会为 330 名困难职工、农民工发放了双色救助卡。

12 月 2~3 日　自治区党委巡视组来红寺堡区，就 2011 年 4 月 25 日至 6 月上旬到红寺堡区巡视时针对工作中存在的问题和不足，提出的 5 个方面的问题和 5 条整改意见建议的落实情况进行巡视。

12 月 26 日　红寺堡区工商联成立。标志着红寺堡区工商事业和非公有制经济发展进入一个崭新阶段。

▲ 中共吴忠市红寺堡区第二届委员会常务委员会委员

12 月 27 日　红寺堡区召开领导干部大会。自治区党委组织部和吴忠市委组织部宣布红寺堡区主要领导任职决定。徐军任中共红寺堡区委书记，丁建成任红寺堡区委委员、区委副书记、提名为区长候选人。

12 月 31 日　宁夏水务投资集团与红寺堡区政府水务一体化合作签约暨宁夏水投红寺堡水务有限公司揭牌仪式在红寺堡区政府会议中心举行。

2014 年

1 月 2 日　中央电视台经济频道记者在自治区食品药品管理等部门负责人和红寺堡区委书记徐军等领导的陪同下，到弘德工业园区营养午餐配送中心和红寺堡镇中心小学，对红寺堡区农村学生营养改善计划食品安全保障工作进行采访。

1 月 13 日　区委书记徐军主持召开区委二届八次全体（扩大）会议，提出了建设“开放、富裕、和谐、美丽、慈善”红寺堡的奋斗目标。

1 月 15 日　国家民委经济发展司司长乐长虹带领相关处室负责人，来红寺堡区调研经济社会发展情况。

1 月 18~19 日　政协吴忠市红寺堡区第二届委员会第二次会议在汇达酒店召开。大会补选政协红寺堡区第二届委员会主席、副主席。马宁当选为政协红寺堡区第二届委员会主席，贺怡、关保智补选为政协红寺堡区第二届委员会副主席。

1 月 19~21 日　吴忠市红寺堡区第二届人民代表大会第二次会议在政府会堂召开。会议补选红寺堡区二届人大常委会组成人员和红寺堡区人民政府区长。马鑫当选为红寺堡区第二届人大常委会主任，刘学芳、叶夏补选为红寺堡区第二届人大常委会副主任，丁建成当选为红寺堡区长。

1 月 23 日　红寺堡区举行南川乡更名为新庄集乡挂牌仪式，标志着新庄集乡进入一个新的发展阶段。区领导徐军、马宁、王金、汪洋、付兆刚、周丽萍、苏宗荣、贾永玲、于文忠与当地广大干部群众一同见证了这一具有纪念、历史意义的重要时刻。

同日　红寺堡区与新华社宁夏分社举行“新华—红寺堡政务通”签约暨开通仪式。这是中央级主流媒体和地方战略合作、联合创建的手机政务平台，是推进

▲ 吴忠市红寺堡区第二届人民代表大会（第二次会议）常务委员会主任、副主任

▲吴忠市红寺堡区第二届人民政府（第二次会议）区长、副区长

文化产业、信息产业和经济建设融合发展的重大成果，标志着红寺堡区网络宣传工作进入了一个新的阶段。新华社宁夏分社社长李春雷、副社长孙波、中国电信宁夏分公司副总经理苏小明、新华社宁夏分社党组成员、新闻信息中心主任周健伟和红寺堡区领导徐军、丁建成、郑亚亮、刘学芳等出席签约仪式。

2月14日　红寺堡区柳泉乡正式挂牌成立。红寺堡区领导马鑫、丁建成、马宁、王金、汪洋、马玉祥、周丽萍、郑亚亮、周忠德、刘学芳与柳泉乡广大干部群众一同见证了这一重要时刻。

2月18日　国家民委副主任丹珠昂奔一行来红寺堡区考察移民、工业及慈善产业发展情况。红寺堡区领导徐军、丁建成等陪同考察。

2月19日　中国青基会调研组来红寺堡区调研“青少年科普教育及科技创新”工作。

2月20日　红寺堡区第二批党的群众路线教育实践活动全面展开。区委书记徐军作了讲话，动员全区各级党组织和广大共产党员以饱满的热情、端正的态度、良好的作风积极投身群众教育实践活动中来，以干部作风的大转变推动红寺堡经济社会的大发展。宁夏对外交流中心副主任、自治区第三督导组成员李辉，吴忠市人大常委会副主任、第三督导组组长张卫国等出席会议。

3 月 5 日　自治区党的群众路线教育实践活动第三督导组组长、自治区政协副主席刘小河来红寺堡区调研党的群众路线教育实践活动开展情况。红寺堡区领导徐军、丁建成、汪洋陪同调研。

3 月 10 日　自治区党委常委、副主席李锐来红寺堡区调研党的群众路线教育实践活动和民族宗教、扶贫开发、移民生产等工作开展情况。红寺堡区委书记徐军、区长丁建成等领导陪同调研。

3 月 18 日　红寺堡区太阳山镇举行揭牌仪式。这是红寺堡区“全面深化改革，推动转型升级”战略的重要举措，标志着太阳山镇与周边地区协同发展迈上了一个新的起点。红寺堡区领导徐军、马鑫、丁建成、马宁、王金、汪洋、付兆刚、

▲ 政协吴忠市红寺堡区第二届委员会（第二次会议）补选的主席、副主席、秘书长

周丽萍和太阳山开发区管委会有关领导出席了揭牌仪式。

同日　红寺堡区新民街道办事处正式挂牌成立。区领导徐军、马鑫、丁建成、马宁、王金、汪洋出席挂牌仪式。办事处的成立是完善红寺堡区城市社会管理体制，加快城镇基层组织建设的重大举措，实现了新民街与红寺堡镇合署办公，整合了资源，提高了效率。

4月13日　国家环保部组织卫星中心及西北工业大学专家组对宁夏进行了无人机遥感现场核查，将红寺堡区确定为无人机航拍区域。环保部卫星环境应用中心高级工程师杨海军等专家通过精心筛选，选取了红寺堡慈善工业园区作为起飞平台，使用B21型民用无人机进行航拍作业。全程共设置航道12条、航点48个，通过利用航空无人机在40平方公里区域成功拍摄了分辨率为0.2米的地面高清影像500余张，为生态现场核查提供了准确可靠、高精度的遥感影像数据。

5月4日　中国民航宁夏空中交通管理局党组书记王建中带领观摩团，来红寺堡区弘德新村、汇达酒庄、生态公园、宁夏移民博物馆、移民旧址、罗山航模基地实地进行观摩。

5月9日　自治区主席刘慧带领副主席李锐及相关部门负责同志，在吴忠市及红寺堡区领导赵永清、徐军、丁建成、赵彦林的陪同下，对红寺堡区生态移民工作进行调研。

同日　红寺堡区委、政府在弘德工业园区召开“大招商、大建设、大服务”专项行动动员会议。会议以“大招商、大建设、大服务”为主题，高举慈善大旗，强化“筑巢为基、引凤为要、服务为先、投运为本”的工作理念，突出“招商引善、服务保障、园区管理”三个重点，以非常之策，举非常之力，力争全面完成区委、政府下达的目标任务。区委书记徐军、区长丁建成等四套班子领导出席会议。

5月12日　自治区党委常委、统战部部长马三刚带领观摩团，在红寺堡区领导徐军、丁建成等陪同下，对红寺堡区的“双创”工作进行观摩。

5月13日　自治区政协副主席洪洋到红寺堡区调研经济社会发展和委员基层联系点工作情况。红寺堡区领导徐军、丁建成、马宁陪同调研。

5月18日　清华大学研究生工作部考察团来红寺堡区对弘德慈善产业园区白

浪包装和汉森葡萄酒厂进行考察。

5月19日　区委书记徐军主持召开红寺堡区葡萄产业发展研讨会。会议的主要目的是加快葡萄基地建设，全方位提升红寺堡区的葡萄生产经营水平，把红寺堡区建成全国乃至世界最具影响力的葡萄产业基地。区领导汪洋、马玉祥、黄执荣、郑亚亮、刘学芳、叶夏、贺怡出席会议。

5月30日　红寺堡区召开农村土地承包经营权确权登记颁证工作会议，对农村土地承包经营权确权登记颁证工作进行了全面部署。据了解，红寺堡区计划用两年时间基本完成农村土地承包经营权确权登记颁证工作（2014年试点，2015年全面展开），妥善解决承包地块面积不准、四至不清、空间位置不明、登记簿不健全等问题，把承包地块、面积、合同、权属证书全面落实到户，依法赋予农民更加充分而有保障的土地承包经营权。

6月10日　国务院扶贫办主任刘永富到红寺堡区调研扶贫开发工作。自治区、吴忠市领导李锐、白尚成，红寺堡区领导徐军、丁建成、赵彦林陪同调研。

6月12日　自治区党委常委、副主席李锐带领自治区水利、民政等部门相关负责人第三次来到他群众路线教育实践活动联系点——红寺堡镇朝阳村，同群众谈心、交心。详细了解该村在群众路线教育实践活动中各项工作的落实以及农民群众在生产生活和产业发展过程中存在的困难等问题。红寺堡区领导徐军、汪洋、赵彦林陪同调研。

同日　自治区党委常委、副主席李锐参加红寺堡区委召开的党的群众路线教育实践活动四套班子谈心会。对红寺堡区在群众路线教育实践活动期间建立的“5+5”督查指导工作、“七个不放过”、推行“六个倒逼机制”、领导干部“十带头”、“六个走一遍”等37个自选动作表示满意。要求红寺堡区委从切实改进作风、反腐倡廉、秉公用权、司法公平、加快经济发展、生态移民社会治理等八个方面提高和做好群众工作。

6月15日　红寺堡区葡萄产业协会正式成立。选举产生了红寺堡区葡萄产业协会高级顾问、名誉会长、理事会会长和副会长。区委书记徐军要求协会充分利用当前的有利时机，以新视野、新模式起步，高效率、规范化运作，严格按协会《章

▲红寺堡区党的群众路线教育实践活动动员会

程》办事，积极组织各项活动，努力为全体会员和葡萄种植户提供更多更好的服务，真正成为区委、政府发展葡萄产业的参谋部、协调部和执行部，成为助推红寺堡区葡萄产业发展的一支重要力量。

6 月 16 日　红寺堡区在宁夏移民博物馆举办首届“罗山杯”葡萄酒盲评大赛。红寺堡区 10 家葡萄酿酒企业的 25 款葡萄酒分别亮相，参加了“罗山杯”葡萄酒品味大角逐。西北农林科技大学副校长、葡萄酒学院终身名誉院长李华等 5 位国内业界葡萄酒专家进行品评。经过 5 轮角逐，宁夏中贺葡萄酒业公司的“蛇龙珠”干红葡萄酒在外观、香气、口感上俱佳，荣获本次葡萄酒盲评大赛的金奖，汇达酒庄的“赤霞珠”获得银奖，其他获得了铜奖和参赛奖。红寺堡区领导徐军、丁建成、王金等参加了葡萄酒盲评赛。

6 月 26 日　天津股权交易所宁夏白浪包装股份有限公司在银川举行挂牌仪式。这宣告红寺堡区第一家公司迈入了中国资本市场，为推进产融结合战略搭建了更为广阔的运作平台，为红寺堡的发展起到了积极的示范带动作用。区长丁建成出席活动并致辞。

6 月 26~27 日　自治区副主席姚爱兴来红寺堡区督查上半年经济运行和重点工作完成情况。红寺堡区领导徐军、丁建成、马玉祥、黄执荣等陪同督查。

6 月 28 日　上海市第六人民医院与红寺堡区洽谈托管红寺堡区人民医院框架协议。通过上海第六人民医院丰厚的医疗资源，帮助红寺堡区提高医疗水平，服务 20 万移民群众。红寺堡区委书记徐军、区长丁建成希望上海市第六人民医院能够帮助红寺堡区人民医院，让红寺堡人民可以享受到好的医疗服务、医疗环境和基础设施。红寺堡区委副书记王金、副区长赵彦林出席洽谈会。

6 月 30 日　自治区人大副主任王儒贵到红寺堡区柳泉乡沙泉村调研设施农业产业化发展情况。王儒贵希望红寺堡区在推进农业产业化过程中，要不断提高群众的科学种植水平，着力提升瓜菜品质，促进农业增效、农民增收。红寺堡区领导徐军、马鑫、丁建成、赵彦林陪同调研。

7 月 2 日　中国流动科技馆科普知识竞赛在红寺堡区回民中学举行。宁夏科技馆，红寺堡区教育局、科协及全区 10 所中小学校的 30 名学生代表参加比赛。据了解，此次科普知识竞赛是深入拓展流动科技馆巡展活动的有益尝试，更是在广大青少年学生中培养爱科学、学科学、用科学良好风尚的一次具体实践，让更多的青少年学生都能积极参与到巡展中，都能享受到科普带来的快乐。

7 月 4 日　自治区政协副主席洪洋来红寺堡区调研政协工作。洪洋希望红寺堡区政协进一步推进政协工作的改革创新，不断增强政协工作的生机和活力，抓好政协机关和委员两支队伍建设，发挥好委员主体作用，不断提高政协的履职能力和水平。红寺堡区政协主席马宁，副主席邓向华、贺怡、关保智陪同调研。

7 月 24 日　全国青少年航空航天模型锦标赛在红寺堡区隆重开幕。自治区政协副主席安纯人、国家体育总局航管中心副主任丁鹏、吴忠市政协主席马文娟等出席开幕式。区委书记徐军致欢迎词。区长丁建成主持开幕式。此次全国青少年航空航天模型锦标赛，共有来自全国 19 个省市自治区的 57 支代表队 453 名运动员参加比赛。

8 月 2 日　由红寺堡区葡萄酒协会主办、陕西木府商贸有限公司承办的红寺堡葡萄酒品鉴推介会在西安举行。来自全国各地的葡萄酒专家、学者以及知名企业家参加了推介会。西北农林科技大学副校长、葡萄酒学院名誉院长李华为嘉宾们讲解了红酒品鉴知识和如何鉴别红酒真伪。红寺堡区中贺酒业、汇达酒庄、罗山国际、东方裕兴等8家葡萄酒企业，向来宾展示了近30款高品质的葡萄酒。

8月7日　民航西北管理局副局长王小辉来红寺堡区弘德慈善产业园区考察宁夏红寺堡罗山通用机场工作。红寺堡区领导徐军、丁建成等陪同考察。考察期间，王小辉详细查看了新机场的地形、地貌，了解机场的禁空领域、电磁环境情况，并对机场前期规划、后续审批、飞行活动等进行了评估。

8月13日　宁夏军区政委潘武俊来红寺堡区检查指导人民武装工作。吴忠军分区政委陈海辉红寺堡区领导徐军、马玉祥、付兆刚陪同检查。潘武俊强调，红寺堡区人武部要把支援地方经济社会建设，维护民族团结、社会稳定当作义不容辞的职责，要积极做贡献，发挥好主力军、突击队作用。

8月14日　自治区主席刘慧在副主席李锐的陪同下，带领自治区相关厅局负责人，来红寺堡区调研马渠生态移民安置工作。吴忠市市长白尚成和红寺堡区领导徐军、马玉祥、周忠德、赵彦林陪同调研。刘慧指出，要扎实抓好移民安置区工程建设，科学规划制定产业发展。要进一步加强迁出地与迁入地的对接，既要让移民群众早日迁入新居，开始新的生活，也要积极做好迁出地的生态恢复工作，切实把生态移民这件好事办实办好，确保移民搬得出、稳得住、逐步能致富。

8月15日　全国政协提案委员会主任孙淦带领部分政协委员来红寺堡区，考察开发建设过程及其社会、经济、生态效益、灌区供用水困难和对生产的影响等情况。自治区政府副主席屈冬玉，自治区政协副主席刘小河，吴忠市政协主席马文娟及红寺堡区领导徐军、马宁等陪同考察。

8月19日　自治区人大常委会原副主任、宁夏扶贫扬黄灌溉工程指挥部原总指挥张位正来红寺堡区调研。区委书记徐军、区长丁建成、宁夏水投红寺堡水务有限公司党总支书记刘志强陪同调研。张位正一行考察了弘德新村、宁夏弘德慈善产业园、弘德彩印包装等，见证了红寺堡十五年来翻天覆地的变化。

8月27日　红寺堡区委书记徐军在上海市第六人民医院与该院院长贾伟平签

署了《上海市第六人民医院帮扶宁夏吴忠市红寺堡区人民医院框架协议书》。自此，红寺堡区人民医院与上海市第六人民医院建立对口合作，专家们将定期通过坐诊、研讨等活动，将精湛技术和高尚医德传授给红寺堡医护人员，力争将红寺堡区人民医院打造成辐射宁南山区八县的区域性医院。

8月30日　九三学社宁夏区委专家服务站揭牌仪式在红寺堡区人民医院举行。自治区人大常委、九三学社宁夏区委主委马秀珍，红寺堡区委书记徐军出席仪式并为专家服务站揭牌。区长丁建成在揭牌仪式上致辞。

9月9日　红寺堡区隆重召开庆祝第30个教师节暨义务教育均衡发展启动大会。区委、政府拿出100万元，重奖了一批优秀教师、模范班主任、优秀教育工作者和中考、高考中成绩优秀的学校。

▲上海市第六人民医院与红寺堡区人民医院帮扶协议签约仪式

参 考 文 献

［1］（汉）司马迁：《史记》，中华书局，1959 年。

［2］（南朝宋）范晔：《后汉书》，中华书局，1965 年。

［3］（唐）房玄龄：《晋书》，中华书局，1974 年。

［4］（后晋）刘昫：《旧唐书》，中华书局，1975 年。

［5］（宋）欧阳修：《新唐书》，中华书局，1975 年。

［6］（明）胡汝砺：《嘉靖宁夏新志》，宁夏人民出版社，1982 年。

［7］李金英主编：《大爱无疆》，宁夏人民出版社，2009 年。

［8］张治乾：《大漠长歌》，中国文联出版社，2011 年。

［9］宁夏政协文史和学习委员会、宁夏回族自治区水利厅编：《黄河与宁夏水利》，宁夏人民出版社，2006 年。

［10］红寺堡开发区志编纂委员会编：《红寺堡开发区志》，宁夏人民出版社，2006 年。

［11］李宁主编：《宁夏吊庄移民》，民族出版社，2003 年 9 月。

［12］红寺堡之光编委会编：《红寺堡之光——旱塬播绿》，宁夏人民出版社，2009 年。

［13］红寺堡之光编委会编：《红寺堡之光——拓荒者》，宁夏人民出版社，2009 年。

［14］红寺堡之光编委会编：《红寺堡之光——红寺堡移民开发史》，宁夏人民出版社，2009 年。

［15］红寺堡之光编委会编：《红寺堡之光——红寺堡历史文化研究文集》，宁夏人民出版社，2009 年。

[16] 红寺堡之光编委会编：《红寺堡之光——罗山神韵》，宁夏人民出版社，2009年。

[17] 宁夏通志编纂委员会编：《宁夏通志》，方志出版社，2007年。

[18] 冯炯华主编：《宁夏年鉴2005》，方志出版社，2005年。

[19] 宁夏年鉴编辑委员会、宁夏回族自治区地方志办公室编：《宁夏年鉴2012》，宁夏人民出版社，2012年。

[20] 马燕、【法】韩石著：《马燕日记》，华夏出版社，2003年。

[21] 袁进琳主编：《朔色长天》，中国民主法治出版社，2007年。

[22] 杨春光编著：《宁夏文化的源与流探析》，宁夏人民出版社，2008年。

[23] 董家林著：《求索集》《一项民心工程——宁夏"1236"工程前期工作回忆录》，宁夏人民出版社，2002年。

[24] 宁夏水利新志编委会编：《宁夏水利新志》。

[25] 宁夏扶贫扬黄灌溉工程建设指挥部：《宁夏扶贫扬黄灌溉工程建设年鉴》《宁夏扶贫扬黄灌溉一期工程施工管理报告》。

[26] 红寺堡开发区工委、管委会：《荒漠绿洲红寺堡》。

[27] 红寺堡开发区《塬之春》编委会：《塬之春》。

后　记

《见证——红寺堡开发建设之路》纪实文集在红寺堡区委、政府的坚强领导下，在各乡镇、各部门的大力支持下，经过编辑部全体同仁历时半载、恪尽职守、辛勤耕耘、四调纲目、六易其稿、七次总纂，终于在2014年9月30日与广大读者见面。这是红寺堡区20万各族干部群众向祖国65周年生日、红寺堡开发建设15周年暨红寺堡设区5周年奉献的一份饱含深情的厚礼。

红寺堡的开发建设，是中国政府反贫困取得伟大胜利的成功范例，是生态文明建设与可持续发展的典范，是以人为本、科学发展、探索创新精神的具体体现。红寺堡的开发建设，开创了独具特色的移民安置与发展模式，树立了各民族团结互助和谐发展的典范，积累了移民地区社会管理的新思路、新经验。作为每位参与红寺堡开发建设的建设者和生活在这美好幸福环境中的人们，会永远铭记党的关怀、创业的艰辛和生活的美好。

2014年2月，中共吴忠市红寺堡区二届八次（扩大）会议上，提出了在红寺堡开发建设15周年暨红寺堡设区5周年之际，编辑出版《见证——红寺堡开发建设之路》纪实文集的工作任务，以全面展示红寺堡开发建设15年所取得的成就，弘扬红寺堡创业精神，学习传承开发建设经验，表达“共产党好，黄河水甜”的感恩之情。3月16日文化体育旅游局研究制定了编纂方案，3月18日成立了编纂委员会，抽调陈维良、张治乾、杨有恒、马兴龙、孔维达、李怀玺、王国军、董白雪等同志为编辑，设立编辑部，由张耀忠同志负责实施编纂工作。

编纂工作开展以来，编辑人员在时间短暂、资料有限的实际困难面前，充分发扬红寺堡创业精神，牺牲所有周末和节假日，加班加点、夙兴夜寐，上下求索、殚精竭虑，广征博采、一丝不苟，超常规、超能量工作，在5个多月的时间里，查阅资料50多种，走访数百人次，撰写手稿300万字，收集图片2000多张。几经讨论修改、删减斧正、润色加工，最终完成150多万字、600多张图片的巨著，出色地完成了党和人民交给的光荣而艰巨的历史任务。

文集编纂过程中，始终坚持实事求是的原则和科学的态度，上溯历史，填补前书之缺，准确把握红寺堡开发建设15年的历史，科学总结成绩与经验，广泛听取专家学者的意见和建议，查阅了大量的文献资料，力求做到真实、客观、完整。文集分为上、中、下三卷，共设9篇32章96节1附录，既有横排竖写、七体并用的志书特点，又辅以引文、链接，做到内容丰富、佐证充分、事例生动，体现横分门类、纵述历史，链接精当、引文翔实，图文并茂、立体结构，篇章节目、层次分明的特点，尽可能做到真实、客观、完整、全面的再现红寺堡开发建设15年来发展变化的足迹，见证了红寺堡经济、社会各项事业从零起步到发展壮大的辉煌历程。

文集中，陈维良同志编写了上卷《为了人民的期盼》、中卷《旱塬之春》《旱塬之兴》《十年求索铸一剑》中四章、下卷《在新的起点上》等篇章内容，和周国宁同志共同编写了下卷《从旱作农业到现代农业》一章；张治乾同志编写了上卷《决战亘古荒原》《英模赞 创业情》、下卷《托起移民梦》中四章等篇章内容，和周国宁共同编写下卷《慈善兴业铸大爱》一章；马兴龙同志编写了上卷《苍茫西海固》、下卷《文化引领新风尚》等章节；孔维达同志编写了中卷《旱塬之绿》《风雨兼程创业路》《移民幸福地》等章节内容，和周国宁同志共同编写了上卷第一篇《历史足音》中六章的内容；李怀玺同志编辑整理了红寺堡开发建设史存、大事记，提供部分图片，和周国宁同志共同编写了下卷《从生态立区到生态文明》一章、《历史，铭记这一刻》一章的前两节内容；王国军编辑了上卷《大漠长歌》、中卷《放歌红寺堡》的内容，和周国宁同志共同编写了下卷《在幸福的道路上前行》一章；洪力、刘明辉同志编写了下卷《城乡建设新巨变》《教育开启未来梦》章节；杨有恒同志负责采访和搜集整理图片资料；全书由张耀忠同志统稿。

《见证——红寺堡开发建设之路》成书，是红寺堡区委和政府正确领导、各部门通力配合、社会各界大力支持的结果。在文集编辑的过程中，区委、政府专门召开会议研究工作方案，解决编纂工作中人力、财力等问题；两次召开推进会，明确各部门职责，保障和推进编辑工作正常进行。区委书记徐军、区长丁建成等领导在百忙中多次亲临编辑部，看望编辑人员并指导编写工作；王金、郑亚亮、贾永玲等领导和编辑人员一道研究工作，提出了宝贵的意见；各乡镇、各部门提供了翔实的资料和图片，奠定了编辑工作的基础。在编纂期间，曾参与红寺堡开发建设的各级领导张位正、董家林、孙生玉、张薇、姚建国、田治国、刘志强、王晓军、柳均正以及各移民县指挥部工作人员提供了大量的文字和图片资料；吴忠市人大常委会原副主任、著名学者杨森翔，黄河出版传媒集团宁夏人民出版社副社长李秀琴，自治区党委政研室周国宁等专家学者亲自指导编辑工作；吴忠市文联、吴忠日报社的徐淑静、鲁兴华、何盈、洪立、包作军、郭岩等同志也参与了编辑工作；部分引文、链接内容摘自宁夏新闻网、中国新闻网、中国农业政务网、《宁夏日报》《吴忠日报》《中国画报》等各大网站和报刊。参考了马明霞撰写的《宁夏贫困与反贫困研究 》、李淑萍撰写的《宁夏生态移民的经验与启示》、罗强强撰写的《宁夏移民扶贫开发：方法与经验》等专家学者的研究成果。在此，我们一并表示衷心的感谢。

《见证——红寺堡开发建设之路》的编写因资料不足、时间短促、水平有限，难免缺失错漏，敬请广大读者指正。

编者

2014 年 9 月